KB168044

고쳐 쓴 한국근대사

**강만길 저작집**

간행위원: 조광 윤경로 지수걸 신용옥

해제: 고정휴 구선희 김기승 김명구 김윤희 김행선 박은숙 박한용
변은진 송규진 이주철 정태헌 최덕수 최상천 하원호 허은

교열: 김만일 김승은 이주실 조철행 조형열

강만길 저작집

08

# 고쳐 쓴 한국근대사

全權辦理大臣陸軍中將兼參

洽欲重修舊好以固親睦是以

大朝鮮國素敦友誼歷有年所

大日本國與

朝日修好條規

창비

# 저작집 간행에 부쳐

그럴 만한 조건이 되는가 하는 생각을 버리지 못하면서도 제자들의 준비와 출판사의 호의로 저작집이란 것을 간행하게 되었다. 잘했건 못했건 평생을 바친 학문생활의 결과를 한데 모아두는 것도 나름대로 의미가 있을 것 같기도 하고…… 한 인간의 평생 삶의 방향이 언제 정해지는가는 물론 사람에 따라 다르겠지만, 지금에 와서 뒤돌아보면 나의 경우는 아마도 세는 나이로 다섯 살 때 천자문을 제법 의욕적으로 배우기 시작하면서부터 어쩌면 학문의 길이 정해져버린 게 아닌가 생각해보기도 한다. 그리고 요즈음 이름으로 초등학교 6학년 때 겪은 민족해방과 6년제 중학교 5학년 때 겪은 6·25전쟁이 역사 공부, 그것도 우리 근현대사 공부의 길로 들어서게 한 것 같다고 말하기도 한다.

대학 3학년 때 과제물로 제출한 글이 활자화됨으로써 학문생활에 대한 의욕이 더 강해진 것 같은데, 이후 학사·석사·박사 논문은 모두 조선왕조시대의 상공업사 연구였으며, 특히 박사논문은 조선왕조 후기 자본주의 맹아론 연구였다. 문호개방 이전 조선사회가 여전히 고대사회와 같은 상태에 머물러 있었다고 주장한 일본인 연구자들의 연구에 대항한 것이었다고 하겠다. 역사학계 일부로부터 박정희정권하의 자본주의 성장을 뒷받침하는 연구라는 모함을 받기도 했지만……

자본주의 맹아론 연구 이후에는 학문적 관심이 분단문제로 옮겨지게 되었다. 대학 강의 과목이 주로 중세후기사와 근현대사였기 때문에 학문적 관심이 근현대사에 집중되었고 식민지시대와 분단시대를 연구하고 강의하게 된 것이다. 『분단시대의 역사인식』을 통해 '분단시대'라는 용어가 정착되어가기도 했지만, '분단시대'의 극복을 위해 통일문제에 관심을 두게 되면서 연구논문보다 논설문을 많이 쓰게 되었다. 그래서 저작집도 논문집보다 시대사류와 논설문집이 더 많게 되어버렸다.

그런 상황에서도 일제시대의 민족해방운동사가 남녘은 우익 중심 운동사로, 북녘은 좌익 중심 운동사로 된 것을 극복하고 늦게나마 좌우합작 민족해방운동사였음을 밝힌 연구서를 생산할 수 있었다는 것을 자윗거리로 삼을 수 있지 않을까 한다. 사실 민족해방운동에는 좌익전선도 있고 우익전선도 있었지만, 해방과 함께 분단시대가 되리라고는 꿈에도 생각하지 않았기 때문에 민족해방운동의 좌우익전선은 해방이 전망되면 될수록 합작하게 된 것이다.

『고쳐 쓴 한국현대사』는 '한국'의 현대사니까 비록 부족하지만 남녘의 현대사만을 다루었다 해도 『20세기 우리 역사』에서도 남녘 역사만을 쓰게 되었는데, 해제 필자가 그 점을 날카롭게 지적했음을 봤다. 아무 거리낌 없이 공정하게 남북의 역사를 모두 포함한 '20세기 우리 역사'를 쓸 수 있는 때가 빨리 오길 바란다.

2018년 11월 강만길

**일러두기**

1. 이 저작집은 '내일을 여는 역사재단'의 기획으로, 강만길의 저서 19권과 미출간 원고를 모아 전18권으로 구성하였다.

2. 제15권『우리 통일, 어떻게 할까요/역사는 변하고 만다』는 같은 해에 발간된 두 권의 단행본을 한 권으로 묶었다.

3. 제17권『내 인생의 역사 공부/되돌아보는 역사인식』은 단행본『강만길의 내 인생의 역사공부』와 미출간 원고들을 '되돌아보는 역사인식'으로 모아 한 권으로 묶었다.

4. 저작집 18권은 초판 발간연도 순서로 배열하되, 자서전임을 감안해『역사가의 시간』을 마지막 권으로 하였다.

5. 각 저작의 사학사적 의미를 짚는 해제를 새로이 집필하여 각권 말미에 수록하였다.

6. 문장은 가급적 원본대로 유지하는 것을 원칙으로 하였고, 명백한 오탈자와 그밖의 오류는 인용사료, 통계자료, 참고문헌 등을 재확인하여 바로잡았으며, 주석의 서지사항 등을 보완하였다.

7. 역사용어는 출간 당시 저자의 문제의식을 살리기 위해 그대로 따랐다.

8. 원저 간의 일부 중복 수록된 글도 출간 당시의 의도를 감안하여 원래 구성을 유지하였다.

9. 본서의 원저는『한국근대사』(창작과비평사 1984)의 개정판인『고쳐 쓴 한국근대사』(창비 2006, 초판 창작과비평사 1994)이다.

# 책머리에

　1984년에 출간된 『한국근대사』와 『한국현대사』를 쓰기 시작한 것은 1981년 1월 초부터였다고 기억된다. '10·26사태'로 박정희정권이 무너진 후 전두환·노태우 등을 중심으로 하는 이른바 '신군부'가 12·12사태, 5·17 계엄확대, 광주민중항쟁 탄압 등을 통해 집권한 후 '숙정'이란 이름으로 사회 각 부문의 민주세력에 엄청난 횡포를 부리던 때였다. 나도 이 횡포에 몰려 대학의 교단에서 쫓겨난 실업자였다.

　20년 가까이 강의해온 우리 근현대사를 '귀양살이' 기간을 이용해 책으로 엮어내리라 단단히 마음먹고 시작한 일이지만, 대학의 도서관조차 이용할 수 없었던 악조건에서 책을 쓰기란 참으로 어려웠다는 기억이 지금도 생생하다. 원고가 완성된 1984년 초에 또 한차례 된서리를 맞고 어렵게 책이 출간되었는데, 기대 밖의 반응이 있어 쓸 때의 괴로움을 다소 잊게 해주었다.

　군부의 횡포 아래서도 민족민주운동은 줄기차게 계속되었다. 그 결과 1980년대 후반기로 오면서 짙은 먹구름이 서서히 걷히고 민주주의 발전에 일정한 진전이 나타나기 시작했다. 그리고 이 진전은 학문 쪽에, 특히 우리 근현대사 연구에 획기적이라 해도 좋을 성과를 가져다주었다.

예를 들면, 『한국현대사』에서는 일제식민지시대의 공산주의운동을, 그것도 1920년대의 활동에 한해서 조심스럽게 서술했다. 그러면서도 그것이 당시의 개설류나 시대사류에서는 처음 시도된 것이 아닌가 한다. 당시는 개설류나 시대사류를 쓰는 역사학자 일반의 인식 자체가 일제식민지시대의 공산주의운동을 민족해방운동사의 일환으로 인식하는 경우가 드물었고, 그런 역사인식을 가진 연구자가 있다 해도 공산주의운동사를 개설류나 시대사류에 넣을 경우 그 책이 검열에 걸려 출판될 수 없다는 생각이 일반적이었다. 또 1920년대의 공산주의운동은 그런대로 다소 연구되어 있었으나 1930년대의 그것은 거의 연구되어 있지 않았다.

그러나 그후 불과 10년 사이에 개설류나 시대사류에서 일제시대의 공산주의운동을 넣는 것은 예사로운 일이 되었다. 그뿐만 아니라 1930년대 이후의 혁명적 노·농운동이나 공산당 재건운동, 그리고 동북항일연군의 활동과 조국광복회 활동 및 통일전선운동에 관한 연구도 급진전했다. 이런 업적의 대부분이 주로 30대 젊은 연구자들에 의해 이루어졌고, 이들을 중심으로 '진보 역사학계'라 할 만한 것이 성립하기도 했다. 놀라운 변화요 성과라 하지 않을 수 없다.

한 가지만 더 예를 들자. 『한국현대사』가 '8·15 공간'의 민족운동사적 흐름을 통일민족국가 수립운동의 추진에 맞추어 건국준비위원회 활동, 좌우합작운동, 1948년 남북연석회의를 중심으로 줄기잡은 것에 대해, 그때만 해도 권력 쪽과 극우세력의 탄압을 우려하여 만류하는 동료학자들도 있었다. 그러나 10여 년이 지난 지금에는 그러한 줄기잡음에 의한 통일민족국가 수립운동을 다룬 학위논문이 나왔는가 하면, 그 운동들이 우리 현대사 위에 당당한 위치를 차지하게 되었음은 말할 것도 없고, 그런 줄기잡음이 오히려 '어중간한' 방법론이라 비판받는 경우도 있게 되었으니 실로 격세지감을 금할 수 없다.

이런 변화에 따라 우리 근현대사가 다시 쓰여져야 한다고 생각하면서도 『한국근대사』와 『한국현대사』가 그 자체로도 어두웠던 한 시기의 역사책으로서 제구실을 어느정도 한 것에 만족하고, 또 1980년대 이후 엄청나게 생산된 연구업적을 수용하기도 벅차서 고쳐 쓰기를 포기할까도 생각했다.

그러나 1970년대까지의 연구업적과 역사인식을 바탕으로 쓰여진 『한국근대사』 『한국현대사』의 '역사 보는 눈'은 아직도 생명력을 가질 뿐만 아니라, 당시는 특수한 관점이라 할 수 있었던 것이 지금에는 보편적 관점으로 되어가고 있다. 특히 1980년대 후반기 이후의 세계사적·민족사적 변화에 따라 『한국근대사』와 『한국현대사』를 쓸 때 세워진 우리 근현대사에 대한 관점과 방향이 오히려 더 강조되고 있기도 하다. 결국 1980년대 이후의 연구업적을 나름대로 소화하면서 고쳐 쓰기로 했다.

『고쳐 쓴 한국근대사』는 특히 문호개방 전후의 사회경제사 부분에서 지난 10년간 남한 역사학계에서 생산된 업적은 물론이고 전에는 이용하기 어려웠던 북한 학계의 성과를 수용했다. 또 『고쳐 쓴 한국현대사』에서는 특히 일제식민지시대 민족해방운동사를 1930년대 이후를 대폭 강화하면서 전면적으로 다시 썼다. 그리고 8·15 이후사 부분에서도 통일민족국가 수립운동과 1980년대의 전두환·노태우 정권 시기의 정치·경제·사회·문화 부분을 추가했다.

『한국현대사』를 쓸 때에 비하면 우리 현대사에 '북한사'를 넣을 수 있는 학문 내외적 조건이 조금은 나아진 것이 사실이다. 그럼에도 고쳐 쓴 현대사에서도 '북한사'를 넣지 않고 '남한사'만으로 서술하기로 했다. 그 이유는 지금 일부에서 시도되고 있는 것과 같이 8·15 이후의 우리 민족사를 남한사를 중심으로 하고 북한사를 일부 덧붙이는 방법이나 남한사 따로 쓰고 북한사 따로 써서 하나의 책으로 묶는 방법은 옳지 않다는 생각 때문이다.

8·15 이후 남북지역의 역사적 전개가 각각 고유한 역사성을 가진다는 인식을 바탕으로 하고 그 위에서 남북의 8·15 이후사를 둘이 아닌 하나의 역사로 용해시켜 대등한 위치와 같은 분량으로 다루어야 한다고 생각한다. 그러나 아직은 학문 내외적으로 그렇게 쓸 수 있는 조건에는 이르지 못하고 있는 것 같다. 또 그런 역사인식에서 8·15 이후의 우리 역사를 볼 때 하나로 된 남북의 역사를 '한국'현대사로 이름 짓기가 어렵다는 문제도 있다.

사소하다면 사소한 문제 하나를 짚고 넘어가야 하겠다. 이 책들에 나오는 중국과 일본의 고유명사 표기에 관한 것인데, 원칙적으로는 어느 나라를 막론하고 그 나라에서 읽는 대로 적어주는 것이 옳다고 보며 점차 그렇게 적는 추세이기도 하다. 그러나 중국어의 경우 우리가 한자음으로 읽는 데 너무 익숙해져 있고 그 원음을 찾는 것이 너무 벅차기도 해서 한자음대로 적되 필요한 경우만 원음을 괄호 속에 병기하기로 했다. 일본어, 특히 훈독(訓讀)의 경우는 일본말을 그런 한자를 빌려 표기했을 뿐이라는 점을 감안하여 모두 원음대로 적어주었고, 음독(音讀)의 경우도 대체로 원음 표기를 하되 일부 우리 한자음 표기를 혼용했다. 편법인 줄 알면서도 이렇게 할 수밖에 없었던 데에 대해서 독자 여러분의 양해를 구한다.

처음 책을 쓸 때 한정된 몇 분의 도움과는 달리 이번에 고쳐 쓰는 작업에는 고려대학교 박사과정에 있거나 거쳐간 한국 근현대사 전공자들이 총동원되다시피 하여 도와주었다. 그분들의 도움이 없었으면 고쳐 쓰는 작업은 불가능했을 것이다. 그밖에도 1980년대의 교육 부분을 쓰는 데는 김용일씨, 노동운동과 문화 부분은 각각 정이환·신두원 씨의 도움을 받았다. 많은 분들의 도움이 있었지만 잘못되거나 부족한 점은 전적으로 지은이의 책임이다. 고쳐 쓰는 작업에 도움을 준 분들, 그리고 창작과비평사의 정해렴·고세현 씨 등 여러 분들께도 거듭 감사한다.

1994년 1월 9일
강만길

# 『한국근대사』 책머리에

　제 민족에 대한 깊은 애정, 분단상황 아래서의 민족사의 절박성 등이 원인이라 생각되지만, 근래 지식인 일반, 특히 젊은 지식인들의 우리 역사에 대한 관심이 대단히 높아졌고 이에 부응하여 수백 종의 한국사 개설류와 몇 종의 시대사가 나와 있다.

　일반적으로 개설류는 입문서나 교양서의 역할을 하게 마련이고 시대사류는 주로 전공자들에게 이용되어왔지만, 지식인 일반의 우리 역사를 알고 싶어하는 정도가 높아짐에 따라 일반 개설류만으로는 그 욕구를 충족시키기에 부족하고, 그렇다고 전공자를 대상으로 쓴 종래의 시대사류가 이들에게 읽히기에는 또한 부적당한 것이 아닌가 생각해왔다. 이 때문에 우리 근현대사를 지식인 일반이 부담 없이 읽고 사실(史實)과 그 사실에 담긴 의미를 더 알 수 있게 하는 시대사를 쓰고 싶다는 욕심을 가진 지는 꽤 오래되었으나 정작 손대지 못하고 있다가 창작과비평사의 요청으로 용기를 얻어 쓰기 시작했고, 그간 여러가지 어려움을 겪다가 이제 겨우 그 근대사 부분의 책을 내어놓게 되었다.

　역사를 어떻게 쓸 것인가 하는 문제는 역사가 무엇인가 하는 문제만큼이나 어려운 것이지만, 이 책을 쓰면서 대체로 다음과 같은 몇 가지 점을 염두에 두었음을 밝혀두고 싶다.

첫째, 그 서술체제를 각 시기마다의 정치·경제·사회·문화 순으로, 일종의 분류사 형식으로 엮었다. 역사서술이 어느 한 분야에 치우쳐서는 안 된다는 생각에서였다. 그러나 이왕의 연구업적이 부족한 부분, 가령 문호개방 이후 부분은 거의 쓰지 못했다.

둘째, 사실(史實)을 충실히 서술한 역사책보다 사실을 해석하는 노력이 더 담긴 역사책으로 만들려 했다. 이런 경우 역사학이 기피하는 '주관성'이 많이 들어갈 우려가 있지만, 그것을 충분히 의식하면서 그 '주관성'이 역사를 보는 눈의, 그 나름대로의 특징으로 살아나기를 바랐다.

셋째, 특히 우리 근대사나 현대사의 경우 그것을 보는 눈이 엄격해야 하며 미화하는 일이 없어야겠다는 생각을 가지고 썼다. 식민사학의 독소를 제거하는 문제, 역사의 주체성을 확립하는 노력이 결코 역사를 미화하는 데로 나아가서는 안 되겠기 때문이다.

대학에서 약 20년간 우리 근현대사를 강의해왔고 또 그 강의안에 근거해서 썼지만, 시대사를 쓰기에는 아직 나의 학문적 연륜이 얕음을 통감했다. 그러나 어려운 시대를 사는 역사학 전공자의 한 사람으로서 지식인 일반의 역사의식을 높이는 일에 조금이라도 보탬이 되어야 한다는 책무감에 쫓기면서, 그리고 타의로 자리를 잃은 교단 생활자의 한 사람으로서 가르치는 열정을 쏟고 싶은 욕심에서 강의하는 자세로 쓰기를 계속할 수 있었다.

이 책은 주로 우리 역사에 관심이 높은 일반 지식인의 읽을거리가 되길 바라고 쓴 것이지만, 우리 역사를 전공하는 학생들에게도 역사를 보는 눈을 넓히는 데 다소 도움이 되었으면 하는 바람도 있다. 그런 욕심에서 각 장마다 내용을 요약하거나 약간의 이론적인 문제를 소개한 서설을 붙였고 각 절의 끝에 약간의 참고문헌을 적었다. 참고문헌은 이 책을 쓰면서 직접 참고한 것만을 들었을 뿐이며, 그것들만이 참고할 만한 문헌이란 뜻은 결코 아니다.

책을 쓰는 과정에서 많은 분의 도움을 받았다. 특히 이 책의 문화·사상 부분은 대부분 조광(趙珖) 교수가 썼고, 광업 부분은 유승주(柳承宙) 교수에 힘입은 바 크다. 그러나 어느 경우이건 그 책임은 전적으로 저자에게 있다. 끝으로 책 쓰기를 권하고 뒷바라지해준 창작과비평사에, 특히 편집을 맡아 정성을 다해준 정해렴(丁海廉)·고세현(高世鉉) 두 분께 감사한다.

1984년 4월 12일
강만길

14

# 차례

# 제4장  근대 민족문화운동의 시련　　　　　　　　　　340

# 제1부

양반 지배체제의
와해와
민중세계의
성장

제1장

# 양반 지배체제의 와해

15세기의 왕조 성립기를 통해 한때 안정되었던 조선왕조 사회는 16세기로 접어들면서 벌써 민중세계의 저항을 받기 시작했다. 조선왕조 지배체제에 대한 민중의 저항은 소극적으로는 군역을 비롯한 각종 부역을 기피하는 피역저항(避役抵抗)으로 나타났고 적극적으로는 화적(火賊) 혹은 반란의 형태로 나타났다. 16세기 후반 임꺽정란(林巨正亂), 정여립란(鄭汝立亂) 등은 이와 같은 민중세계 저항운동의 대표적인 것이다.

임진왜란 이전부터 이미 흔들리기 시작한 왕조의 지배체제는 이 전쟁과 뒤이은 병자호란으로 그 허점이 모두 드러났다. 어느 의미에서는 이들 전쟁은 왕조의 지배체제 및 양반계층의 지배능력이 한계점에 이르렀음을 보여준 전쟁이기도 했다. 임진왜란은 중국에서는 왕조의 교체를, 일본에서는 정권의 교체를 가져오게 했으나 정작 전쟁터였던 한반도에서는 이미 역사적 탄력성을 잃은 조선왕조가 그대로 지속되었다.

두 차례의 전쟁으로 전국토가 초토화되다시피 한 조건 아래서도 지배층인 양반층의 일부는 벌열화(閥閱化), 귀족화를 지향하면서 비생산적인 당쟁의 소용돌이 속으로 빠져들어갔다. 이에 반해 민중세계는 전쟁피해를 복구하면서 농업생산력을 어느정도 향상시키고 상공업을 발전시켰다. 이리하여 전쟁 후의 정치적·사회경제적 모순의 심화는 가속화했다.

한편, 정치권력에서 소외된 일부 실학적 지식인층은 이와 같은 민중세계의 변화를 배경으로 하여 국가경영의 새로운 방법론을 모색했다. 그러나 왜란 당시의 의병장 등 민간 지도층에 대한 집권세력의 숙청과 북벌론(北伐論)과 같은 긴장정책의 강행 등으로 이 지배체제를 대신할 만한 정치세력은 형성되지 않았고, 지배권력과 민중세계의 괴리현상만 심화되어갔다.

민중세계의 지속적인 저항에 시달리던 조선왕조 지배권력은 대동법(大同法)과 균역법(均役法)을 통해 수취체제를 개량함으로써 민중세계의 불만을 일시적으로나마 해소할 수 있었다. 특히 18세기 후반기에는 당쟁을 해소하려는 얼마간의 노력이 나타났는가 하면, 실학사상가들의 일부가 대단히 제한된 조건 속에서나마 정권에 접근해가서 어느정도 진보적인 정책을 펼 수 있는 기회도 나타나기 시작했다.

18세기로 들어오면서 민중세계의 사회경제적 성장을 바탕으로 한 새로운 수취정책이 실시될 조건이 마련되어갔다. 그리고 대외적으로는 북벌론적 청국관(淸國觀)이 북학론적(北學論的) 인식으로 바뀌면서 중국을 통한 서양 근대문명의 수용태세가 갖추어져가고 있었다.

그러나 19세기로 접어들면서 상황은 급변했다. 18세기를 통해 일어난 일련의 정치적·경제적 변화에 위협을 느낀 보수 집권세력이 천주교 금압을 내세워 상대적 진보세력인 실학자들을 숙청하고 반동적이고 쇄국주의적인 세도정권을 수립한 것이다. 보수정권인 세도정권의 민중에 대한 탄압과 수탈은 한층 더 강화되어 소위 삼정문란(三政紊亂)이 절정에 다다랐다.

세도정권의 탄압으로 상대적 진보세력인 실학사상가나 그들을 중심으로 형성되어가던 정치세력은 대부분 숙청되었다. 그러나 민중세계의 저항은 더욱 적극화했다. 세도정권 초기에 그것에 반대하여 '홍경래란(洪景來亂)'으로 불린 관서농민전쟁(關西農民戰爭)이 일어나고, 19세기 중엽에는 전국적으로 임술민란(壬戌民亂)이 폭발하여 안동김씨 세도정권을 파탄으로 몰아넣음으로써 대신 대원군 이하응(李昰應)정권이 성립하였다.

대원군정권은 밖으로 쇄국주의를 강화하고 천주교를 철저히 탄압했다. 안으로는 서원철폐, 호포법(戶布法) 실시, 관료사회의 기강확립 등을 통해 민중세계와 타협하면서 권력을 굳혀갔다. 그러나 대원군정권도 양요(洋擾)와 경복궁 재건 등으로 빚어진 재정적 곤란과 유생층의 반발 때문에 갑자기 무너졌다. 대신 들어선 민씨정권은 대비 없는 문호개방을 단행함으로써 식민지화의 길을 열어놓았다.

요컨대, 임진왜란 이후의 조선왕조 지배체제는 이미 역사적 탄력성을 잃어갔고, 반대로 민중세계는 꾸준히 사회경제적 위치를 상승시키면서 왕조의 통치체제에 저항했다. 민중세계의 적극적 혹은 소극적 저항은 끊임없이 계속되었으나 그것을 정치세력화해서 왕조를 교체하거나 무너뜨릴 만한 힘은 어디에서도 형성되지 않았다.

조선왕조시대의 식자층은 유생(儒生)과 불승(佛僧)뿐이었다. 불승은 그 사회적 지위가 천인화(賤人化)함으로써 체제외적 식자층의 기능을 발휘할 수 없었고, 유생은 대부분 관료 지망생으로서 그 생각과 행동이 조선왕조 지배체제 안에 머물렀다. 실학자들의 경우 체제외적 자세를 취하는 경우도 있었으나 그들의 생각이나 행동이 권력구조 자체의 개혁에까지 미치지는 못했다. 부르주아적 성격을 가진 체제외적 지식인층이 형성되어 민중세계와 결합하지 못한 조건 아래서는 민중세계의 저항이 간단없이 계속되었다 해도 그것은 민란으로 그칠 뿐 왕조 자체의 존속을 위협할 만한 정치세력으로 결집될 수는 없었다.

## 제1절 벌열정치와 민중

### 1. 당쟁과 민중

#### 당쟁의 배경

조선왕조를 세운 사대부계급은 처음부터 재조(在朝) 사대부층과 재야 사대부층으로 나뉘었으나 왕조 성립 당초에는 두 세력 사이의 정치·경제적 위치의 차이가 그다지 크지 않았다. 그러나 왕조 초기에 거듭된 정변 과정에서 재조 사대부층과 재야 사대부층 사이의 이해관계가 점차 대립되고 정치·경제적 차이가 심화되어갔다. 이 때문에 16세기에 들어서면서 재조의 집권 사대부층과 재야 사대부층 사이에 정권을 둘러싼 몇 차례의 치열한 정쟁이 벌어졌다. 사화(士禍)의 연발이 그것이다.

몇 차례 사화를 겪고 난 후 정권은 사림파(士林派)로 불린 종래의 재야 사대부층에 돌아갔으나 다시 그들 내부에 심한 분열과 대립이 생겨 본격적인 당쟁의 시대로 접어들게 되었다. 당쟁 발생의 원인에 대해서는 이미 조선왕조시대부터 여러가지 측면에서 논의되어왔다. 조선왕조의 문치주의(文治主義)가 주된 원인으로 지적되기도 했고, 유교사회의 지나친 명분주의(名分主義)가 원인이라 얘기되기도 했다. 대간(臺諫)제도와 같은 조선왕조의 관료제도에서 원인을 찾기도 했고, 신구 정치세력의 대립, 심지어는 오랫동안의 평화가 원인으로 거론되기도 했다.

조선왕조시대의 양반은 그 자체가 서양식의 귀족계급은 아니어서 한번 양반이 되었다 해서 대대로 특권과 지위가 그대로 유지되는 것은 아니었다. 양반이라는 사회적 지위를 유지하기 위해서는 일정한 유교적 교양을 쌓아야 했고, 그것을 위해 지주계급으로서의 경제적 위치가 확보되어야 했으며, 그것은 또 원칙적으로 관직에 오름으로써만 가능했다. 왕조 초기에는 양반계급이 수적으로 극히 제한되어 있었으나 인구의 자연증가 이외에도 잦은 정변과 과거의 남설(濫設)로 양반의 수가 증가하는데도 관직의 수는 계속 제한되었다.

이런 조건 아래서는 관직쟁탈전으로서의 당쟁이 치열해지지 않을 수 없었다. 더구나 양반계급은 상공업과 같은 생산직에 종사할 경우 본인은 물론 자손까지도 양반 자격을 상실했다. 관직에 나아가서 그 권력을 배경으로 경제적 위치를 확보하는 것만이 그들의 사회적 지위를 유지하는 길이었다. 관직쟁탈전은 자연히 당파 형성에 의한 정권쟁탈전으로 발전할 수밖에 없었다.

양반계급 이외의 다른 계급이 적극적으로 정권에 도전함이 없는 조건 아래서 양반 수의 계속적 증가는 곧 양반계급의 분화현상을 가져와서 전체 양반을 집권권 안의 양반과 집권권 밖의 양반으로 나누어지게 했다. 집권권 안의 양반은 점점 몇 개의 가문에 한정되어 벌열화하고 집권권 밖의 양반은 정치·경제·사회적으로 몰락해갔다. 17세기 이후 특히 치열했던 당쟁은 비생산적 양반사회의 명분주의, 중앙집권적 관료주의를 기반으로 전개된 양반층의 계속적인 자기도태작용이었다. 그 결과 집권권 안에는 몇 개 가문의 양반만이 남게 되었고, 이런 현상의 연장선상에서 세도정권이 성립하였다.

### 당쟁의 전개과정

당쟁은 '식민사학론'이 강조했던 '파당성 높은 민족성'에 기인한 것이 아니라 조선왕조 중기 이후의 철저한 권력투쟁의 소산물이었다. 그것이 일차적으로는 집권권 안의 양반층과 집권권 밖의 양반층 사이의 권력투쟁이요 이차적으로는 집권권 내 양반 사이의 처절한 정권쟁탈전이었음을 이해하려면, 그것을 통한 정권의 교체과정과 특히 당파의 분열과정을 이해할 필요가 있다.

1570년대에 신구 정치세력의 대립으로 빚어진 동서분당(東西分黨)을 출발점으로 본격화한 당쟁에서 분당 초기에는 동인당(東人黨)이 정계의 주도권을 장악했다. 이후의 전체 당쟁과정을 통해 보더라도 집권당은 대체로 분열하기 마련이었다. 동인당도 왕세자 책봉 문제로 죄를 입은 정철(鄭澈, 1536~93)에 대한 처벌 문제를 두고 온건파와 강경파로 대립했다. 이 대립을 계기로 동인당은 남인당(南人黨)과 북인당(北人黨)으로 나뉘어(1591) 정권을 다투었고, 그것은 임진왜란 중에도 계속되었다.

전쟁이 끝난 후 북인당이 정권을 잡게 되자 다시 대북당(大北黨)과 소북당(小北黨)으로 나뉘어서 광해군(光海君, 1608~23 재위)시대에는 그의 즉위를 지지한 대북당이 정권을 독단했다. 이때 대북당은 또 골북당(骨北黨)과 육북당(肉北黨)으로 나뉘었다. 인조반정(仁祖反正)으로 정변에 성공한 서인당(西人黨)은 인조(仁祖, 1623~49 재위)·효종(孝宗, 1649~59 재위)·현종(顯宗, 1659~74 재위)시대를 거치는 약 50년간 집권하면서 훈서당(勳西黨)·청서당(淸西黨), 산당(山黨)·한당(漢黨) 등으로 나뉘어 권력투쟁을 전개했다.

서인당 집권 후에 왕족의 복제(服制) 문제를 두고 남인당이 한차례 정권에 도전했으나 실패했다. 그후 현종과 숙종(肅宗, 1674~1720 재위)의 교체를 계기로 또 한차례의 복제논쟁을 통한 남인당의 도전이 마침내 성공해서 서인당을 숙청하고 집권했다(1674). 집권한 남인당은 서인당 숙청 과정에서 강경파와 온건파로 대립해서 청남당(淸南黨)·탁남당(濁南黨)으로 분열하였다.

남인당 집권 후 재집권의 기회를 엿보던 서인당은 남인당의 일부가 왕족과 결탁해서 역모를 했다고 고발하여 전체 남인당을 정권에서 몰아내고 다시 집권했다(1680). 이때의 분열도 결코 정책적인 대립이 아닌, 특정 인물을 중심으로 하는 노장파와 소장파의 파벌적 대립이 원인이었다. 이후 서인당은 또 장희빈(張禧嬪)에게서 난 왕자의 세자책봉을 반대하다가 왕의 미움을 사서 실권하고 대신 남인당이 집권했다(1689). 이후 왕의 마음이 장희빈에게서 왕비에게로 돌아가자 다시 서인당이 집권했고(1694) 남인당의 대부분은 집권권에서 탈락하고 말았다.

탕평비

신구 정치세력의 대립, 복제 문제를 둘러싼 분쟁, 왕비와 후궁 쪽으로 나누어진 정치세력 사이의 권력투쟁 등으로 이어져온 당쟁은 다시 왕과 그 형제, 혹은 왕과 왕자 사이의 대립을 통해 계속되었다. 숙종 말년에는 서인당에서 나누어진 소론당(少論黨)이 경종(景宗, 1720~24 재위)을 두둔한 반면 노론당(老論黨)은 그의 아우 영조(英祖, 1724~76 재위)를 지지했는데, 숙종이 죽고 경종이 즉위하자 소론당이 집권했다(1721). 그러나 경종이 일찍 죽고 영조가 즉위하자 노론당이 정권을 잡았다.

영조는 당쟁을 해소하기 위해 탕평책(蕩平策)을 시도했으나 노론당과 소론당 사이의 대립 분쟁은 세속되었고, 그 결과는 마침내 사도세자(思悼世子, 1735~62)의 죽음을 가져왔다. 이 사건이 있은 후에도 그의 죽음에 동정적인 시파당(時派黨)과 영조의 처사를 계속 지지하는 벽파당(僻派黨)으로 크게 양분되었다. 정조(正祖, 1776~1800 재위)가 즉위한 후에는 대체로 시파당이 집권했다가 그가 죽은 후 안동김씨 세도정권이 성립하였다(1801). 이후 64년간 지속된 이 세도정권은 노론당정권이었다.

## 당쟁과 민중

신구 정치세력 사이의 알력, 왕족의 복제 문제를 명분으로 한 정쟁과 왕위계승권을 둘러싼 파쟁 등으로 지루하게 이어져온 당쟁은 폐쇄적 중세사회의 정치사에서 흔히 있을 수 있는 권력투쟁이었다. 특히 병자호란 이후 조선은 청나라에 대한 적개심 때문에 선진문화의 유일한 수입로이던 중국과의 문화교류가 거의 막히다시피 했다. 정치적 탄력성을 잃어버린 집권 양반사회는 새로운 문화의 도입을 차단한 채, 유교주의적 명분을 정권쟁탈과 그 유지의 수단으로 삼았다. 이런 경우, 왕족의 복제 문제나 왕위계승에서의 적서(嫡庶) 문제 등이 중요한 정치적 쟁점이 되고, 그것 때문에 정권이 교체되는 일은 있을 법한 일이었다.

그러나 당쟁이란 어디까지나 당파의 이익을 앞세운 권력투쟁이었다. 당파 사이의 대립은 대부분 지방색이나 문벌적·개인적 이해 문제를 바탕으로 한 정권쟁탈전이었을 뿐 공익성 있는 정책적 대립이 원인이 된 것은 아니었다. 당쟁으로 정권이 바뀔 때 가혹한 정치적 보복은 따랐을지언정 외교정책이나 무역정책에 변화가 있을 리 없었고, 토지정책이나 조세제도 혹은 도로 사정 하나에도 변화가 올 리 없었다.

남인당이 집권하건 서인당이 집권하건 현실적 정책에는 아무런 변화가 없었으며 특히 지배받는 민중의 생활에 보탬이 될 일은 아무것도 없었다. 당쟁은 양반사회, 그것도 극소수의 집권권 안에 있는 양반사회에 한정된 정권쟁탈전이요 파쟁에 불과했을 뿐 민중세계와는 무관한 일이었다.

조선왕조시대를 통해 당쟁권 안에 있었던 양반 인구가 전체 인구 중

얼마나 되었는지 정확히 계산해내기는 어렵다. 또 시기에 따라 양반 인구의 비율이 크게 달라졌다. 대체로 왕조의 전기보다 후기로 내려올수록 양반 인구의 비율이 높아져갔다. 특히 임진왜란과 같은 큰 전쟁을 겪으면서 양반신분으로 상승한 평민과 노비들이 많아져서 왕조 후기에는 양반신분을 가진 인구가 급격히 늘어났다.

시기에 따라 또 지역에 따라 양반 인구 비율에 차이가 있었으나 평민이나 노비 신분에서 양반신분으로 상승하고도 당쟁권에는 전혀 들어갈 수 없었던 양반, 서북지방과 같이 지역적 차별대우 때문에 전혀 권력권에 들어갈 수 없었던 일부 지방의 양반, 시골 양반인 향반(鄕班)으로 전락하여 중앙권력에서 격리된 양반 등을 제외하고 나면 당쟁권 안의 양반은 극소수에 지나지 않았다. 중앙의 권력쟁탈전에 참여할 수 없으면서도 양반신분을 인정받기 위한 방법의 하나로 당쟁권의 언저리에서 맴돌던 몰락양반이나 향반 등을 포함한다 해도 당쟁권 안의 양반은 전체 인구의 극히 적은 부분에 지나지 않았다. 나머지 대부분의 백성은 당쟁권 밖에 있었다.

전체 인구의 극히 일부분인 양반층이 전에 없던 큰 전쟁을 겪고도 비생산적인 당쟁의 소용돌이에 빠져 있을 때, 민중세계는 정책적 혜택을 거의 받을 수 없는 조건 아래서도 일정하게 농업생산력을 높이고 상공업을 발전시키면서 생활조건을 스스로 개선해나갔다. 또 기회가 있을 때마다 반란·민란 등을 통해 지배권력에 대항해나갔다. 그러나 이와 같은 민중세계의 움직임이 조선왕조의 지배구조 자체를 근본적으로 부정하는 데까지 나아가지 못했음도 또한 사실이었다.

## 2. 대동법과 농민생활

### 대동법 실시의 배경

공납(貢納)은 전세(田稅) 및 군포(軍布) 수입과 함께 조선왕조 3대 재정수입의 하나였다. 각 지방의 특산물을 현물로 수납하는 공납은, 먼저 정부가 품목별로 국가의 연간 수요량을 책정해서 각 군현(郡縣) 단위로 부과하면 각 군현에서는 주민의 호(戶)를 기본단위로 해서 부과 징수했다. 전세가 토지세, 군포가 인두세(人頭稅)였던 데 비해 공납은 호세(戶稅)였다.

공납은 농민의 생산량을 기준으로 한 과세가 아니라 국가의 수요를 기준으로 한 과세였다. 이 때문에 과세량에 무리가 있었고 고을에 따라서는 생산되지 않는 물품이 부과되는 경우도 있었다. 뿐만 아니라 이미 절산(絶産)된 물품이 부과기도 해서 여기에서 공물 수납상의 가장 큰 폐단의 하나였던 방납(防納)이 생기게 되었다.

방납은 원래 한 고을에 부과되었으나 그 고을에서는 생산되지 않는 공물을 상인이나 경주인(京主人), 수령의 대행인, 권세가의 하인 등이 대신 바치고 그 댓가로 쌀이나 포를 농민들에게서 받아내는 데서 시작되었다. 그 고을에서 생산되는 물품까지도 방납인들이 억지로 대납하면서 농민들에게서 싯가보다 높은 값을 받음으로써 농민 부담을 가중시키고 그 생활을 크게 위협했다.

이미 임진왜란 이전부터 공물의 과중한 부담과 방납의 폐단, 군포 부담의 가중 등이 겹쳐서 농민층의 유망(流亡), 즉 토지이탈이 급증했다. 경상도 단양현(丹陽縣)의 경우를 예로 들면 1454년에 235호이던 양인호(良人戶)가 1557년에는 40여 호로 격감했다는 기록이 있다. 토지에서 이탈한 농민의 일부는 도시의 상업인구로 전환되기도 했지만 다른 일부는 도적떼가 되어 조선왕조정부에 대항했다. 이들의 유망은 농가경제 파탄의 결과였으나 일종의 조세저항이기도 했다. 그것이 적극적으로 나타난 경우가 임꺽정(林巨正, ?~1562) 등에 의한 조직적 저항이었다.

임진왜란을 겪으면서 농민의 토지이탈은 더욱 촉진되었다. 마침내 조선왕조정부는 민호(民戶)를 기준으로 한 공물 과세를 포기하고 그것을 토지 기준의 과세로 바꾸는 대동법을 실시하지 않을 수 없었다. 공물 수납법은 농민층의 토지에의 긴박(緊縛)을 근저로 해서 만들어진 세제였으나 16~17세기를 통한 농민층의 급격한 토지이탈로 공납제의 유지가 불가능했기 때문이다. 유망을 겨우 면한 농민들도 조선왕조정부의 극심한 재정 악화와 양반관료층의 횡포 때문에 조세부담 능력이 한계점에 이르렀다. 이것이 대동법 실시를 불가피하게 한 중요한 원인들이었다.

임진왜란으로 전국의 경작 면적은 전쟁 전에 비해 3분의 1로 줄어들었고 이 때문에 전세 수입이 그만큼 줄어들었다. 게다가 전쟁 중의 혼란을 틈타 왕족과 양반관료층에 의한 면세전·탈세전이 증가하는 한편 농민층의 토지이탈로 군포와 공물 수입이 크게 감소하여 왕조의 재정은 파탄지경에 이르렀다.

재정적 파탄에서 벗어나기 위해 조선왕조정부는 조세수입을 늘리기에 급급했다. 양반관료층은 그것을 농민층에 떠넘기는 방향으로 유도해서 주로 지주층이 부담하는 전세를 가볍게 하는 반면 땅 없는 농민까지도 함께 부담하는 공부(貢賦), 즉 공물과 요역(徭役) 부담을 높여갔다. 대동법이 실시되기 이전에도 일부 지역에서 공물수미법(貢物收米法)이 실시되었다. 전세는 1결당 평균 4말에 불과한 데 반해 공부는 20말을 넘을 만큼 농민층의 부담이 무거웠다.

대동법 시행 기념비

한편, 중앙정부가 지방 군현에 공부를 부과할 때도 각 군현의 경제적 조건이나 인구수 등은 거의 참작하지 않고 대체로 일률적으로 부과했다. 따라서 부유한 양반 토호층이 많이 살고 인구가 많은 군현은 가호당(家戶當) 부담이 가벼운 데 반해 농민층이 대부분을 차지하고 인구가 적은 군현의 가호는 부담이 무거워지기 마련이었다.

대동법의 전국적 실시를 강력하게 주장한 김육(金堉, 1580~1658)의 말에 따르면, 작은 고을 주민이 부담하는 공부는 토지 1결당 포(布)로 8~9필이나 되는데 큰 고을은 8결에 5필 정도밖에 물지 않는다 했다. 중앙정부가 각 군현에 일괄 부과한 공부를 군현이 다시 관내 민호에 개별 부과했으므로 양반 토호층은 수령과 짜고 공부 부담에서 벗어나거나 아니면 극히 적은 분량만을 부담했고, 그 대부분은 유망을 간신히 면한 가난한 농민들이 부담했다.

조선왕조정부는 전쟁 후의 재정파탄을 수습하기 위해 재정수입을 급격히 늘리는 과정에서 지주와 양반관료층이 부담하는 전세보다 농민층도 물어야 하는 공부를 훨씬 더 높였다. 양반층은 여러가지 방법으로 이러한 공부 부담에서도 벗어나서 파산을 겨우 면한 농민층의 담세능력은 한계점에 다다랐다. 이 때문에 전체 농민의 파산을 막기 위한 세제상의 변혁이 불가피했으며 이와 같은 조건 아래서 대동법이 실시되었다.

한편 공부를 지세화(地稅化)하는 대동법이 17세기를 통해 전국적으로 실시되었다는 사실은 이 시기의 토지소유관계에 하나의 변화가 나타났음을 뜻한다. 대동법은 바로 이 변화를 근거로 성립되었다고 볼 수 있다. 이 시기에는 종래의 권력을 배경으로 한 양반 대지주 이외에 농업과 상공업 발전에 힘입어 서민지주(庶民地主)·부재지주(不在地主)가 중소지주층으로 성장해갔고, 이들은 양반지주보다 정부에 대한 저항력이 약했다. 대동법은 이같은 현상을 배경으로 하여 성립될 수 있었다. 또 한편으로는 대동법의 실시로 상공업 발전이 더욱 촉진되어 새로운 지주층의 성장을 촉진했다고 볼 수도 있다.

### 대동법의 실시과정

대동법은 1608년 경기도에서 처음 실시되었다. 상당한 반대가 있었음에도 불구하고 1623년에는 강원도에도 실시되었고, 특히 17세기 중엽을 통해 찬반의 격론 속에서도 충청도·전라도·경상도 순으로 확대 실시되었다. 1708년에 황해도에까지 실시됨으로써 경기도에서 처음 실시된 지 꼭 1백년 만에 함경도와 평안도를 제외한 전국적 실시를 보게 되었다.

대동법 실시로 공부 과세가 가호 기준에서 토지 기준으로 바뀌었다. 이 제도가 실시되기 전에 1결당 적게는 20말, 심하게는 1백 말 이상의 공부 부담을 지던 농민들이 이 제도의 실시로 1결당 12말만을 물게 되었다. 또 토지를 가지지 못한 영세농민은 공부 부담에서 일단 해방되어 농민층은 모두 대동법 실시를 환영했다. 그럼에도 불구하고 전국적으로 실시되기까지 꼭 1백 년이 소요된 것은 그만한 원인이 있었다.

우선 공부를 토지세로 전환하는 데 필요한 전국적 양전(量田), 즉 경지측량이 철저히 실시되지 못한 것이 하나의 원인이었다. 그러나 그보다 더 중요한 원인은 대토지 소유층인 양반층과 방납인, 지방 수령, 토호(土豪) 등이 끈질기게 방해했기 때문이다. 공부가 가호 기준으로 부과될 경우 양반지주층은 관료들과 결탁해서 오히려 농민들보다 적게 부담하거나 심하면 과세대상에서 빠질 수 있었다. 그러나 대동법이 실시되면 종래 가호를 대상으로 일률적으로 부과되던 공부가 토지면적에 따라 차등적으로 부과되므로 토지를 많이 소유한 양반지주층이 이에 반대했던 것이다.

대동법을 경기도에서 다른 지방으로 확대하는 과정에서 먼저 강원도에서 실시한 것은 경기도에서 지주층의 심한 반대에 부딪혔던 정부가 대지주가 비교적 적은 지방을 택한 결과였다. 또 대동법 실시를 논의하는 과정에서 토지를 30결, 40결씩 가진 대지주들에 대해서는 대동세를 분납할 수 있게 해주어야 한다는 의견이 나온 것도 지주들의 반대를 무마하기 위한 배려에서였다.

한편 경주인, 수령의 대행인, 토호 등 종래의 방납인들이 대동법 실시를 극력 반대한 것은 그들의 중간 취리(取利)가 불가능해지기 때문이었다. 그들은 현물 공납을 방납하면서 실제 가격의 거의 두 배나 되는 중간이득을 취했으나, 대동법이 실시될 경우 설령 공인(貢人)으로 다시 뽑힌다 해도 중간 취득이 공정화(公定化)되어 훨씬 적어지기 때문이었다.

지주 및 관료층과 결탁한 방납인들의 반대를 누르고 대동법이 실시된 초기에는 세액이 지방에 따라 달랐다. 그러나 1708년에 전국적으로 실시되면서 토지 1결당 쌀 12말로 통일되었다. 또 징수된 대동세의 일부는 중앙정부로 이관했고 나머지는 그 지방에 유치(留置)해서 지방관아의 경비에 충당했다.

대동법 실시 초기에는 대체로 중앙정부에 보내는 상납미(上納米)에 비해 지방관아의 유치미(留置米)가 더 많았으나 시일이 지날수록 상납미 비율이 높아지고 유치미 비율이 낮아져갔다. 지방관청의 경비가 그만큼 적어졌음을 말하며, 이로 말미암아 수령과 아전들의 농민수탈이 다시 가혹해졌다.

대동세는 쌀로만 징수하지 않고, 운반의 편의를 이유로 또는 쌀 생산이 부족한 고을을 위해 그 일부를 포나 돈으로 징수하기도 했다. 대동포(大同布)와 대동전(大同錢)이 그것이다. 대동법이 전국적으로 실시되어가던 17세기 후반기에는 금속화폐의 전국적 유통이 이루어질 만큼 상품화폐경제가 발달해갔다. 그것이 대동법의 전국적 실시를 가능하게 한 밑받침이 되기도 했으며, 대동법 실시로 조세의 대금납화(代金納化)가 촉진되기도 했다.

### 대동법 실시의 의의

대동법 실시는 당쟁이 치열했던 조선왕조 후기의 중요한 정책 변화의 하나이며 또 가장 효과를 거둔 정책이었다고 할 수 있다. 그것은 임진왜란·병자호란 후 거의 파탄상태에 빠졌던 왕조의 재정사정이 어느정도 회복되게 했고, 공부 수탈을 통한 관료층의 횡포 때문에 파국으로 치닫던 농민경제를 일시적으로나마 안정시켰다. 또한 세제상으로도 일정한 발전을 가져왔다. 즉 가호를 대상으로 부과함으로써 수익에 따른 납세제가 되지 못했던 공부를 지세화해서 수익과 납세가 어느정도 직결되게 했으며, 대동전의 징수로 조세의 대금납화가 촉진되게 한 것이다.

대동법 실시가 가져온 이같은 일련의 효과는 중세적 조선왕조 지배체제 유지에 일시적으로 도움을 준 것이었으나 장기적으로는 왕조의 지배체제를 무너뜨리는 과정의 하나가 되기도 했다. 이 제도의 실시로 상품화폐경제가 크게 발전하고 그것이 원인이 되어 농민분화가 촉진된 것이다.

대동법 실시로 공인이라는 하나의 새로운 어용상인층이 나타나게 된 사실도 주목할 만하다. 중앙정부가 징수한 대동세를 지급받아 정부 수요품을 조달하는 공인이 된 사람에는 상인도 있었고 수공업자도 있었다. 단순히 유통과정의 이윤만을 취하는 상인공인(商人貢人)이 많았으나, 한편에는 일정한 제조장을 갖추어 물품을 제조 조달하는 수공업자 공인도 있었다.

공인은 관수품 조달상인으로서 정부의 비호를 받는 특권상인이었다. 이들의 활동으로 상인자본의 규모가 커져 특권적 매점상업, 즉 도고(都賈)상업이 발달하기도 했고, 수공업자가 공인이 되는 경우 작업장과 고용노동력을 갖춘 특권적 공장제수공업이 일부 발달하기도 했다.

대동법 실시로 크게 영향을 받은 것은 수공업 분야였다. 종래 관수품을 현물로 수취하던 정부가 대동세를 받아 관수품을 시장에서 구입하게 되었으므로 부역노동에서 해방된 수공업자들의 상품생산이 가능하게 된 것이다. 대동법 실시 이후 도시 수공업은 물론이고, 특히 농촌 수공업이 활기를 띠어 농민분해를 촉진하는 계기가 되었다.

대동법 실시로 종전의 공물수납은 없어졌으나 진상(進上)·별공(別貢) 등은 그대로 남은데다가, 지방관아에의 유치가 줄어들어 수령에 대한 시목비(柴木費) 등 잡세가 되살아나서 농민들에 대한 수탈이 다시 강화되었다. 이 때문에 '반대동(半大同)'이란 말이 나오기도 했다.


## 3. 균역법의 허실

### 군역제의 변화

조선왕조는 그 건국 초기에 중앙군은 5위제(五衛制), 지방군은 진관제(鎭管制)의 군사제도를 확립하고, 중세적 농병일치제(農兵一致制)에 의한 호보제(戶保制)로 병력동원 체제를 갖추었다. 양반계급과 천례(賤隷)

계층이 제외되고 양인(良人)농민을 근간으로 한 농병일치제 군역제도는 본래 토지제도와 연결되어 농민의 토지소유를 바탕으로 한 병역 부과가 바람직한 것이었다. 그러나 조선왕조의 경우 과전법(科田法)과 군사제도가 연결되지 못하고 대신 현역복무 의무를 지는 정병(丁兵)에게 보인(保人, 봉족奉足) 몇 명을 지급하는 보인제로써 농병일치제를 구성했다. 따라서 조선왕조의 군역제도는 처음부터 불합리한 점이 많았다.

정병과 보인을 막론하고 병역의무자들은 경제적 기반이 없는데다가 고된 군역만 부과되었다. 이를 감당하지 못한 농민들이 피역(避役)으로 저항했고, 다소나마 경제사정이 허락하는 농민들은 더 가난한 사람들을 고용해서 대신 입역(立役)시키는 일이 허다했다. 이 때문에 수도경비와 국경방비를 위한 군사동원계획은 번번이 차질이 일어났고, 대리입역시킬 수 없는 가난한 농민만이 동원되어 군사력은 약화되고 농민생활은 영락했다.

게다가 정부는 피역한 농민을 찾아낸다는 구실로 병역의무 장정의 수를 군현 단위로 무리하게 책정하여 실제 장정 수보다 더 많은 정병 및 보인의 차출을 배당했다. 그 결과 16세기경에는 한 사람의 장정이 두 사람 세 사람 몫의 군역을 지는 경우가 많아져 인족침징(鄰族侵徵)의 폐단이 나타나고 있었다.

한편 16세기에 들어와서 방군수포(放軍收布)가 거의 일반화되다시피 하여 농병일치제 군역제도의 와해를 촉진했다. 국경지방의 군사지휘관들이 병역의무자에게서 당시 화폐 구실을 했던 포를 받아 착복하고 대신 현역복무를 면제해주는 데서 시작된 '방군수포'는 점점 그 범위가 확대되어갔다. 또 그 값이 너무 높아진 데서 오는 폐단을 막기 위해 정부가 번상가(番上價), 즉 현역복무 대신 바치는 값을 공정화(公定化)하기에 이르렀다. 이 때문에 의무병제를 원칙으로 하는 조선왕조의 농병일치제 군사제도는 사실상 무너져갔다.

　방군수포가 점점 성행하게 되자 조선왕조정부는 1541년에, 지방관이 관할 내 군역의무자의 번상가를 일괄적으로 포로 징수해서 중앙정부에 보내고, 병조(兵曹)에서 이 포를 다시 각 지방의 군사력이 필요한 곳으로 보내어 그것으로 군인을 고용하게 하는 군적수포제(軍籍收布制)를 실시했다. 군포제가 실시됨으로써 현역복무에 응하고 싶지 않은 병역의무자, 즉 양정(良丁)은 일정한 군포만 바치고 현역복무를 면할 수 있게 되었다.

　이로써 왕조 초기에 수립된 중세적 농병일치제 의무군제는 불과 1세기 만에 무너지고 병역의무자에게서 받은 군포로써 직업적 군인을 고용하는 용병제가 실시될 수 있는 길이 열렸다. 그러나 군포제가 실시된 때부터 임진왜란이 일어나기까지 용병제가 실제로 실시되지는 않았고 정부의 군포 수입은 일반 경상비에 사용된 것 같다. 농병일치제에 의한 의무병제가 사실상 무너지고 용병제가 아직 실시되기 전, 즉 군사제도상의 일종의 공백기에 임진왜란이 일어났다. 이 때문에 전쟁은 의병이라 불린 민병(民兵)들이 주로 담당하게 되었다.

　한편, 군적수포제 실시는 조선왕조 사회의 신분제도 면에서 중요한 하나의 변화를 가져왔다. 왕조 초기에는 관직에 나아가지 못한 양반계급이 생활보장책의 하나로 군관(軍官) 이하의 군역에도 종사했다. 그러나 군포제가 실시되면서 양반은 군포 부담에서 제외되어갔으며, 따라서 군역은 양인신분만이 지는 양역화(良役化)한 것이다. 결국 군포제 실시 이후에는 군포 부담 여부가 양반신분과 양인신분을 확연히 갈라놓은 하나의 기준이 되었다.

## 양역의 폐단

군사제도상의 공백기에 임진왜란이 발발하여 전쟁 초기에 조선군은 크게 패했다. 이에 조선왕조정부는 전쟁 중에 서둘러 용병제 군영인 훈련도감(訓鍊都監)을 만들었다(1594). 농민 번상병(番上兵)을 근간으로 하는 농병일치제 군사제도 대신 용병을 근간으로 하는 일종의 상비군제도로 전환하기 시작한 것이다.

전쟁 후 상비군적 군사제도로 전환하는 것은 전쟁으로 추락한 왕조의 권위를 회복하기 위한 왕권강화의 한 방편이 될 수 있었다. 이 때문에 임진왜란 이후 조선왕조정부는 훈련도감 외에도 총융청(摠戎廳)·어영청(御營廳)·수어청(守禦廳)·금위영(禁衛營) 등을 계속 설치하여, 중앙군은 왕조 초기의 농민 번상병에 의한 5위제도를 대신해서 상비군제적 군영으로서의 5군영(五軍營)제도를 갖추었다. 지방군은 진관제 대신 천례(賤隷)신분까지도 편입시킨 속오군(束伍軍)을 조직했다.

점차 천례군(賤隷軍) 중심으로 변해버린 속오군은 상비군적 성격으로 유지되지는 않았다. 그러나 중앙군인 5군영을 용병제 상비군영으로 운영하기 위해서는 막대한 군사비용이 필요했다. 용병제 상비군영의 유지를 위해서는 해외무역의 개척, 상업자본의 발달 등 경제적 조건의 변화에 의한 재정적 뒷받침이 요구되었다.

그러나 조선왕조의 경우 쇄국정책 때문에 해외무역은 민간상인의 밀무역이 있었을 뿐이었고 국내의 상업자본 발달도 상비군의 유지를 뒷받침할 만한 수준에 이르지 못했다. 이 때문에 훈련도감만이 토지세에 삼수미(三手米)를 부가한 비용으로 용병제 상비군영으로 유지되었고, 나머지 4군영은 부득이 상비군제와 농민 번상병제의 혼합편성으로 유지되었다. 그런데도 5군영 유지비를 포함한 정부재정은 계속 어려워졌고 이 때문에 양역(良役)의 폐단이 심화해갔다.

이전에 정병(丁兵)이나 보인(保人)으로 편입되었던 병역의무 인구, 즉 양정은 5군영제로의 전환으로 대부분 현역복무 대신 군포를 바치는 납포군화(納布軍化)했다. 이들에게서 징수하는 군포 수입은 5군영의 군사비로, 또는 일반 경상비로 사용되어 재정수입의 중요한 몫을 담당했다. 양정에 대한 군포 징수가 단일 관청에 의해 통일적으로 이루어져 배분되는 것이 아니라 5군영과 중앙정부기관은 물론 지방의 감영(監營)이나 병영(兵營)까지도 독자적으로 배당된 군포를 징수했고, 이 때문에 한 사람의 장정이 이중삼중으로 수탈당하는 경우가 허다했다.

그들이 바치는 군포도 소속에 따라 2필 혹은 3필 등으로 일률적이지 못했으며 1필의 길이도 5승포(升布) 35자, 6승포 40자 등으로 일정하지 않았다. 더구나 조선왕조정부는 전국의 양정 수를 정확하게 파악하지 못한 채, 재정사정이 곤란해지자 각 군현 단위로 군포 징수량을 증액 배정했다. 여기에 수령과 아전들의 농간질까지 겹쳐 백골징포(白骨徵布)·황구첨정(黃口簽丁)·인족침징 등 양역 폐단이 자행되었다.

가혹한 수탈을 피하기 위해 농민이 대부분인 양정들 중 조금 형편이 나은 사람은 공명첩(空名帖) 등을 사서 양반신분을 얻음으로써 양역 부담에서 벗어났다. 이 때문에 가난한 농민층에 양역 부담이 가중되어 그들의 파산과 유망을 촉진했다. 왜란과 호란으로 권위가 실추된 조선왕조는 북벌론 등을 내세워 백성을 긴장시키는 한편 왕권을 강화하기 위한 군사력, 특히 수도와 왕궁 경비군으로서의 중앙군을 상비군화하기에 급급했다. 그러나 그 비용을 따로 염출하지 못하고 결국 농민에 대한 수탈만 심화하는 결과를 가져왔다.

양역 폐단으로 인한 수탈 심화에 대해 농민층은 유망하거나 피역으로 저항했다. 그 결과 수탈의 기반마저 잃어가게 된 조선왕조정부는 어떤 방법으로라도 양역의 폐단을 완화하지 않을 수 없는 궁지에 빠졌다.

이 때문에 양역변통론(良役變通論)이 대두되었고 그 결과가 균역법으로 나타나게 되었다.

### 균역법의 허실

극한상태에 다다른 양역의 폐단을 해결하는 방법으로 유형원(柳馨遠, 1622~73)과 같은 실학자는 농민에게 제도적으로 일정한 농토를 지급하고 그것을 바탕으로 농병일치제로 환원할 것을 주장했다. 이 방법은 왕조 초기의 농병일치제로 다시 돌아간다는 점에도 문제가 있었지만, 그보다도 토지제도의 개혁을 전제로 하는 해결책이었으므로 지배층에게는 용납될 수 없었다.

주로 왕권과 일부 진보적 관료층에 의해 토지제도 개혁을 전제로 하지 않는 양역폐단 해결책으로 제시된 것이 호포론(戶布論)이었다. 호포론은 지금까지 양정에게만 개인 단위로 부과하던 군포를 양반호와 양인호의 구별 없이 전국의 가호를 단위로 부과하여 양역의 폐단을 해결하자는 방안이었다.

토지개혁을 통해 농민에게 제도적으로 토지를 지급하는 것을 기피하면서도 양역의 폐단이 한계점에 왔음을 인식한 호포론자들은 개인 단위이건 가호 단위이건 양반계층도 군포 부담을 지는 것이 가장 현실적인 해결방안이라 주장했다. 그러나 대부분의 양반관료층은 '양반불역론(兩班不役論)'을 내세워 자신들의 군포 부담을 강력히 반대했다.

그들은 양반이 군역을 지는 경우 반상(班常)의 신분 구분이 없어지는 것이라 했고, 평생 글을 읽은 선비가 일자무식인 상놈들과 같이 군포를 내는 것은 억울한 일이라 했다. 가난한 양반들도 대동법 실시에는 찬성했으나 자신에게 군포 부담이 돌아오는 호포론에는 반대했다. 실학자들의 경우, 정약용(丁若鏞, 1762~1836)과 같이 세상 사람들 모두 양반으로 만들어 양반이 실제로 없어지게 해야 한다는 데까지 사상적으로 전진한 학자는 양반의 군역 부담에 찬성했으나 그보다 앞선 시기의 실학자 이익(李瀷, 1681~1763)만 해도 양반의 군역 부담을 반대했다.

양반층의 강력한 반대에 부딪힌 왕권 측은 결국 호포법을 실시할 수 없게 되었으나 그렇다고 해서 농민층의 극한적 저항을 불러일으킬 단계까지 간 양역의 폐단을 그냥 둘 수는 없었다. 궁지에 빠진 조선왕조 정부는 우선 농민들이 연간 2필씩 바치던 군포를 1필로 줄이고, 절반으로 떨어진 군포 수입을 결작미(結作米)와 해세(海稅)·은여결세(隱餘結稅)·선무군관포(選武軍官布)에서 보충하게 하는 균역법을 실시했다 (1750).

결작미는 평안도와 함경도를 제외한 전국의 전결(田結)에 1결당 쌀 2말이나 돈 5전을 부과 징수하는 것이었다. 해세는 전국의 어장과 염장 및 선박에서 거두는 어염선세(魚鹽船稅)를 말한다. 이것이 전에는 주로 왕족들의 사재로 들어갔으나 균역법 실시로 정부의 세원이 되었다. 은여결세는 전국의 탈세전을 적발해서 세금을 받아내는 것이며, 선무군관포는 양인으로서 여러가지 방법으로 군포 부담에서 벗어났던 사람들을 선무군관으로 편성해서 다시 포를 받아낸 것을 말한다. 균역법이 실시될 때 전국에서 2만 4500명을 선무군관으로 편입시켰다.

한계점에 도달한 군포 부담 때문에 계속되는 농민들의 피역과 유망을 막기 위한 양역 시정책은 균역법이란 일종의 절충책으로 나타났다. 토지개혁을 전제로 하는 방법은 말할 것도 없고 양반도 군포를 부담하게 하는 호포론도 집권 양반층에 의해 모두 거부되었다. 그래서 양반불역 원칙은 그대로 지킨 채, 양반지주층은 결작미(結作米)를 일부 부담하고, 왕실은 해세(海稅)를 정부재정으로 내어놓으며, 겨우 군포 부담을 면한 일부 상층 양인은 다시 군역 부담을 지게 함으로써 일반 농민의

군포 부담 1필을 감해준 것이
균역법이었다.

군포 부담이 절반으로 줄
어들게 되자 농민 부담은 한
때 가벼워졌고 농민의 피역
저항도 소강상태를 이루었
다. 그러나 토지에 부과되는
결작미 부담이 소작농민에게
로 돌아가고 정부가 책정하
는 양정의 수가 급격히 증가
함으로써 농민 부담은 다시
가중되어갔다. 양역변통(良役
變通)이 논의될 때 정부가 책
정한 전국의 군포 부담 양정

영조는 창경궁 홍화문(위) 밖에서 도성에 사는 백성을 불러
균역법의 시행 여부를 물어보았으며, 훗날 명정전(아래)에
서 균역법 시행을 선포했다.

은 대략 30만 명으로 집계되었으나 균역법이 실시될 때에는 50만 명으
로 증가했다.

짧은 기간에 군포 부담 양정 수가 20만 명이나 증가한 것은 피역 농
민이 그만큼 적발되어 다시 군역을 지게 되었거나 두 사람 몫의 부담
을 지는 농민이 다시 그만큼 많아졌음을 말한다. 균역법으로 한때 줄었
던 농민 부담이 다시 무거워진 것이다. 특히 19세기 세도정권 시기로 들
어가면서 군정문란은 삼정문란의 하나로 되살아나서 전국적 농민저항,
즉 민란을 불러일으키는 원인이 되었다.

## 제2절 세도정권과 민중저항

### 1. 세도정권의 구조와 성격

#### 세도정권 성립의 배경

16세기에 당쟁이 시작된 때부터 19세기 초 세도정권이 성립할 때까지 2백여 년간의 조선왕조 정치사를 당쟁사적 측면에서만 보면, 그것은 당쟁의 연속에 지나지 않았다고 할 수 있다. 그러나 조금 각도를 달리해서 보면 탕평책이 실시된 때(1725)부터 표면상으로나마 당쟁 중심의 정치체제를 해소하려는 노력이 나타나기 시작했다. 특히 18세기 후반의 정조시대를 통해 당쟁이 사색(四色)을 넘어선 시파당·벽파당의 대립관계로 좁혀졌다. 한편, 극히 제한적이긴 하지만 실학적 정치세력이 어느 정도 정권에 접근하고, 실학사상이 제법 폭넓게 정치현실에 적용될 수 있는 조건이 마련되어갔다고 볼 수 있다.

민중세계의 생활환경을 개선하기 위한 이론으로서 실학사상이 단편적으로나마 정책에 반영된 것은 대동법과 균역법의 실시, 금속화폐의 유통 등에서 볼 수 있다. 특히 정조시대에 와서 박지원(朴趾源, 1737~1805)·박제가(朴齊家, 1750~1805)·이가환(李家煥, 1742~1801)·정약용 등 실학사상가들이 당파를 초월해서 하위관직에나마 일정하게 등용되었고, 왕의 신임을 받아 그 생각을 정책에 반영시키려는 노력도 일부 일어나고 있었다.

정조의 즉위와 함께 설치된 규장각(奎章閣)은 본래 역대 국왕의 문적(文蹟)을 수집 보관하기 위한 기관이었다. 그러나 실제는 당파나 신분에 구애되지 않고 상대적으로 진보적인 성향을 가진 신진학자들을 모아 학문을 닦게 하는 한편, 보수적 벌열세력을 견제하고 왕권을 강화하려는 정치적 목적이 강하게 작용한 것이라 할 수 있다.

규장각 검서관(檢書官)으로 뽑힌 박제가·유득공(柳得恭, 1749~1807)·이덕무(李德懋, 1741~93) 등은 모두 뛰어난 실학사상가들이었다. 그들은 박지원과 함께 청국문화와 그곳에 전래된 서양 근대문명을 수용하여 쇄국주의를 청산하고 외국과의 민간무역을 열 것을 왕에게 건의했다. 또 이가환·정약용 등도 왕의 두터운 신임을 받으면서 구체적인 농업정책 개혁안을 내어놓았고, 천주교와 서양문명에 대해서도 일정한 이해를 쌓아갔다.

한편 정조시대의 수원성 건축은 실학사상가들의 지혜와, 어쩌면 정치적 목적이 결집된 국가적 공사였다. 축성과정에서 정약용 등의 과학적 연구로 건축기술이 크게 발전한 것도 중요한 일이다. 임진왜란 때 불탄 왕조의 정궁 경복궁이 복원되지 못한 상태에서 국력을 기울이다시피 한 이 공사가 정조의 사도세자에 대한 추모심과 효심만을 동기로 추진되었다고 보기는 어렵다. 수원성은 그곳으로 수도를 옮기려 한 계획과 아울러 정조를 중심으로 한 실학사상가들이 보수 정치세력을 견제 혹은 제거하려는 정치적 이상이 결합되어 건설된 성벽이요 새 도시라는 관점도 있을 수 있다.

그러나 정조가 48세를 일기로 갑자기 죽고(1800) 보수 정치세력이 정권을 독점함으로써 세도정권 시기로 들어갔고, 천주교 탄압을 앞세운 대규모 정치탄압으로 박지원·박제가·이가환·정약용 등이 모두 숙청되었다. 수원성의 군사력으로 설립되었던 장용영(壯勇營)이 곧 해체되었고(1802) 정조가 심혈을 기울여 쌓은 수원성은 폐허가 되다시피 했다.

정조시대의 정치상황도 당쟁의 연속으로서 시파당과 벽파당의 대립 시기로 볼 수도 있다. 그러나 다른 한편 이 시기에는 노론당의 박지원이

나 남인당의 정약용 등 실학사상가들에 의해 북학론적 정책이 공공연하게 건의되었다. 또한 천주교와 서양문명 수용에 대해 얼마간 면역성이 길러질 수 있을 만큼 진보적 지식인의 정치적 역할이 차츰 커졌고, 이것은 보수 정치세력에게 상당한 위협을 주었다.

따라서 정조의 죽음을 계기로 세도정권이 성립하고 실학사상가 및 천주교도에 대한 대대적 숙청과 탄압이 이루어진 것은

정조가 창덕궁 후원에 지은 규장각 주합우(위)와 수원 화성(아래)

16세기 이래 계속되어온 당쟁적 정치상황의 연장선상에서 나타난 하나의 귀결점으로 이해할 수도 있지만, 한편으로는 18세기 후반기에 형성된 상대적 진보 정치세력이라 할 수 있을 실학적 세력의 진출에 대한 보수 정치세력의 강한 반발과 반동으로도 이해할 수 있다.

### 안동김씨 세도정권의 구조와 성격

조선왕조 후기의 양반지배층 사회는 그 자체가 벌열화 과정을 걸으면서 심한 당쟁을 유발하는 한편, 벌열체제 밖으로부터의 몇 가지 도전에 직면하고 있었다. 우선 농민·상공업자 중심의 민중세계가 집권층에

대해 대동법·균역법 등의 실시를 피할 수 없게 하면서 어느정도 수탈을 극복해나가는 한편, 일정하게 농업생산력과 상품화폐경제를 발전시켜 나갔다. 그리고 그것이 바탕이 되어 민중의 사회의식도 점차적으로 향상되어갔다.

다음으로, 이같은 민중세계의 성장을 배경으로 하여 실학자들을 정점으로 하는 체제비판적 식자층이 형성되어 조선왕조 지배체제의 모순에 눈떠가고 있었다. 이들은 아직 적극적 반체제세력으로 형성되거나 민중세력과 직접 결합할 만한 단계에 있지 못했으나, 정조시대에 나타난 현상과 같이 일정하게 왕권에 접근하며 보수 정치세력과 대립할 수 있는 여건을 갖추어갔다.

한편, 집권세력의 북벌론적 봉쇄정책에도 불구하고 중국을 통해 서유럽의 근대문물이 간간이 전래되어 지식인층의 의식세계를 확대시켰다. 특히 진보적 사상가들이 스스로 천주교를 도입해왔고 그것이 정치적으로 불우한 처지에 있는 지식인층에 유포되어, 이들이 보수세력의 정치적 기반에 위협을 줄 만한 세력으로 형성될 가능성도 없지 않았다.

이같은 도전에 불안해진 보수 정치세력은 정조의 죽음과 어린 순조(純祖, 1800~34 재위)의 즉위를 계기로 이른바 유탁(遺託)을 받은 김조순(金祖淳, 1765~1832)이 정권을 완전히 장악하여 세도정권을 형성했다. 순조의 뒤를 이어 헌종(憲宗, 1834~49 재위)이 즉위하여 풍양조씨(豊壤趙氏) 가문이 한때 정권에 접근했으나 곧 헌종왕비를 낸 안동김씨(安東金氏)가 다시 정권을 완전히 장악하여 이후 권력을 독점했다.

세도정권 시기에는 권력의 핵심이 의정부에서 비변사(備邊司)의 도제조(都提調)를 비롯한 당상직(堂上職)으로 옮아갔다. 비변사는 전직과 현직 삼의정(三議政)이 도제조가 되고 공조(工曹)를 제외한 5조 판서(判書)와 대제학, 4도 유수(留守), 군영대장 등이 자동적으로 제조가 되었으며, 이밖에 정치적으로 중요한 위치에 있는 인물들이 또 제조가 되었다.

비변사는 이 시기의 중요한 정치적 결정권을 장악했다. 비변사는 비변사 당상의 인사권을 비롯하여 중앙과 지방의 주요 행정 및 군사 기구 당상관 이상 관직의 인사권을 장악하여 권력의 핵심기구가 되었다. 의정부는 그 기능의 대부분을 비변사에 넘겨주고 의례(儀禮) 정도만을 담당했으며, 육조(六曹) 역시 정책 입안과 집행 기능이 약화되고 비변사에서 결정된 사안을 집행하는 기능에 한정되었다. 그 위에 삼사(三司)의 비판 및 사정 기능도 비변사로 흡수되었고 종래 이조(吏曹)의 당하관이 가졌던 인사권도 극히 제한되었다.

전체 세도정권 시기를 통해 비변사 당상 자리를 차지한 약 3백 명이 핵심적 정치집단을 형성하여 국가운영의 모든 권력을 독점했다. 이 정치집단은 안동김씨를 중심으로 하고 여기에 대구서씨(大邱徐氏), 풍양조씨, 연안이씨(延安李氏), 풍산홍씨(豊山洪氏), 반남박씨(潘南朴氏) 등의 6대 가문이 주동적으로 가세한 강력한 혈연연합적 집단이었다.

비변사는 19세기 전반기를 통해 국왕의 중요한 정치적 결정권과 관료 임명권을 박탈하면서, 그 당상직을 독점한 혈연적 권력집단이 자신들의 사적 이익을 확보 유지하기 위해 마련한 국가 최고통치기관이었다. 혈연적 권력집단은 이 최고통치기관을 장악하여 새로운 사회세력의 정치세력화를 차단하는 한편, 기존 지방 사족(士族)들의 정치적 도전을 억제하면서 장기적으로 권력을 독단하는 데 이용했다.

왕을 정치권력으로부터 철저히 배제시킨 세도정권은 정치적 견제세력이 전혀 없는 조건 아래서 그 반동성을 철저히 드러냄으로써, 삼정문란으로 표현되는 수탈정책이 절정에 이르렀다. 세도정권은 공공연히 관직, 특히 수령직(守令職)을 팔았다. 관직을 산 수령들은 백성에 대한 착취로 이를 벌충했으며, 이같은 관료들의 부정에 편승하여 아전들의 농간질 또한 미치지 않은 데가 없었다.

세도정권의 수탈정책에 대해 민중세계는 어느 때보다도 적극적인 저항으로 맞섰다. 세도정권이 성립한 지 11년 만에 '홍경래란'으로 불린 관서농민전쟁이 일어나서 세도정권을 궁지에 몰아넣었다. 그러나 지도부의 전쟁 목적이 농민층의 그것과 일치하지 않았고, 농민층 안에서 지도세력이 자생하지도 못해 전쟁은 결국 실패했다. 이후 세도정권에 대항하는 농민저항은 19세기 중엽 이후 전국적인 임술민란(1862)으로 다시 폭발했다. 이때에도 산발적인 민란을 조직화할 만한 지도세력이 형성되지 못해 모두 민란으로 끝나고 말았다. 그러나 이 민란을 계기로 안동김씨 세도정권은 더 유지되지 못하고 대신 대원군의 세도정권이 들어서게 되었다.

### 대원군정권의 성격

19세기 중엽 이후 전국적으로 폭발한 민란은 비록 대규모 농민전쟁으로까지 발전하지 못했으나 좁게는 안동김씨 세도정권을, 넓게는 지배세력 전체를 불안 속으로 몰아넣었다. 후사 없이 죽은 철종(哲宗, 1849~63 재위)의 뒤를 이어 아들을 즉위시킨 왕족 이하응(李昰應, 대원군 大院君, 1820~98)이 이에 대한 대책으로서 왕권강화를 내세우며 강력한 또 하나의 세도정권을 수립하고 나섰다.

대원군 세도정권이 성립될 무렵, 조선왕조의 지배세력이 당면한 위협은 두 가지 측면에서 나타나고 있었다. 그 하나는 대내적인 면에서의 농민저항이었다. 안동김씨 세도정권 때의 진보적 지식인층에 대한 철저한 탄압 때문에 민란을 조직화할 수 있는 뚜렷한 지도세력이 형성되지는 않았다. 그러나 세도정권의 수탈정책이 농민의 저항력을 강화시키고 사회의식을 높여 농민층 내부에서 지도세력의 성장을 전망할 만한 단계에까지 나아가게 했다. 철종시대 말년의 민란에는 일부 몰락한 식자층이 합세하고 있었다.

또 하나의 위협은 밖으로부터의 것이었다. 안동김씨 세도정권이 성립되면서 천주교세력은 로마 교황청과 연결되고 외국인 선교사가 입국하면서 계속 확대되어갔다. 뿐만 아니라 교인에 대한 박해에 항의하고 신교(信敎)의 자유를 실현할 목적으로 프랑스 군함이 오기도 하고, 또 영국 상선이 통상을 요구해오기도 했다.

안동김씨 세도정권 성립기에 비해 안팎으로부터의 도전이 한층 더 거세어졌을 때 성립된 대원군정권은, 밖으로부터의 도전에는 철저히 맞서는 반면 국내 민중세계의 도전에는 어느정도 타협하면서 정권을 유지했다. 대원군정권의 목표는 안동김씨 일문을 정점으로 하는 세도권력과 양반관료층 세력을 누르고 왕권강화를 내세워 정권을 유지하는 데 있었다. 따라서 양반관료층 세력을 누르는 정책과 민중세계의 도전에 타협하는 정책이 한때나마 병행될 수 있었다.

양반관료 세력에 대한 억제정책은 그들의 왕권침해와 농민층에 대한 횡포를 막는 데 집중되었고 그 하나가 서원정리로 나타났다. 16세기부터 각 지방에 설립되기 시작한 서원은 사묘(祠廟)와 교육기관이란 본래의 기능에서 벗어나 대지주가 되는 한편, 지방 유생들의 붕당 중심지가 되어 당쟁의 후방기지 역할을 했다. 심지어는 불법적인 수세권(收稅權)을 발동해서 농민층을 괴롭히고 왕권을 침해했다. 대원군정권은 유생들의 반대를 무릅쓰고 전국 서원의 대부분을 철폐해서 양반층의 횡포를 눌렀다.

대원군정권이 강행한 호포법(戶布法)도 양반세력의 특권을 빼앗고 농민생활을 어느정도 안정시키는 데 효과가 있었다. 호포법은 양반층에도 군포를 물리는 법이었다. 호포법은 18세기 중엽 양역폐단 시정책이 논의되었을 때 이미 제기되었으나, 양반불역론을 내세운 양반층의 강력한 반대로 실시되지 못하고 결국 균역법이 실시되었다. 균역법 이후 120년이 지난 대원군정권 때도 호포법 실시에 대한 양반층의 반대는 여전히 컸으나, 대원군정권은 그것을 강행했다.

호포법의 실시로 정부재정은 호전되어 삼군부(三軍府) 설치 등 군사제도 개혁을 통해 상비군적 군대를 유지할 수 있었다. 따라서 그것은 안으로 대원군정권의 권력강화를 밑받침하는 한편, 밖으로는 외국군의 침략에 대항하여 쇄국정책을 유지하는 군사력이 되었다.

밖으로부터의 도전에 대한 대원군정권의 대응책은 먼저 천주교 탄압의 강화로 나타났다. 안동김씨 세도정권도 천주교를 탄압했으나 교세는 계속 확대되었다. 이에 위협을 느낀 대원군정권은 1865년부터 약 3년 동안 8천여 명의 교도를 처형하고 미국·영국 등의 통상요구를 모두 거절했다. 선교사의 처형에 항의하면서 혹은 상선을 불태운 책임을 묻는다는 핑계로 프랑스와 미국 함대가 침략해왔으나, 대원군정권은 강화된 군사력으로 번번이 이를 격퇴하면서 쇄국정책을 계속 고집했다.

그러나 대원군정권의 파탄은 역시 국내문제에서 시작되었다. 왕권 대행자로서 대원군 세도정권의 가장 큰 목표 중 하나는 이씨 왕권의 강화에 있었으므로 그 상징의 하나인 경복궁의 재건이 강행되었다. 공사비용을 마련하기 위해 원납전(願納錢)·결두전(結頭錢)·성문세(城門稅) 등 새로운 세금을 억지로 징수했고, 당백전(當百錢)의 무리한 발행으로 유통경제에 혼란을 가져왔다.

그뿐만 아니라 장기간의 공사에 동원된 농민들의 원성은 높아갔고 천주교도의 대량 처형, 외국군함의 계속적 침입 등으로 민심은 동요했다. 이 때문에 몇 가지 무마정책에도 불구하고 민란은 계속 일어났고, 결국 집권 10년 만에 유생층의 반발을 계기로 대원군정권은 무너지고 왕비 민씨 일파가 집권하였다.

대원군정권은 안동김씨 세도정권 말기의 전국적 민란과 외세의 도전에 대응하면서 등장한 또 하나의 세도정권이었다. 이 정권이 삼정문란에 대해 단행한 일정한 시정책과 서원 철폐, 호포법의 실시 등은 민란을 통한 농민층의 도전에 대응하기 위한 불가피한 정책이었다. 따라서 그것은 보기에 따라서는 민란의 전리품이었다고도 할 수 있다.

대원군정권이 안동김씨 세도정권을 통해 귀족화한 정치세력을 거세하고 특권상인세력 등을 바탕으로 한 왕권 강화, 더 나아가서 왕권의 절대화를 지향한 정권이었다고 보는 견해도 일부 나타나고 있으나 아직은 실증성이 약하다. 오히려 대원군 세도정권은 특권상인층과 결합했다기보다 전주이씨 일문을 중점적으로 등용한 정권이었다는 주장도 있다.

## 2. 세도정권의 농민수탈

### 농민층 조세 부담의 증가

19세기로 들어서면서 시작된 세도정권 시기에는 봉건 지배계층의 농민에 대한 수탈이 절정을 이루었다. 농민 수탈의 내용은 전정(田政)·군정(軍政)·환정(還政) 등 소위 삼정문란으로 집약되었다.

전정은 삼정 중에서도 가장 중요한 토지세 징수정책을 말한다. 15세기의 왕조 성립기에 책정된 전분6등(田分六等) 연분9등(年分九等)의 법은 왕조 후기로 오면서 차차 정액화했고, 『속대전(續大典)』에서는 전국의 농지에 대한 수세액이 매년 1결당 논은 쌀 4말, 밭은 콩 4말로 확정되었다. 그러나 대동미·삼수미 등 무려 43개 종류의 잡세가 전세에 부가되어 전정의 문란을 심화시켰다.

군정의 경우 균역법의 실시로 농민 부담은 포 2필에서 1필로 줄었으나, 포 1필이 쌀 6말에 해당되어 그 부담이 결코 적은 것이 아니었다. 그 위에 피역의 길이 막힌 가난한 농민들에게 백골징포·황구첨정·인족침징 등으로 가중되어, 세도정권 시기에는 양정 한 사람이 대체로 4인 몫의 군포, 즉 4필을 부담했다고 한다.

다음, 환정의 폐단은 환곡(還穀)의 방출과 수납 과정에서 빚어지는 각종 폐단을 말한다. 곡식으로 빌려줄 때는 두량(斗量)을 속이거나 높은 이자를 붙여 받고, 돈으로 환산해서 빌려줄 때는 입본(立本)·감색(監色) 등의 명목으로 상정가(詳定價)의 절반, 심하게는 3분의 1만을 주었다가 받을 때는 원액을 다 받는 등 그 폐단을 일일이 다 들 수 없는 상황이었다.

안동김씨 세도정권의 정치적 숙청으로 장기(長鬐)·강진(康津) 등지로 귀양 가서 18년 동안 농민 속에 살면서 그들의 생활을 체험한 정약용은 삼정문란을 통한 농민 부담을 상세히 분석했다. 그의 분석에 의하면 토지를 기준으로 부과되는 세목 43개 종류 가운데 중앙정부가 징수하는 국납(國納) 중의 공식 결세(結稅)인 전세미(田稅米)·대동미(大同米)·삼수미·결작미가 합쳐서 1결당 1년에 22말2되었다. 이밖에 역시 중앙정부로 들어가는 호조작지미(戶曹作紙米)·창작지미(倉作紙米)·공인역가미(貢人役價米)·가승미(加升米)·곡상미(斛上米)·경창역가미(京倉役價米)·하선입창가미(下船入倉價米)가 합쳐서 1결당 5되8홉7작이어서, 결국 중앙정부가 징수하는 세미(稅米)는 도합 토지 1결당 22말7되8홉7작으로 계산된다.

다음 선급(船給), 즉 세곡운반비로 충당되는 세목은 모두 4종으로서 1결당 2말2되었고, 지방관아에서 징수하는 읍징(邑徵)과 기타 세목은 무려 28종이나 되며 그 세액은 1결당 29말4되3홉2작 내지 32말8홉2작이었다. 따라서 국납과 선급·읍징 기타를 모두 합하면 토지 1결당 1년에

54말4되1홉9작 내지 57말6홉9작의 결세를 물게 되어 있었다.

여기에 다시 군정의 폐단에 의해 양정 1호가 평균 2.43정 몫의 군포 2.43필을 부담하고 있었으므로 1호가 1결을 경작했다고 가정해서 군포 부담을 쌀로 환산하면 14말5되8홉이었다. 또 환정 폐단의 결과로 부과되는 결환(結還)이 1결당 쌀 12말 내지 18말로 계산되어 이를 모두 합치면 삼정문란의 결과로 토지 1결에 부과되는 세액은 80말9되9홉9작 내지 89말6되4홉9작이나 되었다.

18세기 후반에서 19세기 전반에 걸쳐 살았던 정약용은 토지 1결의 수확량이 풍작일 때는 쌀 800말, 평년작일 때 600말, 흉작일 때 400말이라 했다. 평년작의 경우를 기준으로 해서 예를 들면, 소작농민들은 쌀 600말의 수확 중에서 300말을 지주에게 소작료로 바치고 나머지 300말 중에서 80말가량을 정부에 의해 수탈당하는 것이다.

물론 이같은 계산은 토지에 부과된 각종 세미를 삼남지방이 대체로 그러했듯이 모두 소작농민이 문 경우를 상정해서 계산한 것이다. 세도 정권 시기를 통해 실제로 앞에서 든 43종의 세목 이외에도 지방관 및 아전들이 횡령한 세곡이나 군포, 환곡까지도 모두 도결(都結)이라 하여 결세가 부가되어 금납화되었다. 결세가 높아져 농민들의 부담이 가중됨으로써 그것이 민란의 중요한 원인이 되었다.

### 부세 도결화의 폐단

조선왕조 후기 조세정책의 변화과정에서 나타난 큰 특징은, 첫째, 각종 부세(賦稅)가 지세화하고, 둘째, 그것이 고을 단위의 총액제(總額制)로 된 후, 셋째, 금납제로 되면서 도결화하는 것이라 할 수 있다. 대동법의 실시로 공납이 일단 결세화했고, 비총제(比摠制)의 실시(1760)로 결세가 공동납부제, 즉 총액제화했다가 군포와 환곡까지 토지에 부과되면서 금납제로 되는 도결화 과정을 통해 농민층의 부담이 가중되었다.

종래 토지세의 수취방법은 작부제(作夫制)라 하여, 전세 부담자를 8결 단위로 묶어 호수(戶首)라는 책임자를 두고 이 호수가 일반 조세 부담자로부터 조세를 거두어 관아에 바치고 나머지 일부를 자신의 몫으로 챙겼다. 그러나 특히 안동김씨 세도정권 시기로 들어가면서 각 고을의 수령이 호수를 거치지 않고 직접 조세를 수취하는 도결제(都結制)가 나타났다. 수령이 본래 쌀이나 면포로 거두던 조세를 돈으로 거두고 그것을 서울에 가져가서 쌀이나 면포를 사서 중앙정부에 바치게 된 것이다. 조세를 돈으로 거둘 때 남기는 돈과 서울에서 쌀이나 면포를 살 때 남기는 돈을 모두 수령이 차지하여 도결의 폐단은 심해져갔다.

조선왕조 후기 사회에서는 농민층 분해로 조세 부담 능력을 잃은 인정(人丁)이나 호구가 증가했고 이 때문에 군포·환곡·잡세의 수취가 모두 토지세에 부가되었다. 군포의 경우 그것을 부담해야 할 양민이 급격히 줄게 되어 호포제가 아닌 동포제(洞布制)가 되거나 토지세에 부가될 수밖에 없었고, 본래의 취지와는 달리 이미 조세화한 환곡의 경우도 토지세에 부가되었다. 환곡이 증대하면 할수록 토지세가 증가되었고 기타 잡세의 경우도 마찬가지였다.

전정·군정·환정 등 삼정과 잡세가 모두 토지세화하고 금납화되면서 도결화하는 과정은 세제상으로는 일정한 합리성을 가지는 것이었다. 농민층 분해가 이루어지는 과정에서 대부분 토지를 가지지 못했던 양정에게 부과된 군포, 즉 인두세의 토지세화는 바람직했다.

상품화폐경제의 발달로 금속화폐 유통이 일반화되고 있던 상황에서, 수령이 부세를 직접 수취함으로써 호수의 중간수탈을 없이하고 금납화로 현물조세의 폐단을 극복하는 것도 역사적 추세였다. 또 조세총액제가 이루어진 조건 아래서, 환곡의 결손분이나 군역세의 부족분을 도결제를 통해 일괄 해결하는 방법도 바람직했다.

그러나 이와 같은 조세의 도결화는, 호수가 차지하던 몫이나 방납과 정에서 얻어지는 잉여분으로 조세 부족분을 충당하던 본래의 취지를 벗어나 수령들이 잉여분을 늘리는 일 자체에 목적을 두게 되어 결세가 계속 증가했고, 이 때문에 농촌사회 각계각층의 불만이 높아졌다.

우선 지방관이 직접 부세를 수취하는 도결제의 실시로 지금까지 호수가 되어 부세 수납과정에서 일정하게 이익을 보던 일부 향반과 이서 (吏胥)·토호들의 불평이 높아졌다. 그들은 향반층의 결세도 도결제에 포함되어 감세나 차등 부과의 혜택을 잃게 되는 반면, 종래 부담하지 않던 군역세를 부담하게 되었다. 일반 농민의 경우도 환곡이나 군역세가 토지세에 부가되어 부담이 일단 줄어드는 것 같았으나, 호남·영남지방과 같이 결세를 소작농민이 부담하는 지역은 도결제의 실시로 결세가 계속 높아짐에 따라 일반 농민들의 조세 부담은 증가되어갔다.

결국 도결제의 실시는 농촌사회의 호수층·향반층·농민층 모두에게 부세 부담을 높이고 수령에게만 이익이 돌아가는 결과를 가져왔다. 임술민란이 제일 먼저 일어난 진주(晉州)의 경우, 그 발단은 진주목에서 각 면의 두민(頭民)을 불러 도결을 실시하고 그 잉여분으로 환곡의 결손분을 메우기로 결정한 데 있었다. 익산에서는 1천 결을 도결하여 얻은 4천 냥을 작환(作還)하여 분급한 것이 민란의 직접적 원인이 되었다. 개령(開寧)의 경우 현감이 3년 동안 도결로 얻은 1만 1485냥과 조세로 중앙에 바쳐야 할 몫에서 1773냥을 착복한 것이 민란의 원인이었다.

도결제의 실시가 호수를 맡았던 일부 향반·토호·이서, 소작농민 등 농촌사회의 각계각층에 조세 부담을 가중시키는 원인이 되었으므로, 통문(通文)을 돌리고 향회(鄕會)를 열어 항의하는 합법적 과정에서는 향반들도 참여했다. 그러나 정작 민란으로 발전하는 과정에서 그들은 이탈하는 경우가 많았다. 조선후기 조세체제의 모순이 특히 세도정권 시기에 와서 조세 수취방법을 도결제로 바뀌어가게 했다. 그것이 향반을 포함한 농민층의 조세 부담을 가중시켜 전국적 민란이 일어나는 중요한 원인이 되었고 세도정권을 위기로 몰아넣었다.

### 농민세계의 동향

세도정권의 횡포 앞에 방치된 농민들은 이를 타개할 수 있는 합법적 방법과 통로를 갖지 못했다. 그들에게는 세도정권의 손발이 된 부패한 아전을 포함한 지방관에 대한 합법적 고발의 길이 막혀 있었다. 지방관을 고소하는 경우 그들은 무고죄로 처벌되기 일쑤였으며, 수령의 학정을 호소하다가 매를 맞거나 과도한 벌금을 물고 귀양살이하는 것이 예사였다.

그 때문에 일부 농민들은 법을 초월해서 자신의 생존권을 유지할 수 있는 방안을 찾아야 했다. 그 일부는 왕조 전기의 피역저항과 같은 소극적 방법의 연장선상에서 본향을 이탈해 유민이 되어 관리들의 수탈범위에서 벗어났다. 유민들은 도시지역으로 흘러들어가 날품팔이 노동자층을 형성하기도 했고, 다른 일부는 산속으로 들어가 화전민이 되기도 했다.

한편 소극적 민중저항의 한 형태로 각종 괘서사건(掛書事件)이 발생했다. 벽보를 이용해서 관리의 가렴주구를 폭로하고 당면한 사회문제의 개선책을 개진한 것이다. 1804년에 일어난 「관서비기(關西秘記)」사건이나 1826년 청주 괘서사건은 이런 형태의 저항 중 두드러진 예다. 또 이달우(李達宇) 등과 같이 정전법(井田法) 내지 균전법(均田法)의 시행을 주장하고 문란한 정치상을 공격하는 한글가사를 지어 민간에 유포하다가 처형된 경우도 있었다. 괘서사건들은 민중의식 성장의 한 표현이며 민심동향의 표현이기도 했다.

지배층의 부패와 수탈에 대해 일부 민중은 비밀결사로 저항을 기도
했다. 1684년에 발생한 검계(劍契)·살주계(殺主契) 사건 등을 대표적인
예로 들 수 있다. 또한 17세기 말엽과 18세기 전반기에는 민중불교의
한 형태인 미륵신앙을 배경으로 한 저항집단이 형성되었고, 일부 유리
민들은 명화적(明火賊)이나 수적(水賊)으로 변신하기도 했다. 명화적들
은 수십 명씩 무리를 이루어 토호나 부상(富商)들을 공격했고, 수적들
은 배를 타고 강이나 바다를 왕래하며 약탈을 일삼았다.

또 각 지방에는 단호(團號)를 가진 비교적 규모가 큰 저항적 범죄조직
이 형성되어 횡행했다. 서울을 배경으로 활동한 도둑집단인 서강단(西
江團), 주로 평양을 중심으로 활동한 폐사군단(廢四郡團), 유민을 중심으
로 형성된 유단(流團), 광대·재인 등이 만든 채단(彩團) 등이 그 예다.

한편, 중세사회 해체기인 조선후기의 범죄양상을 살펴봄으로써 조선
왕조의 지배질서에 도전하던 민중세계의 동향을 엿볼 수 있다. 이 시기
의 통치자들이 '범죄'로 규정한 대부분이 중세적·조선왕조적 지배질서
를 파괴하는 데 목적을 둔 것이었음은 당연하다. 따라서 많은 범죄들이
관권의 횡포와 지배층의 불의에 대한 민중저항의 성격을 지니고 있었다.

이런 범죄유형 중 첫째는 관원을 사칭하고 공문서를 위조해서 어떤
목적을 이루는 경우를 들 수 있다. 이는 관청 기강의 문란 및 관리의 횡
포가 자행되던 상황에서 빈발할 수 있는 범죄였다. 둘째는 민중생활의
궁핍화와 관련한 범죄유형이다. 여기에는 강도·절도 및 살인과 같은 일
반범죄도 포함될 수 있으며, 사회변동에 따라 그 발생 수가 급증했다.
셋째는 사회의 변화와 가치관의 동요에 따른 범죄의 유형을 지적할 수
있다. 여기에는 강상죄(綱常罪) 내지 사학사술죄(邪學邪術罪), 그리고 각
종 경제범죄들이 포함된다.

이러한 유형의 범죄들이 이 시기에 와서 크게 증가한 것은 기존의 사

회질서와 가치관에 대한 민중의 저항과 함께 집권층의 반동화가 동시에 심해지고 있었음을 뜻한다. 이같은 각종 범죄는 점점 빈번히 발생하고 또 극렬화해서, 크게는 농민전쟁으로 작게는 민란으로 발전했다.

## 3. 농민반란의 폭발

### 관서농민전쟁

17~18세기를 통해 상품화폐경제와 농업기술이 일정하게 발달하여 농민경제가 차차 향상되었다. 따라서 농민층의 정치의식과 사회의식도 어느정도 성장해갔다. 이같은 현상에 대한 지배층 쪽의 대응책으로 성립되었다고 할 수 있을 세도정권은 농민생활을 압박했고, 정치적 기강이 극도로 문란해져 농민층에 대한 수탈이 강화되었다. 이 때문에 세도정권은 성립 당초부터 농민층의 항거에 부딪히지 않을 수 없었다.

세도정권이 성립된 직후인 1800년 8월에 경상도 인동(仁同)에서 60명의 농민들이 관아를 습격했다. 1808년에는 함경도 단천부사(端川府使)가 농민들에 의해 쫓겨났으며, 또 북청부사(北靑府使)가 쫓겨날 뻔했다. 다음 해에는 개성에서 수백 명의 군중이 양반들의 집을 부수고 관아로 몰려가 돌을 던졌으며, 다음 해에도 춘천부사(春川府使)가 농민들에게 쫓겨날 뻔했다.

홍경래란(洪景來亂)으로 불린 관서농민전쟁이 일어나기 10개월 전에도 황해도 곡산(谷山)에서 수백 명의 농민이 몽둥이를 들고 관아로 쳐들어가 부사(府使)를 빈 섬에 넣어 30리 밖에다 버린 후 옥문을 부수고 죄수들을 풀어주는 사태가 벌어졌다. 세도정권 아래서 빈발한 이같은 농민항거는 그 규모가 커지면서 마침내 관서농민전쟁으로 발전했다.

몰락양반 홍경래(洪景來, 1771~1812)와 지사(地師) 우군칙(禹君則,

「신미 정주성 공위도」 • 관군이 정주성의 홍경래 군을 공격하는 그림이다.

1776~1812), 지방의 부호 이희저(李禧著, ?~1812), 유생 김창시(金昌始, ?~1812) 등이 공모해서 가산(嘉山) 다복동(多福洞)을 근거지로 1811년 12월에 일으킨 농민전쟁은 주변 농민들의 호응으로 가산·정주(定州)에 무혈입성했다. 이후 불과 10일 만에 곽산(郭山)·박천(博川)·태천(泰川)· 선천(宣川)·철산(鐵山) 등 7개 고을을 거의 전투 없이 점령했다.

그러나 정부군의 공격이 시작되자 농민군의 진격은 저지되고 모두 정주성으로 들어가 농성했다. 이후 정부군의 정주성 공격은 번번이 실패하고 많은 희생자를 내면서 전투는 다음 해 3월까지 계속되었다. 정부군이 성 밑에 땅굴을 파고 화약을 넣어 폭파함으로써 겨우 성을 함락시킬 수 있었다. 성이 함락되었을 때 잡힌 농민군은 약 3천 명이었고 이 가운데 약 2천 명이 처형되었다. 홍경래 등 주모자들도 대부분 전사하고 전쟁은 4개월 만에 끝났다.

전쟁을 계획하고 주동한 몰락양반이나 지사·상인·부호와 이에 동조한 이정(里正)·약정(約正)·풍헌(風憲) 등의 향임(鄕任), 천총(千摠)·파총(把摠)·별무사(別武士) 등 무임(武任)의 경우, 전쟁을 주도하거나 이에 동조한 동기가 개인적 야심이나 서북지방민에 대한 왕조정부의 차별대우, 중앙정부와 결탁한 특권상인에 대한 반발 등에 있었다. 그러나 농민군의 경우, 전쟁 참가 동기는 개인적 야망이나 지역적 차별대우보다 세도정권과 그 하수인인 지방 관료의 수탈에 있었다. 이렇게 지휘부의 봉기 동기나 이해관계가 농민군의 그것과 일치하지 않았다. 결과적으로 농민군 자체에서 지도세력이 자생하지 못한 상태에서 일어난 것이 관서농민전쟁이었고, 그것이 또한 중요한 실패 원인이기도 했다.

관서농민전쟁이 실패한 후에도 세도정권의 수탈이 계속 심화하면서 일정한 규모의 농민항거가 계속되었다. 이 전쟁이 실패한 지 채 2년이 안 된 1813년에는, 제주도에서 관원을 죽이고 조선왕조의 통치권에서 벗어나려 한 계획이 탄로나 3명의 주모자가 처형되었다. 1815년에도 용인(龍仁)에서 농민전쟁을 본받아 거사하려던 계획이 사전에 발각되어 5명이 처형되었다.

1817년에는 전주에서 감영을 점령하고 서울로 쳐들어가 김조순을 비롯한 세도정권의 요인을 죽인 후 다른 왕을 세우려 했다 하여 6명이 처형되었다. 1841년에는 경주 농민 수백 명이 환정의 부정을 고발하기 위해 서울에 가서 복합상소(伏閤上疏)를 했다. 또 이보다 앞서 1833년에는 독점상인들의 매점으로 쌀을 살 수 없게 된 서울 시내의 영세민들이 폭동을 일으켜 싸전을 불질러서 주모자 7명이 처형되었다.

이밖에도 고급관리들의 행차길을 막고 관리의 부정을 폭로하는 일이나 관리들의 비행을 써서 거리에 붙이는 괘서사건이 잇따라 일어났다. 1851년에는 도둑을 신문하는 포교(捕校)를 수백 명의 군중이 몽둥이를 들고 습격해 죽이고 도둑을 풀어준 일이 일어났다. 이같이 세도정권 시기에는 도시민과 농민을 막론하고 자신들의 불만을 적극적으로 드러내는 기운이 전국적으로 퍼져갔고, 그것이 마침내 임술민란으로 발전하게 되었다.

## 임술민란

1862년 2월 진주(晉州)에서 처음으로 폭발한 민란은 곧 전국 각지의 주요 고을로 번져갔다. 경상도 지방에서는 단성(丹城)·함양(咸陽)·선산(善山)·상주(尙州) 등 15개 고을에서, 전라도는 함평(咸平)·부안(扶安)·제주도 등 9개 고을에서, 충청도는 회덕(懷德)·공주(公州)·은진(恩津) 등 9개 고을에서, 그리고 함경도 함흥(咸興), 경기도 광주(廣州), 황해도 황주(黃州)에서 많을 때에는 수만 명, 보통 수천 명의 농민들이 세도정권의 악정에 대항하여 민란에 참가했다.

조선왕조 조세수입의 대부분을 담당했고 지주·전호제(地主佃戶制)가 집중적으로 전개되어 정부 관료층과 농민의 대립관계, 지주와 전호의 대립관계가 가장 날카로웠던 경상·전라·충청지방을 중심으로 폭발한 민란은, 대체로 같은 동기에서 일어나 비슷한 과정을 거쳐 진압되었다. 대표적인 경우라 할 수 있을 진주민란 하나만 예로 들어도 전체 민란의 경위를 이해할 수 있다.

진주민란 폭발의 장본인 경상우병사(慶尙右兵使) 백낙신(白樂莘)은 민란이 일어나기 전 몇 년 동안 환곡 수납과정에서 불법적으로 뜯어낸 돈, 농민들이 개간한 땅을 불법이란 핑계로 빼앗아낸 돈, 광산을 불법 채굴했다고 죄를 뒤집어씌워 강탈한 돈, 관곡(官穀)을 돈으로 환산하여 대여하는 과정에서 취리한 돈 등을 합쳐 4만 냥 내지 5만 냥을 거두어 챙겼다. 이 돈을 쌀로 환산하면 약 1만 5천 섬이 되는 것이었다.

또 이때 진주목은 도결을 일시에 실시할 계획을 세우고 있어서 농민들의 불만이 높아지고 있었다. 그때까지 지방관리들이 불법적으로 축낸 공전(公錢)이나 군포 등을 보충하기 위해 부족분을 모두 결세에 부가하여 해결하려 한 것이 2만 8천 섬이었다. 그 위에 환곡 축난 것이 2만 4천 섬이나 되어 농민 부담을 가중시켰다.

진주 농민들의 봉기는 진주읍에서 서남쪽으로 30리 지점에 있는 유곡동(杻谷洞)에서 그곳 주민 유계춘(柳繼春, ?~1862)·김수만(金守滿)·이귀재(李貴才) 등에 의해 처음 모의되었다. 이들은 우선 근처에 있는 수곡(水谷) 장터에서 대규모 모임을

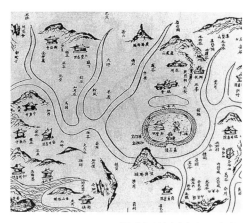

진주민란이 일어났던 진주목의 지도

갖고 행동을 개시하여 수곡장과 덕산(德山)장을 휩쓸고 진주성으로 쳐들어갔다. 농민봉기군은 스스로를 초군(樵軍)이라 부르면서 머리에 흰 수건을 동여매고 몽둥이로 무장하여 노래를 부르며 진군했다. 진군 중에 주변 농민들이 합세해서 그 수가 수만 명에 이르렀으며, 행군하면서 근처 부호들의 집을 파괴하기 시작했다.

이에 당황한 우병사 백낙신은 도결의 폐단을 즉시 시정할 것을 약속했으나, 농민군은 그를 포위하고 죄상을 따지는 한편 악질적인 아전 몇 사람을 불태워 죽이고 농민들의 원한을 샀던 토호들의 집을 부수거나 불질렀다. 6일간이나 계속된 진주민란은 봉기군들이 어느정도 분풀이를 한 후 가라앉기는 했으나, 그동안 23개 면을 휩쓸었고 3명의 아전과 그 아들 1명이 살해되었다. 또 이 기간에 120여 호의 집이 파괴되고 역시 120여 호에서 10만 냥이 넘는 재물을 빼앗겼다.

다른 지방 민란의 경우도 대체로 그 경위가 비슷했다. 먼저 관료들의 횡포를 막기 위한 모임을 갖자는 통문을 돌려 집회를 열었다. 수령에게 시정을 요구하면서 악질적인 아전을 타살하고, 관아의 건물과 아전이

나 향임 혹은 양반의 집을 부수고 옥문을 열어 죄수를 풀어주었다. 또한 조세·군포·환곡 장부를 불사르고, 한때 읍권(邑權)을 장악했다가 며칠이 지나면 자진해산했다. 정부에서 파견한 안핵사(按覈使)가 현지에 가서 몇 사람의 주동자를 가려내어 처형하고, 민원(民寃)의 대상이 되었던 아전이나 향임을 파면하고 수령을 문책하는 것으로써 민란의 뒤처리는 일단락되었다.

민란은 대체로 이미 소작농의 위치에서도 쫓겨난 농촌 임노동자, 지주의 지대 수탈 때문에 소작농의 위치마저 불안해진 영세소작농, 높아지기만 하는 조세 때문에 차차 땅을 잃어가고 있던 영세자작농 등이 주체가 되고, 여기에 도결의 피해를 입은 일부 향촌양반과 몰락한 전직관리 등이 합세해서 일으킨 농민항쟁이었다.

특히 합세한 향촌양반층과 전직관료들은 민란을 통해 현직 수령과 아전들을 쫓아내고 읍권을 장악하는 등 약간의 정치적 성향도 가지고 있었다. 하지만 그것은 수탈의 직접 담당자인 수령이나 아전들로부터 한때 읍권을 빼앗아 수탈을 저지하려는 데 그쳤을 뿐, 그 수탈의 근원을 세도정권에까지 추급(追及)할 수 있는 정치의식에는 미치지 못했다. 따라서 중앙정부가 민란이 일어난 곳의 수령과 아전을 제거하고 삼정개혁책을 약속하는 것만으로도 민란은 일단 진압될 수 있었다.

그러나 정부의 삼정개혁책이 토지개혁과 같은 근본적인 것이 못되고 미봉책에 그쳤기 때문에 민란은 계속될 수밖에 없었다. 안동김씨 세도정권을 대신해서 등장한 대원군 세도정권이 호포법을 실시하고 아전들의 횡포를 막으면서 민중세력의 불만을 해소시키려는 자세를 보였으나, 역시 본질적인 개혁을 시도하지는 않았다. 따라서 대원군정권 아래서도 빈도가 다소 덜하기는 했으나 그 원인이나 규모가 안동김씨 세도정권 말기의 그것과 다름없는 민란이 계속되었다.

대원군이 집권한 다음 해에 황해도 풍천(豐川)에서 민란이 일어나 아전들의 집이 불타고 감사와 부사가 파직된 것을 비롯해서, 1868년의 경상도 칠원(漆原)민란, 1869년의 전라도 광양(光陽)민란 등이 있었다. 1870년 이후에도 이필제(李弼濟, 1827~71)가 주동한 진주(晋州)·영해(寧海)·문경(聞慶)에서의 민란이 계속 일어났다. 그리고 대원군정권이 무너진 다음에도 민란은 계속 일어났다.

임술민란 후부터 갑오농민전쟁이 일어나기까지 무려 40여 건의 크고 작은 민란이 계속되었다. 안동김씨 세도정권 말기에 우발적이고 산발적으로 일어나기 시작한 민란이 30년 후의 갑오농민전쟁으로 연결되기까지 농민들의 끊임없는 투쟁이 계속된 것이다. 이 과정을 통해 전봉준(全琫準, 1854~95)과 같은 몰락양반층을 중심으로 한 지도세력이 비로소 형성되어갔다.

## 제3절 외세의 침략과 시련

### 1. 왜란과 민병활동

#### 관군의 패배

14세기경부터 빈번하게 출몰한 왜구 때문에 고려왕조는 크게 시달림을 받았다. 그러나 조선왕조시대에 들어오면서 적어도 15세기 중에는 계해약조(癸亥約條)에 의한 삼포(三浦) 개항, 세사미(歲賜米) 지급 등의 회유정책과 대마도(對馬島) 정벌 등의 토벌정책을 병행하여 왜구대책에 일단 성공할 수 있었다.

16세기에 들어오면서 삼포왜란(三浦倭亂, 1510)을 출발점으로 하여 왜구대책에 차질이 나타나기 시작했다. 삼포왜란 이후 일본과의 교섭을 재개하면서 세사미와 세견선을 절반으로 줄였다. 이후 일본 쪽은 나빠진 무역조건에 불만을 품고 계속 분쟁을 일으켰다.

조선왕조정부는 일본 쪽이 분쟁을 일으킬 때마다 세사미와 세견선을 줄이는 조치를 반복했고, 임진왜란 직전에는 일본과의 교섭을 끊다시피 했다. 이 무렵 일본에서는 오랜 내란의 시대가 끝나고 토요또미(豊臣秀吉, 1536~98)에 의한 통일정권이 성립되면서, 반대세력들의 군사력을 소모시키기 위해, 또 해외무역의 길을 열기 위해 대륙침략을 준비하고 있었다.

조선왕조의 통치체제는 16세기에 들어오면서 변화하고 있었다. 지배층인 사대부층은 집권세력과 재야세력으로 나뉘어 심한 정쟁을 벌였다. 군사제도 면에서도 군포제의 실시로 15세기에 세워진 농병일치제가 사실상 무너졌으나, 그것을 대치할 만한 용병제와 같은 새로운 군사제도는 확립되지 않았다. 이 때문에 이이(李珥, 1536~84)는 이른바 십만양병론을 주장했으나 실천되지 못했다.

임진왜란을 앞둔 조선왕조사회는 이와 같은 여러가지 약점을 안고 있었으나, 그보다도 더욱 중요한 것은 왕실을 비롯한 지배권력에 대한 민심의 이반이 심해진 점이었다. 15세기를 거치면서 다소 안정되었던 민중세계가 16세기에 들어가면서 관료들의 수탈에 항거하며 집단행동화하기 시작했다.

1560년대에 황해도와 경기도 지방을 무대로 탐관오리를 처단하고 진상 물품을 빼앗으면서 정부를 괴롭히던 임꺽정의 반란을 비롯해서 각처에서 소요가 끊이지 않았다. 또한 임진왜란 중에도 일본군의 서울 침입에 앞서 난민들에 의해 경복궁이 불타고, 피란 가는 왕의 가마가 돌팔매를 받았으며, 이몽학(李夢鶴, ?~1596)의 난과 같은 크고 작은 반란이

일본군과의 전투 자연을 그린 「부산진 순절도」(왼쪽)와 「동래부 순절도」(오른쪽)

일어날 만큼, 또 일부 군중이 군사모집을 위해 파견된 왕자를 일본군에 넘겨 포로가 되게 할 만큼 조선왕조에 대한 민심의 이반은 컸다.

지배계급 사이의 정쟁의 심화, 군사제도상의 공백, 왕조에 대한 민심의 이반 등을 틈타서 침입한 일본군은 부산에 상륙한 지 20일 만에 서울을 점령했다(1592. 5. 3). 일본군은 동래성(東萊城)과 작원(鵲院)에서만 저항다운 저항을 받았을 뿐, 이후에는 큰 전투 없이 북상할 수 있었다. 특히 충주(忠州)에서 신립(申砬, 1546~92) 부대를 이긴 후에는 쉽게 서울을 점령할 수 있었다.

서울을 점령한 일본군은 두 길로 나뉘어 평안도와 함경도 지방으로 올라갔고, 나머지 군사는 서울과 강원·전라·경상도 지방에 나누어 주둔했다. 평안도 지방으로 올라간 일본군은 평양을 함락시켰고, 함경도 지방으로 올라간 일본군은 회령(會寧)까지 가서 근왕병(勤王兵) 모집을 위해 그곳에 가 있던 두 왕자 임해군(臨海君, 1574~1609)과 순화군(順和君, ?~1607)을 포로로 잡았다.

조선왕조정부는 의주(義州)로 피란해서 명나라에 원병을 청했다. 평양을 점령한 일본군이 다시 북상하는 경우 부득이 압록강을 건너 명나라 땅으로 가서 내부(來附)하지 않을 수 없는 처지여서, 조선왕조는 바야흐로 멸망의 위기에 직면하였다. 그러나 해전에서의 조선수군의 승리와 제해권 장악으로, 평양을 점령한 일본군은 더 북상하지 못했다. 일본군은 전국 각지에서 일어난 민병의 반격을 받으면서 평양에 묶여 있다가, 곧 명나라 원병의 공격을 받아 후퇴했다.

전쟁 초기에 일본군의 전세가 유리했던 것은, 전쟁이 일본군의 기습으로 시작된데다 조총(鳥銃)으로 무장한 우세한 전력 때문이기도 했지만, 더 근원적인 원인은 역시 조선 지배층 사이의 정쟁 심화 및 관료층의 부패로 인한 민심 이반과 군사제도상의 공백 등에 있었다.

### 민병과 수군의 승리

관군의 패전으로 일본군은 평양과 함경도 회령까지 진격했으나, 그들이 실제로 점령 주둔한 지역은 중요 도시와 일부 군사적 요충지에 지나지 않았다. 따라서 조선의 관군도 한때의 궤멸상태를 벗어나 곧 재편성되었고, 각 지방의 명망있는 유생층이 이끄는 의병, 즉 민병부대가 곳곳에서 조직되어 일본군과 치열한 전투를 벌였다.

경상도 의령(宜寧)에서 군사를 일으켜 주로 경상우도에서 활약했던 홍의장군(紅衣將軍) 곽재우(郭再祐, 1552~1617) 부대, 충청도 옥천(沃川)에서 일어나 충청우도 여러 고을에서 1600여 명을 모집해 청주성(淸州城)을 수복하고 승병장(僧兵將) 영규(靈圭, ?~1592)와 함께 금산(錦山)에 주둔한 일본군을 공격했다가 관군이 약속을 어기고 합세하지 않아 7백 명의 민병이 모두 전사한 조헌(趙憲, 1544~92) 부대, 전라도 민병 6천여 명을 이끌고 정부가 있는 의주로 갈 목적으로 북상하다가 금산에 주둔한 일본군과 싸워 전사한 고경명(高敬命, 1533~92) 부대 등의 활동이 두드러졌다. 이밖에도 크고작은 민병부대가 각 지방에서 활약했다.

기록에 의하면, 작게는 10여 명, 많을 경우 6,7천 명으로 조직된 의병부대, 즉 민병부대가 전국적으로 백수십 개나 조직되어 항전했고, 이들의 투쟁이 전세를 변화시키는 데 큰 역할을 했다. 이들 민병부대는 모두 병기와 군량미를 스스로 마련했으며, 작전에서도 독립성을 지니고 있었다.

곽재우의 경우 민병을 모집할 때 "가족들의 패물과 의복을 장정들의 처자에게 모두 나누어주었더니 열흘도 못되어 수백 명이 모여들었다"라고 했다. 그는 농민들에게 민병부대 참가를 권유하면서 "적은 이미 가까이 와 있다. 우리의 부모처자는 장차 적의 손에 들어가게 될 것이다. 우리 마을 젊은이 중에 싸울 수 있는 사람이 수백 명은 될 것이니, 뜻을 모아 나루터를 지키면 마을을 보전할 수 있을 것이다. 그런데도 가만히 앉아서 죽기를 기다리겠는가" 하고 타일렀다 한다.

민병부대를 편성하는 데 주동적 역할을 한 유생층의 경우, 전쟁 참가의 주된 동기가 유교적 근왕정신(勤王精神)에 있었다. 그러나 전쟁 이전부터 왕조에 대한 이반도가 높았고 이 때문에 전쟁 중에도 반란을 일으킬 수 있었던 피지배층이 의병을 통해 전쟁에 참가한 직접적 동기는, 왕에 대한 충성심보다 먼저 가족과 재산, 나아가서 마을과 나라를 지키려는 데 있었다고 할 수 있다.

이 경우 농민들이 지키려 한 마을 및 그 확대개념으로서의 나라가 유생층이 충성을 바치려 한 임금과 아직 분리 인식되지 않았다. 이 때문에 농민과 유생충이 함께 민병부대를 편성해 싸울 수 있었다 하겠다. 전쟁 후 민병부대의 지휘부가 그 전공(戰功)으로 관직을 얻는 경우도 많았지만, 반대로 역적으로 몰려 숙청당한 경우도 적지 않았다.

임진왜란을 통해 전세 변화에 가장 큰 영향을 준 것은 수군의 승리였다. 전쟁 초기에는 경상도 수군부대가 기습을 받아 패전했기 때문에 일본군이 쉽게 상륙할 수 있었다. 그러나 이순신(李舜臣, 1545~98)이 이끄는 전라도 수군은 일본수군과 싸워 남해안의 제해권을 장악했다. 옥포(玉浦)해전에서 처음 승리한 수군은 이후 고성(固城)·당항포(唐項浦) 등지에서 계속 이기고, 특히 한산도(閑山島)해전에서 크게 이겨 제해권을 완전히 쥐었다.

이 때문에 일본수군은 서해 쪽으로 전혀 나아갈 수 없었고, 평양까지 올라간 일본육군은 본래의 작전계획이었던 서해상을 통한 군수물자 보급이 불가능해져 더 북상하지 못했다. 이 때문에 조선정부는 압록강을 건너지 않고 버티다가 일본군이 후퇴한 후 서울로 돌아올 수 있었다. 이순신이 이끄는 전라도 수군의 승리가 곧 조선왕조를 구한 것이다.

한산도의 승리로 삼도수군통제사(三道水軍統制使)가 된 이순신은 한때 서울로 압송되어 처벌될 뻔했다가 겨우 풀려나서 백의종군하던 중, 정유재란(丁酉再亂)으로 다시 통제사가 되었다. 이후 그는 명량(鳴梁)에서 크게 이기고 퇴각하는 적을 추격하던 중 노량(露梁)에서 전사했다. 삼도수군통제사가 적탄 사거리인 최전방까지 나가 싸우다 전사했으나 죽을 자리를 잘 택한 그는 명예를 지킬 수 있었다.

이순신의 승리는 탁월한 전략 덕분이기도 했지만, 그의 덕망을 듣고 그 아래로 모여든 연해지방민들이 직접 간접으로 그의 전력이 되었기 때문이다. 전쟁에 시달린 연해민들, 육지에서 쫓겨온 피난민들, 관군부대의 패전으로 흩어진 군병들이 살길을 찾아 그의 곁으로 모여들었다.

이 때문에 그가 주둔한 한산도나 고금도는 전쟁지휘소인 동시에 하나의 큰 무기제조장이었고 피난민들의 생활터전이기도 했다.

### 화의와 종전

조선왕조정부의 원군 요청을 받은 명나라는 전쟁이 제 나라에까지 확대될 것을 우려하여, 이여송(李如松, ?~1598)이 인솔하는 4만여 명의 원군을 조선에 파견했다. 명나라 군사는 먼저 평양성을 공격하여 수복하는 데 성공했으나, 서울 수복을 위한 벽제관(碧蹄館)전투에서 일본군에 패배한 후 개성으로 후퇴했다가 평양으로 물러갔다.

그후 권율(權慄, 1537~99)이 지휘하는 조선군이 행주(幸州)싸움에서 대승하자, 명나라 측은 조선정부의 반대에도 불구하고 일본 측에 화의를 제기했다. 행주와 각 해전에서의 패배, 민병부대를 중심으로 한 조선군의 반격에 몰린 일본군은 이 화의에 응하면서 서울에서 철수해 남해안 지역으로 물러갔다. 조선군은 물러가는 적군을 적극적으로 공격하려 했으나, 명나라 원군은 도처에서 전쟁을 기피했고 오히려 조선군의 작전을 방해했다. 밀양성 밖에 집결한 적군을 독전사(督戰使) 박진(朴晋, ?~1597) 등이 공격하려 하자 명나라 총병(摠兵) 유정(劉綎, ?~1619)이 박진을 초청해서 하루 종일 감금하여 공격 기회를 놓치게 했던 일이 그 한 예다.

명나라 측은 심유경(沈惟敬)에게 화의교섭을 맡겼고 그는 일본에 가서 토요또미와 교섭을 벌였다. 그러나 일본 측은 조선의 8도 중 4도의 할양을 요구하는 등 터무니없는 조건을 제시했으므로 화의교섭은 결렬되었다. 화의교섭이 깨어지자 토요또미는 침략 재개를 명령했고 이에 정유재란이 일어났다. 일본군은 다시 전라도·경상도를 거쳐 충청도 직산(稷山)까지 침입했고 여기에서 명나라 원군과 치열한 접전을 벌였다.

직산 소사평(素沙坪)전투의 패배로 더 버티지 못한 일본군은 경상도 울산에서 전라도 순천에 이르는 남해안에 성을 쌓아 주둔했고, 이에 대해 조선군과 명군은 계속 공격을 가했다. 이런 가운데 침략의 장본인 토요또미가 죽자, 일본군은 철수를 서두르면서 명군에 뇌물을 주어 퇴로를 열어줄 것을 청했다. 명군은 이에 응했으나 조선군은 퇴각하는 적을 계속 추격하여 무찔렀다. 이순신이 크게 이긴 노량해전은 이 추격전의 하나였다.

전쟁이 끝난 후 조선과의 교섭 두절로 경제적 타격이 커진 대마도주(對馬島主)가 계속 관계 재개를 요청해왔고, 일본의 중앙정부도 토꾸가와(德川家康)가 정권을 쥐면서 교섭 재개를 요청해왔다. 조선정부는 응하지 않았으나 일본 측은 포로로 잡아간 조선사람들을 돌려보내면서 계속 교섭 재개를 요청했다. 조선정부는 승려 유정(惟政, 1544~1610)을 일본에 보내어 포로들을 데려온 후 교섭을 재개하고(1607) 통신사를 파견했다. 이후 19세기 중엽 메이지유신(明治維新) 때까지 조선왕조와 토꾸가와 바꾸후(德川幕府)의 관계는 평화적으로, 그리고 소극적으로 계속되었다.

7년에 걸친 임진왜란은 한반도뿐만 아니라 동양 삼국 전체에 큰 영향을 끼친 전쟁이었다. 이 전쟁은 중국과 일본에서는 왕조와 정권이 바뀌는 계기가 되었고, 명나라와 조선이 이 전쟁에 휩쓸려 있는 동안 만주에서 여진족이 다시 일어났다. 그러나 정작 전쟁터였던 한반도에서는, 조선왕조 자체를 위해서는 다행이었으나 한반도 역사 전체의 탄력성 있는 발전을 위해서는 불행하게도 왕조의 교체가 없었다.

비록 조선왕조가 멸망하지 않았다 해도 전쟁이 끼친 영향은 컸다. 정치적으로는 지배계급인 양반계급이 크게 분화하고 벌열층(閥閱層)이 형성되면서 당쟁이 심화되어갔다. 경제적으로는 정부재정이 극도로 악화해서 농민수탈이 강화되는 반면, 농민층은 정부 및 양반관료층의 수탈을 극복하면서 전쟁피해를 복구하는 과정을 통해 그 경제적 조건을 상당히 향상시켜갔다.

사회적으로는 양반층이 벌열과 몰락양반으로 크게 분화하면서 전반적으로 그 권위가 떨어져갔다. 농민층도 분해를 거듭하면서 그 일부는 사회경제적으로 일정하게 상승하여 정치·사회의식이 계발된 반면, 대부분의 농민층은 '중세적 안정'을 잃어갔다.

사상 면에서는 집권세력이 경직된 성리학적 사상체계를 한층 더 강화해간 데 반해, 이같은 사상체계를 어느정도 객관적으로 보고 비판하면서 민중의 생활을 개선하고 그 이익을 증대하는 데 목적을 둔 실학사상이 발달해갔다. 또한 문화적으로는 민중의 생활을 주제로 한 문학·미술·음악이 발달하는 시대로 바뀌어갔다.

전쟁을 계기로 나타난 이같은 정치·경제·사회·문화 면의 변화는 15세기에 세워진 조선왕조 본래의 중세적 지배체제에 변화를 주었고, 그 변화의 방향은 역사의 발전노정에 일정하게 부합하는 것이기도 했다. 그러나 이 변화는 권력구조 면에서 새로운 체제로 나아가지 못하고, 지배층이 낡은 지배체제를 유지하기 위해 오히려 경직화함으로써 다른 부문의 변화를 크게 제약하는 결과를 낳았다.


## 2. 호란과 북벌론

### 대청외교의 실패

조선왕조의 여진족에 대한 정책도 15세기 중에는 비교적 성공했다. 내부(來附)해오는 여진부족에는 교역과 귀화를 허가하면서 포섭했고, 대항하는 부족에 대해서는 정벌을 계속하여 국토를 압록강과 두만강선으로 확대해나갔다. 그러나 16세기에 들어서면서 지배계층 내부의 정쟁과 삼포왜란 이후 일본과의 관계 악화 등으로 여진족에 대한 견제력이 점차 약화했다. 그러다가 조선과 명나라가 임진왜란에 휘말린 틈을 타 여진부족에서는 누르하치(奴兒哈赤, 1539~1626)가 나타나 급격히 통일세력을 이루었고, 마침내 후금국(後金國)을 세웠다(1616).

근대 이전의 경우 일반적으로 만주나 몽골지방 유목민 사회에서는 정치적 통일세력이 일단 형성되면, 유목민적 이동성을 탈피하고 정권을 안정시켜 장기화할 목적으로 중원지방 진출을 기도하기 마련이었다. 그때마다 배후의 위협을 없앨 목적으로 한반도 정권과 중국 관내(關內) 정권의 연관관계를 끊으려 했다. 이 때문에 만주·몽골 지방에서 통일권력이 생기고 그것이 중원 지방을 넘보는 경우, 먼저 한반도지역의 정권을 복속시키기 위한 전쟁을 도발하는 일이 많았다.

만주에서 후금국이 성립되었을 때 조선왕조와 명왕조는 정치적 종속관계(宗屬關係)에 있었을 뿐 아니라, 임진왜란 때 이미 군사행동을 함께한 경험을 가지고 있었다. 후금은 중원 진출을 위해 명나라를 공격하면서 조선에 대해 중립을 지킬 것을 요구했고, 명나라는 조선에 대해 원병을 요청했다.

이때 왕위에 있었던 광해군(光海君, 1608~23 재위)은 명나라의 원병 요청에 응하기는 하면서도 대륙에서의 정세변화를 예의 파악하고 조선의 파병이 부득이한 일임을 후금 측에 알리는 한편, 파견군 도원수(都元帥) 강홍립(姜弘立, 1560~1627)에게 형세를 보아 후금과 화평할 것을 밀령했다. 강홍립 군이 후금군에게 포위되었을 때 후금 왕은 사람을 보내어 조선과는 원한이 없음을 말했고, 강홍립도 조선의 출병이 부득이했음을 알려 마침내 화의가 성립했다.

이후 후금에서는 본래 조선과는 원한이 없음을 거듭 알려왔다. 조선

정조 때 간행된 「충렬록」에 실려 있는 그림으로, 왼쪽은 강홍립군이 후금군과 대치하고 있는 장면이고 오른쪽은 누르하치에게 항복하는 장면이다.

정부에서도 출병이 명나라와의 관계상 부득이한 것이었으며 명과 후금의 충돌은 불행한 일이므로 각기 스스로의 영토를 지켜 화의하기 바란다는 회신을 보내 후금과의 화평관계를 유지했다. 반면 명나라 쪽에서는 조선정부의 후금에 대한 화평정책에 불만을 품고 외교적으로 압박해왔으나, 조선정부가 전쟁 회피 필요성을 들어 설득하고 더 파병하지 않았다.

광해군정부는 후금과의 화평정책을 한층 더 적극적으로 펼치면서 물자교역을 열어갔다. 명나라는 조선에 대해 연합하여 후금을 공격할 것을 계속 제의해왔고, 조선정부 안에도 명나라에 대한 의리를 강조하면서 대금척화(對金斥和)를 주장하는 의론이 많았다. 그러나 광해군정부는 명나라의 요청을 묵살하고 국내의 척화론을 누르면서 후금과의 화평관계를 그대로 유지하여 전쟁을 피할 수 있었다.

인조반정(仁祖反正)으로 광해군정권이 무너지면서 외교정책에도 큰 변화가 왔다. '반정'의 명분은 크게 두 가지였다. 그 하나는 국내문제로서 인목대비(仁穆大妃, 1584~1632) 유폐와 영창대군(永昌大君, 1606~14) 살해사건의 부당성이었고, 또 하나는 대외적인 문제로서 후금에 대한 화평정책의 부당성이었다.

국내문제는 당쟁의 결과로 빚어진 광해군정권의 실정이었다 해도, 외교 면에서 광해군정권이 취한 대후금 화평정책은 종래와 같은 명분주의에 빠지지 않고 신흥 후금과의 전쟁을 유발하지 않으려는 실리적·현실적 외교정책이었다. 그러나 그것도 반정의 명분 속에 포함시켜 반정세력은 대금척화정책을 강행했고, 그 결과 승산없는 전쟁에 휘말리게 되었다.

### 삼전도의 항복

조선에서 반정정권이 이른바 향명배금(向明排金)정책을 채택한 한편, 후금에서도 조선과의 화친정책을 펴던 태조가 죽고 주전론자(主戰論者)인 아들 태종이 즉위하여 중원지방 진격에 앞서 후환을 없앨 목적으로 친명정책으로 기울고 있는 조선을 공격했다. 정묘호란(丁卯胡亂, 1627)이 그것이다. 후금군의 침입 앞에 조선군은 그야말로 속수무책이었다. 의주·안주·평양·황주를 지나 평산(平山)에 진격한 후금군은 화의를 교섭해왔고, 강화도로 피난했던 조선정부가 이에 응하여 전쟁은 일단 끝났다.

이때의 강화조건은 두 나라가 형제국이 될 것, 조선은 후금과 화약을 맺되 명나라에 대해 적대하지 않을 것, 후금군은 물러갈 것 등이었으나 후금 측은 그것만으로 만족하지 않았다. 이후 후금은 과도한 세폐물(歲幣物)을 요청하고 또 형제지맹(兄弟之盟)을 군신지의(君臣之義)로 바꿀 것을 요구했다. 후금은 명나라와의 전쟁에 필요한 세폐로 황금 1만 냥, 은 1만 냥, 포 5백만 필, 모시 50만 필, 군사 3만 명, 말 3천 마리 등 조선이 응할 수 없는 물량을 요구하면서, 국명을 청(淸)으로 바꾸고(1636) 황제를 자칭한 후 조선의 신사(臣事)를 강요해왔다.

이같은 청나라의 횡포에 대해 조선정부 안에는 "강약이 부동하니 저들의 환심을 잃지 않는 것이 옳다"는 주화론자(主和論者)도 있었으나, 황제를 자칭해 보낸 국서(國書)를 받기를 거부하고 전쟁준비를 해야 한다는 척화론이 우세했다. 청나라는 척화론자들을 압송할 것을 요청해왔고 조선정부가 이에 응하지 않음으로써, 또다시 청군의 대규모 침략을 당하게 되었다. 병자호란(丙子胡亂, 1636)이 그것이다.

**삼전도비 ●** 조선이 청에 항복하게 된 경위와 청 태종의 침략을 '공덕'이라 찬미한 굴욕적 내용을 담고 있다.

청나라 태종이 직접 지휘하는 10만 대군은 집결지였던 심양(瀋陽)을 떠난 지 불과 10여 일 만에 서울을 위협했다. 왕족의 일부를 강화도로 보내고 나서 왕이 미처 뒤따르기 전에 적군에 의해 길이 막혀, 조선정부는 부득이 남한산성(南漢山城)으로 피할 수밖에 없었다. 청군은 곧 남한산성을 포위했다.

조선정부는 불과 50일분의 식량밖에 없는 산성에 갇혀 명나라에 원병을 요청했으나, 멸망의 위기로 치닫고 있던 명나라는 원병을 보낼 수 없었다. 국내 각 지방에서 오던 원병도 모두 청군에 패하여 남한산성 속의 조선정부는 완전히 고립되었다. 왕족들이 피난한 강화도도 청군에 쉽게 함락되었다.

산성에 고립된 조선정부 안에서는 자연히 강화론이 대두되었다. 찬성자도 늘어가서 척화론자와 격론이 벌어졌다가 최명길(崔鳴吉, 1586~1647)을 중심으로 하는 주화론이 채택될 수밖에 없었다. 이에 인조는 청군이 삼전도(三田渡)에 만든 수항단(受降壇)에 나아가 청태종에게 삼배구고두(三拜九叩頭)의 예를 행하고 무조건 항복했다.

항복을 받은 청태종은 조선의 청에 대한 군신례(君臣禮), 조선의 명에 대한 사대관계 단절, 왕자와 대신 자제 등의 인질, 세폐 납부, 경조사절 파견, 명나라 공격 때의 원병 파견 등을 요구했다. 이에 따라 소현세자(昭顯世子, 1612~45)와 봉림대군(鳳林大君, 효종孝宗, 1619~59)이 인질로 잡혀갔고, 이밖에도 척화론을 고집한 관리들을 비롯해 무려 50만 명의 남녀가 포로로 잡혀갔다.

오랑캐로 멸시해오던 여진족에 완전 패배하고 그 속국이 됨으로써, 조선왕조의 명분과 권위는 땅에 떨어졌다. 이를 돌이킬 목적으로 한때 북벌론이 대두되기도 했으나 실시될 수 없었고, 조청종속관계(朝淸宗屬關係)는 이후 청일전쟁 뒤 대한제국이 성립될 때(1897)까지 계속되었다.

### 북벌론의 허실

승산없는 전쟁을 피할 수 없었던 중요한 원인 중 하나는 명분주의 외교에 있었다. 전쟁에 패배한 후에도 청나라에 대한 외교는 적개심과 명분론에 지배되었고, 이 때문에 실패를 거듭하게 되었다.

청나라에 볼모로 잡혀간 소현세자는 그곳에서 천주교를 비롯한 서양의 새로운 문물을 접했고, 또 청나라와의 관계에 관해서도 현실적이고 실리적인 측면에서 받아들일 수 있는 식견을 가지고 환국했다. 그러나 그는 돌아온 지 두 달 만에 34세의 나이로 의문이 많은 죽음을 맞았고, 이후 그의 부인과 아들들도 박해를 받아 죽었다. 결국 왕위는 그의 동생 효종에게 계승되었고, 효종은 반청척화파 쪽의 인물을 등용해 북벌을 준비했다.

먼저 남한산성의 방비를 강화하기 위해 수어청의 군사력을 정비했고, 이완(李浣, 1602~74)을 대장으로 하여 어영청 군을 크게 증가시켰다. 서울에 있는 어영청 군은 종래 약 7천 명의 3개월 교대근무 비상비군으로 구성되어 있었으나, 이때 2만 1천 명으로 증가시키고 그것을 21패로 나누어 1천 명이 항상 서울에 상주하게 했다. 종래에는 훈련도감 군만이 서울에 상주했으나, 북벌 준비로 어영청 군 1천 명이 더 상주하게 된 것이다.

북벌정책의 일환으로 국왕의 친병(親兵)인 금군(禁軍)을 모두 기병화하는 한편, 훈련도감과 어영청 기병도 강화했다. 어영청에는 대포부대 별파진(別破陣)을 만들었다. 특히 금군 강화에 역점을 두어 종래의 6백 명을 1천 명으로 증강하고, 서울을 지키는 상비군적 성격의 훈련도감 군을 1만 명으로, 어영청 군을 2만 명으로 증가시킬 계획이었으나 재정난으로 실시하지 못했다.

효종시대를 통해 적극적으로 추진된 북벌계획은 조선왕조정부의 재정적 부담을 가중시켰을 뿐 결국 실현되지 못했다. 북벌계획을 위해 강화된 군사력은 오히려 청나라의 요청에 의해 나선정벌(羅禪征伐, 1654, 1658)에 동원되기도 했다. 현종시대 이후에는 북벌계획 자체가 폐기되었다.

북벌정책은 병자호란 이후 청나라에 대한 적개심과 "임진왜란에 종묘사직이 이미 폐허가 되었다가 다시 보존되고 생민(生民)이 거의 죽었다가 다시 소생하였으니 우리나라의 나무 한 그루 풀 한 포기와 생민의 머리카락 하나하나에도 명나라 황제의 은혜가 미치지 않은 것이 없다"고 한 존명주의(尊明主義)가 바탕이 되어 이루어진 것이었다.

그러나 북벌정책에 의해 실제로 강화된 군사력은 금군을 비롯한 왕성 경비군이 대부분이었고, 그것도 전쟁을 겪은 조선왕조정부의 재정 사정 때문에 몇천 명의 상비군을 확보했을 뿐이었다. 이 정도의 군사력으로 청나라 정벌이 가능했겠는가를 논의하기보다 북벌론의 본뜻이 어디에 있었는가를 되새길 필요가 있다.

외교적·실리적 사대주의는 강대국의 침략을 모면하기 위한 자기보존책이 될 수도 있으며, 평화적으로 선진문화를 도입하기 위한 방법이기도 했다. 외교책략으로서의 사대정책이 자위책과 선진문화 도입에 목적을 둔 것이라면, 그 대상이 명나라건 청나라건 가릴 것은 없었고 실리추구만이 기준이 될 뿐이었다.

인조반정 후의 조선왕조정부는 그 외교정책이 명분론에 빠져, 신흥의 청나라와 적대하고 쇠망의 길에 들어선 명나라에 대한 사대관계를 고집하다가 승산없는 전쟁에 빠져들었다. 북벌정책은 이같은 외교적 실패에 대한 호도책이라 할 수 있으며, 따라서 그것은 명분외교 및 명분적 사대주의의 연장에서 나온 것이라 할 수 있다.

북벌정책이 왕의 친위군과 왕성 경비 군사력의 강화에만 그쳤던 사실도 주목해야 할 것이다. 임진왜란과 병자호란을 거치면서 조선왕조는 멸망의 위기에서 겨우 벗어날 수 있었다. 그러나 양반지배층의 권위는 크게 손상되었고, 왕실을 정점으로 하는 지배층은 민심의 이반을 막기에 급급했다. 왕성 경비 군사력을 강화하고 북벌론을 내세워 백성들을 긴장시키는 한편 그 관심을 밖으로 돌려, 전쟁 패배의 책임과 전쟁 후의 정치적·경제적 위기를 모면할 수 있었던 것이라 할 수 있다.

북벌계획이 실시되기 어려웠는데도 조선왕조 지배층의 북벌론적 사고방식은 이후 오랫동안 지속되었고, 그것이 끼친 영향도 컸다. 북벌론적 인식은 현실적으로 중국을 지배하고 있는 청나라 문화의 선진성을 인정하지 않으려 했고, 이후 계속 중국문화의 수입을 거의 봉쇄하다시피 했다.

병자호란 이후 조선왕조 지배층은 역사시대 이래의 유일한 선진문화 수입로를 북벌론적 정책으로 막아놓은 채 당쟁에 빠져들어, 정치적 쇄국주의, 문화적 폐쇄주의를 유지했다. 북벌론적 대청인식(對淸認識)은 약 150년간 지속되다가, 18세기 후반기에 와서 일부 진보적 사상가들에 의해 북벌론을 청산하고 청나라 문화와 그곳에 전래된 서양문화를 적극 도입할 것을 주장하는 북학론이 나왔다. 그러나 곧 세도정권이 성립되면서 그들은 숙청되고 쇄국주의·폐쇄주의는 지속되었다.

## 3. 서세동침과 대응

### 서양문물의 수용

16세기 초엽에 서양인들이 인도를 거쳐 중국에까지 진출하게 되자, 조선왕조 사회에도 차차 서양의 존재가 알려지고 또 대단히 제한된 조건 아래서나마 서양문물이 일정하게 전래되었다. 그러나 그 지리적 위치 때문에, 또 조선왕조정부의 쇄국주의정책 때문에, 서양인이 직접 와서 그 문물을 전할 수 있는 기회는 매우 드물었다. 서양문물의 전래는 대부분 내국인의 수입에 의존했으며, 그것도 모두 명나라·청나라와의 사신 내왕편에 한정된 것이었다.

유럽지역의 지도 「곤여만국전도(坤與萬國全圖)」나 『천주실의(天主實義)』 같은 책은 1600년대 초엽에 들어와서 일부 식자층의 의식 확대에 영향을 주었다. 1630년에도 중국에 사신으로 갔던 정두원(鄭斗源, 1581~?)이 『만국전도(萬國全圖)』 『직방외기(職方外紀)』 『서양국풍속도』 등의 서적과 천리경(千里鏡)·자명종(自鳴鐘) 등을 가져와서, 제한된 조건 속에서나마 서양문물에 접하게 되었다.

그후 병자호란의 패배로 청나라에 볼모로 갔던 소현세자는 천구의(天球儀)와 천문서(天文書) 등 각종 서적을 가져왔을 뿐만 아니라, 그곳에 와 있던 서양인 선교사 아담 샬(Adam Schall) 등과 만나 서양문화에 대한 상당한 이해를 가지고 돌아왔다. 그러나 그가 갑작스러운 죽음으

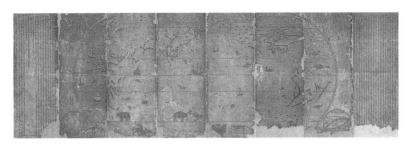

마테오 리치의 「곤여만국전도」(위)와 「천주실의」(왼쪽)

로 왕위에 오르지 못함으로써, 서양
근대문명을 주체적으로 그리고 일
정한 면역성을 기르면서 수용할 수
있는 최초의 기회를 잃었다.

이후 효종시대의 북벌론적 정책 때문에, 또 조선왕조의 쇄국주의정
책 때문에 청국을 통한 서양문명마저 적극적으로 받아들이지는 못했
다. 그러나 15세기경부터 청나라에 온 서양인 선교사들이 서양의 학술
서적들을 대량으로 한역(漢譯)했고, 이들 책이 16~17세기를 통해 사신
내왕을 계기로 어느정도 국내에 전해졌다.

『천주실의』『직방외기』 이외에도 『교우론(交友論)』『동문산지(同文算
指)』『천문략(天問略)』 등의 책들이 들어와서, 이수광(李睟光, 1563~1628)·
이익·신후담(愼後聃, 1702~61)·이가환·안정복(安鼎福, 1712~91)·이벽(李檗,
1754~86) 등의 학자들에게 큰 영향을 주었다. 특히 이들 서양 학술서의 번
역본을 모아 편찬한 『천학초함(天學初函)』은 진보적 학자들의 의식세계를
넓히는 길잡이가 되었다.

이 시기에는 또 서양 역법(曆法)이 도입되어 식자층의 우주관을 확대
시키는 하나의 계기가 되었다. 중국에서는 원나라 이후 사용하던 수시
력(授時曆)을 버리고 1645년에 서양 역법에서 배운 시헌력(時憲曆)을

채택했고, 조선도 이를 적극 수입하여 1653년에는 시헌력이 일단 채용되었다. 이후에도 계속 사신을 청나라에 보내 그곳에 와 있는 서양인 천문학자들과 접촉하게 함으로써 역법을 더욱 발전시켰다. 그러나 이와 같은 접촉과 수입이 새로운 역법의 채택에만 그치고, 과학적 이론의 발전과는 별로 연결되지 못했다.

북벌론적 사고방식 및 정책 때문에 청국문화와 그곳에 전래된 서양문화 수입이 극히 제한되었다가, 18세기 후반기에 들어와서 북벌론이 극복되고 북학론이 대두되면서 그 수입이 적극화했다. 북학파 학자 박제가에 의해 천문·역학은 물론 의약·건축·조선·농업·무기제조 등 각 분야에 걸친 청국 및 서양 기술의 도입이 적극 주장되었고, 정약용에 의해 종두법(種痘法)이 수용되었다.

박제가 등이 왕에게 중국 흠천감(欽天監)에 와 있는 서양인들을 초빙하여 근대적 기술을 배울 것을 건의할 수 있을 정도로 개방주의적 분위기가 높아졌다. 서양 근대문화를 주체적으로 수용하고 자율적 문호개방을 이룰 수 있는 또 한번의 기회가 조성될 가능성이 짙어졌다. 그러나 이같은 정세에 불안해진 보수 정치세력의 반격으로 실패하고 세도정권 시기로 들어가게 되었다.

세도정권 시기인 19세기 전반기에도 일부 진보적 학자들에 의해 서양문화 수용론, 문호개방 통상론이 주장되었다. 그러나 모두 채택되지 못하고 결국 자율적으로 서양 근대문명을 수용할 수 있는 기회를 잃은 채, 타율적·강제적으로 자본주의문명 체제에 편입되었다.

### 천주교 수용과 탄압

16세기 말경에 청나라에 들어온 천주교가 조선에 전해지게 된 것도 외부 세계와의 유일한 통로인 사신 왕래를 통해서였다. 일찍이 소현세자를 비롯한 이이명(李頤命, 1658~1722)·홍대용(洪大容, 1731~83) 등이 중국에 가서 선교사들과 만남으로써 천주교와 접촉하고 또 그 서적을 가져왔으나, 정작 국내에서 천주교 교리에 관한 연구가 시작된 것은 1770년대경부터였다.

성리학적 지배원리 및 그 독선적 사상체계에 반발하고 있던 일부 진보적 학자들, 권철신(權哲身, 1736~1801)·정약종(丁若鍾, 1760~1801)·이벽 등이 서양 근대문명과 함께 들어온 천주교에 관심을 가지고 그 교리를 연구하기 시작했다. 또한 이들과 교분이 두터웠던 이승훈(李承薰, 1756~1801)이 사신 일행으로 북경에 가서 서양 선교사로부터 영세를 받고(1784) 교리연구를 위한 서적들을 가져옴으로써, 천주교가 본격적으로 포교될 계기가 마련되었다.

이후 이승훈·이벽 등의 적극적 활동으로 천주교는 일부 선진적 사상가들과 중인계급에까지 퍼져나가면서 평신도만의 교회가 형성되어갔다. 조선 교회가 외국 선교사의 선교에 앞서 국내 평신도의 자발적 수용만으로 형성되어나간 것은, 이 시기 일부 진보적 사상가들이 성리학적 지배원리의 한계성을 깨닫고 새로운 지도원리를 추구한 데 그 원인이 있었다. 부패하고 무기력한 양반 중심 지배체제에 대한 민중층의 반발이 뒷받침되기도 했다.

왕조 초기 성리학적 지배원리를 수립하는 과정에서 조선왕조정부는 전체 국민의 일상 생활양식을 철저히 유교 방식으로 바꾸었고, 그것이 왕조의 지배체제를 유지해나가는 가장 중요한 기반의 하나가 되었다. 그러나 천주교는 가부장적 권위와 유교적 의례·의식을 거부했고, 따라서 그것은 유교사회 일반에 대한 중대한 도전이었다. 또한 조선왕조의 지배권력에서 배제된 일부 식자층과, 양반층의 횡포에 시달리던 서민층이 천주교 신앙을 통해 결속된다는 것은 왕조의 지배체제 자체에 대한 중대한 위협이었다.

천주교 전래 당초에도 그러했지만, 실학적 생각을 가진 진보적 식자층이 일정하게나마 정권에 접근해갔던 정조시대에는 정부의 탄압이 소극적이었다. 그러나 정조시대의 정치현상에 불안을 느꼈던 보수세력이 정권을 쥐게 된 세도정권 시기에 들어서면서, 천주교도와 진보적 정치세력에 대한 대규모 숙청이 단행되었다.

신유사옥(辛酉邪獄)으로 불린 1801년의 천주교 박해 때 이승훈·이가환·정약용 등의 천주교도와 진보적 사상가들이 처형 혹은 유배되었고, 이밖에도 청국인 신부 주문모(周文謨, 1752~1801)를 비롯한 약 1백여 명의 교도가 처형되고 4백여 명이 유배되었다. 천주교와 직접적인 관계가 없었던 실학자 박지원·박제가 등도 좌천되거나 관직에서 쫓겨났다.

이승훈이 북경에서 영세를 받은 후 15년 만에 감행된 신유사옥에서 5백여 명이나 희생된 것은 그만큼 천주교세가 급격히 확대된 결과이기도 하지만, 다른 한편으로 '사옥'이 종교탄압일 뿐만 아니라 진보적 사상가 및 정치세력에 대한 정치적 숙청이기도 했기 때문이다.

이미 역사적 탄력성을 잃은 지 오래인 왕조를 억지로 지탱하기 위해, 부패 타락한 양반 지배체제를 유지하기 위해 감행된 대규모 박해에도 불구하고 천주교세는 이후에도 계속 확대되어갔다. 1811년에는 북경의 주교를 통해 교황청과의 연결이 이루어졌고, 1831년에는 교황청이 조선을 대목구(代牧區)로 설정하고 교구장을 임명했으며, 1836년에는 프랑스인 선교사 3명이 입국하여 조선 교회의 기반을 확고히 했다. 이 무렵의 전국 신도 수는 9천 명에 이르렀다.

1839년에도 세도정권 내 권력다툼의 여파로 또 한번의 박해가 단행되어 신도 수가 크게 줄었다. 기해사옥(己亥邪獄)이 그것이다. 천주교가 처음 전래되었을 때는 주로 진보적 사상가들을 중심으로 전파되었으나, 이 무렵에는 점차 일반 서민층으로 교세가 확장되고 있었다. 특히 조선에 대한 포교를 빨리 외방전교회(外邦傳敎會)가 맡은 후에는 포교활동이 적극적으로 추진되었다. 최초의 조선인 신부 김대건(金大建, 1822~46)도 입국해서 활약했다.

김대건의 체포(1846)를 계기로 병오사옥(丙午邪獄)이 있었으나 이후 불과 1년 만에 1700명이 새로 입교했으며, 3년 후에는 전국 신도 수가 1만 명으로 증가했다. 이같은 교세의 확장은 성리학적 지도원리에 의한 사회적 모순이 이미 한계점에 다다랐고, 천주교의 평등사상이 세도정권 아래 시달리고 있던 서민층으로부터 크게 호응을 얻은 결과였다고 할 수 있다.

안동김씨 세도정권이 무너지고 대신 대원군정권이 등장했을 때도, 밖으로부터의 서구 자본주의국가들의 통상 요청과 함께 국내의 천주교세 확대가 정권에 대한 가장 큰 위협이었다. 더구나 왕권 강화를 목적한 대원군정권으로서는 그것에 방해되는 벌열과 토호·유생을 억압하기 위한 선결조치로서 천주교 탄압을 강행할 필요가 있었다.

1865년에 시작되어 3년간 계속된 대원군정권의 천주교 박해는 주교 2명과 신부 7명을 비롯한 전국의 신도 8천여 명을 처형한, 천주교 전래 이래 최대의 것이었다. 이같은 박해를 저지하기 위해 프랑스가 함대를 파견하여 병인양요(丙寅洋擾)가 일어났으나, 대원군은 그것을 물리치고 정권을 유지할 수 있었다.


### 양요와 문호개방론

안동김씨정권과 대원군정권 시기는 그 지배체제가 안으로 민중세계의 간단없는 도전을 받는 한편, 밖으로부터 자본주의 열강의 도전도 끊이지 않아서 그 쇄국주의가 크게 위협받았다. 아편전쟁과 미국의 강요에 의해 청나라와 일본이 문호를 개방한 후, 구미 자본주의 열강의 조선에 대한 공세가 한층 더 적극화해간 것이다.

안동김씨 세도정권 시기의 조선에 적극적으로 접근해온 나라는 영국·프랑스·미국·러시아 등이었다. 영국은 1787년에 제주도와 울릉도 주변을, 1797년에 영흥만(永興灣)과 동래 용당포(龍塘浦)를, 1816년에 서남해안 일대를 탐사 혹은 측량한 다음 1832년에는 상선 앰허스트(Lord Amherst)호를 서해안 일대에 보내 통상을 요구했다.

프랑스는 1846년에 신부의 처형에 항의하고 배상을 요구하기 위해 군함 3척을 파견한 것을 비롯해서, 이후에도 여러 번 군함을 보냈다. 미국의 경우 1852년에 포경선이 처음으로 동래 앞바다에 표도(漂到)했고, 러시아는 1853년에 군함 2척을 보내 동해안 일대를 측량한 후 1860년에 북경조약을 맺어 흑룡강 이북의 땅과 연해주 지방을 차지함으로써 두만강을 사이에 두고 조선과 접경했다.

이양선(異樣船)으로 불린 서양 선박의 잦은 연해안 출몰에 조선정부는 두려움을 금할 수 없었으나, 별다른 대책 없이 쇄국주의 원칙을 고수했다. 반면 19세기 후반 대원군정권기로 접어들면서, 구미 각국의 통상 요청과 침략은 한층 더 적극화했다. 대원군정권이 대규모 천주교 박해를 감행한 1866년에는 독일계 모험상인 오페르트(Ernst Oppert, 1832~?) 일행이 대원군의 아버지 남연군(南延君, ?~1822)의 무덤을 도굴하려다 실패했다. 또 미국 상선 셔먼(General Sherman)호가 대동강을 거슬러올라와 교역을 요청했으나 거절당하자 총을 난사하는 등 횡포를 부리다가, 분노한 군민(軍民)들에 의해 배가 불타고 선원 전원이 죽음을 당했다.

이같은 일련의 도전에 대해 대원군정권은 더욱 강경책으로 맞섰고, 마침내 프랑스 함대가 강화도를 한때 점령한 병인양요가 일어났다. 대원군의 천주교 박해를 피해 청나라로 도망한 신부들의 요청을 받은 프랑스 극동함대 사령관 로즈(Roze)는 3척의 군함으로 인천 앞바다를 정찰하고 일단 돌아갔다가, 곧 군함 7척으로 다시 침입하여 선교사 처형의 책임을 물으면서 강화도를 점령했다.

프랑스 함대의 봉쇄로 한강의 선박 운행이 막히고 이 때문에 쌀 반입이 끊겨 서울 시민이 크게 불안해했으나, 대원군정권은 화의를 거부하고 강경하게 버티다가 정족산성(鼎足山城)전투에서 프랑스군에 큰 타격을 주었다. 프랑스군은 강화도를 점령한 지 약 1개월 만에 대량의 서적과 금괴·은괴 등을 약탈한 후 물러갔다.

한편 셔먼호 사건을 전해들은 미국은 청나라 주재 로우(Frederick F. Low) 공사로 하여금 조선과 교섭을 벌이게 했다. 로우는 1871년에 군함 6척과 1200여 명의 병력으로 경기도 남양(南陽) 앞바다에 침입했다. 미국군은 협상을 요청하다가 거절당하자 강화도 광성보(廣城堡)를 공격해 한때 점령했으나, 끝내 조선정부를 굴복시키지 못하고 물러갔다.

대원군 집권 시기를 통해 적극화한 구미 제국의 조선 침략은 대원군정권의 쇄국주의를 한층 더 강화했을 뿐이며, 대원군정권은 일본이 메이지유신을 단행하고 새로운 국교를 요구해왔을 때도 이를 거절했다. 일본에서는 이를 빌미로 이른바 정한론(征韓論)이 일어나기도 했다.

세도정권의 이와 같은 쇄국정책에도 불구하고 민간의 진보적 사상가들에 의한 해외통상론·문호개방론은 면면히 이어졌다. 18세기 후반기의 북학론자들이 민간상인의 해외무역을 주장한 데 이어, 세도정권 시기에도 이규경(李圭景, 1788~?)은 정부가 영국 상선 앰허스트호의 교역 요청을 거절한 사실을 비판하면서 "다른 나라와 더불어 개시교역(開市交易) 하고 서로의 물품을 교환하는 것이 왜 해가 되는가. 중국은 여러 나라와 서로 통상함으로써 많은 이익을 얻고 또 국가가 유족해졌는데, 유독 우리나라만 환란(患亂)이 생길 것을 두려워한 나머지 감히 외국과

신미양요의 참상

통상 열 것을 생각하지 못하고 있다. 이 때문에 약하고 가난한 나라가 되어버렸다"하고 개탄했다.

최한기(崔漢綺, 1803~77) 역시 그의 저서에서 "바다로 선박이 두루 오가고 서적은 서로 번역되고 견문이 전달되어야 한다. 우리보다 더 좋은 제도와 편리한 기구, 그리고 우수한 생산품은 이를 취해 이용해야 할 것이다"했고, 셔먼호 사건 때 평양감사였던 박규수(朴珪壽, 1807~76)도 생각을 바꾸어 천주교 박해에 반대하고 문호개방을 주장했다.

중국과 일본이 차례로 구미 제국 앞에 문호를 개방함에 따라, 그들의 조선에 대한 개방 요청이 적극화할 수밖에 없었다. 그러나 안으로 민중의 저항과 밖으로 외국의 침략을 함께 받은 대원군정권은 정치체제 및 사회·경제체제를 개혁하고 그것을 바탕으로 자율적으로 문호를 개방해서 세계사의 흐름에 동행할 준비를 갖추지 못했다. 그래서 결국 정권 유지책으로 쇄국주의만을 고수했고 이 때문에 시대를 앞서 본 사상가들의 문호개방론도 무위가 되고 말았다.

# 제2장

# 민중경제의
# 향상

　　임진왜란과 병자호란은 농민경제를 한때 파탄
으로 몰아넣었다. 특히 임진왜란의 피해는 전국적인 것이어서, 전국의 경작
면적을 3분의 1로 줄어들게 했고 농민들의 이농을 급증시켰다. 두 차례 대규
모 전쟁을 겪고도 조선왕조 지배층 사회는 권력투쟁을 위한 당쟁의 길로 빠
져들었으나, 농민들은 전쟁피해를 복구하고 생산력을 높이기 위해 힘썼다.

　　농민들은 전쟁으로 황폐한 농토를 다시 개간하고 수리시설을 복구했으
며, 농업생산력을 높이기 위해 영농방법을 개선하고 소득을 높이기 위해 새
로운 작물을 개발했다. 종래 시문(詩文)과 관념적 철학세계에만 빠져 있던
식자층의 일부가 농민들의 의욕에 맞추어 농학 연구에 주력하게 된 것도 이
시기의 농민생활 향상을 뒷받침한 하나의 요인이 되었다.

전쟁 중에 농촌을 떠난 인구의 일부가 살길을 찾아 도시로 모여들어 상공업인구가 증가했고, 이 때문에 상공업에서도 새로운 변화가 일어났다. 도시의 상권이 확대되고, 종래 정부의 보호를 받던 관상(官商) 이외에 자유상인인 사상(私商)이 증가함에 따라 이들 사이에 심한 경쟁이 유발되어 상공업계 전반에 활기가 일었다. 관상의 억압 아래서도 사상은 계속 성장하여 관상의 특권을 약화시켜갔고, 사상의 경제력에 의한 시장지배가 점차 이루어져갔다.

변화는 농촌 상업에서도 일어났다. 종래 정부의 상업 억제정책으로 극히 제한되었던 농촌의 정기 장시(場市)가 상업인구 증가와 농가의 상품생산 향상으로 수적으로 증가해갔다. 그뿐만 아니라 규모가 큰 장시는 일부 상설시장화하고 대규모 장시가 작은 장시들을 병합하면서 장시 사이의 연계와 통합이 이루어졌다.

수공업 부문에서도 왕조 초기에 강화되었던 관청수공업 체제가 무너지면서 민간수공업이 발달해갔다. 관청수공업장에서의 부역동원(賦役動員)에서 벗어난 수공업자들이 종래의 주문생산 단계에서 상품생산 단계로 나아갔다. 농촌수공업도 농가소득의 향상에 힘입어 농공분리(農工分離) 현상이 현저해져갔다. 대동법의 실시는 바로 수공업에서 상품생산이 발달한 결과이기도 했다.

상업과 수공업의 발달은 또 자연히 금속화폐의 유통을 촉진했다. 종래에는 쌀·포 등 실물화폐가 유통되었을 뿐이었으나, 17세기경부터 일부 상업도시에 금속화폐가 유통되기 시작했고 그 말엽에는 전국적 유통을 보게 되었다. 18세기에 들어와서는 화폐공급 부족현상, 즉 전황(錢荒)이 일어나서 오히려 경제혼란이 올 정도였다.

광업 부문에서도 왕조 초기의 폐광정책이 지양되고, 조총의 상용무기화와 동전 유통, 그리고 어느정도 발달해가던 외국무역에서의 은화 사용 등을 뒷받침하기 위해 광산 개발이 활발해졌다. 설점수세(設店收稅)정책을 통해 민간자본이 제한된 조건 아래서나마 광산에 투입되었다. 정부의 허가에 의한 광산 이외에도 잠채(潛採)라 해서 불법적인 광산 개발이 민간자본에 의해 이루어졌으며, 광산 개발 부문에서 일부 자본주의적 경영방식이 발달했음이 논증되었다.

이같은 왕조 후기의 경제발전상은 조선왕조 본래의 경제정책 방향과는 다른 것이었다. 왕조 초기에 세워진 농본주의·억상주의·쇄국주의 경제원칙은 중세적 지배체제를 강화 유지하기 위한 것이었다. 그러나 전쟁피해를 복구하는 과정에서 민중세계가 왕조의 정책적 제약을 극복하고 민중경제를 활성화시킨 것이다.

민중경제의 활성화는 중세 경제체제 안에서의 활성화에 그치지 않았다. 한걸음 더 나아가서 중세적 경제체제를 무너뜨리고 어느정도 새로운 경제체제로의 전환을 지향한 경제활동으로 이어졌다. 그것은 민중세계가 지배체제의 제약을 뚫고 스스로 쌓아올린 성과이기도 했다. 여기에는 왕조 본래의 천업관(賤業觀)을 깨뜨리고 상공업 발전을 촉진함으로써 토지세와 인두세 중심의 재정체계를 개선하고 상공업세 수입의 비중을 높여 국가재정을 튼튼히 하려는 일부 실학자들의 이론적 뒷받침이 있었다.

그러나 농업중심 경제체제를 고수하여 중세적 지배체제를 유지하려는 지배층의 억제 때문에 상공업 발전은 일정한 한계를 넘어서지 못했다. 공장제 수공업의 발전이 일반화하지 못하고 자유로운 대외무역의 길도 열릴 수 없었다. 실학자들이 주장한 토지제도 개혁론과 같은 근본적 경제개혁론이 채택되지 않음으로써 민중경제 향상을 위한 본질적 개혁은 실현되지 않았다.

농민 분화가 활발하지 못해 부농층 성장은 미약했고, 이 때문에 농촌에서의 상품생산은 농가부업이나 일부 선대제적(先貸制的) 생산에 한정된 채 본격적인 공장제수공업의 발달로 이어지지 못했다. 쇄국주의의 벽을 무너뜨리지 못해 국내시장과 해외시장의 연결은 극히 제한되었고, 이 때문에 상업자본의 성장과 도시수공업의 발달도 제한적일 수밖에 없었다. 그 결과 타율적 문호개방으로 외국 자본주의세력과 만날 때까지 자율적 산업혁명을 이룰 수 있는 단계로는 전혀 나아가지 못했다.

## 제1절 농민경제의 새로운 양상

### 1. 영농기술의 발달

#### 모내기와 견종법의 보급

조선왕조 후기에 농민들은 전쟁피해를 극복하고 경제생활을 향상시키기 위해 농업경영기술을 발전시켜갔다. 특히 벼농사에서의 이앙법과 이모작의 발달은 농민경제 향상에 큰 도움을 주었다. 왕조 전기의 벼농사는 논이나 밭을 막론하고 볍씨를 뿌린 땅에서 그대로 수확하는 직파법(直播法)이 대부분이었고, 못자리에서 모를 길러 논으로 옮겨심는 모내기법은 삼남지방 일부에만 보급되었을 뿐이었다.

모내기법이 직파법보다 노동력을 덜면서도 수확을 높일 수 있었기 때문에, 왕조 후기로 오면서 농민들은 정부의 금령에도 불구하고 모내기 농법을 일반화시켜갔다. 모를 옮겨심음으로써 벼의 성장이 촉진되고 또 굳건히 자랄 수 있어서 생산량이 증대되기도 했지만, 볍씨를 논에 직접 뿌릴 때보다 못자리에서 길러 옮겨심으면 논매기 횟수가 줄어들어 노동력이 그만큼 절감되었다.

당시의 기록에 의하면 직파법의 경우 4~5차의 김매기가 필요했으나 모내기법은 2~3차면 족하다 했고, 모내기법은 직파법보다 노동력의 5분의 4를 줄일 수 있다고 했다. 또 모내기한 논은 김매기가 쉬워, 볍씨 한 말을 직파한 논에 김매기를 세 번 하려면 20여 명의 노동력이 필요한데 모내기한 논에는 3명으로도 가능하다 했다. 모내기법으로 노동력을 덜게 된 농가에서는 호당 경작면적이 더 넓어질 수 있었고 이 때문에 종전보다 광작(廣作)을 할 수 있었다. 기록에 의하면 직파법으로는

10마지기도 못 짓던 농가에서 모내기법으로는 20마지기 내지 40마지기까지도 지을 수 있게 되었다 한다.

단위농가의 경작면적이 넓어지는 광작농업이 발달함에 따라 광작을 하는 일부 농가들의 소득이 높아졌다. 자작농의 일부는 물론 일부 소작농도 더 많은 농토를 경작할 수 있어서 차차 경제적 여유가 생겼다. 그 결과 극히 일부나마

북 장단에 맞춰 모내기를 하는 장면을 그린 민화 「경직도」

자작농은 부농층으로, 소작농은 자소작농으로 성장하게 되었다. 나아가서 이들은 자가소비를 넘어 상품으로서 쌀을 생산하기에 이르렀다.

광작농업의 발달은 또 한편으로 경작지를 잃은 농민이 많아지게 했다. 모내기 농법으로 노동력이 적게 들고 광작농업이 가능해져서 농경지가 일부 광작농민에게 집중되는 한편, 특히 소작농민들이 경작지를 잃고 상공업인구로 전환되거나 유민 혹은 농업노동자로 바뀌어간 것이다. 결국 조선왕조 후기의 모내기법 발달, 광작농업의 발달은 소수의 농민이 부농층이 되게 한 반면, 많은 농민의 토지이탈을 가져와서 농민분화를 촉진하는 결과를 낳게 되었다.

한편 이 시기 영농기술의 발달은 벼농사뿐만 아니라 보리농사에도 나타났다. 종래 밭이랑의 두둑에 씨를 뿌리던 농종법(壟種法)이 고랑에 씨를 뿌리는 견종법(畎種法)으로 바뀌어간 것이다. 이 농법의 개발로 역

시 보리농사에서도 김매기 노동력이 절감되고 종자가 보호되어 소출이 많아졌다.

왕조 후기의 이같은 영농법의 변화·발전도 실학자들의 농학 연구가 뒷받침된 것이었다. 농민들의 노력과 실학자들의 연구가 결합된 결과인 영농법의 발전은 농민소득을 증대시켰고, 그것은 또 농민의 계층 분화 및 사회의식의 향상을 가져왔다.

왕조 후기의 영농법 발달이 농민생활에 가져다준 변화는 참으로 획기적인 것이었으나, 정부의 장려에 의해 발달한 것은 아니었다. 정부가 오히려 금지하려 했음에도 불구하고 농민들 스스로가 개발해나간 영농법이었다는 점에 더 큰 의의가 있다.

### 이모작과 수리 발달

모내기법은 또 논농사에서 벼와 보리의 이모작을 가능하게 해서 농민의 소득증대에 큰 도움을 주었다. 보리농사에는 봄보리 농사와 가을보리 농사가 있었으나 모두 밭농사로만 이루어졌고, 그 가운데서도 가을보리가 보리농사의 중심이었다. 또한 밭농사는 대체로 이모작이 가능해서 1년에 보리와 함께 콩이나 조를 수확할 수 있었다.

그러나 밭농사에서의 이모작이 전국적으로, 또 전체 농토에 실시된 것은 아니었다. 기록에 의하면 왕조 전기에는 경기도 지방 농민의 3분의 1이 밭농사에서 이모작을 했고, 남쪽에서는 대부분의 농가가 이모작 밭농사를 했다고 한다. 이처럼 밭농사에서만 이루어졌던 이모작이 논농사에도 가능하게 된 것은 역시 모내기법이 발달하면서부터였다.

모내기가 일반화되지 못했던 왕조 전기에는 논농사에서의 이모작이 일부 올벼논에서만 가능했을 뿐이었다. 왕조 후기로 오면서 모내기가 일반화함으로써 논이 비어 있는 기간이 길어지고, 이 때문에 주로 기온

이 높은 삼남지방을 중심으로 겨울철 논보리 농사가 가능하게 되었다. 이모작 발달로 농민들의 보리 수확량이 증가했고, 보리농사는 소작료 수취 대상이 되지 않아 벼와 보리의 이모작은 농민의 소득 증대에 큰 도움을 주었다.

모내기법 발달로 광작과 이모작이 가능하여 농가경제에 큰 변화가 왔으나, 모내기법은 수리시설의 발달이 뒷받침되지 않고는 불가능한 일이었다. 정부가 이것을 금지한 이유도 그것이 가뭄피해를 쉽게 입는다는 점에 있었다. 즉 수리시설이 갖추어지지 않은 조건 아래서의 모내기 농법은 직파법보다 가뭄을 이기기 어려웠다. 이 때문에 농민들은 수리시설을 개발하면서 모내기법을 계속 발전시켰다.

수리시설의 개발은 대개 세 가지 방향에서 이루어졌다. 대규모 저수지인 제언(堤堰)을 축조하는 방법, 작은 규모의 보(洑)를 쌓는 방법, 그리고 수차(水車)를 이용해서 물을 푸는 방법이었다. 제언은 농민들의 힘만으로는 쌓을 수 없었으므로 정부가 주관할 수밖에 없었다.

금령에도 불구하고 모내기가 보급되어가자 정부도 제언사(堤堰司)를 두고(1662) 제언절목(堤堰節目)을 발표하여(1778) 수리시설의 개발에 힘썼다. 그러나 제언의 축조공사에는 농민들이 동원되고 물의 이용은 토호나 부농층에 집중되어 농민들의 불만을 샀다. 이 때문에 농민들은 주로 작은 규모의 보를 직접 쌓아 물을 이용했다. 또한 수차 이용 문제는 학자들에 의해 많은 논의가 있었으나, 제작기술에 한계가 있어 큰 효과를 얻지 못했다.

### 상업적 농업의 발달

논농사에서 모내기법 발달로 광작농업이 가능해지고 밭농사에서 견종법이 개발되는 등 새로운 농법이 보급됨에 따라 농민의 생산량이 증대되어가는 한편, 곡물 생산 이외에 담배·인삼·면화 등 특수작물 재배법이 발달해서 농민층이 소득을 높여갈 수 있었다. 이 시기 농민의 상품 생산이 활발해져갔다는 것은 농촌지방의 장시가 증가하고 또 그곳에서 농산물의 거래가 계속 활발하게 이루어진 사실에서 알 수 있다.

1800년대 전반기 전국 장터에 출시된 상품을 조사한 서유구(徐有榘, 1764~1845)의 『임원경제지(林園經濟志)』에 의하면, 이 무렵 전국의 장터는 1052곳이 있었고 이 가운데 출시 상품이 조사된 장터는 비교적 큰 장터라고 생각되는 316곳이다. 그중 쌀은 253개 장터에서, 콩은 163개 장터에서, 보리는 160개 장터에서 거래되고 있었다. 쌀의 경우 일반 농민 생산품 이외에 지주층이 지대로 받은 쌀도 출시되었겠으나, 보리·콩 등 잡곡은 주로 농민 생산품의 잉여분이라 볼 수 있다.

조선후기의 농민들이 생산한 특수작물 가운데 소득증대에 큰 도움을 준 것은 담배였다. 16세기에 처음으로 전래되어 재배되기 시작한 담배는 국내의 수요가 급격히 늘어난데다 청나라에 대한 수출 길도 열려 재배면적이 계속 늘어갔다. 담배는 특히 경상도·전라도·평안도 지방에서 많이 재배되었다. 이들 지방에서는 양전옥답이 대부분 담배밭이 된다 할 만큼 다른 농사보다 이윤이 높은 담배농사가 성행했고, 이 때문에 장터에서도 거래가 활발히 이루어졌다. 『임원경제지』에는 163개 장터에서 담배가 거래된 것으로 조사되어 있다.

면화 생산도 조선후기 농민의 소득증대에 큰 몫을 했다. 고려 말기에 전래되어 경상도를 중심으로 남부지방에서만 재배되던 면화가, 왕조 후기에는 거의 전국적으로 재배되었고 농민들의 가장 중요한 옷감원료가 되었다. 이중환(李重煥, 1690~1756)은 『택리지(擇里志)』에서 충청도 금산과 옥천 지방은 논이 적어 면화 재배를 전업으로 하는 농가들이 있다고 했다.

다른 지방에도 면화 재배만으로 살아가는 농민들이 늘어갔고, 장터에서 면화거래량이 늘어나면서 면화세를 거두는 지방도 많아졌다. 『임원경제지』에 면화 출시 장터는 127개로 나타나 있다. 이 무렵 황해도 평산군 안의 10개 장터 중 면화가 거래된 7개 장터에서 거두는 면화세가 전체 장세(場稅)의 4분의 1이나 되었다는 기록이 있다.

이 시기의 농가들은 또 채소 재배를 통해 높은 이윤을 얻고 있었다. 주로 배추·파·마늘·오이·미나리 등 채소와 18세기에 전래된 고구마 등이 상업적 농업품으로 재배되었다. 우하영(禹夏永, 1741~1812)의 저서 『관수만록(觀水漫錄)』에는, 도시 주변 농민들이 두 마지기 땅에 미나리를 심으면 벼농사 몇 마지기 땅에서 얻는 소득을 얻을 수 있고, 채소 두 마지기를 심으면 보리농사 열 마지기에서 얻는 만큼의 소득을 올릴 수 있다고 했다.

약재류도 이 시기의 농가소득을 증대시킨 중요한 상업적 농작물이었다. 인삼의 경우 종래에는 산삼을 채취했으나 18세기경부터 밭에서 재배하기 시작했다. 처음에는 주로 상인들에 의해 대규모로 재배되다가 차차 농가에서도 재배되어 중국에 수출되었다. 인삼 이외에도 생강·지황 등의 약재가 재배되었다.

정약용은 『경세유표(經世遺表)』에서 당시의 유명한 상업적 농업작물 생산으로 서북지방의 담배밭, 한산 지방의 모시밭, 전주 지방의 생강밭, 강진 지방의 고구마밭, 황주 지방의 지황밭 등을 들고, 이런 상업적 농업에서 얻는 수익은 논농사 상상전(上上田)의 수익에 비해 10배 이상이 된다 했다.

종래 곡물 재배에만 한정되었던 농업이 특수작물 재배를 통한 상업적 농업으로 전환된 것은 조선왕조 후기의 영농법 발전, 도시인구의 증가, 상공업 및 외국무역의 일정한 발전, 그리고 그 결과로서 도시의 발전에 힘입은 것이었다. 상업적 농업의 발전은 모내기법 발달과 함께 이 시기 농민층의 소득증대에 큰 영향을 주었고, 그것은 또 농민층 분해와 농민들의 사회의식·정치의식의 향상을 뒷받침했다.

## 2. 지대 수취법의 변화

### 병작과 도조

조선왕조시대의 지주가 그 작인(作人)에게서 받는 지대(地代)는 일반적으로 사전세(私田稅) 또는 토세(土稅)라 불리었고, 그 수취법은 크게 나누어 병작법(竝作法)과 도조법(賭租法)이 있었다. 병작법은 일정한 지대액이 미리 정해져 있지 않고 해마다 수확량을 지주와 작인이 절반씩 나누는 이른바 병작반수제(竝作半收制)를 말한다. 도조법은 지주와 작인 사이에 일정한 지대액이 미리 정해져서, 농사의 풍작과 흉작에 관계없이 해마다 일정한 지대액을 바치는 정액지대제(定額地代制)를 말한다.

병작법의 경우 종자벼와 전세·대동세·삼수세(三手稅)·결작세(結作稅) 등의 지세 및 부가세를 일반적으로 지주가 부담하여 영농경비의 지주 부담률이 높았다. 게다가 해마다 작황에 따라 지주의 이윤이 좌우되므로 지주의 농업경영에 대한 관여도가 높고, 이 때문에 농민의 자율적 영농이 제약되었다. 지주는 평소에도 작인의 영농상황을 감독했고 벼베기와 벼훑기를 일일이 감시했다. 특히 작인이 소득을 높이기 위해 특수작물을 재배하려 할 경우 지주의 간섭과 제재를 피할 수 없었음을 짐작할 수 있다.

도조법의 경우 지세와 기타의 부가세를 모두 작인이 부담하는 조건 아래, 계약된 지대를 해마다 바치기만 하면 영농과정 전체와 일부 작물의 선택까지도 작인이 자유로이 할 수 있었으므로, 농업경영에서 작인의 자율성이 그만큼 높을 수 있었다. 총생산량 중에서 계약된 지대액 이외의 분량을 자기 소유로 할 수 있게 된 농민들은 병작법 아래서의 농민보다 생산의욕이 높아질 수 있었다. 지주 측은 일단 계약된 지대만 수취하면 되므

김윤보의 「소작료 납입」 • 앉아서 소작료를 받고 있는 양반 지주와 땀 흘리는 소작농의 모습이 대조적이다.

로 작인의 영농과정을 크게 간섭할 이유가 없었다.

농민들의 지주에 대한 예속성을 약화시키고 상대적으로 독립성을 높인 도조법이 언제부터 발달했는지 정확히 밝히기는 어렵다. 1708년의 한 기록은, 강화도의 전답은 대부분 서울 양반층과 부자들의 땅이어서 강화도민의 십중팔구는 그들의 땅을 도지(賭地)하거나 병작한다 하여 도조법과 병작법이 병행되고 있었음을 말해주고 있다.

그러나 이후에는 점차 병작법에서 도조법으로 옮아갔다. 본래 가뭄 피해를 덜 받아 수확량이 비교적 일정한 밭농사에는 도조법이 적용되고, 가뭄피해를 받기 쉬워 수확량에 변화가 많은 논농사에는 병작법이 더 많이 적용되었다. 그러나 왕조 후기로 오면서 수리시설이 어느정도 발달해서 가뭄피해가 덜하게 되자, 논농사도 점점 도조법으로 바뀌어 간 것이다.

구체적인 예로, 18세기 후반기에 경상도 안동 지방의 토호 양반들이 서원을 세우기 위해 모은 계(契)의 하나인 건원소(建元所)의 전답문기 (田畓文記)에 의하면, 1751년에 사들인 밭은 처음부터 도조법으로 지대

를 받았다. 종래 병작법으로 지대를 받던 또 다른 논과 밭에 대해서는 1752년부터 도조법으로 받기 시작했고, 1754년에 새로 사들인 밭에는 모두 도조법을 적용했다. 1751년에 도조법으로 지대를 받던 논밭이 한 곳이었으나 다음 해에 세 곳으로 확대되었고, 1754년에는 다섯 곳으로 되었다. 1757년에는 건원소가 가진 거의 모든 논밭의 지대가 도조법으로 바뀌어갔다.

비록 특정 지방, 특정 단체의 지대 수취법의 예이긴 하지만 이같은 지대 수취법의 변화는 18세기 후반기를 고비로 하여 다른 지방에도, 또 개인지주의 소유지에도 확대되어갔다고 믿어진다. 이 시기에는 농민들이 광작농업, 상업적 농업 등의 개발로 흉년의 경우에도 정액지대를 혼자 감당할 수 있을 만큼 농업경영에서 자율성을 확보해갔다. 농민들이 그만큼 지주들의 영농상의 제재를 벗으려 노력하고 있었기 때문이다.

### 화폐지대의 발생

조선왕조 후기에 와서 병작법이 차차 도조법으로 바뀌어갔고, 도조법은 또 이 시기의 사회경제적 조건의 변화에 따라 아주 부분적으로나마 화폐지대제로 바뀌어갔다. 화폐지대제가 나타나게 된 배경은 상품화폐경제의 발달에 있었지만, 그것을 좀더 구체적으로 살펴보면 다음과 같은 몇 가지 상황의 변화를 들 수 있다.

첫째, 상품경제의 발달로 금속화폐의 전국적 유통이 가능해졌고 그 결과 지세의 금납화가 차차 확대되어가고 있었다는 점이다. 금속화폐가 유통되기 시작하면서 교통이 불편한 지역에서부터 전세·대동세·결작세 등의 대금납화가 차차 확대되어갔고, 그것이 공유농지와 일반지주 소유지의 지대 금납화를 유발하게 되었다.

둘째, 지대 수취법이 병작법에서 도조법으로 바뀌고 도조법이 확대된 사실은 화폐지대제 발달의 실제적 배경이 되었다. 도조법이 실시되고 있었던 궁방전(宮房田)·역둔토(驛屯土)와 부재지주 소유지에서는, 운반의 편의를 위해 현물지대보다 화폐지대가 더 편리했다. 또 곡가(穀價)는 풍년과 흉년에 따라 오르내리지만 화폐지대액은 평균치로 정했기 때문에 작인은 흉년에는 다소 손해를 본다 해도 풍년에는 더 많은 이득을 볼 수 있었다.

셋째, 이 무렵에는 전국적으로 농민 생산품의 시장가격이 어느정도 비슷해져가고 있었다는 점이다. 화폐지대제는 작인들이 지주에게 생산물을 바치는 것이 아니라 그 가격을 지불하는 것이기 때문에 농산물의 가격차가 심하면 지방에 따라서 지주나 작인 중 어느 한쪽이 지나치게 불리해지므로, 그것이 유지되기 어려웠다. 그러나 대체로 18세기 이후부터 도시수공업 제품이나 농촌의 가내수공업 제품 및 농산물이 비슷한 시장가격에 의해 매매되고 있어서, 화폐지대제가 발달할 수 있는 여건이 마련되어갔다.

이같은 사회경제적 조건의 성숙을 바탕으로 하여 둔전(屯田)과 같은 국유지에서 화폐지대제가 먼저 실시된 것 같다. 1769년에 전라도 부안에 있는 둔전의 지대를 매년 1600냥씩 거둘 것을 제도화한 기록이 있고, 『만기요람(萬機要覽)』에도 종래 둔전에서 부(負)당 15되, 마지기당 10말씩 받던 지대를 돈으로 받을 때는 쌀 한 섬에 5냥, 벼 한 섬에 2냥씩 쳐서 받을 것을 규정했다.

민간지주의 경우, 우선 앞에서 든 안동 건원소의 지대는 1751년에 1필지, 1752년에 2필지, 1754년에 2필지가 화폐지대화하여 전체 10필지 가운데 5필지가 금납화했다. 1756년의 그 추수기(秋收記)에 "기산전(箕山田)의 도지값은 원래 2냥으로 정했으나 큰 흉년이 들어 절반을 깎은 1냥만 받았다" "상단(上丹) 사동전(寺洞田)의 원래 정해진 도지값은 2냥이었으나 을해년 수해 때 사태가 나서 땅이 패거나 흙이 씻겨 내려가 토질이 매우 나빠졌으므로 앞으로는 해마다 도지값을 1냥 5전으로 낮추어 받기로 결정했다" 하여 화폐지대 수취상황을 전해주고 있다.

이 무렵 민간지주들의 화폐지대 수취상황은 그들의 추수기를 통해 어느정도 짐작할 수 있다. 서울에 산 어느 관리의 충청도 충주에 있던 전답의 추수기에 의하면, 1836년에는 도조 28섬 중 6섬분만 돈으로 받아 전체 도조액의 21%만이 화폐지대화했으나 1838년에는 89%로 증가해서 화폐지대제의 급격한 발전상을 나타내고 있다.

물론 이와 같은 화폐지대화율이 이 시기의 전체 소작지에 해당된 것은 아니다. 전체적으로는 화폐지대가 생산물지대보다 비중이 낮았다고 생각되며, 화폐지대제가 실시된 곳도 모두 계약에 의한 정액징수제로 된 것이 아니라 도조의 대금납(代金納) 형태가 더 많았던 것으로 보인다. 또한 국유지의 화폐지대액이 전국적으로 법정화되어가는 추세에 있었던 데 반해, 개인지주 소유지에서는 곡물가의 등귀에 따른 지대가격의 상대적 하락을 두려워한 지주들의 반대 때문에 정액 화폐지대제가 쉽게 확대되어간 것은 아닌 것 같다.

이와 같은 여러가지 제약조건에도 불구하고 상품화폐경제의 발전추세에 따라 아문둔전(衙門屯田)·군영둔전(軍營屯田) 같은 국유지와 왕실 소유지인 궁방전 등에서 화폐지대제가 먼저 발달하고, 차차 그것이 개인지주 소유지에도 확대되어갔다고 생각된다.

조선왕조 후기 소작지의 지대 수취방법은 병작제와 도조제 및 화폐지대제의 세 가지 형태가 함께 있었으며, 아직도 화폐지대보다 생산물지대가 더 많았다. 그러나 그 발전추세는 병작제에서 도조제로, 그리고 생산물지대에서 화폐지대로 나아가고 있었다. 그것은 생산물의 부분적 상품화, 상업과 상공업도시의 발달, 금속화폐의 유통을 전제로 해서 일어난 현상이었다.

일부에서 화폐지대가 발달했다고 해서 봉건지대의 본질이 변한 것은 아니다. 다만 지주와 작인의 전통적·관습적 관계가 계약적인, 순수한 화폐관계로 바뀌어가고, 그것이 장차 작인의 차지(借地)농업자화를 가져올 수 있으며, 나아가서 소작농민들의 이윤을 증대시킬 조건이 마련되어간 것이다.


## 제2절 상품화폐경제의 발전

### 1. 특권상업의 변질

#### 공인의 발생

대동법이 실시되면서 관청의 수요품을 조달하는 상인인 공인이 새로 생겨났다. 대동법 실시 이전에도 각 지방에는 관청에 바치는 공물을 중간에서 방납하는 상인들이 있었으나, 대동법이 실시되면서 방납상인이 아닌, 정부가 공식으로 인정한 관수품 조달상인으로서 공인이 생겨난 것이다.

공인들은 같은 관청에 물품을 조달하는 상인들끼리 공동출자한 계(契)를 조직하고 있었다. 예를 들면 장흥고공인(長興庫貢人)은 대궐이나 중앙관청에서 쓰이는 돗자리·종이 등을 관장하는 장흥고를 상대로 이들 물품을 조달하는 공인들로서, 계 조직을 통해 물품을 공동으로 조달했다.

공물주인(貢物主人)으로 불린 이들은, 공조(工曹)처럼 조달해야 하는 물품이 다양한 관청의 경우 물품마다 따로 계를 조직했다. 예를 들면 공조피물계공인(工曹皮物契貢人)은 공조에서 필요한 물품 중 피물만을 조달하는 공인들이었고, 공조수철공물주인(工曹水鐵貢物主人)은 수철, 즉 원료 철만을 조달하는 공인들이었다.

대동법이 실시되면서 여러 계통의 사람들이 공계(貢契)를 조직하여 공인이 되었다. 대동법 실시 이전부터 이미 각 관청에 공물을 조달하고 있던 사주인(私主人)과 경주인(京主人)·기인(其人) 등도 공인이 되었고, 서울의 시전인(市廛人)·장인(匠人) 들도 계를 조직해서 공인이 되었다. 시전인이나 장인 등은 일반 민간인을 상대로 하는 판매와 제조업을 계속하면서 한편으로 공인의 역할을 겸하기도 했다. 시전인이나 공장(工匠) 이외에 종래의 방납인과는 다른 공인이 새로 많이 생겨난 것은 왕조 후기에 와서 전업적인 도시 상공업자가 그만큼 증가했음을 말해준다.

해마다 선혜청(宣惠廳)은 거둔 대동세(大同稅)를 공인들에게 미리 배정해서 관청 수요품을 독점적으로 조달하게 했으므로, 공인은 그만큼 특권을 가진 상인들이었다. 특정 관청에 독점적으로 물품을 조달한다는 것 자체가 특권성을 가진 것이었으며, 또 독점 조달을 위한 독점매입권도 행사했다. 공계인(貢契人)들은 관청에 조달할 물품을 매점하기 위해 도고(都庫)를 차리고 이를 통해 관청 조달을 핑계로 상품 생산자로부터 헐값으로 강제 독점매입하여 사상인(私商人)들의 자유로운 상업활동을 저해하기도 했다.

공인들이 조달하는 물품은 농민 생산품이 대부분이었으나 도시 수공업자 및 농촌 수공업자의 생산품도 있어서 공장(工匠) 출신 공인이 아닌 경우 수공업생산을 일부 지배하기도 했다. 왕조 후기에 상용무기화한 조총이 공인에 의해 생산 조달되기도 했다. 이 경우 공계는 조총 생산장을 가지고 기술자를 고용해서 생산하는 임노동제의 특권적 공장제 수공업을 운영하고 있었다.

공인들은 정부로부터 특권을 부여받는 반면, 그 때문에 입는 피해도 컸다. 그들은 수시로 부담하는 국역(國役)을 통해 정부로부터 수탈당했고, 조선왕조정부의 재정악화로 조달품의 값을 지불받지 못하거나, 받는다 해도 싯가보다 낮게 받는 낙본(落本)의 경우가 많았다.

대동법 실시와 공인의 생성으로 상품유통이 활발해지고 화폐경제가 발달하면서 상인자본도 어느정도 성장했다. 그러나 이것은 도고상업, 특권적 매점상업의 발달을 말하는 것이며, 이 때문에 사상인과 소생산자의 활동은 위축되었다. 그러나 이와 같은 특권상업에 눌리면서도 도시 및 농촌 수공업의 발달을 배경으로 한 사상인층의 성장도 또한 꾸준했다.

### 시전상업의 변화

평양이나 개성과 같은 대도시의 시전상업은 조선왕조 이전부터 성립되고 있었고, 서울이 조선왕조의 수도로 되면서 시전상업 체제가 완성되었다. 서울의 경우 시전상인들은 정부가 지은 상점 건물에서 영업하면서 관청 수요품을 조달하고, 정부가 수취해 사용한 공물의 잉여분을 불하받아 도시민에게 팔고, 또 도시민의 일반 생활품도 공급했다. 왕조 초기에는 시전상인 이외의 도시 상업인구가 많지 않았고, 시전들은 각기 그 전매품을 가지고 있었기 때문에 시전상업계 전체에 이렇다 할 경쟁이 없었다. 뒷날 난전(亂廛)으로 불리는 비시전계(非市廛系) 상인들의 도전다운 도전이 없었다는 말이다.

대체로 16세기경부터 농촌인구의 일부가 도시로 모여들면서 도시 상업인구가 증가하기 시작했다. 특히 왜란과 호란을 겪은 17세기 이후에는 농촌을 떠나 도시로 모여드는 인구가 급증하고, 이들이 비시전계 난전상인이 됨으로써 시전상업계는 큰 위협을 받게 되었다. 서울의 경우 종루(鐘樓)와 광교통(廣橋通) 중심 시전상가 이외에 남대문 밖의 칠패(七牌)와 동대문 근처의 배우개(梨峴)에 새로운 시장이 형성되었을 뿐만 아니라, 거리마다 난전이 생겨 시전의 전매품을 이들 난전상인도 매매하게 된 것이다.

중세사회와 같이 생산과 유통 과정이 완전히 분리되어 있는 경제구조 아래서는 일정한 지역 안에서 상인 수가 증가하고 그들의 상업활동이 활발해질수록 상인 사이의 경쟁은 치열해지고, 이 때문에 이익을 독점했던 특권상인들은 위협을 받게 된다. 이런 경우 특권상인들이 이익을 계속 누릴 수 있는 방법은 생산을 지배하거나 독점매매권을 더욱 강화하는 것이었다. 특권상인인 시전상인들은 우선 독점매매권을 강화하는 길로 나아갔다. 금난전권(禁亂廛權)의 강화가 그것이다.

왕조 전기에도 시전상인은 정부와 밀착한 특권상인의 처지였으나, 그들에게 사상인들의 판매행위를 직접 금지하고 그 상품을 몰수할 수 있는 금난전권이 주어진 것 같지는 않다. 왕조 후기로 오면서, 먼저 육의전(六矣廛)으로 불린 여섯 종류의 대규모 시전이 정부에 대해 국역을 지는 대신 금난전권을 인정받았다. 서울 일원에서 육의전 이외의 상인은 육의전이 취급하는 상품을 직접 매매할 수 없게 된 것이다.

금난전권은 처음에는 육의전에만 주어졌으나 다른 시전들도 이 권한을 가지기를 원했고, 정부로서도 금난전권을 갖는 시전이 많아질수록 국역 수입이 확대되므로 계속 이를 허가해주었다. 그뿐만 아니라 이 시기에는 종래 상품화되지 않았던 물품이 새로 상품화되고, 모양이 바뀌거나 가공된 상품이 새로 개발되어 그것을 매매하는 시전이 새로 생겼다. 이에 따라 금난전권을 가진 시전도 증가해갔다.

예를 들면 1747년에 서울 시내의 일부 상인들이 특정 지역의 치도(治道)공사를 자담하는 대신 메주전(燻造廛)을 새로 허가받은 것은 새로운 금난전권 시전이 생긴 경우이며, 1742년에 잎담배의 전매권을 가진 남초전(南草廛)이 있는데도 일부 비시전상인들이 담배를 썰어 파는 절초전(折草廛)을 조직해 금난전권을 얻은 것은 가공상품 시전이 새로 생긴 경우이다.

시전상업계의 변화는 금난전권 강화와 새로운 시전의 증가로만 나타난 것이 아니라 시전상인과 장인, 즉 도시 수공업자 사이의 경쟁 심화로도 나타났다.

왕조 후기에는 종래 관아도시(官衙都市)의 성격을 띠었던 대도시들이 상품화폐경제의 발달로 상공업도시적 성격으로 바뀌어가고, 도시민들의 기호가 발달함에 따라 수공업자들에 의해 새로운 공산품들이 개발되어가는 추세였다. 새로운 공산품을 개발한 도시 수공업자들은 그것을 직접 판매하기 위해 스스로 금난전권을 가진 시전을 개설하려 했다. 그러나 기성 시전상인들은 이 새로운 가공품을 그들의 상품으로 확보하기 위해 가공품의 금난전권을 확보하려 했으므로, 시전상인과 수공업자 사이에 시전 개설을 둘러싼 치열한 경쟁이 벌어졌다.

18세기 무렵 서울과 같은 대도시에서는, 사상인층과 수공업자들의 도전에 대응하기 위해 기성의 특권 시전상인들이 금난전권을 강화하여 사상인의 활동을 금압하고 수공업자들을 지배하려는 움직임이 강하게 나타났다. 이에 대응하여 사상인과 수공업자들은 스스로 시전을 개설하여 기성 시전상인의 특권에 대항하고, 이 대열에 들 수 없었던 소상인층과 소생산자층은 난전활동을 통해 시전상인들의 특권에 도전하는 현상이 일어나고 있었다.

### 통공정책의 실시

육의전은 물론 그밖의 일반 시전들이 금난전권을 강화해서 상품을 독점적으로 매매하고, 또 새로운 상품을 개발한 일부 사상인들이 새로운 시전을 조직해 금난전권을 얻었다. 한편, 일부 도시 수공업자도 시전 상인들에 대항해서 시전을 열고 독점매매권을 확보함으로써, 18세기경의 도시상업계는 온통 금난전권이 지배하게 되었다.

금난전권이 계속 확대 강화된 것은 반대로 난전 세력이 그만큼 계속 성장하고 있었음을 말해준다. 시전 조직을 가진 상인들의 금난전권을 앞세운 횡포가 심해짐에 따라 도시의 경제질서가 경화되는 한편, 물가가 계속 상승하여 도시빈민층과 새로운 시전상인으로 상승할 수 없는 영세상인 및 소생산자층의 생활을 크게 압박했다.

서울의 이런 사정을 지적한 1741년의 한 자료는 이렇게 말하고 있다. "시전을 새로 조직한 사람들이 5,6년 내에 대단히 많아졌다. 이들은 상품판매보다 난전 단속하는 데 전념하여, 심지어는 채소나 기름·젓갈까지도 마음대로 사고팔 수 없게 되었다. 외방의 백성들이 가져오는 사소한 상품을 받아 팔며 살아가는 서울의 영세상인들이 금난전권의 피해로 살길을 잃을 지경이다."

시전상인들에게 금난전권을 주어 보호하던 조선왕조정부는, 18세기 후반기에 와서 마침내 이것의 폐해를 완화시키지 않을 수 없게 되었다. 시전을 일방적으로 보호하던 정책을 바꾸어 도시빈민층과 영세상인 및 소생산자층을 보호하는 정책을 일부 채택하지 않을 수 없게 된 것이다. 일부 시전의 금난전권을 폐지하는 통공(通共)정책의 실시가 그것이다.

이 시기에 와서 통공정책이 실시된 직접적 동기는 채제공(蔡濟恭, 1720~99)과 같은 정권담당자를 통해 실학자들의 생각이 어느정도 정책에 반영된 결과라 할 수도 있으나, 근본적으로는 금난전권을 행사하는 특권상인에 대한 도시빈민층·영세상인·소생산자층의 꾸준한 저항이 뒷받침된 결과였다. 통공정책 주창자 채제공은 1791년에 금난전권의 폐단을 이렇게 구체적으로 지적했다.

"우리나라의 금난전법은 국역에 응하는 육의전으로 하여금 이익을 독점케 하기 위해 둔 법이지만, 근래에는 무뢰배들이 삼삼오오로 시전을 만들어 일용생활품을 독점하지 않는 것이 없다. 크게는 말이나 배로 운반하는 상품에서부터 작게는 머리에 이고 손에 든 상품에 이르기까지 길목에 잠복했다가 억지로 헐값에 사려 하고, 이에 응하지 않으면 난전이라 하여 묶어서 형조나 한성부에 넘기기 때문에 물주(物主)는 밑져도 팔지 않을 수 없으며, 이를 산 시전상인은 두 배의 값으로 판다. 백성들이 사지 않으면 그만이지만, 사지 않을 수 없을 때는 그 시전 이외의 딴 곳에서는 구할 수 없기 때문에 그 값이 날로 오르기만 한다. 내가 어릴 때와 비교하면 물가가 3배 내지 5배나 올랐고, 심지어는 채소와 옹기 등도 시전이 생겨 사사로이 매매할 수 없다."

이에 대한 해결책으로 그는 "30년 이내에 새로 설립된 시전 조직은 폐지하고, 형조와 한성부로 하여금 육의전 이외에는 난전을 금할 수 없게 할 뿐만 아니라, 이를 어기는 사람은 벌주도록 할 것"을 건의했다. 이 건의가 채택되어 육의전 이외 시전의 금난전권을 폐지하는 통공정책이 실시된 것을 신해통공(辛亥通共)이라 한다.

통공정책에 대해 시전상인들은 심하게 반발하면서 그 폐지를 요구했다. 그러나 정부에 의해 "서울 시내 백성의 십중팔구가 통공법이 옳다고 생각하고 있다" "금난전법은 실로 중민(衆民) 공공의 이로움이 되지 못한다"는 이유로 번번이 거절당했다. 이후 세도정권의 반동성에 편승한 일부 시전이 금난전권을 회복한 경우도 있었으나 통공정책의 원칙은 변하지 않았다.

조선왕조의 상업정책은 왕조 성립 당초의 억상(抑商)정책이 지속되다가 대체로 17세기경부터 금난전권을 통한 특권상인 보호정책으로 전환했으며, 18세기 말에 와서 다시 통공정책으로 바뀌었다. 신해통공은 육의전이 제외된 한계는 있다 해도, 난전으로 통칭된 영세상인층과 소생산자층의 꾸준한 성장에 밀려 특권상업을 크게 제한한 획기적 정책이었다. 그 결과 도시 사상인층과 소생산자층의 활동이 한층 더 활발해졌다.

## 2. 인구증가와 도시발달

### 인구의 증가와 분포

조선왕조시대의 호구(戶口) 또는 인구는 각 지역에서 사회생활을 영위하며 경제활동에 종사하는 주체이지만, 한편 중앙정부의 입장에서 볼 때 그것은 역(役)과 공부(貢賦)를 파악하는 기본단위였다. 정부에서는 인구의 동향을 파악하기 위해 대체로 3년마다 호구통계를 작성했다. 호구통계를 작성할 때에는 연령구조를 4단계로 분류했는데, 남녀 10세 이하를 아(兒), 11세에서 15세까지를 약(弱), 16세에서 50세까지를 장(壯), 51세 이상을 노(老)로 구분했다.

그러나 이같은 기준에 의해 작성된 조선후기의 호구통계를 기반으로 하여 인구의 증감상황을 파악하는 데에는 어려움이 따른다. 왜냐하면 당시의 통계에서는 출생과 사망 등 인구의 자연증감에 대한 기록이 없으며, 사회적 요인에 의한 전출·전입 상황도 기록되어 있지 않기 때문이다. 또한 전국 인구를 추계하는 과정에서 대개 아(兒)에 해당하는 연령층의 인구가 통계에서 제외되어 있기 때문이다.

인구의 조사과정에서도 많은 기피자와 누락자가 있었다. 정부는 누호(漏戶)·누구(漏口)를 방지하기 위해 벌칙을 강화했지만 누호·누구 현상은 계속되었다. 은루자(隱漏者)는 각종 공부(貢賦)의 의무를 직접 지

표 1_ 조선후기의 인구 동향

| 연대 | 호(증가지수) | 구(증가지수) |
|------|-------------|-------------|
| 1669(현종 10) | 1,313,652(100) | 5,018,744(100) |
| 1699(숙종 25) | 1,333,330(101.5) | 5,774,739(115.1) |
| 1729(영조 5) | 1,663,245(126.6) | 7,131,533(142.1) |
| 1759(영조 35) | 1,690,710(128.7) | 6,968,856(138.9) |
| 1789(정조 13) | 1,748,563(133.1) | 7,368,345(146.8) |
| 1819(순조 19) | 1,533,515(116.7) | 6,512,349(129.8) |
| 1849(헌종 15) | 1,540,480(117.3) | 6,550,640(130.5) |
| 1879(고종 16) | 1,923,528(146.4) | 6,560,027(130.7) |

자료: 방동인 「인구의 증가」, 『한국사 13』, 1974 참조.

고 있던 남자의 경우에 더 많았다. 이 시기의 누구 상황은 여자인구에 대한 남자인구의 비율을 통해 부분적으로나마 파악될 수 있다.

18세기 전반기의 경우 전국의 남자인구는 여자인구의 95% 정도에 지나지 않았다. 대구 지방의 경우를 예로 들면 17세기 후반기에 그 비율은 87%였으며, 18세기 전반기에는 76%에 불과했다. 전체 조선왕조시대를 통해 상당수의 인구가, 특히 남자인구가 호구조사에서 누락되고 있었으며, 이러한 현상은 토호들의 세력이 강했던 곳에서 더 두드러지게 나타났다.

조선후기의 호구통계에서 이런 문제점들이 발견된다 해도, 당시의 통계자료를 통해 대체적인 인구동향을 파악할 수는 있다. 전체 인구는 17세기 중엽에는 대략 131만 호에 502만 명 정도였으나 18세기 중엽에는 169만 호에 697만 명 정도로 증가했고, 18세기 말엽에는 175만 호에 737만 명 정도로 파악되고 있다. 안동김씨 세도정권기인 19세기 중엽에는 154만여 호에 인구는 655만 명 정도로 집계되어 앞 시기보다 오히려

표 2_ 인구의 도별 분포 비율 (단위: %)

| 연도 | 1669 | 1717 | 1753 | 1781 | 1816 | 1852 |
|---|---|---|---|---|---|---|
| 한성 | 3.9 | 2.7 | 2.4 | 2.8 | 3.1 | 3.0 |
| 경기 | 10.9 | 8.3 | 8.9 | 8.5 | 9.6 | 9.8 |
| 강원 | 3.7 | 4.1 | 5.4 | 4.7 | 5.2 | 4.7 |
| 황해 | 7.2 | 6.0 | 7.4 | 7.7 | 8.0 | 9.8 |
| 충청 | 11.8 | 12.4 | 12.8 | 11.7 | 13.0 | 12.9 |
| 전라 | 19.4 | 16.1 | 16.3 | 16.5 | 15.8 | 15.6 |
| 경상 | 23.4 | 31.6 | 22.8 | 21.7 | 21.6 | 22.4 |
| 평안 | 14.3 | 11.1 | 17.4 | 17.5 | 11.6 | 12.7 |
| 함경 | 5.4 | 7.7 | 6.8 | 8.6 | 10.8 | 10.0 |
| 합계 | 100 | 100 | 100 | 100 | 98.7 | 100.9 |
| 전국 인구수<br>(단위: 천명) | 5,018 | 6,848 | 7,298 | 7,228 | 6,595 | 6,810 |

자료: 방동인 「인구의 증가」, 『한국사 13』, 1974 참조.

감소한 것으로 나타나 있다.

조선왕조시대의 인구는 17~18세기에 이르러 계속 증가 추세에 있었다. 이 기간에도 전염병과 기근 등으로 때에 따라서는 인구의 심각한 감소현상이 나타났으나, 그 증가폭이 자연감소폭을 웃돌았기 때문에 전체적으로는 인구가 증가했던 것이다. 특히 18세기에는 정부의 행정력이 강화되어 인구파악도가 높아지고 은루자가 감소하여, 정부에서 파악한 인구수는 증가했다. 그러나 19세기에는 전염병과 기근으로 인한 자연감소 외에도, 세도정치의 여파로 행정력이 이완된 결과 인구가 감소한 것으로 집계되었으리라 생각된다.

한편 당시의 경제구조에서 농업이 차지하는 비중이 매우 높았던 만큼, 각 지역별 인구의 분포는 농경지 면적과 일정한 상관관계를 가지고 있는 것으로 추정된다. 18세기 초엽(1719) 전국 농경지의 70% 정도가 충청·전라·경상도에 집중되어 있었고, 전국 인구의 50% 이상이 이 지역에 거주하고 있었다.

가장 많은 인구가 거주하고 있었던 곳은 경상도와 전라도 지방이었다. 그리고 강원도나 함경도와 같이 17세기 중엽에 인구가 영성(零星)했던 곳들도 18~19세기에 이르러 괄목할 만큼 증가했다. 그것은 그 지역 인구의 자연증가에 의해서라기보다 18세기 이후 다른 도의 인구가 이 지역으로 유입한 데 원인이 있었다.

이러한 인구증가 추세에 의해 조선전기에 설치되었다가 곧 주민의 거주가 금지되었던 폐사군(廢四郡, 여연閭延·자성慈城·무창茂昌·우예虞芮) 일대의 개발이 다시 허용되기에 이르렀다. 그리고 폐사군 지역과 같은 국경지대에 인구가 유입됨으로써 조선과 청나라 사이에 범월(犯越)문제가 발생하게 되었고, 따라서 양국간의 국경선을 획정하기 위한 정계비(定界碑)가 백두산에 세워졌다(1712). 이 지역 일대에 대한 조선인의 활발한 개척과 관련하여 이미 간도문제가 배태되고 있었던 것이다.

### 도시의 발전

조선왕조 후기에는 상공업의 발전과 함께 도시 형성이 촉진되고 있었으며, 농민 분해과정을 통해 농지를 잃은 상당수의 농민들이 도시로 이동하고 있었다. 또한 기근과 같은 자연재해로 유민의 도시 집중현상이 진행되고, 그로 인해 기존 도시인구가 증가되거나 새로운 도시들이 형성되어갔다.

조선왕조 최대의 도시 서울은 18세기 후반기(1789)에 18만 9천여 명의 인구를 포용하고 있었으며, 인구밀도도 남산과 북한산의 면적을 제외하면 평방킬로미터당 약 8860명에 이르고 있었다. 당시 전국의 인구밀도가 평방킬로미터당 33.5명이었음에 비추어보면, 서울의 인구밀도가 얼마나 높은 것이었는지 이해할 수 있다.

종래 관아도시적 성격을 띠었던 서울은 왕조 후기에 와서 전쟁피해를 극복하며 상공업도시로서 새로운 면모를 갖추어나갔다. 중심가인 종루 서쪽의 거리 운종가(雲從街)는 상업활동의 중심지였고, 도성 내의 3대 시장인 이현(梨峴)·종루·칠패는 도시민들의 생활용품 구매장이어서 상인들의 집합처가 되었다. 3대 시장 주변에는 갖가지 생활용품을 생산하는 수공업자들이 생업에 종사하고 있었는데, 여기에는 전국 각처에서 생산된 물산들 외에 중국이나 일본의 상품까지 곁들여 성황을 이루었고, 상인 등을 상대로 한 대금업도 성행했다.

서울 이외의 각 지방에도 도시가 형성되어가고 있었다. 18세기 후반기 개성과 평양은 인구 2만 명 이상의 도시로 성장했고, 경상도 상주와 대구, 전라도 전주, 충청도 충주 및 평안도 의주 등도 그 인구가 1만 명을 웃돌았다. 또한 인구 5천 명에서 1만 명에 이르는 도시가 전국적으로 40개나 되었고, 2500명 이상 5천 명 미만의 도시는 경기도 안성을 비롯하여 89개에 이르렀다. 인구 5천 명 이상의 도시인구 비율은 당시 정부에서 파악하고 있던 전체 인구의 7.8%에 해당했다. 여기에 인구 2500명 이상의 도시까지 포함하면, 18세기 후반기 도시인구 비율은 11.8%에 달하는 것으로 추계된다.

이 시기 왕조의 지방 행정단위는 전국이 330여 개 처로 나뉘어 있었고, 인구 2500명 이상의 도시는 137개에 이르고 있었다. 이들 중 부산·온양·강경·원산·사리원 등은 지방행정의 중심지가 아닌 도시였지만, 그밖의 대부분은 행정기능을 중심으로 여러가지 잡다한 기능이 혼합된 도시였다.

이 시기의 도시들은 대개 큰 장시가 열리던 곳이거나 외국무역이 이

표 3_ 도시 수의 도별 분포

| | 인구 5,000 이상 도시명 | 인구 5,000 이상 | 인구 2,500~5,000 | 계 |
|---|---|---|---|---|
| 경기 | 개성 강화 광주 양주 | 4 | 5 | 9 |
| 강원 | | – | 4 | 4 |
| 황해 | 해주 황주 연안 | 3 | 8 | 11 |
| 충청 | 충주 공주 당진 청주 부여 온양 아산 | 7 | 7 | 14 |
| 전라 | 전주 나주 광주 태인 제주 | 5 | 15 | 20 |
| 경상 | 동래 밀양 부산 진주 거제 대구 상주 안동 경주 의성 | 10 | 20 | 30 |
| 평안 | 평양 의주 영유 성천 선천 정주 안주 창성 초산 상원 철산 덕산 가산 | 13 | 18 | 31 |
| 함경 | 경성 길주 단천 명천 함흥 홍원 | 6 | 12 | 18 |

자료: 손정목 『조선시대 도시사회 연구』, 일지사 1977, 223면.

루어지던 곳 및 상업중심지, 즉 시장과 사상 도고(私商都賈)가 번성했던 곳에 발달했다. 그리고 상당수의 도시들이 경상도 동래에서 서울을 거쳐 평안도 의주에 이르는 대로(大路)를 중심으로 발전하고 있었다. 이는 상업발진뿐만 아니라 도로와 교통수단 개선이 도시 형성에 박차를 가하고 있었음을 뜻한다.

서울 주변에서는 용산·마포·서강 등

김정호가 제작한 서울지도 「수선전도」

한강에 연해 있는 지역에 위성도시가 형성되고 있었다. 두모포(豆毛浦)와 뚝섬 및 동빙고·서빙고 등의 지역도 위성도시화해갔고, 서울로 진입하는 교통요지인 송파·다락원(樓院) 및 말죽거리와 과천도 위성도시로 성장해갔다. 이같이 도시가 형성되어가는 추세에서 18세기 말엽에는 화성(華城, 수원)과 같은 계획적인 성곽도시가 건설되기도 했다.

## 3. 민간상업의 발전

### 민간무역

조선왕조 성립 당초의 소위 3대 기본정책으로 흔히 억상정책, 쇄국주의정책, 농본주의정책을 드는데, 왕조 정부는 처음부터 철저한 쇄국주의정책을 실시해서 민간인의 외국진출을 엄격히 통제했다. 이 때문에 고려시대와는 달리 민간상인이 외국과 무역할 수 있는 길은 완전히 막혔다. 백성들의 생활은 외국시장과 완전히 단절되었고 지배계급이 필요로 하는 외국제품은 중국에 정기적으로 내왕하는 사신 일행에 의해 수입되었다.

사신무역(使臣貿易)에는 특히 역관(譯官)들의 활약이 컸다. 한 번의 사행(使行)에 20명 내지 30명의 역관이 중국에 갔는데, 몇 사람을 제외한 대부분은 무역 목적으로 갔다. 이들이 비용으로 가져가는 팔포(八包)가 무역자금 구실을 했다. 민간상인의 외국무역이 엄격히 통제된 조건 아래서 역관무역, 팔포무역이 외국무역의 핵심을 이루었으나, 한편으로 민간무역도 점차 열려갔다.

민간상인들이 정부의 허가 아래 외국무역에 나서게 된 것은 개시무역(開市貿易)이 열리면서부터였다. 임진왜란 중 식량 확보를 위해 중국과의 사이에 처음으로 중강개시(中江開市)가 이루어졌다(1593). 1년에 두 번씩 두 나라 관리들의 입회 아래 일정한 기간 열리는 개시무역은 두 나라 상인에게 큰 이익을 가져다주었다.

처음 열렸을 때 국내의 면포 1필 값은 벼 1말이었으나 중강개시에서는 면포 1필로 벼 20여 말을 바꾸어왔고, 은·동·수철(水鐵) 등의 무역은 10배 이익이 있었다 한다. 개시무역은 두 나라 사이의 사정에 따라 폐지된 때도 있었으나, 중강 이외에 회령(會寧)·경원(慶源)에서도 열리게 되었고 참가하는 상인과 교역되는 물품도 많아졌다.

1648년 가을에 열린 중강개시의 경우를 예로 들면, 서울상인 79명, 개성상인 51명, 황해도 상인 21명, 평안도 상인 72명 등 합계 223명이 참가했다.『만기요람』에 기록된 중강개시의 교역품은 한 번에 소 2백 마리, 다시마 15만 7955근, 해삼 2200근, 면포 373필, 포 175필, 백지 8400권, 소금 310섬, 사기 330죽이었다.

개시무역에 참가하는 중국 측 상인도 점점 증가했다. 회령과 경원 등 북관개시(北關開市)의 경우 처음 열린 17세기 초엽에는 한번 개시 때 15명 정도의 상인들이 다녀가는 정도였으나, 17세기 중엽에는 6백여 명의 중국 상인들이 1천 마리가 넘는 소·낙타 등을 몰고 와서 80일 이상 머무르는 대규모 교역장이 되었다.

그러나 두 나라 정부의 통제를 받는 개시무역은 역시 제약이 컸다. 이 때문에 두 나라 상인 사이에 공식 교역량 외의 사무역(私貿易)이 성행했고, 그것이 후시무역(後市貿易)의 발달로 연결되었다. 이에 조선정부는 중강후시를 철저히 단속했으나, 개시무역만으로 교역량을 충족시킬 수 없었으므로 사신이 왕래하는 기회를 이용하여 국경지대의 책문(柵門)에 다시 밀무역장이 생겼다. 책문후시(柵門後市)가 그것이다.

18세기 이후에는 사신이 중국에 갈 때 의주상인이나 개성상인들이 그 일행에 끼어 책문에 가서 중국 상인들과 교역을 벌이는 책문후시가 가장 교역량이 많은 외국무역이 되었다. 사신 왕래에 따라 1년에 4~5차례 열리는 책문후시에서 한 번에 대개 10만 냥어치의 상품이 교환되었다. 상인의 밀무역을 위해 사신 행차 일정이 일부러 늦추어지는가 하면, 아예 사신 일행을 먼저 보내고 상인들만 남아 교역을 벌이기도 했다.

정부는 책문후시에서 행해지는 밀무역을 단속하기 위해 단련사(團練使)를 파견했으나, 이들이 오히려 상인의 두목이 되어 밀무역을 함으로써 '단련사후시'라는 말까지 생겼다. 18세기 중엽의 기록에 의하면, 사신이 한번 다녀올 때마다 민간상인들에 의해 대체로 말 1천 마리 짐 분량의 상품이 중국과 교역되었다. 이렇게 중국과의 무역은 왕조 초기의 사행무역에서 개시무역으로 그리고 후시무역으로 발전해갔다. 그것은 비록 쇄국주의 원칙에 얽매인 밀무역이기는 했어도 민간무역이 발전하는 과정이기도 했다.

한편 일본과의 무역 역시 왕조 초기에는 왜관(倭館)·동평관(東平館)과 삼포를 중심으로 한 조공무역(朝貢貿易)이어서, 민간상인의 직접적이고 적극적인 참여는 봉쇄되었다. 일본과의 무역은 특히 왕조 초기의 경우 거의 일본 측의 일방적 요구에 의해, 그리고 조선 측으로서는 왜구 방지대책의 하나로 부득이 이루어진 것이라 할 수 있다.

일본인이 가져오는 물품을 매입하기 위한 비용인 공목(公木)과 공작미(公作米)의 증가는 조선정부가 안은 난문제의 하나였다. 그러나 왕조 후기로 오면서 조선 측도 일본무역에 적극성을 띠어갔다. 무기와 동전의 원료인 구리와 유황을 일본으로부터 수입하지 않을 수 없었으며, 반대로 인삼의 일본 수출이 활발해졌다.

특히 민간상인들이 맡아 한 인삼무역은 활기를 띠어갔다. 18세기경에는 개성상인이 중심이 되어 동래상인과 의주상인을 연결하는 중국·일본 사이의 국제 중개무역이 발달했다. 국내의 인삼을 매점한 개성상인들이 동래상인을 통해 일본의 은과 바꾸고, 그 은을 가지고 의주상인을 통해 중국무역을 했던 것이다.

조선왕조의 쇄국주의 때문에 민간상인이 공공연히 일본이나 중국에 직접 진출해 무역을 벌일 수는 없었으나, 후시무역이나 왜관에서의 밀무역 등을 통해 민간무역이 발달해갔고, 마침내 지리적 위치를 이용해 중국과 일본을 연결하는 중개무역이 형성되었다. 이와 같은 대외무역의 발달은 당연히 국내상업의 발전에 영향을 끼쳤다.

### 사상도고

외국과의 민간무역이 비록 밀무역의 형태로나마 어느정도 활기를 띰으로써 국내시장이 외국시장과 연결되어갔고, 이 때문에 국내 상업계에서도 시전상인이나 공인 이외의 사상인층(私商人層)의 활동이 활발해졌다. 최대의 상업도시인 서울의 경우도 시전상인의 금난전권 적용범위가 성내에 한정되어 있음을 이용하여 사상들이 서울 외곽지대를 둘러싸고 오히려 시전상인을 압박해갔다.

서울 외곽지대에서 시전상인의 활동을 제약한 대표적 상인은 한강변의 경강상인(京江商人)들이었다. 왕조 초기부터 세곡(稅穀)을 임운(賃運)하던 이들은 점차 선박을 이용한 곡물도매상으로 발전했다. 이들은 비교적 큰 규모의 자본으로 전라도·황해도 등지의 쌀 생산지에 가서 쌀을 모아 싣고 와서 서울의 싸전상인들에게 공급했다.

서울의 한강변을 중심으로 활동한 경강상인들은 처음에는 싸전상인들의 금난전권에 시달림을 받았으나 차차 금난전권에 대항했으며, 자본 규모가 커짐에 따라 오히려 싸전상인들을 지배해갔다. 마침내는 한강변에 창고를 마련해서 쌀을 매점해두고 서울 성내의 쌀값을 마음대로 조종하기에 이르렀다.

1833년에는 경강상인들이 값을 올리기 위해 쌀을 매점매석함으로써 서울 싸전들이 문을 닫을 정도였고, 이 때문에 쌀을 구하지 못한 도시빈민들이 폭동을 일으키는 사태가 벌어졌다. 자본 규모가 커진 경강상인들의 도고상업, 즉 매점상업의 횡포가 얼마나 심했는지 알 수 있다. 이들의 상업자본이 일부 조선업에 투입되기도 했다.

사상도고는 또 서울 외곽의 송파(松坡)·동작진(銅雀津)·누원점(樓院店)·송우점(松隅店) 등지에도 발달해서 서울 시전상인을 포위했다. 삼남지방과 동북지방에서 서울로 들어오는 상품을 이들이 길목에서 매점했다가 서울 성내 난전상인들에게 넘김으로써, 난전 활동을 활발하게 할 뿐 아니라 시전상인들을 압박하고 침해하기에 이르렀다.

왕조 후기에 발달한 사상도고 가운데 개성상인의 활동은 특히 두드러졌다. 고려왕조의 수도민(首都民)으로서 조선왕조에 의해 권력권에서 격리되었던 개성인들은 식자층도 일찍부터 상업에 종사하는 경우가 많았다. 그 때문에 사개문서(四介文書)와 같은 부기법도 발명할 수 있었으며 전국에 걸친 조직적 상업활동을 벌일 수 있었다. 왕조 후기에 개성상인들이 중국과 일본을 연결하는 일종의 국제 중개무역을 벌였던 것도 그들의 활발한 국내 상업활동이 뒷받침된 것이었다.

개성의 부상(富商)들은 국내의 중요한 상업중심지에 차인(差人)들을 파견하여 지점인 송방(松房)을 차려놓고, 포목·담배·피물·인삼 등을 매점했다. 예를 들면 '홍경래란'에 가담했다는 혐의를 받은 상인들 중에는 박천(博川)·추도(楸島)·선천(宣川) 등지에서 상방(商房)을 차려놓고 판자·담배·무명 등을 매점하던 개성 부상의 차인들이 있었다.

개성상인의 상업활동은 특히 인삼 재배를 통해 새로운 길을 열어갔다. 인삼의 경우, 종래에는 산삼을 채취했으나 18세기경부터 재배기술이 발달하여 가삼(家蔘)이 생산되었다. 산삼 때부터 그것의 외국무역과 국내거래를 주도했던 개성상인들이 인삼의 재배와 홍삼(紅蔘) 가공업을 독점하다시피 했다. 삼포(蔘圃)와 가공장인 증포소(烝包所)를 두고 중국으로 수출하는 포삼(包蔘)을 독점적으로 제조 조달한 것이다.

1797년에 120근이던 포삼은 해마다 증가해서 1847년에는 2만 근이 되었고, 그것에서 정부가 받는 세금도 20만 냥이나 되었다. 그뿐만 아니라 개성상인들의 밀삼(密蔘) 제조량도 포삼 생산량에 못지않았다. 해마다 황해도 앞바다에는 인삼 밀수를 목적하는 중국의 밀선인 이른바 황당선(荒唐船)의 출몰이 빈번했다.

경강상인·개성상인 이외에도 왕조 후기에는 강경·안성과 같은 육상교통의 중심지와 각 포구 등 수상교통의 요지에 객주(客主)·여각(旅閣) 등이 발달해서, 상품의 위탁판매뿐만 아니라 도고상업을 벌임으로써 시전상인이나 공인들의 특권상업을 침해했다.

금난전권과 같은 특권에 의존하는 상인들보다 스스로의 자본력과 투철한 상혼을 바탕으로 도고상업을 영위하는 사상도고의 활동이 더 활발해져갔다. 이런 사상도고 자본이 어느정도 축적되면서 선대제(先貸制)나 초기적 공장제수공업 형태로 도시지역 소상품 생산자층을 지배해간 것이 문호개방 이전 조선왕조 상업계의 일반적 추세였다고 할 수 있다.

### 농촌상업

고대사회에서부터 농촌상업의 중심지인 정기장시(定期場市)가 발달했지만, 조선왕조시대에 들어오면서 농촌상업에 두 가지 큰 변화가 일어났다. 첫째는 일반적으로 5일마다 서던 정기장시의 일부가 날마다 서는 상설시장으로 바뀌어간 것이며, 둘째는 장시의 수가 증가하여 한 지방의 시장권이 자연히 상설시장의 기능을 갖게 된 일이다.

서울이나 개성·평양과 같이 상설상점인 시전이 설치되어 있는 대도시를 제외한 농촌지방에는 원래 상설시장이 없고 5일장만이 열렸다. 그러나 조선왕조시대에 들어오면서 지방의 일부 장터에 상설시장화의 근거가 되는 상설상점이 생기기 시작했다. 1473년에 신숙주(申叔舟, 1417~75)는 그 경위를 다음과 같이 말했다.

　"우리나라에 화폐가 유통되지 않는 것은 그만한 원인이 있다. 서울을 제외한 각 지방에는 상설상점이 없어서 비록 화폐가 있다 해도 쓸모가 없다. 경인년(1470)에 흉년이 들었을 때 전라도 인민들이 모여 상점을 열었는데, 그 이름을 장문(場門)이라 했다. 이는 바로 지방에 (상설)상점이 설치될 기미였다. 수령들이 그 이해관계를 잘 따지지 않고 전에 없던 것이라는 이유로 모두 금지하고자 했다. 다만 나주목사만이 금지시키지 말 것을 청했으나, 호조에서 금지시키고 말았다. 천재일우의 기회를 잃은 아까운 일이다."

　흉년에 살길을 잃은 농민들이 장날 이외에는 비어 있는 장터에다 상설상점을 열었으나 정부가 이를 금지시켜버린 사정을 말해주고 있다. 16세기 초엽에는 상설상점이 각 지방 장터에 생겨났고, 전라도 지방에서는 관찰사의 명령으로 철저히 금지했음에도 오히려 점점 더 발달해서 장터에 모여드는 사람이 하루에 수만 명이라 한 기록도 있다.

　상업인구가 증가하고 상품화폐경제가 발달한 왕조 후기에는 일부 5일장이 상설시장화해갔다. 그 한 예를 송파장(松坡場)의 경우에서 볼 수 있다. 삼남지방의 상품이 서울로 들어가는 길목에 있는 송파장은 18세기 중엽에는 삼남지방 상인, 서울 사상인, 송파상인 등이 모여들어, "이름은 비록 한 달에 6번 열리는 장이지만 실제로는 서울 시전이 파는 각종 상품을 마을 가운데 쌓아두고 날마다 매매하여 서울 시전이 점점 이익을 잃게 된다" 할 정도로 상설 도매시장화해갔다.

**진주 옛 장날 풍경** • 조선후기로 오면서 장시가 전국적으로 활성화됐다.

이 무렵에는 송파장과 같은 큰 시장들이 전국 각지에 발달했고 이들 장시는 대부분 상설시장화했다고 보인다.『만기요람』에서 지적한 전국에서 가장 큰 장시는 경기도의 송파장과 사평장(沙平場), 안성읍내장(邑內場), 교하 공릉장(恭陵場), 충청도의 은진 강경장(江景場), 직산 덕평장(德坪場), 전라도의 전주읍내장, 남원읍내장, 강원도의 평창 대화장(大化場), 황해도의 토산 비천장(飛川場), 황주읍내장, 봉산 은파장(銀波場), 경상도의 창원 마산포장(馬山浦場), 평안도의 박천 진두장(津頭場), 함경도의 덕산 원산장(元山場) 등이다. 이 가운데는 문호개방 이후에 그대로 상업도시화한 곳이 있어서 그 이전에도 이미 상설시장이 형성되었음을 미루어 짐작하게 한다.

왕조 후기로 오면서 대규모의 정기장시가 상설시장화하는 한편, 새로운 장시가 많이 생겨서 농촌지방의 상품교역을 더욱 활발하게 했다. 1607년에 이미 "왜란 이후 한 고을에 장시가 적어도 서너 곳이나 된다"고 한 기록이 있어 전쟁피해 복구과정에서 장시가 계속 불어났음을 말해주고 있다.

이 시기에는 특히 쌀과 잡곡·면화·담배·채소·약초 등 농민 생산품의 출시(出市)가 많아졌고, 농촌수공업 발달로 수공업품 출시량도 많아져 갔다. 이와 함께 농민의 구매력이 증대되면서 장시 수가 계속 증가했고, 정부도 종래의 장시에 대한 금압정책을 넘어 장세(場稅) 수세정책으로 바꾸어갔다.

1770년에 편찬된 『동국문헌비고(東國文獻備考)』에 의하면 전국의 장시 수는 1064개인데 『호구총수(戶口總數)』에 나타난 1777년의 전국 고을 수는 339개여서, 한 고을의 평균 장시 수는 약 3개가 되는 셈이다. 산간 고을의 경우는 그 수가 이보다 더 적었고 평지 고을은 많았다. 따라서 가령 한 고을에 5일장이 5개소 있고 장날이 서로 다르면, 그 고을 농민들은 매일 장을 볼 수 있어 사실상 상설시장이 성립된 것이나 다름없었다.

전라도 정읍(井邑) 지방을 예로 들면, 이 고을에는 1일과 6일에 서는 읍내장과 3일과 8일에 서는 두지장(斗地場), 4일과 9일에 서는 장문장(長門場), 5일과 10일에 서는 난산장(卵山場)이 있었고 부정기적으로 서는 평교장(平橋場)이 있었다. 정읍 고을에는 한 달 중 24일간은 언제나 장이 섰고 나머지 6일은 평교장이 수시로 서서, 사실상 상설시장을 가지고 있었다고 할 수 있다.

조선왕조 후기에는 종래의 관아도시가 상업도시화해가고 교통중심지의 정기장시를 중심으로 새로운 상설시장, 나아가서 상업도시가 발달해가는 한편, 농촌지역에서도 장시의 수가 증가해 상설시장화가 촉진되고 있었다. 이같은 현상을 바탕으로 해서 국내시장 형성의 길이 차차 열려가고 있었던 것이다.

## 4. 금속화폐의 유통

### 화폐유통의 배경

고려시대에도 동전과 함께 은병(銀瓶) 등의 귀금속 화폐가 일부 유통되었으나 조선왕조시대에 들어오면서 유통이 끊어졌다. 이후 쌀·포목 등의 실물화폐가 유통되는 한편, 정책적으로 저화(楮貨)·동전·전폐(箭幣) 등의 유통이 기도되었으나 모두 계속 유통되지는 못했다. 왕조 초기의 철저한 상업억제정책과 쇄국정책 아래서는 상품경제의 발달이 극히 저조했고, 이 때문에 저화·동전과 같은 명목화폐의 유통은 불가능했다. 쌀·포목 등의 실물화폐를 매개로 해서 교환이 이루어졌을 뿐이다.

임진왜란 이후의 복구과정을 통한 일정한 생산력 향상으로 상품경제가 발달하여, 명목화폐로서 금속화폐가 유통될 수 있는 조건이 이루어져갔다. 외국에 대한 민간무역이 어느정도 열리면서 도시의 상업인구가 증가하여 유통경제가 활기를 띠어갔고, 관청수공업 체제가 약화되는 대신 민간수공업이 발달해갔다. 또한 일부 농촌수공업이 농업에서 분리되고 상업적 농업이 발달해서 장시경제가 활기를 띠어갔다. 이같은 경제 일반의 변화가 대동법의 실시를 가능하게 했으며, 또한 금속화폐의 유통을 더욱 촉진했다.

왜란과 호란을 겪은 후 조선왕조정부는 금속화폐 유통책을 적극적으로 펴나갔으나 처음에는 실패했다. 재정 확보를 위한 정부의 일방적 유통이 아닌 경제적 조건의 성숙에 의한 금속화폐의 유통은, 고려왕조의 수도였다가 조선왕조시대로 들어오면서 상업도시로 발전한, 그리고 전국적 조직망을 가지고 활동한 개성상인의 본거지였던 개성에서 시작되었다.

개성에는 1640년대부터 동전이 유통되어 다른 지방에서 쓰이지 않는 동전이 개성으로 몰려들었다. 동전의 유통범위도 개성뿐만 아니라 가까운 상업중심지 강화(江華)·교동(喬洞)·풍천(豊川)·장단(長湍)·연백(延白) 등의 지역으로 확대되어, 이 시기 이들 지방에서의 금속화폐 유통이 중국의 그것과 다를 바 없었다는 기록이 있다.

17세기 중엽으로 오면서 개성과 같이 일부 상업이 발달한 지역에서부터 금속화폐 사용이 정착되어갔고, 그것이 전국적으로 확대될 만한 조건이 성숙해가고 있었다. 실물화폐로 사용되고 있던 쌀과 포목 중, 쌀은 사용이 불편해서 실제 교환에는 포목이 많이 통용되었다. 화폐로 유통되는 포목은 실제 옷감으로는 이용할 수 없는 추포(麤布)였다.

1670년에 저술된 유형원의 『반계수록(磻溪隨錄)』에서 "지금 추포로 교역이 이루어지고 있음을 보면 돈이 유통될 수 있으리라는 것은 의심할 여지가 없다. 지금의 추포는 겨우 한두 승새(升)여서 옷감이 되지 못하고 아무래도 쓸모가 없지만, 교역에 쓰이기 때문에 금지시켜도 없어지지 않는다"고 했다. 이미 명목화폐가 되었으면서도 불편하기만 한 추포 대신 동전이 유통될 만한 경제적 조건이 성숙했음을 말하고 있는 것이다.

교환경제의 발달로 쌀과 추포의 사용이 불편해지자 일부에서는 은이 실물화폐로 사용되었다. 그러나 중국·일본과의 외국무역에서도 은이 통용되어 국내의 유통량이 적은데다 화폐 단위가 커서, 농촌지역의 일상 거래에는 사용되기 어려웠다. 추포와 은이 모두 화폐의 기능을 유지하기 어려운데다가, 이미 명목화폐가 통용될 만한 조건이 성숙해 있었기 때문에 동전 유통은 자연스러운 추세였다.

**상평통보의 유통**

왜란이 끝난 17세기 초엽에도 조선왕조정부는 재정 보완책으로 일부 동전을 발행했고, 또 중국의 동전을 수입해서 유통시키려 했다. 그러나 그 발행량이 너무 적기도 했지만 화폐정책도 일관성이 없고 경제적 조건도 성숙되지 않아서, 앞에서 말한 것과 같이 개성을 중심으로 하는 일부 지방을 제외하고는 유통이 중단되었다. 이렇게 부침을 계속하던 조선왕조의 화폐정책은 1678년에 상평통보가 주조되고 그 유통범위가 서울을 비롯한 전국 각지로 확대됨으로써 비로소 정착되어갔다. 상평통보 발행 이후 비로소 금속화폐가 전국적으로 계속 유통되기 시작한 것이다.

처음에는 호조와 상평청(常平廳)에 상평통보 발행을 전관케 하려 했으나, 이 두 관청의 발행만으로는 화폐 수요를 충당할 수 없었다. 이 때문에 훈련도감·어영청·수어청 등 군영과 지방관청에서도 화폐를 발행하게 했고, 심지어 한때는 민간업자에게까지도 화폐발행권을 주었다. 화폐발행에서 얻는 이윤이 높아서 각 관청과 군영들 그리고 민간업자까지도 다투어 화폐발행권을 얻으려 했다. 그만큼 민간의 화폐 수요가 높았기 때문이기도 했다.

상평통보의 단위는 그 한 닢을 1문(文) 혹은 1푼이라 하고 10문을 1전(錢), 10전을 1냥(兩), 10냥을 1관(貫)이라 했다. 당시 유통되고 있던 은자(銀子)와의 교환비율은 상평통보 4백 푼이 은 1냥에 해당했고, 쌀값은 시절에 따라 차이가 있었으나 공식적으로는 쌀 1말에 상평통보 40푼의 비율이었다.

17세기 후반기부터 상평통보가 전국적으로 유통되기 시작한 후, 약간의 부침은 있었으나 정부가 거두는 각종 부세의 일부를 현물 대신 돈으로 받게 되어 화폐유통은 급격히 확대되어갔다. 대동세의 일부가 돈

상평통보

으로 징수된 것은 물론, 군포를 비롯한 각종 신역(身役)과 노비들의 신공(身貢)까지도 돈으로 바칠 수 있게 하여 서민생활 일반에까지 금속화폐가 깊이 침투해갔다.

1718년의 한 기록에서 "전화(錢貨)가 유통된 후부터 풍속이 날로 변하고 물가는 날로 오른다. 심지어 채소를 파는 늙은이나 소금을 파는 아이들까지도 모두 곡식을 버리고 돈을 찾는다. 농민들은 곡물을 가지고도 필요한 물품을 바꿀 수 없어서 부득이 곡물을 헐하게 팔아서 돈을 가지게 된다" 한 것은 금속화폐가 이 시기의 서민생활을 얼마나 강하게 지배해갔는가를 말해주고 있다.

상평통보의 유통이 확대됨에 따라 그 발행량도 증대되어갔다. 각 시기마다 정확한 발행고를 알 수는 없으나, 1742년에는 평안도 감영, 통영(統營) 등 5개 주전(鑄錢)관청에 총 50만 냥의 주조를 지시했고, 1788년에는 3년간에 걸쳐 1백만 냥의 주조를 목표로 하고 60만 냥을 이미 주조했다는 기록이 있다. 이후 대체로 연간 5만 냥 내지 6만 냥이 새로 발행된 것으로 추산되고 있다.

상평통보 발행을 위한 원료조달에 어려움이 있었던 점, 금속화폐 유통이 지속되고 전국적으로 확대되어간 점, 금속화폐를 재산축적의 수단으로 수장(收藏)하는 경우가 많아진 점 등이 원인이 되어, 특히 18세기에 들어와서는 돈이 귀한 현상, 즉 전귀(錢貴) 혹은 전황(錢荒)이 일어났다.

돈이 귀해지고 반대로 물가가 떨어지는 현상 때문에, 이미 화폐경제체제에 깊이 빠진 서민층이 큰 타격을 받았다. 그 대책으로 당오전(當五錢)·당십전·당백전 등의 고액화폐를 발행하자는 의론이 나오기도 했으나 실행되지는 못했다. 다만 화폐발행고를 높이기 위한 방법으로 국내의 구리광산을 적극적으로 개발하는 한편, 화폐주조를 민간인에게 도급하기도 했다.

17세기 이후의 화폐경제 발달은 이 시기의 생산력과 상품경제의 발전에 힘입은 것이지만, 그것은 또 왕조 후기 사회에 여러가지 변화를 가져왔다. 금속화폐의 전국적 유통은 우선 조세의 대금납화를 촉진했고, 종래의 현물징수에서 오는 중간 횡령을 제거할 수 있어서 정부의 재정안정에 일정한 역할을 했다. 반면 금속화폐가 재부축적의 수단이 됨에 따라, 지배층의 백성들에 대한 수탈이 강화되어 사회적·계급적 모순관계를 심화시켜가기도 했다.

금속화폐의 유통은 당연히 상업자본의 축적을 촉진했고, 그것이 수공업과 광업 등 생산부문에 침투함으로써 상업자본의 생산 지배를 어느정도 가능하게 했다. 또한 화폐유통은 농민 분해를 가속화시켰다. 토지의 상품화와 고리대의 발달로 토지를 잃는 농민이 속출하는 반면, 부상층·부농층에 의한 토지 매점이 촉진되어 일부 부재지주·서민지주의 성장을 가능하게 했다.

금속화폐의 유통은 또 중세적 신분제도를 무너뜨리고 전통적인 의식구조를 변화시켜나갔다. 토지소유의 동기가 권력에서 경제력으로 바뀌어 양반층의 상당수가 몰락해간 반면, 신분의 상품화를 유발하여 평민층의 신분상승, 노비층의 신분해방이 확대되었다. 요컨대 금속화폐의 유통은 중세적 신분체제와 생산구조를 무너뜨리고 자본주의적 생산방식이 움트게 하는 기초조건을 만들어간 것이다.

# 제3절 수공업과 광업의 발전

## 1. 관청수공업의 변화

### 장인등록제의 붕괴

무기와 관수품(官需品) 그리고 귀족들의 생활품을 제조하는 관청수공업은 이미 삼국시대부터 성립되어 신라시대·고려시대를 통해 계속 발전했다. 조선왕조가 성립된 후에도, 『경국대전(經國大典)』에 의하면 중앙의 30개 관청과 지방의 8도 감영이 모두 크고 작은 수공업장을 가지고 있었다. 중앙관청에는 129종의 장인(匠人) 약 2800명이, 그리고 8도 감영에는 27종의 장인 약 3800명이 등록되어 있었다.

중앙과 지방을 통해 관청 수공업장에 등록된 약 6600명의 장인은 모두 조선왕조의 부역제에 의해 등록된 기술인력이었다. 조선왕조시대에는 원칙적으로 관직에 나아가지 않은 모든 인원이 국역을 지게 되어 있었고, 장인들도 이 국역제에 따라 모두 등록되어 일정기간 임금이 아닌 약간의 요(料)를 받고 관청 수공업장에 부역동원되었다. 장인들은 관청 수공업장에 동원되지 않는 기간에만 자기 생산에 종사할 수 있었고, 장세(匠稅)도 부역에 동원되는 기간을 제외하고 부과되었다.

그러나 장인등록제는 16세기에 벌써 일부 무너져갔다. 그 원인은 조선왕조의 지배체제가 해이해지고 재정사정이 악화해서 방대한 관청 수공업장을 유지하기 어려워진 데도 있었지만, 한편 장인들이 등록제에 의한 부역동원을 기피한 데 더 중요한 원인이 있었다. 장인의 등록제가 무너져간 사실은 16세기경에 벌써 등록되지 않은 사장(私匠)이 생겨나고 관청 수공업장에서도 이들 사장을 고용하게 된 데서 알 수 있다.

1537년의 한 기록은 다음과 같이 말하고 있다. "지금의 장인은 모두 유명무실하다. 공조와 선공감(繕工監) 같은 곳도 장인이 없어 작업을 해야 할 때에는 모두 사장을 부리는데, 이들은 기술이 떨어진다. 장인이 없어진 이유는 급료가 적어져서 관청 일 하기를 꺼려하기 때문이다."

공조와 선공감은 소속 장인이 특히 많은 관청이다. 임금이 아닌 약간의 급료만이 지급되는 부역동원을 장인들이 기피했고, 이 때문에 등록되어 있지 않은, 기술이 떨어지는 사장을 부리게 된 것이다. 이같은 사정은 왜란과 호란을 겪으면서 더욱 심해졌다. 『경국대전』에 소속 장인이 40명으로 되어 있던 와서(瓦署)의 경우를 예로 들면, 왜란과 호란을 거친 17세기 중엽에는 소속 장인은 한 사람도 없고 몇 사람의 사장을 고용하고 있었다. 왕조 후기에는 관청수공업이 축소되고 부역제에 의한 장인의 확보가 불가능해져갔음을 말해주고 있다.

1785년에 편찬된 『대전통편(大典通編)』에 의하면 사섬시(司贍寺) 등 4개 관청은 관청 자체가 없어짐으로써 소속 장인이 없어졌고, 내자시(內資寺) 등 10개 관청은 존속했으면서도 소속 장인은 전혀 없었다. 소속 장인이 있는 관청이라 해도 그 수가 일정하지 않을 뿐만 아니라, 등록제도 『속대전』이 만들어진 1746년경부터 이미 폐지되었다. 한편 지방 장인, 즉 외공장(外工匠)의 경우도 역시 18세기 중엽 이후 등록제가 없어졌고, 지방관청에서 장인이 필요할 때는 역시 사장을 임용한다 했다.

왕조 후기에 와서 장인들이 관청 수공업장에서 이탈하고 또 등록제가 폐지된 것은 관청수공업 자체가 축소되는 대신 민간수공업이 발달하여 장인들이 사영(私營)수공업에 종사할 수 있는 여건이 조성되었기 때문이며, 민간수공업이 발달한 만큼 관수품이나 지배층의 생활품도 시장에서 구입할 수 있었기 때문이다. 따라서 관청수공업은 무기 제조 등의 특수부문에만 한정되어갔다.

## 관청수공업의 변질

왕조 후기로 오면서 관청수공업이 쇠퇴하고 장인의 등록제가 폐지되었으나, 관청 수공업장 자체가 완전히 없어진 것은 아니었다. 그러나 왕조 후기의 관청수공업은 몇 가지 중요한 변화를 겪고 있었다. 첫째, 관청 수공업장에 종사하는 장인이 부역제가 아닌 고용제로 바뀌어갔고, 둘째, 왕실 및 관청 수요의 사기(沙器) 제조장인 사옹원 분원(司饔院分院)과 조지서(造紙署) 같은 대규모 제조장에 민간의 상인자본이 침투하여 차차 민영화되는 방향으로 나아간 것이다.

장인이 관청 수공업장에서 부역제에 의해 국역을 지던 것이 고용제로 바뀐 것은, 넓게는 사회경제적 조건의 변화를 배경으로 한 것이다. 그러나 그 구체적 계기는 조선왕조의 군역제가 초기의 농병일치적 개병제(皆兵制)에서 납포제(納布制)와 일종의 용병제인 모군제(募軍制)로 나누어진 데 있었다.

군역제의 변화에 따라 장역제(匠役制)에서 모든 장인이 관청 수공업장에 부역동원되는 제도도 무너져갔다. 장인이 장포(匠布)만 바치는 납포장(納布匠)과 관청 수공업장에 고정적으로 고용되는 관장(官匠)으로 나뉘었고, 관장의 임금은 납포장이 바치는 장포로 충당되었다.

납포장은 부역동원에서 풀려나 민간수공업에만 종사할 수 있게 되었고, 관장은 관청 수공업장의 전속기술자로 고용되었다. 납포장은 그만큼 지배체제의 굴레에서 풀려난 것이며, 관장은 또 부역 기술자의 처지에서 벗어나 불완전 상태이긴 하지만 일단 임금기술자화한 것이다.

사옹원 분원의 경우 17세기 말, 18세기 초엽에 약 350명의 장인과 일반 인부들이 3번으로 나뉘어 작업했다. 이들은 왕조 전기와 같이 등록되어 교대로 일정기간 요(料)만 받고 부역동원되는 것이 아니라, 일정한 임금을 받고 분원 근처에 하나의 마을을 이루어 정착생활을 하는 분원 전속장인이었다.

전국에 있는 사기장·옹기장 등 번조장인(燔造匠人)들이 부역동원되는 대신 한 사람당 3필씩 바치는 장포 중 530명분은 분원 전속장인들의 임금으로 충당되고, 나머지 352명분은 장인 이외 노동력의 임금과 각종 비용으로 사용되었다. 그러나 번조장인의 신포를 2필로 감한 후에는 각종 비용과 전속장인들의 임금이 부족했다는 기록이 있다.

17세기 초엽까지도 사옹원에 소속된 사기장들을 관원들이 기한 안에 분원으로 인솔해오지 않아서 작업에 지장이 있다는 기록이 있는 것으로 보아, 분원 사기장의 부역동원제가 아직 일부 남아 있었던 것 같다. 그러나 17세기 말경에는 분원에 전속되어 임금을 받고 하나의 마을을 이루고 사는 사기장들이 생겨났음을 앞의 기록을 통해 알 수 있다.

왕조 후기에는 대궐 안에서 잡역에 종사하는 차비군(差備軍), 왕족이나 고급관료가 죽었을 때의 조묘꾼(造墓軍), 조례(皂隸)·나장(羅將), 농촌에서의 치도꾼(治道軍) 등이 대체로 고립(雇立)되고 있었음을 미루어 보면, 관청 수공업장의 장인들이 임금으로 고용되고 있었음은 전혀 특이한 일이 아니다.

다음, 왕조 후기의 관청 수공업장이 차차 민영화해갔던 대표적인 경우로 사옹원 분원과 조지서의 경우를 들 수 있다. 이 두 관청 수공업장의 제품은 민간 수요가 많은 것이어서 민영화할 가능성이 높았다. 그리고 이들 제조장이 가장 대규모적인 관청 수공업장이었다는 점에서 그 민영화 경향은 사회·경제적으로 큰 의미를 가진다.

사기나 종이와 같이 민간수요가 많은 물품이 관청 수공업장에서 부역제가 아닌 고용제에 의해 생산되었을 때, 정부의 자금조달이 한정되면 거기에서는 자연히 민수용(民需用) 제품이 만들어지지 않을 수 없었다. 분원과 조지서에 대해 왕실과 정부에서는 필요한 만큼의 사기와 종이를 만들 비용만 지급했으나, 거기에는 전국에서 가장 큰 시설과 우수한 기술이 갖추어져 있었으므로 상인들의 청탁에 의해 민수용 상품이 만들어진 것이다.

조지서의 경우 그 생산을 관리하고 있던 지장변수(紙匠邊首)들이 관청에서 필요한 양의 종이를 정부로부터 받은 비용으로 제조 상납하는 한편, 서울 시내 지전상인(紙廛商人)들의 자금을 받아 민수용 종이를 만들어주었다. 분원의 경우도 역시 현장에서 생산을 관장하던 원역(員役)들에 의해 사번(私燔)이 성행했다.

처음에는 상업자본가들의 청탁에 의한 주문생산에 그쳤다. 그러나 차차 상업자본가들이 분원이나 조지서의 원역과 변수 및 장인까지 직접 지배해서 그들을 상업자본의 고용인으로 만들어갔다. 더 나아가서 상업자본가들 자신이 직접 변수나 원역이 되어 전체 생산량 중 극히 일부를 정부에 바치고 나머지를 시장판매하기에 이르렀다.

관청 수공업장에 교대로 부역동원되던 장인들이 부역제에서 벗어나 임금기술자로 고용되어갔고, 관수품 제조장으로 설치된 관청 수공업장이 오히려 관청과의 관계가 소원해지는 반면 민간 상업자본가에게 지배되어 상품생산을 주로 하게 되었다면, 왕조 후기 관청수공업의 변질은 이 시기 상업자본의 성장과 함께 주목할 만한 일이다.


## 2. 민간수공업의 발전

### 도시 장인의 상품생산

조선왕조 후기의 민간수공업, 특히 도시수공업에 나타난 중요한 변화는 첫째, 관청 수공업장에서 풀려난 장인들이 상품생산 활동을 할 수 있게 되었다는 점이며, 둘째, 이 때문에 시전상인들과의 사이에 시장활동을 둘러싼 치열한 경쟁관계가 나타난 점이라 할 수 있다.

왕조의 초기에도 중앙관청과 지방의 감영에 소속된 장인들은 관청 수공업장에 부역동원되는 기간을 제외하고는 자기 생산에 종사했다. 그러나 그것은 서울과 지방 감영 소재지 등의 관아도시에 한정되어, 장인들의 제품생산이 상품생산의 단계에까지 나아가지는 못하고 주로 양반층에 의한 주문생산에 한정되었다.

그러나 왕조 후기에 와서 도시인구의 증가, 상업의 발전, 장인의 납포장화(納布匠化)로 인한 부역동원에서의 해방, 대동법의 실시로 인한 관수품의 시장 구입, 도시인의 기호 발달로 인한 가공상품의 개발 등이 원인이 되어 도시수공업에서 상품생산이 확대되었다.

종래 수공업장에 부역동원되거나 주문생산에만 응하던 도시 장인들의 생산활동이 상품생산으로 발전하게 된 사실은 그들이 시전을 개설한 데서 찾아볼 수 있다. 예를 들면 17세기 후반기에 이미 왕족이나 관료들의 방한용 귀마개(耳掩)를 만들던 장인들이 일반 도시민을 대상으로 이엄전(耳掩廛)을 개설했고, 야장(冶匠)들은 신철전(新鐵廛)을, 상의원(尙衣院) 소속 도자장(刀子匠)은 도자전(刀子廛)을 개설한 자료들이 있다.

관청 수공업장에서 받는 약간의 급료와 주문생산으로 받는 보수에만 의존하던 도시 장인들이 수공업품에 대한 도시민 일반의 수요가 높아짐에 따라 상품생산에 응하게 된 것은 자연스러운 일이다. 상품생산이 가능하게 된 장인들은 대개 생산장과 판매장을 함께 가지고 있었겠으나, 그들이 직접 남겨놓은 장부 같은 것이 발견되지 않아 생산장의 규모와 생산조건 등을 구체적으로 밝힐 만한 자료는 드물다.

그러나 1777년에 270냥에 매매된 어느 유기점(鍮器店)이 초가 39칸 규모의 공장과 기기(器機) 49대를 갖추고 있었다는 매매문서가 있는 점

김홍도의 「대장간」 • 대장간은 민간수공업의 대표격이라 할 수 있다.

등으로 미루어보아, 상품생산에 나선 장인들의 생산장 일부는 임노동에 의한 공장제 수공업장으로 발달하고 있었음을 짐작할 수 있다.

지금까지 시장에서 격리되어 있던 장인들의 생산활동이 그들의 시전 개설로 일반 소비자와 직결됨으로써 시전상인이 입은 타격은 컸다. 도시민의 기호품 소비 증가로 장인에 의한 가공상품의 수요가 높아지는 추세에서, 장인들이 그 생산품을 직접 판매하는 시전을 개설하게 되어 시전상인과의 사이에 치열한 경쟁이 일어난 것이다. 지금까지의 연구성과로 볼 때, 장인과 시전상인의 치열했던 경쟁은 장인들의 강한 저항에도 불구하고 대체로 상인들의 자본력에 의해 그들의 생산활동이 지배되는 방향으로 진전되었다. 상업자본에 의한 수공업 지배가 진행된 것이다.

시전상인들이 장인들의 생산활동을 지배해간 과정을 보면, 우선 금난전권과 같은 특권을 이용해서 장인의 시전 개설을 방해했다. 통공정책 등으로 그것이 뜻대로 안 되었을 때는, 우세한 자본력으로 장인들의 원료를 매점하거나 그 제품을 매점하여 장인의 생산활동을 소비자에게서 격리시키는 방법으로 그들을 지배해갔다.

요컨대, 문호개방 전 조선왕조 사회의 도시수공업에서는 수공업자 경영에 의한 공장제수공업, 즉 수공업자 매뉴팩처가 발전할 가능성보다 오히려 상인자본의 수공업자에 대한 선대제적 지배나 공장제수공업 경영, 즉 상인 매뉴팩처가 발전할 가능성이 컸던 것으로 생각되고 있다.

## 농촌수공업의 발전

조선왕조의 수취체제는 농촌지방의 수공업제품은 공납을 통해, 포목과 같은 농가의 부업제품은 군포 등을 통해 거두는 체제였다. 이 때문에 농촌지방에서 전업적 자영 수공업자의 성장은 오랫동안 저지되었고, 농촌의 수공업 생산은 대부분 농가부업에 한정되었다. 그러나 왕조의 후기로 오면서 농촌수공업이 어느정도 분리되어 일부 자영수공업이 발전해갔고, 농가부업 수공업도 차차 전업화해가는 추세에 있었다.

대동법이 실시된 후에도 진상 등을 통해 농촌수공업 제품의 현물수취가 계속되었으나, 대동법 이전보다는 현물수취의 범위가 좁아지고 차차 상품생산이 이루어져서 생산품의 출시율(出市率)이 높아졌다. 이 같은 현상은 이 시기의 농촌지역에 일종의 수공업 생산장인 점촌(店村)이 발달한 사실과 연결되어 있다.

1667년에 충청도 지방의 한 유생은 각 지방에 "그 수를 헤아릴 수 없는" 정도의 수철점(水鐵店)·옹점(甕店)·침점(針店) 등이 있는 점촌이 생겼고, 군역을 피해서 많은 사람들이 이곳으로 가기 때문에 군역과 부역 대상자들이 날로 줄어든다고 했다. 1719년의 기록에도 전라도 변산 지방의 한 산간지대에는 사철점촌(沙鐵店村)이 형성되어 46호의 점민들이 살고 있다고 했다. 또 1799년 전라도 지방의 한 점촌에 있는 점호(店戶)가 345호나 되었고, 그들에게서 받아들이는 장세전(場稅錢)이 644냥 4전 5푼이었다는 기록도 있다.

이들 점촌은 그 생산품의 특수성 때문에 수령들의 좋은 수탈대상이 되었는가 하면, 다른 한편으로 수령의 보호 및 특혜의 대상이 되기도 했다. 정약용은 이같은 실정에 대해 이렇게 말했다. "점촌을 비호해주는 것은 수령의 탐욕 때문이다. 유기(鍮器)·철기(鐵器)·자기(磁器)·와기(瓦器)·죽기(竹器)·유기(柳器) 등을 함부로 거두어들이고, 대신 그들의 요역(徭役)을 가볍게 감해주니 이는 백성의 요역을 훔치는 일이 아닌가."

점촌의 발달은 이 시기 농촌 장시에서의 수공업품 출시율을 높여갔다. 앞에서도 말한 『임원경제지』에 출시상품이 명시된 324개 장시 가운데 45개 장시에서 유기(鍮器)가 판매되었고, 철기가 91개 장시, 자기가 90개 장시, 토기가 94개 장시, 목기가 80개 장시, 솥이 20개 장시에서 거래되었다.

장시에서 농촌수공업 생산품이 비교적 광범위하게 유통되고 있었음을 말해주고 있으며, 특히 유기와 철기 제조에서는 그 제작과정이 비교적 분화되어 있었다. 점주(店主) 또는 물주(物主)로 불린 경영주가 유기장(鍮器匠)·야장(冶匠) 등을 고용해서 공장제수공업 형태로 운영하고 있었다고 생각되고 있다.

한편, 농가부업 수공업은 면직업·견직업·저직업(苧織業)·마직업(麻織業)을 중심으로 발전했다. 당초에는 자가 수요를 위해 시작했으나, 점차 상품생산 단계로 들어갔고, 오히려 직포(織布)를 전업으로 하는 농가도 생겨났다. "한 사람의 베 짜는 여인이 농부 세 사람의 수입보다 낫다"고 한 기록이 있는 것과 같이 농사보다 직포에서 얻는 수입이 높아져서, 영세농가에서는 오히려 직포업이 전업이 된 경우도 있었다.

역시 『임원경제지』의 시장조사에 의하면 조사된 324개 장시 중 무명이 240개 장시에서, 명주가 60개 장시에서, 마포가 139개 장시에서, 그리고 모시가 45개 장시에서 각각 판매되었다. 옷감으로 가장 많이 쓰인 면포는 거의 모든 장시에서 대량으로 판매되었고, 특히 경상도 진주에서 생산되는 진목(晉木)은 질이나 생산량에서 전국적으로 가장 유명했다.

명주는 주로 평안도·경상도·전라도 지방의 시장에서 많이 거래되었고, 특히 평안도에서 생산되는 합사주(合絲紬)와 전라도 지방의 후주(厚紬)가 유명했다. 또 모시의 명산지는 충청도의 한산(韓山)·임천(林川) 등이 꼽혔고, 경상도 지방에서 생산되는 세모시·황모시 등도 유명했다.

왕조 후기에는 농촌의 직포업이 발달하여 그것을 전업으로 하는 농가도 생겨났으나, 문호개방 때까지 그것이 가내수공업의 단계를 넘어서서 공장제수공업으로 넘어간 흔적은 발견되지 않고 있다. 다만 농촌 지방의 일부 상업자본에 의해 선대제적으로 생산되었을 가능성은 인정되고 있다.

문호개방 이전의 농촌수공업 부문이 생산량이나 품질 면에서 가장 앞섰던 면직물 생산까지도 공장제수공업 단계에 나아가지 못하고 선대제적 단계에 머물러 있었다는 사실은, 문호개방 이후 자본주의 면직물 제품의 침투 앞에서 토산 면직물의 생산구조가 무너질 수밖에 없었던 중요한 원인의 하나가 되었다고 할 수 있다.

## 3. 광업의 발달

### 군수광업의 발달

조선왕조정부는 초기부터 명나라에 대한 세공(歲貢) 문제와 관련하여 금·은을 비롯한 각종 광물 생산에 주력했다. 그 결과 15세기를 통해 단천(端川)·영흥(永興)·안변(安邊) 등 33개 고을에서 사금광(沙金鑛)이 개발되었고, 불과 30명의 노동력으로 연간 1백 냥의 은을 채납했던 평안도 태주(泰州)를 비롯한 29개 고을에서 은광이 개발되었다. 금·은 광산에는 정부에서 일정한 세공을 부과했고, 그 지방의 수령이 도회관(都會官)이 되어 농민들을 부역동원해서 채취 납부하는 것이 상례였다. 이

조선 말기의 사금 채취 광경

경우 농민들은 농한기에 식량을 스스로 마련해서 동원되었다.

철광물의 경우, 중앙정부의 수요는 경작면적을 기준으로 부과한 농민들의 공철(貢鐵)로 충당했다. 또 각 지방관아는 생산지에 철장(鐵場)을 설치하고 철장관(鐵場官)을 두어 철장관이 농민을 취련군(吹鍊軍)으로 동원하여 채취케 했다. 중앙정부에 대한 공철로 농민들이 철을 사서 바치는 폐단이 있었으므로 공철제를 폐지하고, 중앙정부의 수요도 철의 산지 수령을 도회관으로 삼고 그 고을과 인근 고을 농민들을 부역동원해서 채취 납부케 하여 충당했다.『세종실록(世宗實錄)』지리지에 나타난 철장의 수는 27개소인데 사철(沙鐵) 산지가 많았고, 선공감과 군기시(軍器寺)에의 연간 공철량은 15만여 근이었다.

생산지 농민의 부역동원에 의한 광물생산은 폐단이 많았다. 농한기인 한겨울에 사철과 사금을 일어내는 작업으로 동상자가 속출했고, 갱내 작업의 경우도 시설미비로 압사자가 많아 농민들의 피역저항이 심했다. 그 때문에 수령과 향리들은 광맥이 발견되어도 이를 중앙정부에 보고하지 않고 숨기는 경우가 많았다. 농민의 피역저항 및 중국에 대한 세공 문제와 관련하여, 금광과 은광은 15세기의 세종 때와 성종 때를 통해 모두 폐쇄되고 철광만 민간채취가 허용됐다.

16세기에 들어와서 중앙정부에 대한 공철이 쌀과 포로 대납되고 정부가 그것으로 민간채취의 철물을 매입하는 경우가 많았다. 철의 민간채취가 많아짐에 따라 민간의 야철(冶鐵)수공업도 일정하게 발전했다. 장인세(匠人稅) 수취규정에 의하면 15세기에도 이미 20명 이상의 야장을 고용한 수공업장이 있었다.

16세기에 들어와서 광업계에 일어난 가장 큰 변화는, 1503년에 양인 김감불(金甘佛), 장예원(掌隸院) 노비 김검동(金儉同) 등이 납에서 은을 분리 제련하는 방법을 발명한 일이다. 특히 단천·영흥 등지에서 산출되는 납은 은의 함유량이 높아서 이들 지역의 은 생산량이 급격히 많아졌고, 정부재정에 큰 도움을 주었다.

정부는 농한기에 농민들을 동원하여 은을 직접 채취했는데 단천에서만 연간 1천여 냥의 은이 납부되었다. 여기에서 생산된 은으로 상인들의 쌀을 사서 군량미에 충당하기도 했고, 부상대고(富商大賈)들에게 채취를 허가하고 광부 수에 따라 1인당 1일 1냥씩을, 혹은 생산량의 10분의 1을 세로 거두기도 했다. 군량미를 확보하기 위해 상인들로 하여금 은을 채취하는 대신 곡물을 바치게도 했다.

단천을 중심으로 하는 전국의 은광지역에는 은을 채취하기 위해, 혹은 은을 곡물 등과 바꾸기 위해 상인들이 모여들었다. 그 결과 농민의 부역동원에 의한 정부의 직접 채취보다 민간상인에 의한 채취가 더욱 활발해졌다. 한편 부상대고들과 중국에 다니는 역관들이 광산지역 주민들과 결탁하여 광물을 사채(私採)하는 경우도 많았다.

임진왜란과 병자호란을 겪으면서 조선왕조의 군사제도는 중앙군의 5군영과 지방군의 속오군(束伍軍) 제도로 바뀌었다. 이들 군병의 상용무기가 종래의 활과 칼에서 조총으로 바뀜으로써, 조총과 탄환을 제조하기 위한 군수광업으로 철광업·유황광업·연(鉛)광업 등이 발달했다.

조총과 연환(鉛丸)은 그 제조비용을 대동미에 월과총약환가(月課銃藥丸價)로 포함시키고 그것으로 서울의 5군영과 각 지방의 감영·병영·수영에서 만들어 조달하게 했다. 따라서 5군영과 감영·병영·수영에서는 대규모 제조장을 설치하고 수백 명의 장인을 고용하여 분화된 공정에 따라 총과 탄환을 생산하는 한편, 전국 각지의 철광·유황광·연광(鉛鑛) 등을 개발했다.

전쟁 전에 민간인이 점유하여 개발했던 철광은 모두 각 영문(營門)에 절수(折受)되었다. 특히 야철수공업이 가장 발달했던 황해도 재령(載寧)·장연(長淵) 등지의 철광은 모두 5군영에 흡수되었다. 17세기 중엽부터 개발되기 시작한 화약원료가 생산되는 유황광은 18세기 초엽에는 이미 20여 개소가 개발되었고 연광도 1687년 현재 68개소나 되었다.

군영의 광산 경영을 위해 광산과 함께 식량과 연료를 조달하기 위한 근처의 전지(田地)와 산야가 절수되고, 광산 경영의 경험이 있는 사람이 감관(監官)으로 임명되어 운영되었다. 녹봉을 받는 이들 감관 아래에는 각종 장인이 있었으며, 그들도 군영의 관장(官匠)이 되어 일정한 급료를 받았다.

관장의 지시를 받아 채광에 종사하는 광군(鑛軍)은 군역의무를 진 농민들로서 군역 대신 광역(鑛役)을 졌다. 연간 2천 근의 철을 납부하는 훈련도감 운영의 재령군 철현진(鐵峴鎭) 철점은 취련군이 3백 명이었다. 매년 2천 근의 유황을 수어청에 납부한 지리산의 황점(黃店)은 4백 명이 넘는 광꾼이 있었다. 그러나 전쟁을 계기로 크게 발달했던 군수광업은, 일본 및 중국과의 군사적 긴장이 완화되고 정부의 재정이 군수광업을 계속 지탱하기 어려워진 점, 농민의 부역동원이 어려워진 점 등이 원인이 되어 대체로 17세기 말경부터 점점 쇠퇴했다.

### 설점수세제의 성립

왜란과 호란을 겪으면서 각 군영이 군수광업을 발전시켜나간 한편, 호조에서는 전쟁비용을 확보하고 중국과의 외교비용에 충당하기 위해 은광 개발에 주력했다. 때로는 산지의 농민을 동원해서 채광하기도 하고 때로는 민간인을 고용해 채취시켜 세를 거둬들이기도 했다. 그러나 농민의 피역저항과 민간자본의 영세성 때문에 어느 경우도 개발이 부진했다. 이와 같은 점을 타개하고 광산 개발을 활발히 하기 위해 1651년에는 설점수세제(設店收稅制)가 실시되었다.

설점수세제는 영세한 민간자본이라도 광산 개발에 참여시켜 광물 생산량을 높이기 위해, 정부가 광물 산지에 제련장과 부대시설을 마련해주고 민간자본이 노동자를 마음대로 고용할 수 있게 해주는 한편, 채취한 광물의 일부를 세로 바치게 한 제도이다.

광산에서의 설점수세를 관리하기 위해 정부는 별장(別將)을 파견했다. 이들은 대개 서울의 부상대고이거나 권세가의 사인(私人)들로서, 정부로부터 별장첩(別將帖)을 따내어 설점수세 업무를 대행함으로써 광물 생산량의 일부를 수취했다. 이들은 광산에 상주하지 않고 수세할 때만 내려가는 일종의 기생적 수세 청부업자였다.

설점수세제 아래서 광산의 실질적 운영자는 20~30명으로 된 점장(店匠)들이었다. 그 가운데서 정해진 두목(頭目)이 광물의 채취와 제련, 호조에의 납세 및 광꾼의 임금 지급 등을 총괄했다. 두목과 점장들에 의해 고용된 광꾼들은 대부분 농촌에서 유리된 빈민들이었다. 이들에게는 대체로 전체 생산량의 3분의 1 정도가 임금으로 나뉘어 지급되었던 것 같다.

이 시기 조선왕조정부의 호조가 설점수세한 광산이 얼마나 되었는지는 분명하지 않다. 그러나 1702년에 호조에서 각 군문과 영문 소속 연점(鉛店)을 은점(銀店) 명목으로 거의 흡수했을 때, 그 수가 단천(端川)·성천(成川)·영덕(盈德) 등의 큰 광산을 비롯해서 대체로 60 내지 70개쯤 되었다. 그후 1775년경에는 설점이 급격히 줄어들어 14개처에 불과했다.

별장을 파견해서 수세 관리하게 하는 설점수세에 의한 광물채취 방법은 18세기 후반기로 오면서 쇠퇴했다. 그 원인은 첫째, 지방토호나 부상대고 들이 수령들과 결탁해서 별장제에 대항하면서 광산의 사채(私採) 또는 잠채(潛採)를 활발히 한 데 있었다. 둘째, 각 군영과 감영에 소속했던 연광(鉛鑛)을 호조가 흡수해서 설점수세권을 독점함으로써, 재정수입원을 잃은 군영·감영들이 호조가 설점한 광산에 대해 풍로세(風爐稅)·혈세(穴稅) 등의 잡세를 부과하고 그곳에 드나드는 상인들에게 노세(路稅) 등을 강제징수한 데 있었다. 셋째, 각 지방의 수령들이 토호나 부상대고 들과 결탁하여 설점수세제에 기생하면서 광업이윤을 독점한 별장제의 폐지를 획책했다는 것이다. 별장제는 1775년에 혁파되었다.

별장제가 혁파된 후 설점수세제는 수령이 직접 세를 거두는 방법으로 바뀌었다. 수령수세제의 시행으로 곧 민간물주(物主), 즉 상업자본에 의한 광산개발이 한층 더 적극화했다. 수령수세제에 의한 상업자본의 광산경영도 설점수세제 아래 이루어진 점은 다를 바 없었다. 그러나 별장 경영에 의한 설점수세제는 호조에서 점소(店所)를 설치하고 별장이 기생하여 세를 거둔 데 반해, 수령수세제는 별장이 제거되고 민간 물주가 직접 점소를 설치해서 광물을 채취하고 수령이 세를 거두었다는 점에 차이가 있다. 광산의 민간경영이 더 심화한 것이다.

1788년에 우정규(禹禎圭, 1718~?)는 저서 『경제야언(經濟野言)』에서 "정부가 은 산지에 설점을 허가하면 부상대고들이 각기 자금을 내어 용인(傭人)을 모집할 것이며, 땅이 없어 농사를 못 짓는 백성들이 점민(店民)이 되고자 모여들 것이다. 땅을 파고 은을 제련해서 호조와 감영과 고을에 세를 바칠 것이요, 그 나머지는 물주에게 돌아갈 것이며, 땅 없는 백성들이 광산에 의존해 살 수 있을 것이다. 나라와 백성에게 모두 이로운 일인데 어찌 민폐가 되겠는가" 하고 자본가로서의 부상대고, 즉 물주의 투자에 의한 광산 경영 방법인 설점수세제의 장점을 설파했다.

### 광업의 민영화 과정

설점수세라 해도 수령수세제로 변한 후의 광산 경영은 물주가 채광시설과 자금을 투자하고, 혈주(穴主)나 덕대(德大)들이 직접 채광작업을 지휘함으로써 사실상 민영화했다. 혈주와 덕대는 대개 광산 현지 출신이거나 광산에 대한 일정한 지식을 가진 사람이었다. 그들은 호조의 설점 허가를 받아낼 만한 능력이나 광산을 운영할 만한 경제력이 없어서 자본가를 물색할 수밖에 없었으며, 따라서 그에 예속된 경우가 많았다. 그러나 이들은 광산의 실질적 운영자로서 총생산액 중에서 정부에 내는 세금과 물주에 대한 분배금, 그리고 광꾼, 즉 광산노동자들의 노임을 제외한 이익을 나누어 가졌다.

광산의 채굴작업에 고용된 광꾼들은 대개 농촌에서 유리된 농민들로서, 농업을 겸한 계절노동자도 있었고 전업적인 광산노동자도 있었다. 광꾼의 수도 광산의 규모에 따라 다르지만 대체로 1백 명을 넘었고 많을 경우 수천 명이 모여든 곳도 있었다. 광산이 납부하는 세금은 설점할 때 정한 원정세(元定稅)와 각종 잡세가 있었다. 원정세는 물주가 광산 소재지 고을에 납부해서 호조로 올라갔고, 이밖에도 광산 소재지의 수령이 수취하는 잡세로 풍로세·혈세·노세 등과 인총세(人總稅)·토세(土稅) 등이 있었다.

설점수세제 아래서의 광산 경영에서도 어느정도 자본주의적 경영방식이 발달했음을 알 수 있게 하는 자료들이 있다. 18세기에 개발된 안변의 영풍동점(永豊銅店)에서 불린 "만 명의 인부들이 가래 들고 삽 들고 천길을 파고들어 구덩이가 까맣구나. 와지끈 우르릉 구덩이 무너진대도 광임자 영감에겐 아무 상관 없다네"란 노래는 광산노동자의 생사에는 관심없는 광주(鑛主)에 대한 원망이 담겨 있다.

19세기 중엽에 함경도 갑산(甲山)동점에서 불린 「동점별곡(銅店別曲)」에는 "성영주와 혈주들은 동서남북 모여들어, 편수별패 연군들은 벌떼같이 날아들어, 백호동에 혈을 파고 개암같이 출입할 제"란 대목이 있다. 이 광산에는 제련업에 종사하는 기업주인 '성영주'와 채광부문에 투자한 기업주인 '혈주'와 제련 기술공정을 책임진 기술자 '편수'와 풍구질꾼인 '별패'와 채굴노동자인 '연군' 등이 함께 일하고 있었음을 전해주고 있다.

한 광혈에서의 채광공정은 대개 광석을 캐는 연군 40명에 운반공 20명, 동발을 매는 동발꾼 2~4명, 갱내에 괸 물을 퍼내는 '반수' 6~8명의 협업으로 이루어졌다. 제련장인 '성련칸'에는 보통 8~10명 정도의 노동자들이 있었다. 그들은 2~3명의 편수와 6~8명의 별패, 그리고 약간의 목탄공들로 구성되어 있었다. 혈주들은 이들 고용노동자에게 달품삯이나 날품삯으로 임금을 지불했다.

「동점별곡」에는 혈주가 캐낸 광석을 광산을 감시하는 혈감(穴監)과 그밖의 관리들에게 빼앗기고 나면 제 몫은 얼마 되지 않았고, 이 때문에 고율의 고리대로 노동자들의 노임을 지불하게 되는 실정을 노래한 대목도 있다. 설점수세제 아래서는 아직도 관권의 수탈이 작용하고 있었음을 말해주고 있으며, 이것은 관권 밖에서 잠채가 성행하게 되는 원인이 되기도 했다.

잠채는 광산경영자들이 설점수세장이 아닌 곳의 광맥을 찾아 관청의 눈을 피하거나 관료들과 결탁해서 채굴하는 사설광산이기 때문에 이윤이 더 많았다. 1806년의 한 기록에 의하면 경기·충청·전라·황해·평안·함경도 등 각 도에 금을 잠채하는 광산이 있었으며, 정부에서 이를 막으려 해도 도저히 막을 수 없는 정도라 했다.

상평통보의 원료를 확보하는 것에 골몰하던 정부는 1816년에 하는 수 없이 잠채하는 모든 동광산에 설점수세제를 도입하기로 했다. 또한 1817년에는 은광 채굴과 그 제련도 민간상인에게 맡겼다. 이것은 설점수세 광산과 잠채 광산의 구분이 없어지게 되었음을 말하며 설점수세가 사실상 폐지되었음을 말한다. 이후부터 광산 경영은 실제로 민간자본가들에게 맡겨졌고 그들에 의해 자본주의적 경영방식이 점점 발달해 갔음을 말해주고 있는 것이다.

제3장

# 중세적
# 신분질서의
# 붕괴

16세기 말에서 17세기 초에 걸친 임진왜란과 병자호란이 왕조의 교체는 가져오지 못했지만, 양반계층의 권위를 떨어뜨리는 큰 계기가 되었다. 임진왜란은 실제로 정부군도 양반군도 아닌 의병, 즉 농민군 중심의 민병이 주로 담당해서 승리했고, 병자호란은 농민군이 미처 참전하기도 전에 패배하여 양반의 정점으로서의 왕이 '오랑캐'에게 무조건 항복하지 않으면 안 되었다.

전쟁을 겪으면서 경제적으로 몰락한 양반층이 생겨나는 한편, 전쟁 후의 양반사회는 계속적인 당쟁을 통해 분화되어나갔다. 양반의 일부만이 권력권의 핵을 이루면서 권력을 통한 대토지소유자로 변해갔고, 다른 일부는 향반·토호 등에서 보는 것과 같이 권력의 주변으로서의 위치를 유지하면서 경제적으로도 일정한 지위를 확보했다. 그러나 또다른 상당수의 양반은 정치적으로나 경제적으로 일반 농민층과 거의 다름없는 상태로 몰락해갔다. 잔반(殘班)으로 불리는 양반층이 그들이다.

몰락해가는 양반층은 그 사회경제적 처지와 이해관계가 실학자들처럼 농민층의 편에 가까워지기는 했으나 아직 그들과 일체화하지 못한 경우가 있는 한편, 뒷날의 이필제·전봉준 등과 같이 농민층과 이해가 거의 일치해서 농민들의 역사의식을 높이고 그들을 위한 정치적 변혁까지도 감행할 수 있는 처지로 바뀌어가는 경우도 있었다.

한편 양인신분이 대부분인 농민층의 일부는 왕조 후기 내내 꾸준히 진행된 신분적 분해를 통해 사회경제적 지위를 높여갔고, 한정된 조건 속에서나마 정치의식도 단계적으로 향상되었다. 우선 두 차례의 큰 전쟁을 통해 양인신분이 양반층으로 상승하는 길이 비교적 넓어졌다. 호적을 비롯한 관문서(官文書)의 소실, 전공(戰功), 군량미 헌납, 공명첩(空名帖) 구입 등을 통해 양인층의 일부가 양반신분으로 상승한 것이다. 이같은 일은 양인층 자체를 분해시키는 한편, 양반의 수를 증가시켜 그 권위를 떨어뜨리는 작용을 했다.

농민층 분해는 양반층으로의 상승보다 자체의 양극 분해현상에서 두드러지게 나타났다. 농민층의 일부가 상업적 농업, 합리적 농업경영을 통해 새로운 서민지주(庶民地主)로 성장하거나 자영농민적 부농층이 되어가는 한편, 대다수의 농민은 영세소작농민이나 임금노동자의 처지로 떨어져갔다. 왕조 후기에는 종래 권력을 배경으로 해서 성립된 중세적 지주와 그들에게 예속된 전호(佃戶)를 중심으로 이루어진 고정된 사회관계가 차차 변해가고 있었던 것이다.

신분적으로 가장 낮은 처지에 있었던 노비계급의 경우도 신분해방의 길을 빠른 속도로 넓혀갔다. 공사(公私) 노비들도 전쟁공로를 통해 신분상승을 하는 경우가 있었지만, 그보다도 전화(戰禍)로 인한 노비문서의 소실과 피역 및 도망 등으로 신분해방을 이루는 길이 확대되었다. 임진왜란 이후 조선왕조정부가 관노비 추쇄(推刷)를 대대적으로 벌였으나 결국 실패한 것도 노비계급의 강력한 신분해방 욕구의 결과였다.

전쟁 후의 통치체제 이완을 틈탄 노비계급의 피역저항(避役抵抗)과 전쟁 피해 복구과정을 통한 그들의 사회경제적 지위 향상은 법제적으로도 신분해방의 길을 확대시켜갔다. 17세기 이후 점차적으로 실시된 노비종모법(奴婢從母法)은 하나의 중요한 계기가 되었고, 1801년에 시행된 관노비의 해방은 큰 성과였다.

조선왕조 후기를 통한 양인·노비 등 피지배계층의 분해 및 신분해방은 그들의 의식이 성장한 결과였고, 그 결과는 또 당연히 조선왕조의 지배체제에 저항하는 민란 등으로 나타났다. 불행하게도 이같은 피지배층 세계의 저항운동이 자체 내에 지도부를 형성하지 못했고, 또 몰락양반 중심의 식자층에 의한 지도부도 형성되지 못했다. 이 때문에 분산적이고 일시적인 민란 이상으로 발전하지는 못했으나, 그것은 점차적으로나마 중세적 지배체제를 붕괴시키는 힘으로 커갔다.

教音
嘉善大夫
行龍驤衛
副護軍者
乾隆二十□年□□月 日

海州鄉約
立約凡例
一初立約時以約文□□同
善改過以參約者若干人
定都副約正及直月司其□
一衆推一人有齒德學術者
一人副之約中輪回為直月

能變風俗者與私相作弊者
若報他人之事則都契長與
報契長有司之事則只都留
行約條之意

# 제1절 양반사회의 변화

### 전쟁과 양반사회

16세기를 통해 실시된 군적수포법(軍籍收布法)은 사회신분 면에서도 큰 영향을 남겼다. 즉 군포부담을 지느냐 안 지느냐에 따라 양반과 양인을 구분하는 기준이 만들어진 것이다. 그러나 곧 임진왜란·병자호란 등의 대규모 전쟁이 일어남으로써 양반과 양인 사이의 구분은 크게 흔들렸고, 양반의 권위는 실추되어갔다.

임진왜란이 일어날 무렵의 조선왕조 사회는 농병일치제가 무너지면서도, 즉 군적수포법이 실시되면서도 그것을 대신할 용병제와 같은 새로운 군사제도가 성립되지 않았고, 행정체제의 이완으로 정군(正軍)이 될 수 있는 양인의 인구가 줄어들고 있었다. 이 때문에 전쟁 초기부터 정부군은 거의 전쟁을 담당하지 못했고, 대신 의병이라 불린 민병들이 그것을 담당했음은 앞에서 지적한 바와 같다.

정부군의 확보를 위해 공·사천(公私賤)이나 백정 등의 천민층도 군역에 충당되었고, 또 군사들의 사기를 높이기 위해 전공논상(戰功論賞)을 강화했다. 임진왜란 중의 군공청(軍功廳) 보고에 따르면 "공·사천인도 적 1명을 베면 면천(免賤)하고, 2명을 베면 우림위(羽林衛)에 소속되게 하고, 3명을 베면 허통(許通)하고, 4명을 베면 수문장(守門將)을 제수하는 규정을 이미 시행하고 있다" "이미 허통되고 관직을 받았으면 사족(士族)이나 다를 것이 없으며, 공·사천뿐만 아니라 재인(才人)·백정(白丁)·장인(匠人)·산척(山尺) 등의 미천한 신분도 높은 관직으로 뛰어오른 자가 있다"고 했다.

천인신분에 대한 군공논상의 경우 적을 죽인 수가 많아도 서반(西班)

종6품직의 주부(主簿) 이상을 주지 말고, 그 이상은 다른 방법으로 상을 주기로 결정한 규정도 있었다. 그러나 전쟁을 통해 비록 서반의 하위직이기는 하지만 천인신분이 양반신분을 얻고 벼슬에 오를 수 있게 되었다는 사실은 양반신분의 권위를 크게 떨어뜨리는 요인이 되었다.

더구나 "요즈음 군공(軍功)이 크게 넘쳐서 3품직을 얻지 않는 자가 없다"고 한 기록에서도 알 수 있듯이, 군공으로 얻는 직위의 한계도 엄격히 지켜지기 어려웠다. 이같은 일은 병자호란 때도 마찬가지였다. "적의 목 하나를 벤 자는 공·사천은 면천하고 급제하여 관직을 가진 자는 승진시키며, 2명을 벤 자는 가자(加資) 논상"하기로 했다. 거듭된 대규모 전쟁으로 양반사회는 그 문호가 넓어지지 않을 수 없었으며, 그만큼 권위도 떨어져갔던 것이다.

전쟁기를 통해 재정적 타격을 받은 조선왕조정부는 특히 군량미 조달을 위해 소위 납속보관(納粟補官)의 길을 넓게 열었고, 그것을 통해 특히 서얼·향리층이 많이 양반으로 상승했다. 임진왜란 중의 납속사목(納粟事目)에 의하면, 향리의 경우 30섬을 바치면 면역되어 참하영직(參下影職)을 받을 수 있었고 80섬을 바치면 동반(東班)의 실직(實職)을 받을 수 있었다.

서얼(庶孼)의 경우도 5섬만 바치면 겸사복(兼司僕)이나 우림위, 혹은 6품의 서반군직(西班軍職)을 받을 수 있었고, 50섬이면 5품 영직, 60섬이면 동반 9품, 80섬이면 동반 8품, 1백 섬이면 동반 6품을 받을 수 있었다. 경제적으로 다소 여유만 있으면 양반신분을 얻기가 그다지 어렵지 않았음을 알 수 있다. 서얼은 조신왕조 양반사회의 자기도태 작용으로 생겨난 하나의 계층이었으나, 왕조 후기에는 납속보관 등의 기회를 타서 양반신분으로 상승하는 길이 열렸다. 18세기 후반기 정조시대에 와서는 서얼 소통(疏通)이 이루어져서 규장각검서(奎章閣檢書) 등에 임명

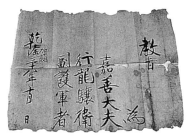

공명첩

되었다.

납속보관을 통해 비양반층이 양반 신분으로 상승하는 일은 서얼이나 향리에 한정되지 않았다. 양인은 물론이고 천인의 경우도 재력만 있으면 일단 속량(贖良)했다가 다시 양반신분으로 오를 수 있었다. 조선왕조정부가 재정적인 곤란에 빠질 때마다 강제로까지 발매한 공명첩은 재력 있는 비양반층이 양반신분을 얻는 가장 쉬운 길이었다.

거듭된 전쟁으로 양반층의 일부가 경제적으로 큰 타격을 받은데다가 전쟁 후에 더욱 격심해진 당쟁과정을 통해 권력권에서 떨어져나간 양반인구가 많아졌다. 이들이 경제적으로 몰락해간 반면, 전쟁공로, 납속, 공명첩 매입 등을 통해 많은 비양반 신분층이 양반신분을 얻게 되어 양반인구가 급격히 증가해갔다. 이 때문에 양반의 권위는 점점 떨어져서 양반이란 호칭마저 그 본래의 뜻이 변해 하나의 속화된 대인칭(對人稱)으로 바뀌어갔다.

### 양반 수 증가의 실제

15~16세기까지의 조선왕조 전반기에는 지배계층인 양반의 권위를 세우고 그 정치·경제·사회적 특권을 유지하기 위해 양반 수의 증가를 억제하는 제도가 마련되었다. 왕조 초기에 성립된 서얼금고법(庶孽禁錮法) 등은 바로 양반층의 수적 증가를 억제하기 위한 자기도태 장치의 하나였다. 그러나 16세기경부터 이와 같은 규제는 서서히 풀리기 시작했고, 특히 임진왜란·병자호란을 겪으면서 양반인구는 현저하게 증가했다.

조선왕조시대 전체에 걸친, 그리고 전국적인 신분별 인구통계를 근거로 한 양반인구의 수를 밝힐 만한 자료는 아직 구할 수 없다. 다만 특정지역의 호적대장을 부분적으로 분석해서 호적상에 나타난 신분별 인구수의 변화현상을 밝힌 연구들이 있다.

양인이나 천인이 납속(納粟)이나 공명첩 매입을 통해 호적상으로 양반이 되었다 해서 그들의 사회적 위치마저 하루아침에 바뀌었다고는 할 수 없다. 그러나 법제상으로 양반신분을 얻은 그들은 세대를 거듭함에 따라 법제적 신분과 경제적 뒷받침을 바탕으로 하여 사회적으로도 실질적인 양반으로 변해갔다.

먼저 상당히 오래된 연구업적이긴 하지만 경상도 대구 지방의 호적대장을 분석한 결과에 의하면, 문호개방 이전에 이미 양반의 수가 크게 증가하고 있었음이 실증된다. 자료에 따라 1690년을 제1기로, 1729년과 1732년을 제2기로, 1783년과 1786년, 1789년을 묶어 제3기로, 1858년을 제4기로 잡은 이 연구에 의하면, 각 신분별 호수(戶數)가 전체 호수에서 차지한 비율은 표 1과 같다.

표 1에서와 같이, 제1기, 즉 1690년에서 제4기 1858년까지 168년 사이에 전체 호수 중에서 양반호가 차지하는 비율은 9.2%에서 70.3%로 무려 7.6배나 증가했다. 대구가 도회지여서 경제력이 높은 비양반층이 많았고 그들이 양반신분을 사는 경우가 많아서, 다른 곳에 비해 양반호 비율이 높아진 것이라 할 수 있다. 그렇다 해도 제1기인 1690년의 양반호 비율이 9.2%나 된 것은 15세기나 16세기에 비해 이미 양반호 비율이 상당히 높아진 것이라 생각되며, 더구나 그 이후 양반호 비율의 급증은 놀랄 만하다.

더구나 이 연구에 의하면 조선후기 양반호 1호당 평균인구는 왕조 전기와 큰 변화가 없어서, 제1기에는 3.5명이었고 제4기에는 3.1명이었다.

표 1_ 대구 지방의 신분별 호구 수

|  | 양반호 | | 상민호 | | 노비호 | | 합계 | |
|---|---|---|---|---|---|---|---|---|
|  | 호수 | 백분율 | 호수 | 백분율 | 호수 | 백분율 | 호수 | 백분율 |
| 1기 | 290 | 9.2 | 1,694 | 53.7 | 1,172 | 37.1 | 3,156 | 100 |
| 2기 | 579 | 18.7 | 1,689 | 54.6 | 824 | 26.6 | 3,092 | 100 |
| 3기 | 1,055 | 37.5 | 1,616 | 57.5 | 140 | 5.0 | 2,810 | 100 |
| 4기 | 2,099 | 70.3 | 842 | 28.2 | 44 | 1.5 | 2,985 | 100 |

자료: 四方博 「李朝人口に關する身分階級別的觀察」, 『朝鮮經濟の研究』, 京城帝國大學法文學會 1938.

표 2_ 울산 지방의 신분별 호구 수

|  | 양반호 | | 상민호 | | 노비호 | | 합계 | |
|---|---|---|---|---|---|---|---|---|
|  | 호수 | 백분율 | 호수 | 백분율 | 호수 | 백분율 | 호수 | 백분율 |
| 1729 | 168 | 26.29 | 382 | 59.78 | 89 | 13.93 | 639 | 100 |
| 1765 | 225 | 40.98 | 313 | 57.01 | 11 | 2.00 | 549 | 100 |
| 1804 | 347 | 53.47 | 296 | 45.61 | 6 | 0.92 | 649 | 100 |
| 1867 | 349 | 65.48 | 181 | 33.96 | 3 | 0.56 | 533 | 100 |

자료: 정석종 「조선후기 사회신분의 붕괴」, 『19세기의 한국사회』, 성대 대동문화연구원 1972.

1호당 평균인구가 크게 감소되지 않으면서 양반호의 비율이 7.6배나 증가했다는 사실은 곧 실제로 양반인구가 그 비율만큼 증가했음을 말해주는 것이라 할 수 있다.

같은 경상도 지방인 울산의 호적대장을 분석한 결과도 대구의 그것과 비슷한 추세로 나타났다. 이 연구는 1729년, 1765년, 1804년, 1867년 등 4기분의 울산 호적대장을 분석한 것이다. 그 결과는 표 2와 같다.

대구의 경우와 비교해보면, 울산의 제1기인 1729년은 시기적으로 대구의 제2기와 비슷하지만 그보다 양반호의 비율이 훨씬 높다. 반면 울산의 제4기인 1867년은 대구의 제4기인 1858년보다 9년 뒤인데도 양반호 비율은 대구보다 더 낮다. 당시의 울산이 대구보다 도회지적 성격이 적었던 곳이었음을 생각해보면, 제1기와 제4기 사이의 차이에 의문이 없는 것은 아니다. 그러나 시대가 내려올수록 양반호 비율이 빠른 속도로 높아지고 있었음은 두 지방에서 모두 확인된다.

이 두 경우가 모두 영남지방의 사례여서 일반성이 약한 것으로 생각될 수도 있겠으나, 조선왕조시대에 영남지방은 전국에서 인구가 가장 많았고 양반과 노비 인구도 또한 가장 많았다. 영남지방은 '추로지향(鄒魯之鄕)' 등으로 불리어 신분질서의 뿌리가 깊은 곳이기도 했다.

따라서 영남지방의 양반 수 증가로 인한 그 권위의 실추와 중세적 신분질서의 와해 현상에 비추어 다른 지방의 추세를 전망하기는 어렵지 않다. 정약용이 "나라 안의 사람이 모두 양반이 되면 양반은 없어지게 되는 것이다" 한 말은 이와 같은 양반 수의 증가추세를 근거로 한 것이라 할 수 있다.

### 양반계층의 분화

고려 무신정권 시기의 소위 '능문능리(能文能吏)', 즉 행정 실무자층으로서의 사대부층의 등장을 출발점으로 하여 형성되었다고 생각되고 있는 조선왕조시대의 양반은, 왕조의 성립과 함께 일단 재조(在朝)세력과 재야(在野)세력으로 나뉘었다. 이후 훈구파(勳舊派)로 불린 재조세력의 귀족화와 부패화가 심해지면서 사림파(士林派)로 불린, 상대적으로 덜 부패한 재야세력의 정권 참여 기회가 마련되어 정권의 신선함을 일정하게 유지할 수 있었다. 그리고 양반 수의 증가도 강력히 통제하면서 양반사회 전체의 권위를 유지할 수 있었다.

그러나 두 번의 큰 전쟁을 겪은 17세기 이후에는 양반 수가 계속 증가하면서, 격심해진 당쟁을 통해 전체 양반사회에서 집권 양반층과 집권층에서 탈락하는 양반층의 구분이 확연해져갔다. 당쟁과정을 통해 계속 집권층 밖으로 밀려나는 양반층이 양산되었고 집권 양반층의 범위가 좁아져 벌열(閥閱)을 형성해가다가, 결국 극히 제한된 몇 가문의 양반층만이 정권을 계속 전단(專斷)하는 세도정권이 성립되었다.

집권 양반층에서 탈락한 양반층은 향반·토반(土班)이 되어 지역사회의 실권을 쥐고, 제한적인 집권 양반층으로 이루어진 벌열정권이나 더 제한적인 세도정권을 뒷받침하면서 어느정도 사회경제적 지위를 유지할 수 있었다. 그중 극히 일부가 간혹 벌열세력이나 세도정권에 의해 산림(山林)이란 이름으로 발탁되어 중앙정계에 진출함으로써 부패하고 탄력성 잃은 정권이 신선미를 내세우는 데 이용되기도 했다.

향반·토반의 대열에서마저 떨어져 사회적·경제적 기반을 전혀 가지지 못한 몰락양반의 경우도 그 처지는 몇 가지로 나눌 수 있었다. 첫째는 자영농이나 심하게는 전호(佃戶)로까지 떨어져서 완전한 농민이 되거나 상공업으로 전업하여 생계를 유지한 경우다. 권력권에서 탈락하여 낙향한 채 몇 세대를 지나면 점점 노비와 농토를 잃고 소규모의 자영농이 되었다가 다시 소작농으로, 심하게는 머슴으로까지 전락하는 경우도 있었다. 양반의 후예이면서도 술장사, 돗자리 장사, 망건 장사를 하거나 장인이 되는 경우도 있었다.

몰락양반의 두번째 유형은 실학자와 같은 경우에서 볼 수 있다. 중앙 권력권에서 제외되었으나 아직 농민이나 상인·수공업자로까지 전락하지는 않았고, 그렇다고 해서 토반에 끼어 향촌사회의 지배권을 가질 만한 처지에 있지 못한 계층이다. 겨우 학문을 유지할 수는 있었으나 그 학문의 목적을 벼슬길로 나아가는 데 둔 것이 아니라, 이제 그 처지가 비슷해진 농민층 및 상인층의 이익을 추구하는 데 두었다. 나아가서 그 학문적 목적을 집권 벌열층 중심이 아닌 국왕과 국민 전체를 위한 정치·경제·사회 체제를 수립하는 데 두었던 몰락양반층이었다.

실학자와 같은 처지의 몰락양반은 저서를 남김으로써 이름이 알려진 몇 사람에 그치는 것이 아니라, 조선왕조 후기를 통해 농촌에서의 생산력 발달이 한계점에 다다랐음을 체험하고 그 타개책을 상소 등을 통해 중앙정부에 건의한 진사(進士)·유학(幼學) 등의 많은 농촌 지식인들도 이 유형에 포함된다. 그러나 실학자를 포함해서 이들은 아직 개량주의적 방법론을 제시하는 소극적인 자세에 머물렀을 뿐, 적극적이고 혁명적인 정치개혁안을 제시하지는 못했다.

몰락양반의 세번째 유형은 19세기 이후 빈번히 일어난 민란의 지도층에서 볼 수 있다. 실학자와 같은 유형의 몰락양반층의 경우, 그들의 처지가 비록 권력권에서 제외되고 오히려 농민층에 가깝긴 했어도 그 경제적·사회적 위치가 아직 농민층과 일체화되지는 못했다. 따라서 그들은 조선왕조의 지배체제와 정면으로 맞서지 못하고 개량주의적 이론을 제시할 뿐이었다. 그러나 이들보다 더욱 몰락해서 사회경제적 처지가 농민층과 거의 일체화한 일부 양반층은 직접 민란에 가담하고 그것을 지도했다.

홍경래의 경우는 그 이해관계가 농민층과 일체화했는가에 상당한 의문이 있지만, 진주민란(1862)을 주도한 유계춘은 양반 출신의 농민이었다. 대원군의 세도정권 때 진주와 영해(寧海)·문경(聞慶) 등지를 다니면서 연속적으로 민란을 일으킨 이필제(李弼濟, 1824~71, 가명 주성칠朱成七·이제발李濟發)와 정기현(鄭岐鉉)도 모두 몰락양반들이었다. 이들이 주도한 문호개방 이전의 민란은 민란으로만 끝나고 말았으나, 문호개방으로 정치·경제적으로 급격한 변화가 닥쳐왔을 때 몰락양반 전봉준 등이 일으킨 민란은 곧 전국적 규모에 가까운 농민전쟁으로 발전했다.

조선왕조의 성립과 함께 지배층으로 등장한 양반계급은 특히 17세기 이후 비교적 빠르게 분화되어 벌열화·귀족화한 집권양반층, 지역사회의 실권을 쥔 토반, 피지배층과 이해관계를 같이하거나 나아가서 그들과 처지가 거의 일체화하여 농민전쟁의 지휘부가 된 잔반 등으로 크게 나뉘었다. 그러나 문호개방 이후에도 이들 잔반이나 비양반의 상층부가 집권세력으로 상승하지 못하고 계속 귀족적 집권양반층에 의해 권력이 전단되다가, 결국 외국의 침략에 의해 무너지고 식민지화의 길을 걷게 되었다.

## 제2절 농민층의 분화

### 부농층의 성장

조선왕조시대의 농민은 크게 나누면 궁방전(宮房田)이나 관둔전(官屯田)을 경작하는 농민, 중앙의 양반관료층 및 지방토호·향반의 토지를 경작하는 소작농민, 그리고 약간의 자작농민층으로 구성되어 있었다. 왕조 후기로 오면서 상업과 수공업 및 화폐경제의 발달, 농업경영 방법의 발달로 농민층이 차차 분화하기 시작했다. 지주층에 예속된 소작농민과 소규모 경영의 자작농으로 이루어졌던 고정된 농민사회가 무너지면서, 양반층의 일부가 소작농민이 되기도 하고 농민의 일부가 상대적 부농층으로 부상했으며, 다른 일부의 농민은 상공업인구로 전환하거나 농업노동자로 전락해갔다.

학자에 따라 '경영형 부농(經營型富農)'으로 부르기도 하는 이 시기의 부농층은 자작농에서도 나타나고 소작농에서도 성장했다. 어느 경우이건 지주와는 달리 직접 농사를 지으면서 농지확대, 영농방법 개선, 상품작물 재배 등을 통해 부를 축적해갔다. 자작농이 농업경영 방법을 개선하여 부를 축적하기도 했으며, 지주층의 농토, 특히 궁방전이나 관둔전을 차경(借耕)하는 소작농민도 영농방법 개선 등을 통해 농업노동자를 고용하는 상대적 부농층으로 성장할 수 있었다.

왕조 후기에 와서 이같은 부농층이 성장한 데에는 몇 가지 사회경제적 변화가 뒷받침되었다. 먼저, 16세기에 과전법이 완전히 해체되고 곧 대규모 전쟁을 겪게 됨으로써, 권력층에 의한 민전(民田) 겸병이 심해지고 지주층의 땅이 확대되어 토지를 상실한 농민이 많아졌다. 거기에 17~18세기를 통해 인구가 크게 증가하여 농민층의 분화를 더욱 촉진했다.

토지겸병과 인구증가로 비농업인구가 증가하고 자급자족적 경제질서가 일부 무너지면서 농업의 상업화가 가능하게 되었으며, 한편으로 농업노동 인구도 분출되었다. 농촌사회의 분화로 증대되는 농산물 수요에 부응하면서 부를 축적할 수 있는 조건이 마련되었다. 이같은 사회경제적 조건의 변화를 배경으로 하여 상대적 부농층으로 성장한 농민들이 부를 축적해간 구체적 방법으로는, 농업경영 규모의 확대와 상품생산을 들 수 있다.

일부 농민층이 부를 축적하는 방법 중 가장 중요한 방법은 경작지의 확장이다. 자작농의 일부가 농토를 확장했고, 일부 소작농도 소작지를 확장하거나 진전(陳田)·신전(新田)을 개간했다. 논농사에서 모내기법이 발달함으로써 제초작업에서 노동력을 절약할 수 있었다. 이 때문에 적은 노동력으로도 광작을 할 수 있었으며, 가족노동의 한계를 넘어 임노동자를 이용한 넓은 땅의 경작도 가능했다.

부농층이 경작지를 확대하는 방법에는 빈농들이 방매(放賣)하는 농토를 매입하는 방법도 있었지만, 그것이 불가능한 경우 소작권을 매입하거나 퇴도지(退賭地)를 매입하는 방법이 있었다. 소작권 매입은 주로 소작료가 헐한 곳이나 관리가 허술한 땅에서 이루어졌으며, 궁방전이나 관둔전이 그 좋은 대상이 되었다. 궁방전이나 관둔전의 소작료와 임노동에 의한 경작 사이에서도 일정한 이윤을 얻을 수 있었다. 퇴도지의 매입은 농민들이 지주로부터 일정한 기간 경작권을 사서 토지경영을 전담하는 것이었다. 이 경우 생산물의 상품화와 그 싯가(時價)의 변화를 통해 이윤폭을 넓힐 수 있었다.

부농층이 부를 축적하는 또 하나의 길은 상업적 농업경영에 있었다. 왕조 후기 사회는 인구증가, 특히 비농업인구의 증가로 농산물의 상품화가 비교적 진전되었고 경작지를 확대한 부농층은 그것을 통해 부를 축적해갔다. 곡물류를 위시해서 직물원료나 담배, 채소, 약재 등의 재배는 그들이 부를 축적하는 중요한 수단이었다.

한편 영농방법의 개선을 통해 부를 축적한 농민들은 그 재력을 바탕으로 공명첩을 사거나 족보를 사서 양반신분을 얻어갔다. 이들 부농층이 유학(幼學)과 같은 하급 양반신분을 사는 것은 자신과 그 자손의 군역 부담을 면제받는 실제적 이득이 있는 일이었다. 이외에도 관부와 기성 양반층의 수탈을 피하고 부를 축적하기 위한 경제활동에 편의를 얻을 수 있는 길이기도 했다.

부의 축적을 통해 양반신분을 사고 면역권(免役權)을 얻은 이들은 한 걸음 더 나아가서 향직(鄕職)을 얻어 향권(鄕權)을 쥐고 농민을 다스리는 실권의 일부를 행사하려 했다. 또한 18세기 말, 19세기 초엽에 오면 이들의 성장에 주목한 실학자들이 이들에게 행정 참여의 길을 열어주기 위해서 권농관(勸農官)의 설치나 역전과(力田科)의 설치를 주장하기도 했다.

요컨대, 이들 부농층은 조선왕조 후기의 농민분화 과정에서 형성된 하나의 새로운 계층이다. 따라서 본질적으로는 종래의 양반지주층과 이해관계를 달리하지만 그렇다고 해서 반드시 그들과 적대관계에 있었던 것만은 아니었다. 이들은 경우에 따라서는 양반관료층의 비호 아래 경제적 이윤 증대를 도모하면서 영세농민층 및 빈농층에 대한 수탈자의 위치에 있기도 했다.

### 임노동자층의 출현

조선왕조시대에 관부에서 필요한 노동력은 원칙적으로 농민에 대한 부역동원으로 충당되었고, 양반지주층의 노동력은 노비노동이나 전호의 부역노동으로 충당되었다. 그러나 왕조 후기로 접어들면서 정부가 필요로 하는 노동력도 농민들의 거부로 부역동원이 불가능해지면서 점차 임금고용으로 바뀌어갔다.

군사제도상에서 농병일치제도가 무너지고 일부 용병제가 생겨난 것과 같은 방향에서 관청 수공업장에 동원되는 장인 등 기술노동력도 부역동원제에서 고용제로 바뀌어갔다. 심지어 중앙관청의 서반아전(西班衙前)인 조례(皁隸)·나장(羅將)과 궁궐이나 각 관청에서 잡무에 종사하는 차비군(差備軍)도 부역동원에서 고용제로 변해갔으며, 지방관청에서 주관한 축성·치도공사에 동원되는 농민들도 임금고용제로 바뀌어갔다.

왕조 후기에 나타난 이같은 변화는 우선 왕조의 부역동원체제에 대해서 농민을 중심으로 하는 역(役) 부담층의 피역저항이 높아졌기 때문이다. 그러나 그것은 다른 한편으로 이 시기의 인구증가와 토지겸병의 심화, 농촌에서의 빈부차의 심화로 농토를 잃고 임노동자화할 수밖에 없는 인구가 증가하고 있었기 때문이기도 하다.

18세기 말기 『농포문답(農圃問答)』의 저자 이대규(李大圭)가 "부자들은 넓은 땅을 차지하고 빈민들을 종처럼 부리면서 일하지 않고 살지만, 빈민들은 땅 한치 없이 부자의 땅을 빌려 힘껏 농사지어도 겨우 소출의 절반밖에 차지하지 못하고, 그렇지도 못하면 농사일에 품을 팔아 하루 하루를 살아갈 뿐이다. 품팔이조차 얻지 못하면 거지가 되어 떠돌아다닌다"한 것은 이 시기 농촌에서의 빈부차 심화에 의한 계급분화가 진전되고 있었음을 전해주고 있다.

관역(官役)에서의 고용제 발달, 농촌에서의 빈부차의 심화 등 사회경제적 조건의 변화를 배경으로 하여 농촌에서 새로 성장한 일부 부농층과 증가하는 비농인구 사이에는 자연히 고용노동관계가 발달했다. 농업경영 방법의 개선으로 경작지를 확장하고 상업적 농업을 영위하게 된 부농층은 그 경영을 가족노동만으로는 감당할 수 없었다. 특히 모내기 농법이 발달하면서 모내기철에는 단시일에 많은 노동력이 필요하게 되어 임노동자의 고용이 불가피했다.

18세기 전반기의 실학자 이익은 농촌실정을 말하면서 "재력이 있는 자는 일 없는 자들을 고용하여 넓은 땅을 갈고 많이 심어서 수확을 거둔다"고 했다. 같은 무렵 충청도의 농촌실정을 보고한 박문수(朴文秀, 1691~1756)도 불과 열 마지기 소작지를 경영하는 데도 세 번 김매고 벼 베고 타작하는 데 소요되는 노동력이 연 50명이나 되며, 이들은 모두 임노동으로 충당되는데 한 사람의 품삯이 쌀 다섯 되와 돈 5푼이라 했다.

또 18세기 말기의 자료에는 "8명 가족을 가진 농부라도 농번기에는 반드시 고인(雇人)을 써야 하며, 1인당 3식을 제공하고 돈 10푼을 주어야 고용할 수 있다"고 했다. 이 무렵에는 열 마지기를 소작하는 농민이나, 8명이란 비교적 많은 식구를 가진 농가까지도 임노동자를 고용할 만큼 농촌에서 임노동이 일반화하고 있었다고 할 수 있다.

농촌 임노동자에는 또 이들 일고(日雇)노동자 이외에 일정한 기간을 두고 고용되는 머슴이 있었다. 고공(雇工)이라고도 불린 머슴은 물론 왕조 전기의 농촌에도 있었으나, 대부분 장기적으로 고용되었고 고용주에 대한 신분적 예속성이 비교적 높은 편이었다. 이에 비해 왕조 후기로 오면 장기 고공제보다 단기 고공제가 일반화해서 자유노동자, 계약노동자적 성격이 훨씬 커졌다.

왕조 전기에는 양반과 부유층의 가사노동력이나 농업노동력이 대부분 노비로 충당되었으나, 왕조 후기에는 노비층의 신분적 해방이 확대되면서 대신 고공이 그 노동력으로 충당되어가는 추세였다. 부농층에게 고용된 고공이라 하더라도 단기 고공이 대부분이어서 신분적 예속성이 약해졌다. 또 양반지주층이 아닌 일반 농민층이 고공을 고용하는 경우가 많아져서, 고용주와 고공 사이도 신분적으로는 대등한 관계에 있는 경우가 많아졌다.

서유구의 말에 의하면 황해도와 평안도 지방 농가에서 해마다 담배 재배에 고용하는 일꾼 한 사람의 1년 품삯이 3백 전에 불과하며, 만약 5백 전 내지 7백 전만 주면 하루 사이에 수백 명을 모집할 수 있을 것이라 했다. 이 시기의 농촌에 계약기간 1년의 품팔이 노동력이 많았음을 말해주고 있으며, 또한 농촌에서 임노동이 상당히 일반화하고 있었음을 암시해주고 있다.

종래 궁방전이나 관둔전 및 양반지주층의 토지를 경작하는 소작농민과 약간의 자작농민으로 구성되어 있던 조선시대의 농민사회에는, 왕조 후기에 와서 사회경제적 조건의 변화에 따라 양극 분화현상이 일어났다. 그 상층 일부가 부농층으로 성장해가는 한편, 대부분의 농민들은 종래와 같은 양반지주층의 소작농의 위치에 머물거나 일부 부농층의 성장에 희생되면서 농업노동자로 전락해갔던 것이다.

## 제3절 노비계급의 신분해방

### 종량 확대와 추쇄 실패

조선왕조시대로 들어오면서 향(鄕)·소(所)·부곡(部曲)은 소멸되어 그 주민이 양인신분으로 해방되었으나, 노비계층은 그대로 남아 있었다. 그리고 왕조의 전반기까지는 그 신분해방의 길이 엄격히 통제되어 있었다. 그러나 왕조 후반기로 접어들면서, 특히 두 차례 큰 전쟁을 겪으면서 노비신분 해방의 길도 크게 확대되어갔다.

전쟁에서 적을 베면 관노나 사노를 막론하고 종량(從良)될 수 있었으며, 이밖에도 임진왜란 때는 공·사천 무과(武科)가 설치되어 노(奴)들의 종량의 길이 되었다. 노들이 무과를 보아 합격하면 양인신분을 얻는 이 과거제도를 두고 신분질서를 무너뜨리는 일이라 하여 반대도 있었다. 그러나 전쟁 중의 군졸 충당에 고심하던 정부는 일시적으로나마 실시하지 않을 수 없었고, 이 기회에 많은 노들이 양인신분으로 해방되었다.

조선왕조정부는 재정적 곤란을 해결하기 위해 납속보관과 함께 납속종량(納粟從良)의 길도 열어놓아서, 임진왜란 이전에도 이미 어느 사노(私奴)가 흉년에 곡식 3천 섬을 바치고 아들 셋을 종량시킨 기록이 있다. 노비들의 납속종량의 길은 전쟁 시기를 통해 더욱 크게 열렸다. 전쟁 초기(1592)의 모속수상표(募粟酬賞表)에 의하면 공·사 천인은 5백 섬 이상을 바치면 면천될 수 있었다. 납속면천 이외에도 공명첩과 같이 면천첩(免賤帖)이 있어서 지방을 순찰하는 관리들이 가지고 다니면서 팔았다. 전쟁 중이던 1596년의 경우 1월에 50장, 2월에 50장의 면천첩을 판 기록이 있다.

이밖에도 노비들이 해방될 수 있는 길은 대구면천(代口免賤)이 있었

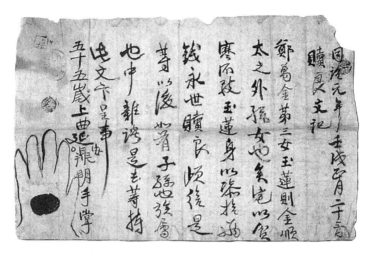

돈을 받고 노비를 양인으로 풀어준 문서

고, 훈련도감이나 속오군과 같은 군영에 들어가 면천의 기회를 얻는 경우도 있었다. 관노가 아닌 사노가 전쟁공로나 납속을 통해 면천한 경우에는 정부가 그 소유주에게 대신 보상을 해주었다. 사노비의 경우는 아직도 면천의 길이 상당히 제한되었으나, 관노비의 경우는 길이 훨씬 더 넓었다.

왕조 후기로 오면서 합법적인 면천의 길도 넓어졌으나 이 시기 노비해방의 더 넓은 길은 그들 스스로가 피역하거나 도망하는 것이었다. 특히 관노비의 경우 전쟁으로 인한 노비문서의 소실과 통치체제의 이완에 따른 행정상의 허점이 피역 및 도망의 길을 크게 열어놓았다. 임진왜란 때에는 일본군이 서울에 입성하기 이전에 백성들의 방화로 경복궁이 불탔는데, 그 불길이 노비문서를 관장하는 장례원(掌隷院)에서 먼저 솟았다.

조선왕조정부는 원래 관노비에 대해 3년마다 한 번씩 그 실태를 조사해서 노비속안(續案)을 만들고, 또 20년마다 그것을 근거로 노비정안

(正案)을 만들어 지방관부와 중앙정부에 각각 보관하여 노비를 관리했다. 그러나 실제로는 약 50년에 한 번씩 조사했고, 임진왜란을 전후해서는 1백 년 동안이나 조사하지 못했다. 이 때문에 "관노비는 임진란 후 남은 자가 거의 없다"고 할 만큼 도망 노비가 많았다.

전쟁 후 처음이자 마지막 대규모 추쇄(推刷, 1655)를 통해 작성한 노비추쇄도감사목(奴婢推刷都監事目)에는 "조부 때부터 생진과(生進科)에 급제하여 그 자손이 양인으로 행세하고 있는 자는 이를 용서하여 양인이 될 것을 허락한다"는 규정이 있었다. 약 1백 년간 추쇄가 없는 동안에 신분을 속이고 과거에 급제한 노비들이 있었음을 말해준다.

관노비가 소속 관청에 바치는 신공(身貢)은 곧 그 관청의 운영비에 충당되었으므로, 소속 관노비가 도망하는 경우 그 관청은 재정적으로 곤란을 받았다. 예를 들면 성균관에는 1729년까지 약 4천 명의 관노비가 소속되어 해마다 2필 내지 1필의 신공을 바쳤으나, 1755년에는 약 1400명밖에 남지 않았다. 25년 동안에 3분의 2 정도가 노비안(奴婢案)에서 누락된 것이다. 그 대부분은 여러가지 방법으로 신분해방을 얻었다고 볼 수 있다.

### 종모법의 확정

노비신분 해방의 길이 합법적으로 혹은 불법적으로 넓어져감에 따라 그 신분세습법에도 하나의 변화가 나타났다. 노비종모법의 확정이 그것이다. 노비는 고대사회부터 전쟁포로, 형벌, 인신매매 등을 통해 생겨났다. 통일신라시대 이전에는 삼국 사이의 전쟁이 빈번하여 포로의 노비화에 의한 1세 노비 공급원이 넓었던 것 같고, 이 때문에 노비의 신분세습제는 그다지 철저하지 않았던 것 같다.

통일신라시대 이후 1세노비의 공급로가 좁아지면서 노비노동력의 재생산이라 할 수 있는 신분세습제가 성립된 것이라 생각되고 있다. 고려 초기인 1040년에 천자수모법(賤者隨母法)이 정해졌다는 기록이 있는 것으로 보아, 이때에는 이미 노비의 신분세습법이 확립되었음이 분명하다.

수모법 혹은 종모법(從母法)이라 했지만 실제는 종모종부(從母從父法)이 적용되어, 부모 중 어느 한쪽만 노비라도 그 자녀는 모두 노비가 되었다. 지배계급이 자신들의 노비 소유량을 증가시키기 위해 강행한 종모종부법은 고려시대를 거쳐 조선왕조시대에도 그대로 적용되었다. 그러나 종모종부법은 전체 인구 중 노비의 비율을 증가시키는 반면, 양인의 수를 감소시켜 군역 부담 인구를 줄이는 결과를 가져왔다.

16세기에 이이와 같은 사상가들이 군역 부담 인구수를 늘릴 목적으로 종모법을 철저히 하여 노(奴)가 양녀(良女)와 결합하여 낳은 자녀는 양인이 되게 해야 한다는 의견을 내놓았으나 실시되지 못했다. 17세기에 들어와서 송시열(宋時烈, 1607~89)·조익(趙翼, 1579~1655) 등에 의해 다시 종모종부법을 폐지하고 종모법을 실시하려는 움직임이 일어났고 1669년에는 일단 실시되었다.

그러나 노비 소유자층의 이해관계와 또 이 시기에 격심했던 당쟁의 여파 등으로 종모법의 실시는 순탄하지 못했다. 『속대전』에 의하면 1669년에 처음으로 실시된 종모법이 6년 후인 1675년에 다시 폐지되어, 이후 천남(賤男)과 양녀(良女) 사이에 태어난 자녀는 다시 천인이 되어야 했다. 다시 6년 후인 1681년에는 종모법이 실시되어 천남과 양녀 사이에 태어난 아이는 양인신분으로 되었으나, 8년 후인 1689년에는 종모법이 다시 폐지되었다.

이후 종모법이 쉽게 부활되지 않아서 천남과 결합한 양녀의 자녀는 계속 노비가 되다가, 꼭 50년 후인 1731년부터 비로소 불변의 법으로 확정되었다. 결국 종모법이 처음 실시된 1669년부터 60여 년 동안 존폐를 계속하다가 겨우 확정된 것이다. 그것은 곧 노비 소유자층의 반대를 이기고 노비해방에 또 하나의 법제적인 길이 열린 것이다.

왕조의 전기까지도 양녀와 천남이 결합하는 경우는 많지 않았고, 따라서 설령 종모법이 실시되었다 해도 종량되는 아이의 수는 많지 않았을 것이다. 그러나 왕조 후기에는 관노는 물론 사노까지도, 특히 외거노(外居奴)의 경우 농업경영 방법의 개선, 상공업의 발달 등으로 경제적 지위가 향상되어갔고, 이들이 자녀의 신분해방을 위해 양녀와 결합하는 경우가 많아졌다. 이 때문에 정부는 양인인구 증가의 한 방법으로 노비 소유자층의 반대를 이기고 종모법을 확정한 것이다.

왕권이나 일부 진보적 관료들이 종모법 실시를 주장한 목적은 노비의 신분해방 문제보다 양역 부담 인구의 수를 늘리려는 데 있었다. 그러나 그 방법을 양인에서 양반으로 신분상승한 사람을 다시 양인화하는 쪽에서 구하지 않고, 노비신분을 해방시켜 양인화하는 방향에서 구했다는 점에 조선왕조 후기의 시대적 추세가 반영되어 있다고 할 수 있다.

왕권이나 관료들이 종모법을 확정하고자 한 목적과는 달리 재야의 사상가, 즉 실학자들은 노비에 대한 인간적 동정 내지 '인간평등' 사상에 의해 노비제도 자체의 폐지를 전망하면서 그 과정으로서 종모법의 실시를 주장했다. 유형원은 노비제도는 궁극적으로 폐지되어야 한다는 전제 아래 그 하나의 단계로서 종모법 실시를 주장했고, 죽은 노(奴)를 위해 제노문(祭奴文)을 지은 이익은 노비제도를 당장 폐지할 수 없다면 그들을 사고파는 일만이라도 금해야 한다고 주장했다.

### 내시노비의 폐지

왕조 후기로 오면서 정부의 노비 추쇄가 거의 불가능해진 한편, 정부가 관노비에게서 받는 신공도 점점 줄어들다가 결국 관노비의 대부분을 정부 스스로가 해방시키게 되었다.

왕조 초기인 『경국대전』 성립기에는 16세 이상 60세까지의 노비신공으로 노(奴)에게는 면포 1필에 저화(楮貨) 20장, 비(婢)에게는 면포 1필에 저화 10장을 받았다. 이후 1647년에는 그 신공이 노는 면포 2필, 비는 1.5필로 되었다가 1669년에는 노가 1.5필로 비는 1필로 줄었고, 1755년에 다시 노 1필에 비 0.5필로 되었다가 1774년에는 비의 신공은 전면 폐지되었다.

노공(奴貢)이 1필로 줄고 비공(婢貢)이 폐지된 후의 양인 부부 가정과 관노비 부부 가정의 국역 부담을 비교하면, 균역법 이전 양남(良男)은 군포 2필을 부담했고 양녀(良女)는 본래 역 부담이 없었으므로 양인 부부 가정은 합계 2필의 군포를 부담했으나, 노비 부부 가정은 노가 2필, 비가 1.5필이어서 합계 3.5필을 부담하여 양인보다 높았다. 균역법 이후 양인 부부는 군포 1필만 부담하면 되었고, 노의 신공이 1필로 줄고 비공이 폐지된 1774년 이후에는 노비 부부도 노공 1필만 부담하게 되어 사실상 양인 부부의 역 부담과 노비 부부의 그것이 같아졌다.

양인 부부 가정과 관노비 부부 가정의 국역 부담이 실제로 같아진 다음에는 정부로서는 적어도 인두세 수입의 측면에서는 두 신분을 반드시 분리해야 할 이유가 없어졌으며, 노비의 신분해방 욕구가 높아져가는 추세에서 노비해방은 절실한 문제로 등장했다. 18세기 후반기에 들어와서 노비라는 명칭을 없애고 대신 사장보(司匠保)와 같은 다른 명칭으로 바꾸자는 의견이 나온 것도 바로 이같은 이유에서였다.

1798년에 보은(報恩) 현감 이제동(李悌東)이 "노비의 명칭을 영원히 폐지하고 양인으로 할 것과 어느 조(曹), 어느 시(寺)의 노비라고 하지 말고 보인(保人)·역인(役人) 등으로 부르며 60세가 되어 제역(除役)하기를 양역(良役)과 똑같이 하면 도망자·은둔자도 다시 돌아올 것"이라 상소한 것은 이같은 현실을 잘 말해주고 있다. 관노비의 신공이 양인의 군역 부담과 실제로 같은데도 노비라는 이름을 그냥 둠으로써 그들이 신분해방을 위해 도망하고, 이 때문에 정부의 인두세 수입이 줄어들게 하기보다 이들을 양인신분으로 만들어 신공이 아닌 군포를 받는 것이 세수입을 넓히는 길임을 깨닫게 된 것이다.

1801년에는 궁노비(宮奴婢)와 각사노비(各司奴婢)를 해방시켜 양인 으로 만들었다. 해방 당시의 궁노비는 3만 6974명이었고 각사노비는 2만 9093명이어서 합계 6만 6067명이었다. 물론 이때 관노비가 전부 해 방된 것은 아니다. 같은 관노비이면서 더 나쁜 처지에 있었던 역노비(驛奴婢)들은 해방에서 제외되었다. 또 이때 해방된 노비는 관노비 중에서 도 외거노비(外居奴婢)인 납공(納貢)노비에 한정되어 각 궁방이나 관청 에 직접 예속된 노비들은 그대로 남아 있었다.

그럼에도 불구하고 이같은 궁시노비(宮寺奴婢) 해방은 커다란 의미 를 가진다고 할 수 있다. 그것을 가져온 가장 큰 원인은 왕조 후기를 통 해 노비들, 특히 상대적으로 예속도가 약한 관노비들 스스로가 그 사회 경제적 지위를 꾸준히 높여감으로써 이제 일반 양인과 다름없는 정치· 사회·경제적 위치를 확보하게 되었다는 점에 있었다.

궁시노비 해방이 실시된 것은 바로 안동김씨 세도정권이 성립된 1801년이었으나 그 정책이 확립된 것은 이보다 앞선 18세기 말의 정조 시대였다. 앞에서도 말한 것과 같이 이 시기는 일부 실학사상가들이 극 히 제한된 조건 속에서나마 정책수립에 참여할 수 있는 조건이 어느정 도 마련되어가던 시기여서, 그것이 노비의 사회·경제적 지위 향상 및 신분해방 투쟁과 합치되어 단행된 것이라 할 수 있다.

19세기로 접어들면서 세도정권의 반동기가 있었으나 해방노비를 다시 예속할 조건은 아니었다. 문호개방 후 1886년에는 노비의 신분세습제가 폐지되고 다시 1894년의 갑오개혁에 와서 사노비(私奴婢) 제도까지 혁파되어 적어도 법제상으로는 모든 노비의 신분해방이 이루어졌다.


## 제4절 향촌사회의 변화

### 촌락사회의 변화

조선왕조 후기로 오면서 지방행정제도에도 변화가 왔다. 왕조 전기에 순찰사(巡察使)의 역할이 강했던 각 지방의 감사(監司)가 이제 각 도의 행정관적 성격으로 바뀌어가는 한편, 향촌구조 재편이 진행되었다. 촌락구조 재편은 군·현(郡縣) 등 관읍(官邑)의 하부조직을 면(面)과 이(里) 편제로 바꾸는 일이었다. 17세기에 정착된 이 면리제(面里制)는 기존의 촌·동·방(村洞坊) 등의 자연취락을 행정조직으로 개편하기 위한 노력이었다.

17세기에 이르러 면리제를 시행하고자 했던 까닭은, 전화(戰禍)로 황폐했거나 기타 사회변동의 결과 변화된 촌락을 재정비할 필요가 있었기 때문이다. 중앙정부는 이렇게 재강화된 면리제의 실시를 기반으로 해서 정령(政令)을 말단 향촌사회에까지 미치게 하고자 했다.

조선왕조정부는 지방에 대한 통치를 강화하고 유리민(流離民) 발생을 방지할 목적으로 왕조 전기에 실시되었던 오가통법(五家統法)을 다시 시행했다. 이 오가통법은 면리제의 시행과 밀접한 관계를 가지고 있었다. 1675년의 오가통사목(五家統事目)을 보면 다섯 집을 한 통(統)으로 해서 통수(統首)가 관장하고, 5~30통 규모의 촌락을 이(里)로 하여 임명된 이정(里正)이 행정사무를 맡아보게 했다. 이의 행정을 면에 귀

해주향약

속시키고, 이정은 면윤(面尹)의 지휘를 받게 하고, 면윤은 수령의 감독을 받게 했다. 이같은 오가통법은 수령제도를 보완하기 위한 조직이었고, 오가통법을 시행함에 따라 향호(鄕豪)를 중심으로 한 촌락의 자치적 기능은 점차 약화되어갔다.

오가통법을 시행하는 표면적 이유는 농경을 서로 도우며 환난을 상호구제하는 데 있었다. 그러나 이 제도 아래서 촌락의 행정을 맡고 있던 향임층(鄕任層)의 주된 임무는 유민 발생을 규제하고 각종 조세 납부를 독려하는 것이었다. 일종의 행정사무규범인 오가통법은 군·현 등 지방행정의 전초적 제도로 구상되고 시행되었으나, 이 제도를 계속 유지하는 데는 많은 어려움이 있었다. 조선후기의 사회변동이 오가통법적 향촌질서에 도전하고 있었기 때문이다. 오가통법의 시행은 중앙정부의 정책에 따라 강화되기도 하고 완화되기도 했다.

오가통법에 의한 향촌질서 유지가 어렵게 되자 집권층은 이와 병행하여 향약(鄕約) 조직을 강화하고자 했다. 그 결과 16세기에 발생한 향약은 왕조 후기에 와서 전국적으로 확대되었고, 이 향약 조직은 오가통법보다 더 오래 지속될 수 있었다. 그 까닭은 향약의 임원직이 토호나 향반에게 독점되어 있었고, 이들은 이 지위를 이용해서 향촌사회에서 군림할 수 있었기 때문이다. 조선후기의 지배층은 향약을 통해 토호나 향반을 매개로 한 누층적 조직을 이루어 백성을 지배하려 했다. 이렇게 보면 향약은 단순한 지방자치적 조직이 아니라 백성을 조선왕조의 지배질서 아래 통제하기 위한 또다른 방법이었던 것이다.

조선후기 사회에는 동족부락(同族部落)이 발전하고 있었다. 동족부락은 가계(家系)의 계승을 중요시하던 전통적 가족의식이 더욱 강해지면서 출현한 것이다. 18세기 중엽에 와서 조선왕조 사회에서는 남계친족의 결속이 강화되었다. 그 결과 맏아들의 제사상속권이 확립되었고 균분상속이 아닌 차등상속이 보편화했다. 또한 동족간의 결속 강화를 위한 족보 간행이 중요시되었다. 따라서 양반층에게 보학(譜學)은 필수적 지식의 하나가 되었다.

동족의식 강화와 함께 동족부락 형성도 활발하게 진행되었다. 동족부락은 이미 다른 주민이 부락을 형성한 곳에 새로운 씨족이 입주하여 지배적 씨족으로 발전하는 경우도 있었으나, 새로운 개척지에서 동족부락이 발전하는 경우가 더 많았던 것으로 추정되고 있다. 동족부락의 형성은 양반이나 유생층에 의해서만 추진된 것이 아니며 그 상당수는 양인들에 의해 형성되었다.

동족부락을 형성한 이들은 집단생활을 영위하기 위해 일종의 조직체를 가지고 있었으며 그것을 문중 혹은 종중이라 했다. 종손·문장(門長)·유사(有司) 등에 의해 운영된 문중에는 공통된 종규가 마련되어 있었고, 이 종규를 통해 동족의 단결과 조상의 제사 등에 관한 각종 통제가 가해졌다. 동족부락은 조상에 대한 제사 기능 이외에, 동족 상호간의 경제적 협동을 강화하는 기능도 아울러 가지고 있었다. 또한 사회적 위세의 표시로서 동족부락이 이용되기도 했다.

18세기 후반기에 와서 동족간의 결속이 특히 강화되었다. 양반사회의 동족간 결속은 그 문중의 지위와 권위를 유지하고 나아가서 조선왕조의 지배질서 유지를 뒷받침하는 것이었다. 그렇지만 서민층의 동족부락은 이 시기의 잦은 자연재해와 제도의 문란 등으로 빚어진 지배층의 각종 침학에 맞서서 스스로 생존을 보장하고자 하는 삶의 방편의 하나로 이루어진 것이기도 했다.

### 향촌 지배세력의 변화

조선왕조 후기와 특히 19세기 전반기로 오면서 향반층 중심의 향권 장악에도 일정한 변화가 나타나기 시작했다. 16세기 중엽 이후 향촌사회는 향안(鄕案)에 든 향반들 중심으로 운영된 향회(鄕會)가 향권을 장악하여 향청(鄕廳)과 이·민(吏民)을 통제했다. 그러나 18세기경에 접어들어 향반 자리를 돈으로 매수하는 등 향안에 드는 향반의 수가 급증하면서 향반들의 향권 장악도는 약화되어갔다. 한편 향회가 수령의 부세(賦稅) 자문기관으로 되는 경향이 나타났다.

18세기에는 왕권강화책과 관련하여, 또 19세기 전반기 세도정권기에는 향촌사회에 직접적 세력기반을 가지지 못한 세도정권이 수령을 매개로 한 향촌 통제를 기도하여 수령의 향촌통제책이 강화되어갔다. 이 과정에서 실질적 향권이 종래의 사족층(士族層)으로부터 이향층(吏鄕層)으로 넘어가게 되었다. 1712년에 성립된 이정법(里定法)은 수령의 권한을 강화하는 한편, 향촌사회의 교화(敎化) 부분은 사족층에게 맡기되 부세행정은 이향층에게 맡기게 되었다. 수령권과 결탁한 이향층이 종래의 사족층을 대신하여 향권의 실질적 담당자로 떠오르게 되었다.

이향층은 좁은 의미에서는 서리(胥吏)·향임(鄕任)·군교(軍校) 등을 가리키지만 이들에 이족(吏族)과 향족(鄕族), 새로 향임이 된 요호부민(饒戶富民)으로 불린 부민층이 수령권과 결탁하여 향권에 접근함으로써, 종래 향권을 쥐고 있던 사족층과의 사이에 향권 쟁탈전으로서 이른바 향전(鄕戰)이 벌어지기도 했다.

『속대전』 향전율(鄕戰律)은 관권에 저항하는 어떤 형태의 분란도 인정하지 않는다는 점을 분명히 하고 있다. 이것은 바로 향촌사회의 구지배층인 사족층의 반발을 막는 데 목적이 있었다. 특히 종래 향회가 향촌사회를 통제하기 위해 행사하던 출향(黜鄕) 조처를 금지시킨 사실은 사족 중심의 향촌통제권을 부인하고 관 주도의 향촌통제책을 강화한 일이기도 했으며, 지방관과 결탁한 이향층의 향권 참여가 강화되는 과정이기도 했다.

수령과 향권에 참여한 이향층이 주도하는 향촌지배체제는 위로 수령과 감사와 중앙의 세도권력으로 이어지는 중층적 수탈체제를 이루었다. 수령과 이향층의 탐학 및 재부 증식 욕구에 의해 당시 일정한 재부를 형성해가고 있던 부민층을 대상으로 한 향임이나 이임(吏任)의 매매가 자행되었다.

그것이 부민층에 대한 수탈수단으로 전환되어 향촌사회의 빈민과 부민을 함께 곤궁에 빠뜨리는 이른바 '빈부구곤(貧富俱困)' 현상을 가져오게 되었다. 이 때문에 이들 부민층도 농민층과 함께 관 주도의 향촌통제책에 저항하게 되었고, 여기에 앞서 향권을 상실한 사족층까지 가세하게 되었다.

18세기 말의 한 기록에 의하면 "부자들은 온갖 계략으로 각종 부담에서 빠져나가고 빈민들은 오직 멀리 달아날 것만을 생각한다"했다. 이 시기의 향촌통제책이 파탄을 일으켜 농민층과 빈민층은 물론 양반토호·요호부민들까지 저항세력을 형성해간 모습을 잘 보여주는 것이라 할 수 있다.

### 제4장

# 민중문화의
# 발달

조선왕조의 지배원리로 채택된 성리학은 15세기 왕조 건설기에는 그 사업을 이론적으로 또 실천적으로 뒷받침하는 지도이념의 역할을 다했다. 그러나 16세기 이후에는 점차 관념철학화해서 이른바 4단7정논쟁(四端七情論爭)으로, 인물성동이논쟁(人物性同異論爭)으로 전개되어갔다. 이는 성리학 자체의 관념철학화를 심화시키는 한편, 이 시기에 와서 탄력성을 잃고 경직되어간 왕조체제의 지배이데올로기 역할을 한층 더 충실히 하는 길이기도 했다.

임진왜란·병자호란 등으로 격심한 타격을 받은 조선왕조 지배체제는 민중세계의 빈번한 도전에 맞서 체제를 유지하기에 급급했다. 이 때문에 여기에 봉사하는 성리학도 일체의 다른 이론 및 사상을 이른바 사문난적(斯文亂

賊)으로 몰아 용납하지 않을 만큼 경직화하여, 조선왕조 지배체제의 유지를 위한 이데올로기로 한정되어갔다.

성리학은 또 17세기 이후 예학(禮學)의 측면이 크게 강조되어 까다로운 예의 실천을 강요했다. 예 질서를 강요함으로써 전쟁 후 격심해진 사회변동을 저지 억제하려 한 것이다. 예의 실천을 통해 신분질서를 유지하고, 동족집단의 결속과 가부장적 폐쇄성을 강화하여 양반층의 지배권을 옹호하고, 민중세계 전체를 조선왕조의 중세적 지배질서 속에 묶어두려 한 것이다.

역사성을 잃어가던 조선왕조의 지배체제를 그대로 유지할 목적에서 강조된 예론은 한편으로 지배계급 자체를 격심한 당쟁 속으로 몰아넣었다. 반면 민중세계는 차차 성리학적 이데올로기와 문화의 굴레를 벗고 그들 스스로의 문화를 창조하고 그 영역을 넓혀감으로써 양반문화와 어느정도 양립할 수 있는 민중문화를 발전시킬 수 있었다. 조선왕조 후기에 와서 한글문화의 영역이 넓어진 것은 바로 서민문화, 민중문화 발전의 한 증거였다.

한글 창제 이전의 피지배대중은 사실상 문자생활권, 문화생활권 밖에 버려져 있었다. 한글 창제는 피지배대중의 의식 성장의 결과이며, 그로 인해 이들은 이제 문화생활권 안으로 들어갈 수 있는 계기가 일단 마련된 것이다. 그러나 그것이 본궤도에 들어서기에는 상당한 시일이 필요했고 17세기경에 이르러서야 한글로 된 작품이 나오기 시작했다.

한글 작품의 출현은 피지배대중의 의식수준을 높여 그들로 하여금 다소나마 성리학적 의식세계에서 벗어나게 했고, 나아가서 서민문화의 영역을 넓혀가는 데 공헌했다. 한글소설의 출현, 시조문학의 변화, 판소리의 등장, 풍속화의 발달 등은 피지배대중의 문화생활이 향상된 결과인 동시에 그것을 더욱 높이는 밑거름이 되기도 했다.

여기에 한문학풍의 변화, 서화부문에서의 문인화 및 실경산수화풍의 출현, 서체(書體)의 변화, 과학 및 의학의 발전 등에서 보이는 양반문화의 세속화와 대중화 경향이 함께 진행되면서, 대체로 17세기 이후 조선왕조 후기의 문화계는 서민문화라고 부를 수 있는 새로운 영역이 형성되어갔다. 그 결과 중세적인 성리학적 문화체제는 서서히나마 무너지기 시작했다.

실학은 조선왕조 후기의 이와 같은 문화적 분위기의 소산이라 할 수 있다. 조선왕조 후기는 그 통치체제가 역사적 모순성을 전면적으로 드러내고 그것에 봉사하는 성리학이 경직화·반동화한 시기였다. 한편 농민층 분화가 이루어지고 도시지역에서 상공업이 일정하게 발달함으로써 상공업자 계급이 일부 성장하고 있던 시기이기도 했다.

이같은 상황 아래서, 성리학적 사상체제에 비판의식을 가지고 왕조 집권체제와 일정한 거리를 유지했던 진보적 지식인층이 일부 형성되었다. 그들은 자신을 포함한 지배체제 밖의 양반층 및 신흥 상공업자와 농민층의 이해를 앞세운 정치·사회·경제·문화 체제를 재편성하기 위한 방법론을 제시했다. 그러나 그들의 정치적·사회경제적 처지나 이해가 아직 상공업자나 농민층의 그것과 같은 단계는 아니었다.

그들의 교양과 사상적 바탕이 성리학에서 완전히 이탈하지 못한 한계성 때문에 그 이론도 반성리학적·반조선왕조적 단계까지 나아가지 못했고, 이 때문에 그들이 제시한 방법론은 대체로 개량주의적 한계에 머물러 있었다. 하지만 조선왕조적·중세적 지배체제의 역사적 모순성을 해결하기 위해 제시된 그들의 개혁방법론은 결국 근대지향적 방향 위에 선 것이 될 수밖에 없었다.

# 제1절 실학사상의 발전

## 실학의 역사적 조건

실학은 17세기 이후의 조선왕조 사회에서 행정·군사·경제·사회·문화의 각 부문에 걸쳐 폭넓은 제도 변화를 이루려 기도한 사상이었다. 실학이 발달한 배경에는 주로 두 번의 큰 전쟁을 겪은 조선후기 사회의 내재적 요구가 있었지만, 또 일부 외래적 요인도 작용했다.

실학사상 발달의 내재적 요인은 첫째, 정치적인 면에서 전쟁 후의 조선왕조 사회가 직면하고 있었던 통치질서의 경직화 현상을 들 수 있다. 16세기경부터 일부 변질되기 시작한 조선왕조적 통치질서는 전쟁을 겪으면서 동요되기 시작했다. 집권층의 벌열화, 수취체제의 붕괴, 신분체제의 동요, 농본주의 생산체제의 일부 변화 등은 15세기를 통해 짜여진 조선왕조 본래의 통치질서에 어느정도 수정을 가해야 할 필요성을 절실하게 했다.

전쟁 후의 조선왕조 사회에는 전면적이고 본질적인 개혁이 요청되었으나 집권세력은 폭넓은 개혁방안을 제시하지 못하고, 다만 보완적 체제유지책을 세우는 데 한정됐을 뿐이었다. 그러나 일부 상대적 진보 성향의 관료와 재야의 지식인들이 조선왕조 자체를 유지하는 범위 안에서 벌열세력을 억제하고 국가의 통치체제를 강화해서 민생을 안정시킬 수 있는 방안을 강구했다. 이 과정에서 실학사상이 형성될 수 있었다.

실학 발달의 두번째 요인은 사상적인 면에서 조선왕조의 지배원리였던 성리학의 반역사성에 있었다. 전쟁 후의 왕조사회는 모든 분야에 걸쳐 그 부조리가 드러나고 변화의 조짐이 나타남에 따라 전면적이고 본질적인 개혁이 필요했다. 그러나 지배원리인 성리학은 합리적 수습책을 제시하지 못했을 뿐만 아니라 오히려 명분론을 강화하여 심한 당쟁을 유발했다. 공허한 관념주의에 함몰된 성리학적 논리 및 학풍에 대한 반성과 반발이 일어나면서, 상대적으로 실천적이고 생산적인 학풍의 건설이 요청되었다. 실학사상은 이같은 요청에 의해 발생할 수 있었다.

일부 학자들은 성리학의 비판적 재검토를 위해 선진시대(先秦時代)의 원시유학으로 돌아가 범유학적(汎儒學的) 견해에서 새로운 개혁안을 모색하려 했고, 그 결과 성리학적 학문체계에서 일부 벗어난 실학을 발달시킬 수 있었다. 그러나 대부분 성리학적 교양과 지식을 바탕으로 했을 뿐이었던 그들은 자기 시대의 권력구조와 사회질서와 문화전통을 전면적으로 반성 비판하거나 당시의 학문과 사상을 반성리학적 단계로까지 발전시키지는 못했다.

실학 발달의 세번째 요인으로는 조선후기 사회의 경제적 변화와 발전을 들 수 있다. 전쟁피해 복구과정에서 민중의 활동에 의해 일부 경제적 발전이 이루어졌고, 그것을 촉진 고취하고 대변하는 사상으로서 실학사상이 형성될 수 있었다. 일부 사상가들은 농민분해 현상을 주의깊게 관찰하면서 상업적 농업경영자 및 일부 성장하고 있는 부농층의 처지를 대변했고, 또다른 일부 사상가들은 토지의 농민적 소유를 주장하기도 했다. 지주의 존재 자체를 부인하지 못한 사상가라 해도 소작조건의 개선방안은 모색했다.

실학 발달의 네번째 요인으로는 조선후기의 사회계급적 변동을 들 수 있다. 전쟁 후의 왕조사회는 중세적 신분질서가 비교적 폭넓게 붕괴해갔고, 그것은 대체로 양반의 일부와 대다수의 농민층이 경제적으로 몰락해가는 하향 방향과 서민층의 일부가 신분상승을 성취하는 상향 방향으로 나타났다. 이런 변화에 직면한 일부 진보성향의 사상가들은 사회적으로 하향과정에 놓여 있는 양반층의 생계대책과 함께 상향과정에 들어선 서민층의 이익을 보장하는 문제에 주목하게 되었다. 이들은 그 대책을 이론적으로 추구해갔고 그 과정에서 자신의 독자적인 사회사상을 형성해갔다.

실학 발달의 다섯번째 요인으로는 왕조 사회가 축적해온 학문적 전통을 들 수 있다. 왕조 성립 직후에 발전했던 궁정문화적(宮廷文化的) 업적들은 왕조 후기의 진보적 사상가들에게도 일부 전승되었고, 그것이 다시 발전되어 독자적인 학문영역으로 성립되었다. 특히 왕조 전기의 과학부문의 업적이나 실용적 학풍들은 왕조 후기 실학자들에게 참고된 바가 적지 않았다. 실학 발생의 역사적 조건이 되고 있는 이상의 다섯 가지 측면들은 모두 조선후기 사회가 가지고 있던 내재적 요인으로 파악될 수 있다.

한편 실학사상의 발달에는 이와 같은 내재적 요인과 함께 이 시기에 전래된 서학(西學) 및 청대(淸代) 학문의 영향도 컸다. 17세기 이래 중국에서 간행된 각종 서학 서적들이 일부 전래되어 당시의 지식인들에게 읽히고 있었다. 이때 전해진 서학서들은 수학·천문학·농학과 같은 과학기술 계통의 서적과 함께 천주교 교리서들이었다. 이 책들은 일부 진보적 사상가들의 학문 연구에 큰 자극제가 되었다.

명말청초(明末淸初) 중국의 실학적 학풍과 청대의 고증학도 조선후기 실학사상 형성에 영향을 주었다. 명말청초의 학술사상에는 민족의식과 민본의식 그리고 현실개혁의식이 나타나 있었고, 이 특징들이 조선의 진보적 지식인들에게 일정한 자극을 준 것이다. 청조(淸朝)의 이 같은 학문 경향은 그후 지배당국의 탄압으로 그 개혁적 이상이 거세되고 고증학으로 전환되었으나, 이 고증학풍은 18세기 후반기 이후에 활동했던 조선 실학자들에게 영향을 끼쳤다. 그러나 전체적으로 볼 때 조선후기의 실학은 고증학보다 명말청초의 학문 경향에 좀더 가까운 것으로 인식되고 있다.

### 실학의 연구분야

실학은 백과전서적 학문 경향을 가지고 있었으며, 이는 성리학 중심의 전통적 학문체계에 대한 하나의 도전이었다고 할 수 있다. 실학자들의 백과전서적 학문 연구는 성리학의 절대적 지위에 도전하면서 다른 분야의 가치를 성리학과 대등한 수준으로 향상시키는 방법이 될 수 있었다. 그 연구의 방향은 다음과 같은 몇 개의 묶음으로 나누어볼 수 있다.

첫째, 실학은 민족의 전통과 현실적으로 당면한 문제들을 연구대상으로 했다. 성리학자들의 관심과 지식이 중국의 역사와 문화에 치중했던 데 비해 실학자들은 일반적으로 조선의 역사와 문화에 많은 관심을 쏟았다. 그 선구적인 업적으로 이수광의『지봉유설(芝峰類說)』을 들 수 있다. 그는 여기에서 조선의 전통사회와 그 정치에 대한 연구결과를 수록하고 있다. 또한 이익의 경우도『성호사설(星湖僿說)』을 통해 조선의 역사에 관한 많은 부분을 서술했다.

이들의 연구에 자극받아 이익의 제자 안정복은『동사강목(東史綱目)』과『열조통기(列朝統紀)』를 저술했다.『동사강목』은 단군조선 이후 고려에 이르는 시기의 역사를 유교적 정통론의 입장에서 서술했다. 이를 통해 조선의 역사적 정통성을 밝히려는 것이 그 주된 목적이었다.『열조통기』는 조선왕조 당대의 역사로서 편년체적 서술방법을 취하

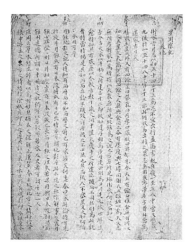

「성호사설」

고 있다.

한치윤(韓致奫, 1765~1814)의 『해동역사(海東繹史)』는 국내외 역사서들을 두루 참조하여 조선의 역사를 정리한 기전체 사서로서 안정복의 『동사강목』과 함께 높이 평가되고 있다. 이긍익(李肯翊, 1736~1806)은 『연려실기술(練藜室記述)』에서 조선왕조의 역사를 기사본말체로 서술했다.

그밖에 이종휘(李鐘徽, 1732~86)의 『동사(東史)』는 그의 자주적 역사정신 때문에 주목받고 있다. 이들 역사서를 통해 그들은 조선의 역사적 독자성 및 정통성을 확립하고자 했다. 그러나 그 정통론의 근거가 왕조사적 정통에 머물렀고, 민중세계의 동의를 전제로 한 정통성을 이해하는 데는 나아가지 못한 한계가 있었다.

실학자들은 또 제 민족이 처한 현실을 올바로 인식하기 위해 역사지리와 인문지리에 많은 관심을 가졌다. 그리고 민족문화 유산으로서의 한글에 대한 연구도 진행되어 신경준(申景濬, 1712~81)의 『훈민정음운해(訓民正音韻解)』와 유희(柳僖, 1773~1837)의 『언문지(諺文志)』 같은 연구업적들이 나왔다. 그러나 역시 맞춤법 통일의 문제나 언어학적 연구를 진행하는 단계에는 나아가지 못한 한계를 가지고 있었다.

실학자 중에는 조선의 민속과 서민문화에 각별한 애정과 관심을 가지고 연구를 진행한 사람도 있었다. 이규경, 정동유(鄭東愈, 1744~1808), 홍석모(洪錫謨, 1781~1850) 등은 세시풍속을 비롯한 각종 민속에 대해 조사하고 연구했다. 제 민족의 전통과 현실에 관한 이와 같은 연구에 자극받아 이와 유사한 각종 편찬사업들이 국가에 의해 추진되었다. 18세기 후반기에 편찬된 『동국문헌비고』와 『여지도서(輿地圖書)』 그리고 『대전통편』과 같은 법률서의 출현은 이같은 맥락에서 파악될 수 있다.

실학의 연구분야 중 두번째로 지적할 수 있는 것은 현실개혁을 위한 사회·경제 부문에 대한 연구이다. 실학사상을 낳은 배경 자체가 조선왕조 후기의 역사적 현실이었기 때문에, 진보적 지식인들이 국정의 각 분야에 관한 연구에 힘쓴 것은 자연스러운 일이었다. 농업생산력의 저하를 극복하기 위해 토지제도 개혁안을 연구하고 농업경영상의 개선책을 연구했다. 그리고 상공업 분야의 발전책을 연구하는 한편, 전통적 신분제도의 모순성과 수취체제 중심의 행정제도 및 군사조직 개혁안을 제시하기도 했다.

농업과 농민 문제의 개선에 관한 종합적 개혁안은 유형원에 의해 처음 연구되었다. 그는 일생 동안 농촌에 살면서 얻은 농촌사회의 현실에 대한 지식을 바탕으로 토지제도와 수취체제 그리고 행정 및 군사조직의 개혁에 관한 연구를 추진했다. 그의 연구결과들은 『반계수록』 속에 집약되어 있다. 한편 이익도 토지제도를 비롯한 사회현실의 각 부문에 걸쳐 새로운 개혁안을 제시하여 제도문란으로 인한 민중세계의 피폐를 막아보려 했다.

이들의 개혁사상은 정약용에 의해 집대성되었다. 조선왕조시대에 배출된 최고의 경세(經世)학자로 평가되는 그는 정부조직의 개편방안과 형정(刑政) 및 지방행정의 개편방안을 연구하여 『경세유표(經世遺表)』 『흠흠신서(欽欽新書)』 『목민심서(牧民心書)』 등을 저술했다.

그는 또 『전론(田論)』 등의 논문을 통해 농민생활과 직결되는 토지제도 개혁안을 본격적으로 연구했다. 그의 토지제도 개혁안은 여전론(閭田論)에서 특징적으로 나타난다. 여기에서 그는 한 마을(閭)을 단위로 해서 토지를 공동소유·공동경작하고 각 가구의 노동량을 기준으로 한 수확물 분배를 제도화하는 획기적인 개혁론을 제시했다.

정약용의 예에서 보는 것과 같이 실학자들의 토지개혁론은 경작농민을 본위로 한 것이었다. 즉 지주의 존재를 약화시키거나 아예 없애고 토

**다산초당** • 정약용은 유배 중 다산초당에 기거하며 『경세유표』 『흠흠신서』 『목민심서』 등을 저술했다.

지의 소유와 경작이 일치하거나, 소유권은 국가나 왕권이 가지고 농민에게 일정한 토지경작권을 분배함으로써 지주제를 폐지하고 독립된 자영농민을 기본단위로 삼는 국가가 되게 하려 했던 것이다.

한편, 서울과 같은 도시적 분위기에서 생장한 일부 실학자들은 이 시기에 일정하게 발전해가고 있던 상공업 문제에 깊은 관심을 가졌다. 이 분야를 연구한 학자로는 우선 유수원(柳壽垣, 1694~1755)을 들 수 있다. 그는 『우서(迂書)』에서 정치·경제·사회·문화 전반에 관한 개혁안을 제시했다. 경제 면에서는 특권상인의 존재를 인정해서라도 상업자본의 축적을 촉진하고, 세과사(稅課司)와 같은 상업세 징수기관을 새로 두어 상업세를 증수(增收)함으로써 국가의 재정수입을 높여야 한다는 이론을 제시했다.

유수원 이외에도 상공업 부문에 관한 개혁사상을 폈던 학자로는 박지원과 박제가 등을 들 수 있다. 북학파라고도 불린 이들은 청나라 문화의 우수성을 인식하고 이를 받아들여 조선의 낙후한 현실을 개혁하고자 했다. 특히 이들은 상공업의 발전과 상품유통의 원활화, 기술혁신과 생산의 촉진, 해외통상의 장려 등을 통해 국부를 증대시켜야 한다는 이론들을 제시했다.

유수원·박지원·정약용 등은 신분적 차별을 없애고 능력에 따른 분업을 실시할 것을 촉구했다. 그리고 무위도식하는 양반층을 없앨 것을 주장하면서 새로운 직업윤리를 제시하는 한편, 삼정을 비롯한 수취체제의 개혁과 중앙과 지방 행정제도의 개혁 그리고 국방력의 강화를 주장했다.

정약용은 또 그의 논문『탕론(湯論)』에서 통치권의 강화를 주장하면서 그것은 백성세계의 뒷받침에 의해 결정되어야 한다는 이론을 제시했다. 아직 불완전한 이론이기는 하지만 실학자로서는 보기 드물게 권력구조 변화론을 제시한 점이 주목되고 있다. 이런 예외가 있기는 하지만, 실학자들이 집중적으로 연구한 부문은 권력구조 문제 자체보다 사회경제적 문제들에 한정되었다.

세번째 연구분야로는 자연과학과 기술과학을 들 수 있다. 실학자들은 어느정도 자연의 논리와 인간의 논리를 구별짓는 객관적 자연관에 입각하고 있었다. 즉 그들은 종전처럼 자연을 사변적이고 규범적인 존재로서가 아니라 객관적인 순수존재로 파악하는 과학적 자연관을 가지고 사물을 관찰하고 또 세계를 볼 수 있었다.

그리하여 점성학(占星學)은 이제 왕조의 운명과는 관계가 없는 순수한 천문학으로 발전할 수 있었다. 의학은 주술적 차원과 결부되었던 단계에서 순수한 의학으로 발전했으며, 신비의 장막에 가리어 있던 역학(易學)은 객관적인 수학으로 발전했다. 이러한 순수과학에 관한 연구는 기술과학 연구를 위한 밑받침이 되었다.

실학의 연구분야 중 네번째로 들 수 있는 것은 그들의 새로운 철학체계이다. 그들은 새로운 개혁이념을 제시할 수 있는 철학적 기반을 가지고 있었으며, 실천윤리를 정립하기 위한 목적을 가지고 철학을 연구했다. 그들은 성리학의 학문체계에 얽매이지 않았음은 물론 유학이론에 대한 주자(朱子)의 해석에도 만족하지 않았다. 때문에 그들은 선진시대

(先秦時代)의 사상에 주목했고, 양명학(陽明學)의 철학체계에 접근하기도 했으며 예에 대한 새로운 해석을 모색했다.

그들은 지전설(地轉說)을 이해하여 성리학의 천원지방설(天圓地方說) 우주관에서 벗어나고 있었다. 그들의 철학 연구에는 성리학이 가지고 있던 절대적 권위의 붕괴와 새로운 사회에 걸맞은 사유논리를 추구하는 노력이 드러나고 있었다. 실학자들의 철학세계를 이해하기 위해서는 박세당(朴世堂, 1629~1703), 이형상(李衡祥, 1653~1733) 그리고 정약용을 비롯한 18세기 후반기 이후의 사상사적 업적들이 주목을 받고 있다.

### 실학의 역사적 의의

실학은 조선후기라는 시대배경 속에서 발달한 사상이다. 실학은 중세사회 해체기인 조선후기 사회에서 형성되어 이 시기의 사회개혁을 중요한 과제로 삼은 학문이요 사상이다. 고대사회나 중세의 전성기에도 사회개혁을 시도하고 그 이론을 제시하는 학자들이 있었지만, 그들을 모두 실학자라 부르는 것은 아니다. 중세사회 해체기인 조선후기 사회에 나타난 일련의 개혁사상가들에 한정할 때 실학사상의 역사적 위치가 분명히 그리고 특징적으로 드러나게 된다.

실학은 유학사상에 기초를 두고 있었으나, 중세 유학인 성리학과는 일정한 차별성이 있는 학문체계로 파악된다. 성리학은 양반사대부 사회의 이익을 대변하는 이론이었고, 특히 16세기 이후의 성리학은 관념철학적 요소가 강해졌던 데 반해, 실학은 새롭게 등장하는 민중세계의 존재를 인식하고 있었으며 이들을 위한 학문체계를 형성하려 한 면이 있었다.

실학은 이기론(理氣論)으로 대표되는 관념철학 및 사장학적(詞章學的) 특성과 결부된 관료지향적 학문과 달라서 그 연구분야가 백과전서적인 경향을 띠고 있었다. 실학자들의 학문방법론이 사변적 요소를 완전히 배제한 것은 아니었으나 그들은 경험적이며 실험적인 방법을 존중하고 있었다.

실학은 당시의 사회 발전에 어느정도 영향을 준 사상이었다. 실학자들이 주장한 제도개혁론은 그 일부가 국가정책에 반영되어 민중생활 향상에 이바지했다. 예를 들면 노비종모법의 시행과 노비해방론, 양역의 개편, 대동법의 실시, 금속화폐 유통 등에는 실학자들의 의견이 부분적으로나마 수용되었고, 그들이 집성한 과학과 기술 부문의 이론 중 상당부분이 정부의 정책 및 민중생활에 연결되었다. 천문학·의학·토목공학·농학 등에 관한 그들의 연구성과는 정부와 민중으로부터 환영받았다.

그러나 실학자들이 제안한 개혁론 중 정치·군사·행정 및 토지경제에 관한 이론의 대부분은 당시의 집권세력에 의해 거부되었다. 따라서 실학사상이 가진 현실개혁에 대한 기여는 제한적인 것일 수밖에 없었다. 그럼에도 불구하고 실학은 공리공담이 아닌 실현 가능성을 내포한, 사회발전을 위한 이론이요 사상이었다. 그리고 그들의 정치사상에 일관되게 흐르고 있는 왕권강화론, 중앙정부 강화론은 벌열세력 및 세도정권 아래서 귀족화한 정치세력을 제약하거나 약화시키고 민중세계에 일정한 이익을 가져다주려는 이론이었다.

실학사상은 특정한 지역이나 신분 및 당색(黨色)의 한계를 넘어선, 상대적으로 진보성향을 가진 지식인들에 의해 형성된 사상이었다. 다시 말하면 양반신분에서도 중인신분에서도, 노론당에서도 남인당에서도, 기호지방에서도 호남지방에서도 진보적 사상가로서의 실학자는 배출되었다. 실학은 조선왕조 후기라는 시대를 통해 꽤 보편성을 가진 사상이었다고 할 수 있다.

실학사상은 조선후기의 역사적 모순을 정확하게 파악한 진보성향의 지식인들에 의해 제시된 탈성리학적·근대지향적 개혁사상이라 요약해 말할 수 있다. 그러면서도 그것은 혁명주의적 사상이라기보다 조선왕조의 존재를 인정하는 범위 안에서의 개량주의적 사상일 수밖에 없었다. 이 때문에 "봉건국가의 왕권강화에 봉사한 사상"으로 평가되기도 한다.

중세사회 해체기로서의 조선후기라는 시대를 배경으로 하여 생성된 새로운 학풍인 실학은, 당시 지배층의 이념을 대변하던 성리학과는 구별되는 역사적 의의를 가지며 그것은 대개 다음 세 가지로 요약될 수 있다.

첫째, 실학에는 상당한 한계성이나 제약성이 있음에도 불구하고 어느정도 민족주의적 성격이 담겨 있다는 점이다. 당시의 성리학은 동양의 사상계를 지배하던 일종의 중세적 보편주의 사상이었고, 조선왕조 후기의 집권 양반층은 성리학의 이 중세적 보편주의에 얽매여 모화사상(慕華思想)과 존주대의론(尊周大義論)에 빠져 있었다. 그들이 가지고 있던 소중화적(小中華的) 관념과 일종의 자존의식(自尊意識)도 중화에 의탁한 것에 지나지 않았고, 조선의 문화나 역사도 중국 것의 일부분으로밖에 인식되지 않았다. 그러나 실학자들은 이같은 화이사상(華夷思想)에서 어느정도 탈피하여 조선의 문화와 역사에 대해 자각하기 시작했다. 그리고 그 자각을 바탕으로 제 민족의 역사와 지리, 언어 그리고 정치·경제·군사 등의 각 부문에 관한 연구에 열중했으며, 또 이를 체계화하는 데 일정하게 성공했다.

실학이 가지는 두번째 역사적 의의는 그것이 일정하게 근대지향성을 지녔다는 점이다. 실학자들은 자신의 생각이나 이론이 근대사회를 지향하는 것으로는 인식하지 못했다. 그것은 그들이 동양적 고대사회를 이상사회로서 추구하고 있었던 점으로도 알 수 있다. 그러나 그들이 살고 있던 중세 말기 사회의 역사적 모순성을 바로 보고 이를 타개하기 위해 제시한 이론은 복고주의가 아닌 근대지향적인 것이 되었다.

특히 중세적 신분제의 해소, 금속화폐의 유통, 상공업의 발달, 외국무역의 개통, 토지 소유형태와 경영형태의 개혁 등을 촉구한 점 등에서 근대지향성이 강하게 나타나고 있다. 그러므로 이 이론들 중 일부는 개항 이후의 근대적 개혁주의자들에게 계속 활용되었고, 나아가서 우리나라 근대사상사에서 단초적 위치를 가지게 되었던 것이다.

실학이 가지고 있는 세번째 역사적 의의는 그것이 어느정도 피지배대중의 이익을 대변하는 사상이요 이론이라는 점이다. 성리학이 조선왕조 지배계층의 지도원리였다면 실학은 피지배계층의 편에 선, 상대적으로 진보적인 지식인들의 개혁사상이었다고 할 수 있다. 이는 실학이 성리학이 강조하던 수기치인의 범위를 넘어 정치·군사·경제·교육 등 각 분야에서 민본주의와 균산주의(均産主義)를 표방하기에 이르렀고, 그것을 바탕으로 피지배대중의 이익을 신장시키려는 정치·경제·사회적 이론을 제시했다는 점에서 잘 드러난다.


## 제2절 민중문화의 창조

### 문학계의 새로운 경향

17세기 이후에는 문학·예술 분야에서도 새로운 경향이 뚜렷이 나타났다. 이같은 경향은 문예작품에서의 창작정신의 변화를 통해 감지될 수 있다. 이 시기에는 민중이 문학의 창작자와 독자층으로 발돋움하기에 이르렀으며, 양반 식자층도 민중의 희로애락을 묘사하고 사회에 만연한 비리를 척결하기 위한 작품들을 창작해내기도 했다.

조선왕조 전기의 문학은 양반층에 의한 한문학 위주였으나 왕조 후기에 와서 문학을 향유하는 계층의 범위가 확대되었다. 또한 흔히 위항인(委巷人, 여항인閭巷人)으로 불린, 도시에 거주하는 역관이나 서리 같은 중인층들의 창작활동이 활발해졌다. 이들이 창작한 문학의 형식은 대개 정형적인 한문학의 틀에서 벗어나지는 못했지만 다소 새로운 내용을 포함한 것이었다.

18세기 초엽에 와서 문학에 참여하는 계층의 폭은 양인이나 광대(廣大) 등으로 더욱 확대되었다. 광대들에 의해 우리 문학의 주요 분야인 판소리가 상연되었다. 광대로서 판소리를 부르는 명창 중에는 선달(先達)이나 동지(同知)로 불리며 대접받는 사람도 있었다. 그뿐만 아니라 이들이 부르는 판소리 사설은 서민 식자층에 의해 다듬어져갔다.

이 시기에 창작된 문학작품들은 일단 필사본으로 전사되어 퍼져나갔으나 문학작품에 대한 독자층의 수요가 증가하자 방각본(坊刻本)으로 간행되었고, 그것이 독자의 범위를 더욱 넓히는 데 기여했다. 방각본으로 간행된 소설은 대중의 흥미와 관심을 끌 수 있는 것들이 많았다. 이렇게 되자 문학은 양반계층이나 규중의 부녀자들에게만 향유될 수는 없었다. 농민들도 문학작품을 요구하게 되었으며, 서민층의 독서열을 충족시키기 위해 도시에서는 세책(貰冊)집이 나타나기도 했다.

왕조 후기에 등장한 문학작품들은 그 창작정신에서도 전기와는 다른 특징들을 드러냈다. 전기 문학작품 중 상당수는 주자학적 윤리관을 강조하는 것이었으며, 교양이나 심성 수양의 수단에 머무르고 있었다. 그러나 17세기 이후의 문학에서는 이런 경향은 퇴조하고, 대신 인간 감정의 적나라한 묘사나 사회의 부정과 비리에 대한 고발정신이 강하게 표현되었다. 문학작품의 주인공들도 영웅적인 존재로부터 민중적인 인물로 전환되어갔고, 문학의 배경도 공상적 세계보다 시정적(市井的)인 인간관계로 옮아가고 있었다.

이것은 문학작품의 창작자와 독자층이 비특권적 서민들이었기 때문에 드러나는 현상으로 파악되며, 이러한 문예사조는 다음에 오는 신문학기(新文學期)의 문학에 연결될 수 있는 하나의 계기를 마련하는 것이었다. 조선후기에 나타난 문예계의 이같은 새로운 양상은, 상류계층의 전유물이었던 문학이 위로는 왕공(王公)으로부터 아래로는 농촌의 촌부에게까지 애호받을 수 있는 진정한 의미의 국민문학 형성을 향해 전진해가고 있었음을 의미한다.

## 국문소설과 사설시조

조선후기에 창작된 국문소설 중 대표적 작품으로는 허균(許筠, 1569~1618)의 『홍길동전(洪吉童傳)』, 김만중(金萬重, 1637~92)의 『구운몽(九雲夢)』그리고 18세기경에 창작된 『춘향전(春香傳)』등을 들 수 있다.

『홍길동전』은 명화적(明火賊)이 발호하고, 탐관오리의 횡포가 자행되며, 서얼차대를 비롯한 사회적 병폐가 만연해 있던 시대상을 배경으로 하여 창작되었다. 뒷날 역적으로 처형당한 허균은 이 작품을 통해 서얼차대의 철폐와 탐관오리 응징을 주장하는 등 자신이 살던 시대상황을 날카롭게 비판하면서 새로운 이상향을 추구했다. 『홍길동전』에는 그의 현실 참여의식과 변혁의지 등 정치적 발언이 짙게 나타나 있으며, 조선후기의 시대상을 잘 반영하고 있는 것으로 이해되고 있다.

『구운몽』은 같은 작가의 『사씨남정기(謝氏南征記)』나 조성기(趙聖期, 1638~89)의 『창선감의록(彰善感義錄)』 등과 함께 17세기 말엽에 지어진 장편소설로서 우리나라 장편소설의 효시 격인 작품이다. 후대의 군담소설(軍談小說)·염정소설(艶情小說)에 영향을 끼친 한편, 불교적 공(空)의 논리에 입각해 인생의 의미를 철학적으로 보여주고 있다. 유교 중심적인 당시의 상황에서 그가 궁극적으로 불교적 공을 추구하고 있었다

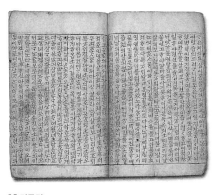

「홍길동전」

는 것은 유교적 관념체계에 대한 회의를 나타낸 것으로 볼 수 있다.

『춘향전』은 소설사에서 최고의 걸작으로 손꼽히고 있는데, 원래 판소리 형태를 취하고 있었다. 이 작품은 상민이나 천민도 양반과 동등한 인격의 소유자임을 말하고 있다. 당시의 민중은 관장(官長)에 대한 춘향의 항거를 통해 평등의식을 실감할 수 있었고, 춘향이 자신의 사랑을 실현하는 결말에서 미래에 대한 희망을 가질 수 있었다. 민중세계로부터 『춘향전』이 환영받았던 이유도 바로 이 점에 있었다.

한편, 이 시기에는 「토끼전」 「두껍전」 「장끼전」 「서동지전(鼠同知傳)」 등 동물을 의인화한 우화소설이 유행했다. 오랜 내력을 가진 구전설화를 작품화한 우화소설은 봉건질서의 질곡이 심한 현실 속에서 인간사회의 문제를 동물세계를 통해 고발하고 풍자함으로써 작가의식을 펼친 작품들이었다.

조선후기의 소설에는 당시의 야담·민담·설화 등을 작품화한 것이 많았다. 조선의 역사적 사실들에 근거하여 창작되기도 했지만 그중에는 중국소설의 번안물이 포함되어 있기도 했다. 이 시기에 저술된 소설들 가운데 대략 6백여 종이 전해지고 있으며, 이것은 당시의 소설문학이 풍성했음을 말해주고 있다.

시조문학 분야에서도 조선후기에 와서 변화가 일어났다. 17세기경의 시조는 사대부의 손을 떠나 서민가객(庶民歌客) 사이에서 엮어져, 서민들도 판본으로 된 시조집을 가질 수 있게 되었다. 또한 이 시기에는 종전의 평시조와는 다른 사설시조가 등장했다. 사설시조는 평시조를 지배하고 있던 양반문학적 의식과 소재를 청산한 것이다. 사설시조에서는 서민들의 생활형태나 적나라한 남녀간의 사랑 등이 읊어졌고, 기탄없는 비유를 통해 현실을 비판함으로써 사회비평적 의미를 가지기도 했다.

이당 김은호가 그린 춘향의 모습

사설시조는 곧 서민들의 시조로서, 그것의 등장은 서민의식의 등장과 시기적으로 상통하고 있다. 사설시조의 전승은 신문학기에 이르러 끊어졌지만 지금 대략 5백여 수의 작품이 남아 있다. 이밖에 국문일기나 수록류(隨錄類)가 등장하여 국문학의 범위가 더욱 확대되었다.

18세기 초엽에 와서 판소리가 등장하여 민중의 문화생활을 풍부하게 하는 데 기여했다. 판소리는 한 편의 이야기를 여러 음곡(音曲)과 아니리(이야기)로 엮어나가면서 부르는 것으로, 서민문학적 요소와 함께 사대부적 요소가 효과적으로 결합되어 있었다. 판소리는 사대부층에게는 물론 일반 민중에게도 크게 환영을 받았으며, 조선후기 사회의 대표적 문학 장르로 성징해갔다. 「춘향가」는 판소리 열두 마당 중에서 가장 뛰어난 작품으로 애창되었고, 이와 함께 「심청가」「흥부가」「가루지기타령」「배비장타령」 등의 판소리 작품이 불렸다.

## 한문학의 성격 전환

17,8세기에는 종래 주로 양반사대부들에 의해 유지되던 한문학계에도 위항인들이 등장하여 그 성격이 점차 변해갔다. 조선왕조 후기에는 일부 양반층이 저술한 특징적인 한문소설들이 출현했다. 양반층이 소설문학을 창작하고 있었다는 것은 그들이 가지고 있던 사대부적 체질이 서민문학에 동화해가고 있음을 의미한다. 양반층뿐만 아니라 많은 위항인들도 한문학의 창작에 종사하며 작품을 통해 사회의 부조리를 비판하고 나섰다. 이러한 작품들은 비록 국문으로 표기되지는 않았어도 국문학의 폭과 깊이를 더하는 데 기여했다.

대표적 한문소설로는 박지원의 작품을 들 수 있다. 그는 「양반전(兩班傳)」「호질(虎叱)」 등을 통해 양반층의 비리와 위선을 신랄하게 비판했다. 또 「예덕선생전(穢德先生傳)」에서는 거름장수 엄행수(嚴行首)를 등장시켜 그의 노동하는 삶이 훌륭한 생활태도임을 묘사하여 실학적 사고를 부각시켰고, 「허생전(許生傳)」을 통해 그의 경제사상과 이상국(理想國)을 건설하려는 경륜을 드러내었다.

이 시기에는 한문으로 씌어진 소설문학과 함께 시문학 분야에서도 조선시(朝鮮詩)로서의 특수성·독자성에 대한 자각이 생기고, 또 신랄한 사회비평과 풍자를 담은 작품들이 창작되는 한편, 민요 취향의 한시가 나타났다. 정약용은 "나는 조선 사람이므로 조선시를 즐거이 쓴다"하고 중국식의 까다로운 율격에 구애되지 않은 조선풍의 한시를 쓰려 했고 많은 현실 비판시를 남겼다. 양역의 폐단을 통렬하게 비판한 「애절양(哀絶陽)」은 그런 작품의 하나다.

이 시기의 조선풍, 민요풍 한시의 대표적 작품으로는 이옥(李鈺, 1760~1812)의 「이언(俚諺)」과 홍양호(洪良浩, 1724~1802)의 「유민원(流民怨)」 등을 들 수 있다. 「이언」에서는 종래의 한시에서 전혀 그 제재(題

材)가 될 수 없었던 서민사회 여인들의 생활 구석구석을 찾아 시적 정황으로 표현했다. 혼례청에서 갖는 부부애에 대한 소망, 고된 시집살이에서 오는 불만, 고부간의 마찰에서 오는 저항심리, 공규(空閨)에 대한 원망 등을 장편 민요조의 한시로 표현하고 있다.

「유민원」은 한 농부를 전형으로 내세워 조선후기 농민의 유민화 과정을 담가(譚歌) 형식으로 그려놓은 작품이다. 이 작품에는 이 시대의 온갖 사회적 모순들이 농민의 입을 통해 다음과 같이 사설(辭說)되어 있다. "인생이 즐겁다고 누가 말했나(人生誰云樂)/죽어 들판에 버려짐만 못하니(不如棄野坰)/아내를 끌고 어린 자식 안고(携妻復抱子)/동서로 남북으로 떠돌아봐도(東西與北南)/어디를 가도 낙토는 없어(所向無樂土)/열흘에 세끼 밥이 고작이구나(旬日食纔三)."

이 시기에는 또 최기남(崔奇男, 1586~1668)·이득원(李得元, 1639~82)·조수삼(趙秀三, 1762~1849) 등 중인신분 작가들이 배출되었다. 그들의 문학세계는 숙명론적 신분의식에 얽매여 봉건적 현실에 영합하기도 하며, 예교주의적(禮敎主義的) 경향과 낭만주의적 경향 사이에서 동요하는 모습을 보여주기도 했다. 또한 시대적 모순을 자각하고 도시 위항인의 다양한 삶의 모습과 농민층의 간고한 삶의 모습을 예리하게 관찰하면서 그들과 의식을 공유하는 일면도 있었다.

김삿갓으로도 불린 김병연(金炳淵, 1807~63)도 당시의 사회적 병폐를 통렬하게 풍자하는 파격적인 시를 남겼다. 그는 조부가 '홍경래란' 때 투항했던 일로 과거에 낙방하게 되자 전국을 유랑하며 세태를 풍자했다. 특히 즉흥 한시에 국문과 풍월까지 섞어가며, 한시가 지녀온 형식과 전통을 파괴하면서 독특한 문학의 세계를 펼쳐나갔다.

## 미술의 새 경향

회화에서 새로운 경향이 나타난 시기는 대략 1700년을 전후한 때로 보고 있다. 이때부터 문인화가 본격적으로 등장하게 되었고 그 성격도 바뀌어간 것이다. 본래 문인화는 양반사대부의 인격이나 정신세계, 자연에 대한 통찰을 드러내주는 작품이었다. 그러나 조선후기의 문인화는 사대부의 여기(餘技)로 그려지던 단계를 넘어 정형화된 화풍을 형성하게 되었다. 문인화는 양반 출신의 문인들뿐만 아니라 중인계층의 화원(畵員)들에 의해 더욱 발전했다.

문인화의 등장과 함께 실경산수(實景山水) 화풍의 출현도 이 시기 회화계의 특징적 현상으로 들 수 있다. 정선(鄭敾, 1676~1759)은 문인화풍에 기원을 둔 실경산수 화풍의 발전에 선구적이며 지도적인 역할을 담당했다. 그는 중국의 화법을 모범으로 하여 신선경(神仙境)이나 이상향을 그리는 관념산수 대신 자신의 눈으로 직접 관찰한 조선의 자연을 그렸고, 그 과정에서 독자적인 구도와 화법을 창안했다. 이런 그의 표현방식을 통해 조선적 화풍의 형성이 가능해졌다. 대표적 작품으로는 인왕산과 금강산을 그린 「인왕제색도(仁王霽色圖)」와 「금강전도(金剛全圖)」 등을 들 수 있다.

정선의 화풍은 후대의 화가들에게 큰 영향을 주었다. 김홍도(金弘道, 1745~?)도 그중의 한 사람이다. 김홍도는 실경산수 화풍을 더욱 발전시켜 「총석정도(叢石亭圖)」에서와 같은 독자적 작풍(作風)을 창조했다. 그러나 김홍도 화풍의 진가는 풍속화 분야에서 나타났다. 풍속화는 조선왕조 후기 회화계에 새로 나타난 또 하나의 경향이었다.

정선이 실경산수화에서 중국이 아닌 조선의 자연을 소재로 삼았듯이, 김홍도는 풍속화에서 조선의 서민생활을 소재로 삼았다. 그의 풍속화에 등장하는 주인공은 대부분 양반사대부가 아닌 서민들이다. 밭 가

신윤복의 「단오풍정」

는 농부, 대장간의 작업풍경 등 땀을 흘려 노동하는 사람들의 일상생활이 소탈하고 익살맞게 묘사되어 있다. 대표적 풍속화로는 「서당(書堂)」「씨름」「무악(舞樂)」「대장간」 등이 있다.

왕조 후기 풍속화단에서 김홍도와 쌍벽을 이룬 화가는 신윤복(申潤福, 1758~?)이다. 그는 남녀간의 애정 표현 장면을 즐겨 그렸다. 그의 선정적이면서도 낭만적인 그림들은 관념적이고 독선적인 유교적 회화관에 대항하여 현실적 인간생활을 주제로 삼는 서민예술의 형성을 주장하는 것이었다. 그는 술 파는 여자, 희롱하는 난봉쟁이 등 에로틱한 장면들을 묘사했고, 주막의 정경이나 빨래하는 아낙네 등 서민사회의 생활 단면을 생생하게 보여주는 풍속화를 제작했다.

조선왕조 후기는 서예계에서도 조선적 서체가 다양하게 등장한 시기였다. 중국과 다른 독자적인 서체는 먼저 한호(韓濩, 1543~1605)에 의해 개척되었다. 그는 원대(元代)의 송설체(松雪體)가 주류를 이루고 있던 당시의 일반적 경향과는 대조되는 독자적 서풍을 구사했다. 이광사(李匡師, 1705~77)도 서예계에서 일가를 이룬 작가로, 한호의 서체와 중국의 여러 필법을 연구하여 독창적인 서체를 창조해냈다. 그의 서체는 양반사회뿐만 아니라 서민계층에까지 보급되었다. 대중적인 그의 서체가 가진 영향력은 김홍도나 신윤복이 회화계에 끼친 것과 비견된다.

19세기에는 김정희(金正喜, 1786~1856)에 의해 가장 개성적이고 독창적인 서체가 창조되었다. 그의 호를 따라 추사체(秋史體)라 불리는 이 서체는 굵고 가는 선들의 대조가 뚜렷하며 매우 힘차고 격조 높은 느낌을 주고 있다.

회화나 서예계의 새로운 경향에 대응하여 공예 분야에서도 변화가 일어나고 있었다. 도자기공예 분야에서는 청화백자(靑華白磁)의 발달을 들 수 있다. 조선초기 청화백자는 그 제작에 필요한 청색안료(회회청回回靑)가 값비싼 수입품이어서 귀중하게 취급되었고 민간의 사용이 금지되었다. 그러나 18세기 후반기에 와서 청색안료의 국내생산이 가능하게 되자, 청화백자는 대량으로 제작되어 보편화했다. 청화백자에는 푸른색 안료로 산수화나 소나무·봉황·모란 등이 즐겨 그려졌고, 그릇의 모양에서도 전보다 둔중해진 반면 순박하고 서민적 취향이 강조되었다.


## 제3절 과학과 기술의 발전

### 천문학·지리학·수학

조선왕조 전기에는 천문학·지리학·수학과 같은 자연과학의 학문적 가치가 충분히 인정되지 못하고 주로 통치의 방편으로만 연구되었다. 그 때문에 이 분야는 대개 중인신분층이 주도하는 중인의 학문이라는 통념이 지배하고 있었다. 그러나 조선후기에 와서 이 분야에서도 변화가 일어났다. 즉 자연과학에 대한 관심의 폭이 비단 중인들뿐만 아니라 양반 출신 실학자들에게까지 확대되어갔고, 이들의 연구에 의해 이 분야의 새로운 발전이 주도되어 자연과학이 가지고 있는 학문으로서의 독립성도 강화될 수 있었다.

천문학 분야에서 성취된 가장 중요한 업적으로는 지구구형론(地球求刑論)과 지구회전설(地球回轉說)을 들 수 있다. 이 이론이 조선의 학자들에게 인식되고 탐구되기 시작한 것은 17세기 중엽이었다. 이민철(李敏哲, 1631~1715)과 송이영(宋以潁)은 이러한 원리를 기본으로 한 천문시계를 제작했고, 김석문(金錫文, 1658~1735)도 『역학도해(易學圖解)』를 통해 지구구형론과 지전설(地轉說)을 제시했다.

이들의 지구회전설은 코페르니쿠스의 이론보다 1백여 년 늦은 것이었으나, 당시 동양에 소개되었던 서양 천문학의 영향을 간접적으로 받으면서 독자적으로 지구회전 이론을 정립시켜나갔던 것이라 할 수 있다. 특히 김석문의 이론은 18세기에 와서 홍대용·박지원과 같은 실학자의 천문관·우주관에 직접적인 영향을 끼쳤다.

중국에 소개된 서양 천문학 이론들은 17세기 초엽 이래 적극적으로 수용되어 지평일구(地平日晷)나 혼개일구(渾蓋日晷)와 같은 천문 관측기구들이 발전적으로 수용될 수 있었다. 그리고 1653년에는 김육에 의해 주장된 시헌력의 시행이 가능해졌다. 시헌력은 종전의 역서(曆書)가 천상(天象)과 일치하지 않았던 결함을 교정했다.

이후에도 역법의 발전은 계속되어 1782년에는 「천세력(千歲歷)」을 만들어 간행했다. 시헌력에 관한 모든 지식은 남병길(南秉吉, 1820~69)

홍대용이 만든 혼천의

이 1860년에 간행한『시헌기요 (時憲紀要)』를 통해 정리되었 다. 한편 이 시기에는 궁정(宮廷) 과학 또는 농업기상학의 범위 내 에서지만 각종 천문과 기상 현상 이 자세히 관측되고 있었다.

천문학 발전과 병행하여 지리학 분야에서도 새로운 기풍이 조성되고 있었다. 인문지리학의 연구는 조 선왕조 후기의 현실을 정확히 파악하려 했던 실학자들에 의해 추진되 었다. 이중환은『택리지』를 저술했고, 정약용도『아방강역고(我邦疆域 考)』와 같은 정치지리학서를 저술했다. 김정호(金正浩, ?~1864)는『대동 지지(大東地志)』를 통해 각 도시의 경도와 위도를 밝히고, 조선의 인문 지리적 특성을 연구했다. 그리고 백두산에 정계비가 건립되어 조선과 청나라의 국경이 획정된 1712년 이후 국경지방에 대한 지리학적 연구 가 촉진되었다.

자연지리학과 지도의 발달도 이루어지고 있었다. 이익은『성호사설』 을 통해 지각변동이나 조수(潮水) 등에 관한 자연지리학설을 제시했으 며, 그의 이론은 이규경을 비롯한 그밖의 실학자들에 의해 계승 발전되 었다. 지도 제작에서도 괄목할 만한 업적들이 이루어졌다. 정상기(鄭尙 驥, 1678~1752)는 백리척(百里尺)을 사용한 실측지도인「동국지도(東國 地圖)」를 제작했고, 김정호의「청구도(靑丘圖)」와「대동여지도(大東輿地 圖)」의 출현으로 조선후기 지도의 발달은 절정에 이르렀다. 19세기 중 엽에 제작된 이 지도들은 실측지도이며, 조선의 전통적 지도학을 대성 한 것이다.

조선의 전통 수학도 이때에 와서 새로운 면모를 갖추어나갔다. 특히 최석정(崔錫鼎, 1646~1715)과 황윤석(黃胤錫, 1729~91)은 전통 수학을 집대성했다. 또한 17세기 이후『기하원본(幾何原本)』과 같은 서양 수학 이론서들이 도입되어 수학 연구에 새로운 국면을 개척해갔다.

### 의학

조선왕조 후기에는 의학 및 약학 분야에서도 상당한 발전이 이루어지고 있었다. 원래 왕조 전기의 의학은 경험치료법이 정리되고 중국의학의 영향을 받으며 발전했다. 그러나 후기에 와서 관념적 경향에 흐르기 쉬운 종래 의학의 단점을 극복하고 실증적이며 과학적인 태도를 견지하면서 의학이론과 임상의학의 일치에 힘썼다. 그 결과 조선의 의학은 새로운 경지를 개척하고 그 면모의 일대 혁신을 이루게 되었다.

의학 발전의 전기를 마련한 것으로 1613년에 간행된『동의보감(東醫寶鑑)』을 들 수 있다.『동의보감』에는 임상의학의 거의 전분야가 포함되어 있으며, 특히 이 책을 편찬한 허준(許浚, 1546~1615)은 조선의학을 정립한 인물로 인식되고 있다. 그는 일찍이 천연두 치료서인『두창집요(痘瘡集要)』와 산부인과 의학서인『태산집요(胎産集要)』및『구급방(救急方)』등을 한글로 간행하여 특권계층의 전유물인 의료지식을 일반 민중에게 보급하기 위해 노력했다.

그는 기존의 의학서들이 가지고 있는 문제점들을 날카롭게 비판하며 정확과 실용을 위주로 한 임상의학서를 편찬해냈다. 그의 의학사상은 정신수양과 섭생(攝生)에 의학의 본의를 두고, 복약과 치료는 이차적인 의의를 갖는다는 생각에 바탕을 두고 있으며, 여기에서 그의 독창성이 나타나고 있다. 그뿐만 아니라 그는 치료의 효과를 높이기 위해 국산 약재의 사용을 장려하며 약품의 명칭을 한글로 부기해놓았다.

『동의보감』은 조선후기 의료인들에게 가장 중요한 교과서로 이용되

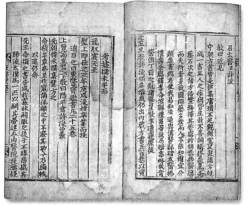

「동의보감」

어왔으며, 오늘날에 이르기까지 동양의 의료인들 사이에 널리 이용되는 귀중한 문화적 업적이다. 허준이 수립한 조선의학의 전통은 조선왕조 후기 전기간에 걸쳐 계승·발전되었으며, 18세기 초에는 주명신(周命新)에 의해『의문보감(醫門寶鑑)』이 간행되었다.

전염병의 성행은 의학 연구를 촉진시켰다. 18세기 후반기의『제중신편(濟衆新編)』을 비롯한 각종 의학서들의 출현은 이러한 맥락에서 이해될 수 있으며, 정약용의『마과회통(麻科會通)』등에서 종두법에 관한 연구가 이루어진 것도 이같은 상황과 관계되는 것이다. 19세기에 와서 이제마(李濟馬, 1838~1900)에 의해 체질에 기초를 둔 의학이론인 사상의학(四象醫學)이 정립되어 의학 분야에서 독창적인 업적을 추가했다.

의학의 발전은 침구술의 분야에서도 나타났다. 허준과 같은 시대에 활동했던 허임(許任)은『침구경험방(鍼灸經驗方)』을 저술하여 침구의학의 발전에 크게 기여했다. 여기서 그는 기존의 침구술을 종합 정리하며 예리한 비판의식과 실증적인 과학정신을 드러냈다.

허임과 함께 침구의학 분야에서 중요한 업적을 남긴 인물로는 17세기에 살았던 사암도인(舍岩道人)을 들 수 있다. 승려였던 그가 저술한 『사암침구결(舍岩鍼灸訣)』에서는 침구의학에 대한 이론적 전개가 시도되고 있다. 침구술의 발전은 『동의보감』의 간행과 함께 조선의학의 독창성을 드러내는 것으로 평가되고 있다.

의학기술의 발전과 보급은 이 시기의 민중을 병고에서 구제하는 데 크게 기여했고, 민족의 독창성을 드러내는 데 이바지했다. 여기에 조선왕조 후기의 의학 발전이 가지는 역사적 의미가 있다고 할 것이다.

### 기술과학

조선왕조 후기의 과학기술 분야에서 가장 큰 비중을 차지한 것은 농업기술 분야였다. 17세기에 와서 조선의 농업은 하나의 전환기를 맞게 되었고, 농업생산력의 발전을 위해 새로운 농업기술이 요청되고 있었다. 이 전환기에 농업기술을 연구했던 사람으로 신속(申洬, 1600~61)을 들 수 있다. 그는 기존의 농서들을 종합하고 자신의 견해를 일부 첨가하여 『농가집성(農家集成)』을 편찬했다. 여기에서 그는 주로 새로운 농법인 모내기법과 견종법을 제시했고, 이 농서는 한때 농민들로부터 크게 환영받았다.

그의 농서에는 주로 주곡의 재배기술에 관해서만 언급되었고, 농업의 또다른 중요한 부분인 채소·과수 및 목축에 관한 부분은 거론되지 않았다. 이런 내용상의 결함 때문에 농민들은 좀더 시속에 맞는 새로운 농서의 출현을 바랐다.

17세기 후반기에 박세당이 편찬한 새로운 농서가 『색경(穡經)』이다. 여기에는 곡물 재배법 이외에 채소 재배법과 과수 및 화초 재배법, 그리고 목축과 양잠 기술에 관한 내용들이 포함되어 있다. 박세당은 이 책에서 노동력을 절약할 수 있고 소출을 증대시켜주는 새로운 농법을 제시했다.

농업기술의 발전상은 홍만선(洪萬選, 1643~1715)의『산림경제(山林經濟)』에서도 드러나고 있다. 그는『농가집성』을 기본으로 하면서 전통적인 농법의 계승 발전과 농학의 체계화를 시도했다.『산림경제』는 뒷날 몇몇 농학자들에 의해 다시 증보되면서 18세기 조선의 중요한 농업기술서로서의 위치를 유지해나갔다. 한편 농업기술의 발전을 통해 민생의 안정과 세수 증대를 꾀하고 있던 조선왕조정부에서는 농촌지식인에게 농업기술을 개발하도록 장려했고, 새로운 기술들의 보급을 시도했다.

왕조 후기 농업기술의 개발에 앞장선 사람들은 박제가·박지원·정약용과 같은 실학자들이었다. 그들은 농업생산의 증대와 지력(地力)의 효과적 이용, 농업노동력의 절약 방법을 연구했고, 새로운 품종의 보급과 각종 농업기술의 개량을 논의했다. 그들은 이같은 농업기술이 실효를 얻기 위해서는 농민을 보호하는 정책이 우선되어야 하며, 지주·전호제 영농제도의 개혁이 필요함을 역설했다. 이같은 농학자들의 노력은 조선후기 농업생산력을 높이는 데 큰 몫을 했다.

농업기술 분야의 발전과 병행하여 어업기술 분야에서도 변화가 일어났다. 수산자원에 대한 현황 파악이 촉진되었고, 각종 어구(漁具)와 어법(漁法) 및 양식업 등에 관한 문제들이 논의되었으며, 수산물의 종류와 그 산지에 대한 조사작업들이 진행되었다. 서명응(徐命膺, 1716~87)의『고사신서(攷事新書)』, 정약전(丁若銓, 1758~1816)의『자산어보(玆山魚譜)』가 그 대표적인 저서들이다. 서명응은 수산물의 전국적 분포와 어군의 산란과 이동에 관한 문제를 논했다. 정약전이 귀양 가 있던 흑산도 일대의 각종 수산자원에 대해 조사한『자산어보』는 특히 수산물의 현황에 관한 조사작업의 백미라고 할 수 있다.

이 시기에는 또 어살 설치와 같은 어업기술이 널리 보급되어갔으며,

칡껍질이나 짚으로 만든 그물이 아닌 면사로 만든 그물이 사용되었다. 또한 17세기경부터 김 양식기술이 본격적으로 개발되어 전라도 지방을 중심으로 보급되어나갔다. 18세기 후반기에는 냉장선이 등장하여 어장에서 어물을 구입해서 소비지로 운반하는 데 사용되기도 했다.

어업에 대한 천업관(賤業觀)과 관리들의 수탈 때문에 어업기술 개발이 저해되고 있었으나, 이런 상황에서도 어민들의 노력에 의해 기술향상이 이루어지고 있었다. 또 일부 실학자들은 어업기술 연구에 종사하며 중국과 일본의 어구와 어법을 소개하기도 하고, 어선을 비롯한 선박 제조기술의 혁신을 주장하기도 했다.

임진왜란으로 일대 위기를 겪은 인쇄술 분야도 다시 활기를 띠어갔다. 한구자(韓構字)나 전사자(全史字)와 같은 놋쇠활자가 제조되어 인쇄문화의 발전에 도움을 주었다. 여기에 일부 인쇄업이 민간기업화하면서 18세기부터는 활판 및 목판 인쇄가 민간에서 발전해갔다. 이 민간 인쇄업자들에 의해 문학작품 등이 방각본으로 인쇄되어 판매되기도 했다.

# 제2부

외세 침략과
근대 민족국가
수립의
실패

### 제1장

# 근대 민족국가
# 수립의
# 실패

18세기 후반기 북학자들의 해외통상론은 조선 왕조의 쇄국주의를 극복하고 문호개방론으로 발전할 수 있는 선진적 주장이었다. 그러나 19세기 세도정권 시기로 들어서면서 보수 정치세력은 천주교 금압을 앞세운 쇄국주의를 강행하여 자율적 문호개방의 기회를 잃고 결국 일본의 강요에 의해 문호를 개방하게 되었다.

일본의 강요를 이기지 못하고 대비없이 문호를 개방한 민씨정권은 이후 청나라에 의탁해서 정권을 유지하려 했다. 문호개방을 전후해서 형성된 개화파세력은 청나라와의 종속관계를 끊기 위해 일본의 후원을 기대하면서 정변을 일으켰으나, 조선 주둔 청국군의 개입으로 실패하고 정권은 계속 친청 보수세력에 의해 장악되었다. 개화파의 정변은 밖으로 청나라와의 오랜 종속관계를 끊고 국가적 독립을 이루는 한편 안으로 입헌군주제적 정치체제를 지향한 것으로 여겨지는데, 정변은 실패하고 전제군주체제는 그대로 지속되었다.

청일전쟁을 계기로 실시된 갑오개혁은 멀리는 실학자의, 가까이는 갑신정변과 갑오농민전쟁의 개혁의지가 반영되어 시작되었다. 그러나 그 결과는 조선왕조 사회의 행정·경제 및 사회 체제를 일본 자본주의의 침략에 적합하게 바꾸어놓으려는 목적이 곁들여진 '개혁'이 되고 말았다. 갑오개혁은 갑신정변을 일으킨 개화파가 지향했다고 생각되는 입헌군주제에 의한 근대 민족국가 성립과 연결되는 개혁이 되지 못했다.

아관파천으로 국왕이 남의 나라 공사관에 우거하는 상황 아래서, 국민 일반의 국가적 독립의식이 높아지고 왕의 환궁과 건원칭제(建元稱帝) 요구가 강해지면서 대한제국이 성립되었다. 대한제국의 성립은 중세국가 조선왕조를 근대국가로 전환해야 한다는 시대적 요청이 뒷받침된 만큼, 독립협회 운동과 식산흥업정책을 비롯한 정부 측의 일련의 정책적 노력도 어느정도 그것을 지향한 점이 있었다.

그러나 독립협회를 중심으로 한 민간 측의 개혁 요구와 대한제국 정부의 정책방향 사이에는 일정한 차이점이 있었다. 이 차이점은 결국 왕권과 민권 사이의 충돌로 나타났고 왕권이 만민공동회 중심의 민권을 탄압하는 데 성공함으로써 민간 측의 근대국가 수립운동은 좌절되었다. 왕권은 대한국(大韓國) 국제(國制)의 발표 등을 통해 그 전제주의적 성격을 한층 더 강화했다.

청일전쟁 후 약 10년간 유지되어오던 한반도를 둘러싼 러시아와 일본 사이의 일종의 세력균형은 영국과 미국이 일본을 편듦으로써 깨어졌다. 그 결과 러일전쟁으로, 일본 측에 유리한 조건에서의 전쟁 종결로, 그리고 대한

제국의 일본에 의한 보호국화 및 식민지화로 연결되었다. 전제군주국가로서의 대한제국이 내부의 국민혁명으로 무너지지 않고 외세의 침략으로 멸망한 것은, 식민지화 당시까지도 근대 민족국가를 성립시키지 못한 역사적 한계성을 드러낸 동시에 이후의 역사에도 큰 부담이 되었다.

한편 19세기 후반기와 20세기 초엽에 걸쳐 한반도는 청나라·러시아 등의 대륙세력과 일본·미국·영국 등 해양세력이 상충하는 마당이 되었다. 이같은 상황 아래서 한반도 지역의 평화와 민족적·국가적 독립을 유지하는 방법의 하나로 갑신정변 후부터 청일전쟁 사이(1885~94)에 일부 정치세력에 의해 영세 국외중립화(永世局外中立化)가 제기되거나 구상되었다. 러일전쟁이 임박했을 때도 대한제국 정부에 의해 전시(戰時) 국외중립이 선언되었다. 그러나 앞의 경우는 외교책임자들의 무관심으로, 뒤의 경우는 일본의 횡포로 모두 실패하고, 결국 대륙세를 물리친 해양세력 일본이 한반도를 사실상 40여 년간 식민지배하게 되었다.

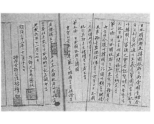

# 제1절 문호개방과 반발

## 문호개방

서양 여러 나라와 일본의 문호개방 요구에 강력히 반대하며 쇄국주의를 고수하던 대원군정권이 무너지고, 민씨정권에 의해 기어이 문호가 개방되었다. 그러나 문호가 개방되고 일본을 비롯한 구미 각국과 통상이 열리게 되었다 해서 민씨정권이 대원군정권보다 진보적인 정권이거나, 민씨정권기가 대원군정권기에 비해 문호를 개방할 만한 내부적 준비가 갖추어진 것은 아니었다. 진보적 정권도 아니며 또 주체적 준비도 갖추지 않았으면서 민씨정권이 문호를 개방한 데는 대체로 다음과 같은 몇 가지 이유가 있었다.

첫째, 민씨정권이 그 권력의 유지를 위해 외세, 특히 일본의 문호개방 요구에 응할 수밖에 없었던 점이다. 대원군정권이 프랑스·미국과 두 번의 양요(洋擾)를 치른 후 경복궁 재건과 같은 대규모 토목공사를 강행하여 민중세계의 심한 반발을 산 끝에 무너졌고, 그 뒤를 이은 민씨정권은 권력을 유지하기 위해 우선 외세와 분쟁을 피하고 타협하지 않을 수 없었던 것이다.

둘째, 일본의 조선에 대한 문호개방정책이 적극화한 점을 들 수 있다. 일본은 대원군정권 때 메이지유신(明治維新)을 치르고 조선에 대해 국교재개를 요청했다가 거절당했다. 이 때문에 정한론(征韓論)이 일어났으나 자신들의 국내 사정이 다급해서 일단 수그러졌다. 그러나 유신과정에서 도태된 사무라이층(士族層)의 불만을 밖으로 돌릴 필요가 있었고, 또 구미 각국과 맺은 불평등조약을 개정하기 위한 방법의 하나로 조선의 문호개방을 강요할 필요가 있었다.

일본군이 학교에 모여 강화도조약 체결 기념행사를 하고 있다.

류우규우(琉球)를 복속시키고 타이완을 침공한 후 그 여세로 조선을 침략할 준비를 갖추고 있던 일본은, 신미양요에서 패한 후에도 조선의 문호개방을 계속 기도하고 있던 미국에 선수를 빼앗기지 않기 위해 서둘러 운양호사건(雲揚號事件, 1875)을 일으켰다. 운양호사건을 도발한 일본은 우선 조선 진출에 대한 청나라의 방해를 막기 위해, 조선과 청나라의 종속관계를 이유로 운양호사건의 책임을 먼저 청나라에 물었다. 유럽 여러 나라의 침략에 시달리고 있던 청나라는 문제가 확대될 것을 꺼려 민씨정권에 일본과 조약을 맺도록 권유했고, 조선정부는 담판을 거듭한 끝에 마침내 강화도조약(江華島條約)을 체결했다(1876).

조약 체결과정에서 박규수를 중심으로 한 국내 개항론자들의 의견이 반영된 것은 사실이나, 그들도 문호개방을 위한 내부적 준비가 갖추어졌다고 생각하고 주장한 것은 아니었다. 내수외양(內修外攘)하지 못한 것을 안타까워하면서, 우선 일본의 군사적 침략을 막기 위한 방법의 하나로 조약 체결을 주장한 것이다.

강화도조약은 조선이 외국과 체결한 최초의 근대적 조약이며 타율적으로 맺어진 불평등조약이었다. 이 조약을 계기로 조선은 세계 자본주의체제 속에 강제로 편입되었다. 영일조약(1858)을 모방한 이 조약에 의해 조선은 일본에 부산·인천·원산 등 3개 항구를 개방하고 치외법권을 인정했으며 무관세 무역을 인정했다.

이 조약은 또 "조선은 자주국이며 일본과 평등권을 가진다"는 조문을 넣었으나 그것은 조선과 청나라의 관계를 끊고 일본이 조선에서 우위를 차지하려는 저의가 담긴 것이었다. 조약 체결 후 일본의 적극적인 조선 진출에 당황한 청나라는 그것을 견제하기 위해 조선과 미국의 조약 체결을 주선했고(1882), 이후 조선은 영국 등 유럽 각국과 차례로 통상조약을 체결하여 구미 자본주의 앞에 본격적으로 개방되었다.

조선이 쇄국주의를 청산하고 문호를 개방하여 일본을 비롯한 구미 각국과 국교를 연 것은, 이른바 은둔국의 처지를 벗어나 세계사적 추세에 발맞추어간 것이라 할 수도 있다. 그러나 그것은 근대 민족국가 건설과 자율적 산업혁명의 계기가 되지 못하고 집권세력이 외세에 영합하고 정치·경제적으로 그것에 예속되는 계기가 되어, 이후 근대화가 아닌 식민지화의 길을 걷게 되었다.

### 개화정책과 반발

문호개방 후 조선정부는 점차적으로나마 개화정책을 채택해나갔다. 수신사 김홍집(金弘集, 1842~96)이 일본에서 가져온 주일 청나라 외교관 황준헌(黃遵憲, 1848~1905)의 저서 『조선책략(朝鮮策略)』은 러시아의 한반도 진출을 막기 위해 조선이 "친중국(親中國), 결일본(結日本), 연미국(聯美國)"해야 한다고 건의했다. 이 건의는 조선과 미국의 통상조약 체결

별기군의 모습

에 영향을 주었다. 또 조선정부는 1880년에 관제(官制)개혁을 단행했다.

중국의 총리아문(總理衙門)을 본떠 통리기무아문(統理機務衙門)을 설치하고, 그 아래에 사대(事大)·교린(交隣)·군무(軍務)·변정(邊情)·통상(通商)·군물(軍物)·기계(機械)·선함(船艦)·이용(理用)·전선(典選)·기연(譏沿)·어학(語學) 등의 12사(司)를 두어 개화행정을 담당하게 했다. 군사제도 면에서도 종래의 5군영을 무위영(武衛營)·장어영(壯禦營)의 2영(營)으로 개편하고 근대적 군대로서 별기군(別技軍)을 두어 일본인 교관을 불러 훈련을 담당하게 했다.

조선정부는 또 외국의 새로운 문물을 수용하기 위해 일본에는 조사시찰단(朝士視察團)을, 청나라에는 영선사(領選使)를 파견했다(1881). 조준영(趙準永, 1833~86)·박정양(朴定陽, 1841~1904) 등 62명으로 구성된 조사시찰단은 일본에 가서 그 정부기관과 각종 산업기관, 조폐공장 등을 시찰했다. 70여 일에 걸쳐 일본의 신문명을 직접 보고 돌아온 조사시찰단 일행은 각기 복명서(復命書)를 제출해서 개화정책 추진을 뒷받침했다.

청나라에 파견된 영선사 일행은 김윤식(金允植, 1835~1922)이 인솔한 38명이었고, 이들은 주로 무기제조법을 배우기 위해 천진(天津)의 기기국(機器局)으로 보내졌다. 근대기술에 대한 지식이 부족한데다 조선정부의 재정적 지원마저 원활하지 못해 영선사 일행은 기대한 성과를 거두지 못하고 1년 만에 돌아왔으나, 중국 기술자를 데리고 와서 서울 삼청동에 기기창(機器廠)을 설치했다.

문호개방에 따르는 개화정책이 일부 실시되고 『조선책략』이 국내에 유포되자, 보수 유생층이 정부의 개화정책에 반대하고 나섰다. 척사위정론(斥邪衛正論)으로 불리는 보수 유생층의 개화반대론은 특히 외세의 무력침략이 있었던 대원군정권 때 이미 강화된 바 있었다. 이항로(李恒老, 1792~1868)의 척사론이 대원군정권의 쇄국정책을 이론적으로 뒷받침했고, 개항 후에는 영남 유생들이 개화정책에 반대하는 만인소(萬人疏)를 올렸다. 앞서 대원군을 실각시키기 위한 상소를 올렸던 최익현(崔益鉉, 1833~1906)은 왜양일체론(倭洋一體論)을 내세워 일본과의 교역도 반대했다.

척사위정론자들이 개화정책 및 외국과의 교역을 반대하는 이유는 서양의 공업생산품과 조선의 농업생산품을 교역하면 국내의 경제사정이 어려워진다는 점, 한번 문호를 개방해놓으면 일본을 비롯한 세계열강의 침략이 계속되어 이를 막을 수 없게 될 것이라는 점 등에 있었다. 이같은 예상은 모두 들어맞아서 결국 조선왕조는 자본주의 제국의 정치적·경제적 침략 앞에 견디지 못하고 식민지로 전락해가고 말았다.

그러나 이들 보수 유생층의 개화반대론과 운동, 즉 척사위정론과 그

운동은 주체적 근대화를 이루기 위한 방법으로서 제시된 것이라기보다, 조선왕조의 전제주의 정치체제와 중세적 지주·전호제 경제체제 그리고 양반지배의 신분체제 및 성리학적 사상체제를 그대로 유지하려는 데 목적을 둔 반시대적 사상이요 운동이었던 것도 사실이었다.

문호개방 후 지배층의 개화정책은 정권유지를 목적으로 했으므로 외세의존적이고 몰주체적인 성격이 강했고, 또 보수 유생층의 척사위정론은 중세적·전제주의적 정치·경제·사회·사상 체제를 그대로 유지하려는 데 목적이 있었다. 이들 두 계통의 정책과 사상 이외에 주체적 방법에 의한 근대화정책을 수행해갈 만한 정치세력·경제세력이 성장하지 못했다는 점에 이 시기의 역사가 식민지로 나아가게 된 내적 원인이 있었다.

### 임오군변

민씨정권의 문호개방과 개화정책에 대한 반발은 보수 유생층에게서만 일어난 것이 아니었다. 제도개혁으로 대우가 나빠진 구식군인들과 생활상의 타격을 직접 받은 서울의 도시빈민층에서도 반발 움직임이 일어났다. 임오군변(壬午軍變, 1882)이 그것이다. 이 시기 각 군영에는 서울 성안과 성밖 빈민들이 용병으로 고용된 경우가 많았다. 민씨정권이 일본인 교관을 초빙해서 훈련시킨 신식군대 별기군을 우대하고 구식군인들을 홀대함으로써 생활의 위협을 받게 된 그들이 폭동을 일으킨 것이다.

폭동 군인들은 민씨정권에 의해 밀려나 있던 대원군에게 도움을 청했고, 대원군은 군인 폭동을 재집권의 기회로 이용하려 했다. 폭동 군인들은 정부 고관의 집을 차례로 습격하여 파괴하는 한편, 별기군 병영을 거쳐 일본공사관을 포위했다. 이에 놀란 일본공사 하나부사(花房義質,

1842~1917)는 스스로 공사관에 불을 지르고 본국으로 달아났다. 왕십리·이태원 일대의 도시빈민들이 가세하여 더욱 형세가 오른 폭동군은 왕궁을 습격하여 왕비 민씨를 찾아 처치하려 했으나 실패했다. 폭동군은 민겸호(閔謙鎬, 1838~82)를 비롯한 민씨정권의 고관들을 처단하고 도망간 일본공사 일행을 인천까지 추격했다.

대원군이 다시 집권함으로써 폭동은 일단 수그러졌다. 민씨정권의 개화정책에 대한 불만으로 일어난 군인 폭동에 도시빈민들이 가세하고 그 결과 한때나마 대원군이 재집권한 것은 어찌 보면 자연스러운 일이기도 했다. 그러나 용병들과 도시빈민들의 폭동이 진보적 정치세력과 연결되지 못하고 조선왕조적 지배질서를 다시 강화하려는 정치세력의 재등장을 가져왔다는 점에 이 시기의 역사적 한계성이 드러난다고 할 수 있다.

임오군변으로 공사관을 철수했던 일본이 그 거류민 보호를 내세워 조선에 군대를 파견할 것을 결정했다. 그것이 한반도에서 일본세력의 확대를 가져오는 또 하나의 기회가 될 것을 우려한 청나라는 신속히 4척의 군함으로 약 3천 명의 군대를 조선에 파견하여, 재집권한 대원군을 청나라로 납치하고 조선에 대해 정치·경제·외교 면의 간섭을 강화했다.

청나라가 대원군을 납치한 이유는 우선 그가 전과 같이 일본에 대해 강경정책을 취함으로써 일본의 무력 개입의 구실이 될까 염려한 데 있었다. 또 하나는 대원군보다 민씨 일파가 집권할 경우 청나라의 조선에 대한 내정간섭이 더 쉬워진다는 속셈이 있었다. 이같은 청나라 측의 책략은 적중해서 이후 일본의 한반도에 대한 외교적·경제적 침투는 상당히 제한되었고, 반대로 청나라의 정치적 간섭과 경제적 진출이 이후 10여 년간, 즉 청일전쟁 때까지 크게 진전되었다.

이틀간의 격전 끝에 군변을 진압한 청나라에서는 조선에 대한 종주권을 한층 더 강화하기 위해 국왕을 폐위시키고 한반도를 청나라의 성(省)으로 만들자는 주장도 나왔고, 조선에 고급관리를 상주시켜 정치·군사적으로 조선의 실권을 장악하자는 주장도 나왔다. 그러나 결국 조선왕조를 그대로 두고 내정간섭을 강화하는 방향으로 결정되었다.

대원군을 납치하고 민씨정권을 다시 세운 청나라는 오장경(吳長慶)·원세개(袁世凱, 위안 스카이, 1859~1916) 등이 지휘하는 군대를 상주시켜 조선군대를 훈련시키고, 마건충(馬建忠, 1845~1900)과 독일인 묄렌도르프(P.G. Möllendorf, 1848~1901) 등을 정치와 외교 고문으로 보내 관제와 군제를 개편한 후 외교와 내정에 깊이 간섭했다. 또한 조중상민수륙무역장정(朝中商民水陸貿易章程) 등의 무역조약을 맺어 경제침투에서도 일본을 앞서갔다.

아편전쟁 이후 영국·프랑스 등 서양 여러 나라의 침략에 시달리던 청나라는 일본의 조선 진출에 위협을 느낀 나머지, 임오군변을 계기로 조선에 대한 종래의 의례적 종속관계를 실질적 식민지배관계로 바꾸기 위해 외교와 내정에 적극적으로 간섭했다. 강화된 청나라의 간섭에서 벗어나기 위해 개화세력이 갑신정변을 일으켰으나 청나라의 무력 간섭으로 실패하고, 결국 청일전쟁 때까지 청나라의 한반도에 대한 정치·군사적 간섭은 계속되었다.

## 제2절 갑신정변

### 개화파의 형성

18세기 후반기에 이미 북학파의 박제가와 같은 진보적 사상가들은 쇄국주의를 청산하고 민간상인의 외국무역을 허용하며 서양인 선교사를 초빙해 그 기술을 배워야 한다는 주장을 했고, 그것이 19세기 중엽 이규경·최한기에 와서는 서양 여러 나라와의 통상론으로 나타나기도 했다. 1870년대의 문호개방을 전후한 시기에는 근대적 정치체제 및 경제체제를 마련해야 한다는 생각을 가진 개화파 정치세력이 일부 형성되기 시작했다.

박제가와 마찬가지로 북학파 사상가였던 박지원의 손자 박규수는 대원군정권기 평양감사 시절 미국상선 셔먼호를 불태우게 했다. 그러나 청나라를 다녀온 후 생각을 바꾸어 천주교 탄압에 반대했고, 문호개방을 앞둔 1874년경에는 중국의 양무운동(洋務運動)을 왕에게 보고했다.

그를 중심으로 김옥균(金玉均, 1851~94)·홍영식(洪英植, 1855~84)·서광범(徐光範, 1859~97)·유길준(兪吉濬, 1856~1914)·김윤식 등 젊은 양반계급 지식인들이 모여『해국도지(海國圖志)』등 중국에서 간행된 서양 관계 서적을 탐독하면서 근대문명에 관한 지식을 어느정도 쌓아갔다. 문호를 개방해서 근대적 국가체제를 수립해야 한다고 생각한 정치세력으로서의 개화파가 이 무렵부터 형성되고 있었던 것이다.

김옥균·홍영식·서광범 등은 박규수가 죽은 후, 역관으로서 중국에 자주 드나들던 오경석(吳慶錫, 1831~79)과 의원(醫員) 출신으로 오경석이 가져다준 서적을 통해 중국에 전해진 서양문명을 섭취하여 높은 식견을 가졌던 유대치(劉大致, 1831~?), 그리고 승려 출신으로 일본에 밀항해서(1879) 그 국정과 국제정세에 비교적 일찍 눈뜬 이동인(李東仁, 1849~81) 등과 계속 접촉하여 자신들의 사상을 더 진전시켜갔다.

개화파들은 우선 동조세력을 포섭하며 개화 정치세력의 범위를 확대해나갔다. 양반 유생층 가운데 선진적 생각을 가진 사람들을 포섭함은 물론, 궁녀·환관 등 왕의 측근 중에서도 일정한 지지세력을 확보했다.

서재필(徐載弼, 1864~1951) 등 청년들을 일본에 보내 근대적 군사교육을 받게 했고, 이들을 중심으로 광주(廣州)의 수어청을 근거로 군사력을 양성하기도 했다.

하나의 정치세력으로 형성되어간 개화파는 정부의 개화정책을 적극적으로 뒷받침해갔다. 정부의 기구 개편과 조사시찰단 및 영선사 파견에도 적극 개입했고, 개화사상을 널리 펼치기 위한 문화활동도 전개했다. 기회 있을 때마다 군사학과 새로운 기술을 도입하기 위한 유학생을 일본에 파견해서 1883년 말경에는 그 수가 50여 명에 이르렀다.

임오군변 후 수신사로 일본에 갔던 박영효(朴泳孝, 1861~1939)와 김옥균은 신문 발행을 위한 자금을 차관하고 인쇄기술자를 데려와서 『한성순보(漢城旬報)』를 발간했다(1883). 홍영식은 근대적 우편제도의 필요성을 주장하여 우정총국(郵征總局)이 설치되자(1884) 그 총판(總辦)을 맡았다.

개화파들은 정부의 재정 타개책에도 적극적으로 의견을 제시했다. 이 시기 재정적으로 궁핍일로에 있던 민씨정권은 묄렌도르프의 조언에 따라 당오전 발행을 서둘렀으나, 김옥균은 당오전과 같은 악화를 발행하면 재정적 곤란을 타개할 수 없을 뿐만 아니라 물가고를 가져와 국민생활에 해독을 끼칠 것이라 주장하면서, 당오전 발행 대신 외국차관의 도입을 건의했다. 이에 왕은 당오전 발행과 차관 도입을 병행하기로 하고 김옥균에게 3백만 원 국채 모집에 관한 위임장을 주어 일본에 가게 했다.

국왕의 신임을 얻어 일본에 간 김옥균은 울릉도와 제주도 어채권(魚採權)을 담보로 외채를 모집하려 했다. 그러나 임오군변 이후 일본정부의 개화파 지지정책이 바뀐데다가, 일본정부나 민간이 3백만 원이란 거액을 차관해줄 만한 사정이 되지 않아 실패했다. 당황한 김옥균은

10~20만 원만이라도 빌리려 했으나 그것마저 실패한 채 귀국했다. 차관도입에 실패하여 정치자금 조달이 어려워지고 민씨 일파의 친청수구(親淸守舊)정책이 강화되어 개화파의 정치적 위기의식은 높아져갔다.

### 정변의 실패

임오군변 후 민씨정권을 다시 등장시킨 청나라는 군대를 주둔시키면서 조선에 대한 식민지배를 획책했고, 민씨정권은 청나라에 의지해서 정권을 계속 유지하려 했다. 그러나 이미 하나의 정치세력으로 성장한 개화파가 큰 위협이 아닐 수 없었다. 민씨정권은 개화파가 양성한 군대를 모두 접수하고 군사권을 완전히 장악하면서 개화파를 압박했다.

위기에 몰린 개화파는 정변을 통해 민씨정권을 무너뜨리고 청나라와의 종속관계를 청산할 것을 계획하고, 우선 서울 주재 미국공사관에 도움을 청했다. 미국은 거절했으나 그때까지 냉담했던 일본공사 타께조에(竹添進一郞, 1842~1917)가 본국에 다녀온 후 태도가 표변, 개화파에 접근해왔다. 또 베트남 문제를 둘러싼 청나라와 프랑스의 관계가 악화하여 임오군변 후 주둔해 있던 청국군 3천 명 중 1500명이 철수했다. 뒤이어 일어난 청불(淸佛)전쟁에서 청나라가 불리해짐으로써 개화파에 유리한 조건이 형성되어갔다.

민씨정권의 압박에 몰리고 청나라와 일본 쪽의 정세 변화에 고무된 개화파는 일본공사관 쪽의 후원을 확인하고, 국왕을 그들의 편으로 끌어들인 후 우정국 개국 축하연을 기회로 정변을 일으켰다(1884. 12. 4). 그러나 남아 있던 원세개가 지휘하는 1500명의 청국군의 개입으로 정변은 3일 만에 실패로 끝났다. 개화파 '3일정권'의 활동은 대체로 3단계로 나누어 파악할 수 있다.

첫번째 단계는 정변을 일으켜 국왕의 거처를 경우궁(景祐宮)으로 옮

기고 정권을 장악하는 시기이
다. 개화파들은 우정국 근처의
민가에 불을 지르고, 축하연에
참석했던 민씨 일파의 핵심인
물 민영익(閔泳翊, 1860~1914)
을 찔렀으나 죽이지는 못했
다. 창덕궁에 있던 왕과 왕비
를 경우궁으로 옮겨가도록 하
고, 50여 명의 개화파 군사력
과 120명의 공사관 경비 일본

**갑신정변 직전의 개화파** • 앞줄 가운데가 박영효, 그 옆에
앨범을 든 사람이 서광범, 뒷줄 왼쪽에서 네번째가 유길
준이다.

군으로 호위케 했으며, 수구파 민태호(閔台鎬, 1834~84)·민영목(閔泳穆,
1826~84)·이조연(李祖淵, 1843~84) 등을 죽였다.

두번째 단계는 정권을 쥔 개화파들이 새로운 정부를 조직하고 정강
정책을 제정 발표하는 시기이다. 홍영식이 우의정, 박영효가 좌포도대
장, 서광범이 우포도대장, 김옥균이 호조참판이 되어 개화파 핵심세력
이 군사권과 재정권을 장악했다. 새 정부는 아직 정변이 완전히 성공하
지 못한 조건에서도 정강정책을 마련했다. 정변 실패로 이 정강정책은
빛을 보지 못했으나 그 내용이 뒷날 김옥균이 일본에 망명해서 저술한
『갑신일록(甲申日錄)』에 실려 갑신정변의 역사적 성격을 아는 데 큰 도
움을 주고 있다.

개화당정부의 정강정책은 모두 14개조가 전해지고 있다. 그 중요한
내용은 청나라에 대한 종속관계의 청산, 문벌 폐지와 인민평등권의 제
정, 능력에 따른 인재 등용, 지조법(地租法) 개혁, 탐관오리 처벌, 백성들
이 빚진 환자미(還子米)의 영원한 탕감, 모든 재정의 호조 관할, 경찰제
도의 실시, 혜상공국(惠商工局)의 혁파 등이었다.

임오군변 후 강화된 청나라와의 종속관계를 끊고 국가적 독립을 지향한 점, 국민주권주의 국가 수립을 위한 방안이 적극적으로 제시되지는 않았으나 양반 지배체제를 청산하려 했다는 점, 갑오농민전쟁에서 요구된 토지분작(土地分作)에까지 나아가지는 않았으나 지조법 개혁이 제시되었다는 점, 왕실 경비와 정부재정을 구분하고 호조가 국가재정을 전관하게 했다는 점, 특권상인의 존재를 부인한 점 등에서 개화파의 국정개혁 의지가 강하게 드러났다.

정변의 세번째 단계는 청국군의 공격으로 개화당정권이 무너지고 그 핵심인물들이 처형되거나 일본으로 망명하는 시기이다. 개화파정권의 정강정책을 담았으리라 추측되는 국왕의 정치혁신조서가 내려짐과 동시에, 서울에 주둔해 있던 1500명 청국군의 공격이 시작되었다. 열세한 개화파 군사력과 일본공사관 수비병은 패퇴했다. 개화파들은 국왕과 함께 인천으로 피신하여 일본의 원조를 구하려 했으나 왕의 반대로 실패했다. 김옥균 등 몇 사람만이 인천을 거쳐 일본으로 망명하고 홍영식 등 나머지는 처형되었다.

정변이 실패한 후 일본 측은 공사관이 불타고 공사관 직원과 거류민이 희생된 데 대한 책임을 조선정부에 물었다. 조선정부는 정변에 일본 측이 관여한 사실을 문책하는 한편, 망명한 개화파 정객의 소환을 요구하며 맞섰다. 결국 조선의 일본에 대한 사의 표명, 배상금 10만 원 지불, 일본공사관 수축비 부담 등을 내용으로 하는 한성조약(漢城條約)이 체결되었다(1885.1.9).

갑신정변의 실패로 한반도를 둘러싼 청나라와의 경쟁에서 다시 불리한 처지에 빠진 일본은 정세를 만회하기 위해 전권대사 이또오(伊藤博文, 1841~1909)를 청나라에 보내 이홍장(李鴻章, 1823~1901)과 담판했다. 담판 진행 중 영국의 거문도(巨文島) 점령(4.15) 사실이 전해졌다. 양국은 조선에서 청·일 양국군 철수, 장래 조선에 변란이나 중대사건이 일어나 청·일 어느 한쪽이 파병할 경우 그 사실을 상대방에게 알릴 것 등을 내용으로 하는 천진조약(天津條約)을 체결했다(4.18).

이로써 갑신정변의 뒷마무리는 일단 끝났으나, 이 조약으로 일본은 조선 문제에서 청나라와 동일한 파병권을 얻게 되었고, 그것은 바로 10년 후 일어난 갑오농민전쟁 때 일본의 파병 구실이 되었다.

### 정변의 의의

갑신정변이 실패한 원인에 대해 그 주동인물의 한 사람이었다가 망명해 살아남은 서재필은 뒷날 이렇게 회고했다. "원세개의 간섭으로 독립당(개화당)의 삼일몽(三日夢)은 또 깨어지고 말았는바, 그 독립당 계획에는 부실한 것도 많았지만 무엇보다도 제일로 큰 패인은 그 계획에 까닭도 모르고 반대하는 일반 민중의 무지몰각이었다."

정변 실패의 가장 큰 원인을 '민중의 무지몰각'으로 돌렸으나, 그것은 일반 민중이 정치개혁의 의지가 없었던 탓이었다기보다 개화파의 정변 자체가 민중세계에 뿌리박지 못한 위로부터의 개혁운동이었기 때문이다. 민중세계에서는 문호개방 이전부터 민란이 거듭되었고, 꼭 10년 후에 갑오농민전쟁을 일으킬 만큼 정치개혁 의지가 높아지고 있었다. 갑신정변이 민중세계의 지지를 받지 못했던 또 하나의 중요한 원인은 외세, 특히 일본의 원조를 받았다는 점에 있다.

'삼일천하'로 끝나긴 했지만 갑신정변의 역사적 의의는 높이 평가되고 있다. 우선 정치 면에서 대외적으로 청나라와의 종속관계를 청산하려 했고, 대내적으로 조선왕조의 전제주의 정치체제를 입헌군주제로 바꾸려 한 정치개혁이라 생각된다. 청나라와의 오랜 종속관계를 청산하는 문제가 그 정강정책의 제1조에 나타나 있음은 주목할 만하다.

입헌군주제의 경우 정강에는 직접 표현되지 않았으나, 개화파들에 의해 발간된 『한성순보』가 군민동치(君民同治)와 합중공화(合衆共和)의 입헌정체(立憲政體)를 소개하면서 우리에게는 군민동치가 적당하다 한 점, 뒷날 일본 망명 중의 박영효가 왕에게 올린 「내정개혁상소」에서 "진실로 한 나라의 부강을 이루어서 모든 나라들과 대치하려 하면 군주권을 다소 약화시키고, 인민이 응분의 자유를 얻어 각기 나라에 이바지하고 점차적으로 문명하게 하는 것만 같지 못하다"한 점 등으로 보아, 완전한 공화제를 지향한 것은 아니라 해도 입헌군주제를 지향한 것으로 추측할 수 있다.

사회 면에서도 문벌을 폐지하고 인민평등권을 제정하여 중세적 신분제를 청산하려 했다는 점이 중요하다. 천부인권설 등을 구체적으로 제시하지는 않았으나 평등사회를 지향하고 있었음은 확실하다. 특히 재능에 따른 인재 등용을 정강으로 내세운 것은 양반 중심으로만 실시되던 과거제도의 사실상의 폐지를 의미한다. 정변의 실패로 과거제도는 존속되다가 10년 후 갑오개혁에 와서야 폐지되었다.

경제 면에서는, 10년 후의 갑오농민전쟁 때 농민군이 토지의 농민적 소유를 주장하다가 토지분작을 요구한 데 비해, 갑신정변 때의 개화파들은 지주·전호제를 유지하고 국가재정의 강화를 위한 지조법의 개혁만을 내세웠다. 또한 상공업 면에서도 정변 전에는 『한성순보』를 통해 회사제도 등을 소개했으나, 정작 정강정책에서는 자본주의적 기업의 육성 문제나 자본주의체제로의 전환 문제를 적극적으로 제시하지는 못했다.

개화파의 정책이 특히 정치·경제정책 면에서 상당한 한계를 드러냈음에도 불구하고 갑신정변은 단계적으로나마 국민주권주의를 지향한 최초의 정치개혁운동이라 할 수 있다. 따라서 이 정변은 비록 부르주아

계급이 주동하지는 않았으나 부르주아 정치운동적 성격을 가진 최초의 정변으로 봐야 옳다는 관점이 지배적이다.

다른 한편으로 갑신정변은 국제정치상에서 한반도의 위치를 새롭게 인식케 하는 계기가 되었다. 강화도조약 및 임오군변과 함께 갑신정변은 한반도를 둘러싼 청나라와 일본의 대립을 날카롭게 하는 또 하나의 계기였다. 게다가 러시아의 한반도 진출에 대비한다는 핑계로 영국이 거문도를 점령함으로써 한반도를 둘러싼 국제분쟁의 위험이 한층 더 높아졌다.

그러자 조선에 주재한 독일의 부영사 부들러(H. Budler)는 한반도가 청·일 양국의 전쟁터가 되는 것을 피하기 위해 영세 국외중립을 선언해야 한다는 의견을 제시했다(1885). 같은 해 미국 유학에서 귀국하면서 유럽 쪽을 돌아보고 온 유길준도 한반도가 국제분쟁의 중심지가 되는 것을 피하기 위해 청·러시아·미국·일본 등 여러 나라의 국제협약이 보장하는 중립지대가 되어야 한다는 「중립론(中立論)」을 썼다(1885). 또 갑신정변 실패 후 일본에 망명해 있던 김옥균이 청나라의 이홍장에게 보낸 공개서한에서도 한반도의 중립화를 주장했다(1886).

그러나 부들러의 중립화안은 조선정부에 의해 거부되었고, 유길준의 중립론은 갑신정변 실패 후 수구파가 집권함으로써 끝내 햇빛을 보지 못했다. 김옥균의 중립화안은 일본에서 일방적으로 공개되었으나 반응을 얻지 못하다가, 뒷날 청국에 갔던 그가 암살되고 곧 청일전쟁이 발발하여 더이상 거론되지 못했다.

## 제3절 갑오개혁의 허실

### 개혁의 배경

한반도 근대화의 중요한 기점의 하나로 이야기되기도 하는 갑오개혁(甲午改革)의 직접적 배경은, 안으로는 갑오농민군의 개혁 요구에 있었고 밖으로는 일본의 이른바 내정개혁 강요에 있었다. 그러나 일본 측의 강요는 조선의 내정개혁에 목적이 있었던 것은 아니었다. 조선의 행정 및 사회경제 체제를 일본의 침략에 알맞게 개편하고 청나라와의 이권 경쟁에서 유리한 위치를 얻기 위한 수단이며, 전쟁 도발의 구실을 만든 데 지나지 않았다. 이에 반해 갑오농민군의 요구는 문호개방 이전부터 줄기차게 이어져온 민중의 개혁의지가 집약되고 강화된 것이었다.

조선왕조 사회의 정치·경제·사회 체제에 대해 비교적 체계적인 개혁안을 처음으로 제시한 사상가들은 실학자들이었다. 그들의 사상이 비록 근대적 정치기구나 경제체제를 전망하는 데까지 나아가지는 못했다 해도 왕실재정과 정부재정의 분리, 농민적 토지소유를 위한 토지제도의 개선 및 개혁, 신분제 타파 등 갑오개혁에서 이루어진 각종 개혁방안은 물론, 그밖에 토지문제와 같은 더 근본적인 문제를 포함하고 있었다.

실학자들의 개혁 요구는 갑신정변의 정강정책에도 어느정도 계승되었다. 그리고 그것은 시대적·역사적 요구이기도 했다. 갑신정변이 실패하여 개화정책은 다시 주춤거렸지만 10년 후에 폭발한 갑오농민군의 개혁 요구는 그 어느 때보다도 강력한 것이었다. 농민군의 개혁 요구는 노비문서의 소각, 천인의 대우 개선, 지벌(地閥) 타파에 의한 인재 등용 등에서 실학사상이나 갑신정변의 개혁안보다 한층 더 적극화했고, 토지문제에서도 개화당보다 실학자의 개혁안을 이어받아 농민적 소유를 주장했다가 결국 균등한 경영, 즉 분작(分作)을 제시했다.

이밖에도 개항 전 민란 때부터 농민들이 거듭 주장해오던 삼정문란에 대한 시정 요구가 강력히 표명되었다. 갑신정변 때 개화당 정강에서는 각 지방의 환자(還子)를 영구히 면제할 것이라는 데 그쳤으나, 갑오농민군의 요구에서는 무명잡세(無名雜稅)의 폐지, 공사채(公私債)의 일체 무효화 등으로 나타났다.

이렇게 보면 갑오농민군의 폐정개혁안(弊政改革案)은 실학자와 민란 농민의 개혁 요구 그리고 갑신정변 세력의 개혁정책 등이 집약되고, 그것이 갑오농민군에 의해 한층 강화된 것이었다. 그것은 역사 발전과 함께 당연히 해결되어야 할 문제들이었다. 이 때문에 농민군의 요구에 쫓겨 단행한 갑오개혁도 당연히 멀리는 실학자에서부터 민란 농민, 개화당, 갑오농민군의 개혁 요구를 근거로 하여 실시될 수밖에 없었다.

### 개혁의 내용

입법권을 가진 초정부적 기관으로서 군국기무처(軍國機務處)를 새로 두고 실시한 갑오개혁은 우선 정치적인 면에서 전제군주제를 약화시키는 요소를 가지고 있었다. 내각제도가 수립되어 나라의 실권이 어느정도 내각으로 넘어갔고, 홍범14조(洪範十四條)가 제정되어 왕실사무와 국정사무를 분리시켰다. 또한 국가의 재정을 탁지아문(度支衙門)으로 일원화해, 왕실이나 기타 기관이 직접 세를 거두는 폐습을 없앤 면도 있었다.

재정이 정부에 의해 일원화되지 못함으로써 불어나는 온갖 무명잡세는 실학자의 주장이나 민란 농민과 갑오농민군에 의해 계속 시정이 요구되었다. 갑신정변 때의 정강에도 일체의 국가재정을 호조가 관장하게 하고 기타의 수세기관을 폐지한다는 조항이 들어 있었다. 그것이 정

개혁 안건을 토론하는 군국기무처

변의 실패로 실현되지 못하다가 이때 처음으로 실시된 것이다. 그러나 재정권을 정부에 빼앗긴 왕실이 내장원(內藏院)을 설치하여 금·인삼 등 주요 자원을 관장하게 되어 재정의 일원화는 또 실패했다.

경제 면에서의 중요한 개혁은 화폐제도를 은본위제(銀本位制)로 하고 새 화폐를 유통시킨 일, 지세의 금납화를 제도화한 일, 도량형을 통일한 일 등이다. 정약용과 같은 실학자에 의해 주장된 것과 같이, 개항 이전부터 이미 상평통보 이외의 고액화폐 유통이 필요했다. 또 개항 이후 수입과 수출이 급격히 늘고 국내상업에서의 물동량이 많아져서 고액화폐의 필요성이 더욱 절실했다.

개항을 전후해서 고액화폐 당백전과 당오전이 유통되었으나, 본위제에 의하지 않고 정부재정의 일시적 보완을 목적으로 한 유통이어서 오히려 유통질서를 교란시켰을 뿐이다. 이 때문에 갑오개혁에서는 은본위제를 채택하고 상평통보 5백 개 가치와 1백 개 가치의 은화, 25개 가치의 백동전, 5개 가치의 적동전, 1개 가치의 황동전 등을 만들어 유통시켰다.

그러나 재정적 곤란으로 본위화폐인 은화 발행률이 극히 낮고 대신 발행 이익이 가장 큰 보조화폐 백동전 발행이 급증했다. 또 신식화폐조례(新式貨幣條例)에는 외국화폐의 혼용을 허가하는 조항이 있었다. 청일전쟁 중 일본군이 물자를 조달하고 조선인 노동자를 고용하는 데 일본화폐를 쓴 이후 조선에서 일본화폐 유통은 점점 확대되어갔다. 갑오개혁으로 실시된 신식 화폐제도가 백동화 인플레이션을 유발하는 한편, 일본화폐가 국내에 유통되는 길을 본격적으로 열어놓은 것이다.

지세의 금납화는 대동법 실시 이후 일부 실시되고 있던 대금납(代金納)과 임술민란 때 문제가 되었던 도결제(都結制)에 뒤이어 금납제를 정착시킨 것이라 할 수 있다. 지세가 금납화되면서 세액, 즉 결가(結價)는 1결당 쌀 30말 혹은 20말로 일률화되었고 여기에 호전(戶錢) 3냥이 추가되었다. 세금의 금납화는 국고은행 설립이 따라야 했으나 그렇지 못했다. 이 때문에 외획(外劃)의 폐단이 생기는 등 정부재정은 더욱 어려워지고 농민부담만 가중되어갔다.

갑오개혁에서 가장 두드러진 것은 사회 면의 개혁이었다. 문벌과 양반·상놈의 신분제 타파, 과거제 폐지와 능력에 의한 인재 등용, 문무존비(文武尊卑)의 폐지, 공사노비법(公私奴婢法) 폐지, 과부의 재혼 허용, 연좌법 폐지, 조혼 금지 등 중요한 사회적 폐습을 거의 망라해서 타파하고자 한 개혁정책이라 할 수 있다.

이들 문제의 대부분이 실학자와 민란 농민들, 개화파 정치세력, 갑오농민군에 의해 직접 간접으로 요구된 것이었다. 문벌 및 과거제도의 폐지, 능력에 의한 인재 등용 문제는 실학자들에 의해서는 소극적으로 주장되다가 갑신정변에서 좀더 적극적으로 그리고 갑오농민군에 의해 강력히 주장된 것이었다. 노비제도의 폐지는 일부 실학자들에게서 전망되었고, 19세기 초에 내시노비(內寺奴婢)는 해방되었다. 노비제도 자체의 폐지 문제는 개화당의 정강에는 나타나지 않았으나 갑오농민군에 의해 요구되었고, 갑오개혁에서 그 실시를 보게 되었다.

이렇게 보면 갑오개혁은 조선왕조 사회의 내재적 발전과정에서 당연히 실시되어야 할 개혁이 실시된 것으로 생각할 수 있다. 그러나 문제가 그렇게 단순한 것만은 아니다. 갑오개혁 이전의 역사적 조건이 개혁을 불가피하게 했다 하더라도 이 개혁이 전혀 외부의 작용 없이 이루어진 것은 아니었다. 또 이 개혁의 내용 자체가 큰 한계성을 가지고 있었다.

### 개혁의 자율성과 타율성

갑오개혁의 실제적 추진과정이 주체적 역량에 의한 것이었는가, 아니면 제 이익을 위한 일본의 강요에 의한 것이었는가 하는 문제에는 논란이 있어왔다. 갑오농민군의 개혁 요구는 전에 없이 구체적이고 강력한 것이었으며, 또 개항 후 20년이 가까운 이 무렵에는 국정 전반에 걸친 근본적 개혁이 요청되고 있었다.

갑오농민전쟁은 외국군의 간섭으로 실패했으나, 국정개혁이 없는 한 또다른 저항을 불러일으킬 수도 있었다. 따라서 관료 지배층 중에서도 일부 진보적 세력은 내정개혁의 불가피성을 알고 있었다. 다만 민비(閔妃, 1851~95)를 중심으로 하는 보수세력의 방해 때문에 개혁정책은 지지부진했다.

이럴 무렵 일본이 조선 문제에서 청나라보다 우위에 서기 위해 이른바 내정개혁안을 내어놓았고, 경복궁을 포위하여 민씨정권을 무너뜨리고 대원군을 이용하여 친일적인 개화정권을 세웠다. 김홍집·김윤식·유길준 등을 중심으로 하는 새 정권은 곧 군국기무처를 두고(1894. 7. 27), 이후 약 2개월 동안에 중요한 개혁법안의 대부분을 통과시켰다.

갑오개혁의 가장 중요한 부분이 추진된 기간이었던 이 2개월간은 청일전쟁 초기여서 일본군이 실질적으로 이 개혁 추진에 간여할 수 없었다. 따라서 갑오개혁의 중요한 부분은 일본 측의 관여 없이 개화정권 독자적으로 추진한 것이라 보는 견해도 있다.

문호개방을 전후해서 형성되기 시작한 개화정치세력은 갑신정변을 계기로 참여한 급진적 변법파(變法派)와 변법적 방법이 아니고 점진적·실무적 방법으로 개화를 추진하려 한 온건한 시무파(時務派)로 나누어졌다. 갑오개혁은 갑신정변 후에도 정계에 남아 있었던 온건 시무개화파 중심으로 추진되었다.

개혁 초기 2개월이 지나고 일본군이 청국군에 승리하면서 조선의 내정에 적극적으로 관여하기 시작했다. 이 과정에서 갑신정변 때의 급진 변법개화파 박영효·서광범 등이 망명생활에서 돌아와 정권에 참여했고, 을미개혁(乙未改革)을 추진했다.

갑오개혁의 가장 중요한 부분이 온건 시무개화파 정권에 의해 독자적으로 추진되었기 때문에 그 자율성이 인정된다 해도 그 한계성 또한 뚜렷했다. 우선 온건 시무개화파 정권 자체가 일본의 개입에 의해 성립되었다는 사실이 중요하다. 청나라와의 관계에서 급진 변법개화파들이 종속관계 청산에 적극적이었던 데 비해, 온건 시무개화파는 훨씬 소극적이었다. 정치적으로 급진 변법개화파들이 대체로 군민동치, 즉 입헌군주제를 지향하는 개혁관을 가졌던 데 반해, 온건 시무개화파들은 군민동치제가 아직 시기상조라 보고 다만 군주의 전제권(專制權)을 견제하려는 데 머물렀다.

경제 면에서는 갑오농민군이 요구했던 토지분작이 갑오개혁에서는 전혀 논의되지 않았고 지세 일률화와 금납화에 머물렀다. 갑신정변을 주도한 세력이나 농민군에 의해 개혁이 추진되었을 경우를 가정하면 온건 시무개화파가 추진한 갑오개혁의 한계성을 좀더 분명하게 이해할 수 있다.

요컨대, 갑오개혁은 멀리는 실학자와 민란 농민, 가깝게는 개화당과 갑오농민군 등이 계속 주장해온 낡은 조선왕조적 지배체제에 대한 근본적 개혁 요구가 밑받침되어 이루어진 개혁이었다. 그러나 그 과정에서 침략 목적을 가진 일본의 힘이 작용함으로써 근대 민족국가 수립으로 연결되는 개혁이 되지 못하고, 오히려 청일전쟁에 이긴 일본의 한반도 침략을 본격화하는 데 도움을 주는 제도적 개혁의 성격이 강해졌다.

## 제4절 대한제국의 역사적 위치

### 제국의 성립

갑오개혁에 이은 을미개혁은 박영효의 주도 아래 추진된 사법제도·지방제도·군사제도 개혁 중심으로 이루어졌다. 그러나 청일전쟁 후의 요동반도 반환 문제를 둘러싼 삼국간섭이 성공한 뒤 조선왕실, 특히 민비 세력이 러시아에 접근하기 시작했다. 이후 박영효가 반역음모 사건에 몰려 다시 일본으로 망명하게 되었고, 차차 친러시아 세력이 정권에 접근해갔다. 이에 당황한 일본은 조선에서 형세를 만회하기 위한 비상수단으로 다시 대원군을 이용해서 을미사변(乙未事變, 1895)을 일으켰다. 민비를 살해하고 국왕을 감금하다시피 한 것이다.

감금된 국왕을 빼내어 새로운 정권을 세우려 한 춘생문(春生門)사건 등이 일어났으나 실패하고, 제3차 김홍집내각에 의해 개혁사업은 계속되었다. 태양력을 채택하고 연호(年號)를 제정했으며, 군대를 친위대(親衛隊)와 진위대(鎭衛隊)로 개편하는 한편 단발령(斷髮令, 1895)을 내렸다.

을미사변·춘생문사건 등으로 민심이 크게 동요된 가운데 강행된 단발령은 일반 민중과 특히 보수 유생층을 크게 자극했다. 이를 계기로 전국 각처에서 유생들이 주도하는 의병이 일어났다. 의병 진압을 위해 친위대가 지방으로 빠지고 궁궐 경비가 허술해진 틈을 타 국왕 일행이 러시아공사관으로 피신한 아관파천(俄館播遷, 1896. 2)이 있었다.

아관파천으로 김홍집내각이 무너지고 친러시아·친미국적 성향의 정동파(貞洞派)를 중심으로 하는 새 내각이 성립되었다. 개혁은 중단되고 러시아·미국·프랑스·독일·영국·일본 등의 이권 쟁탈이 본격화했다.

한편, 갑오개혁의 일환으로 왕실의 존칭을 고칠 때 왕을 대군주(大君

황제 즉위식을 올린 환구단

主)폐하, 왕비를 왕후(王后)폐하라 불러 아직 칭제(稱帝)는 않았으나 폐
하라는 호칭을 썼다. 을미사변 직후 김홍집내각에서 국왕에게 칭제할
것을 건의했으나 실현되지 않았다. 그러나 이 무렵에는 칭제해야 한다
는 여론이 비등해서 관료들은 물론 유생들까지도 칭제 건의 상소를 올
렸다. 마침내 국왕이 환구단(圜丘壇)에서 황제 즉위식을 올리고 국호를
대한제국(大韓帝國)으로 바꾸었다(1897. 10. 12).

　조선왕조가 그대로 계속되면서도 국호를 바꾸고 황제 칭호를 쓰게
된 몇 가지 이유를 찾을 수 있다. 우선 개항 이후 20년이 지나면서 국민
일반의 국제사회에 대한 지식이 높아져, 국왕을 중국의 황제나 일본의
천황과 같은 위치에 올려놓아야 국가적 독립이 확고해질 수 있다는 생
각이 일반화한 점을 들 수 있다. 둘째로 청일전쟁에서 청나라가 패배하
여 실질적으로 종속관계가 끊어졌기 때문에 칭제할 수 있었다. 셋째, 을
미사변·아관파천 등으로 왕실의 권위가 땅에 떨어지다시피 한 상황이
어서 그 권위를 높이는 방법의 하나로 유생들까지도 칭제를 주장하게

된 것이라 할 수 있다.

조선왕조가 대한제국으로 바뀐 것은 이름뿐이지 실제는 친러시아적이고 수구적인 정치세력이 대한제국을 지배하면서, 독립협회를 중심으로 하는 민중의 개혁 요구를 거부하다가 결국 일본의 식민지로 전락하는 길을 걷게 된 것이라 보고, 조선왕조가 대한제국으로 바뀐 일에 역사적 의미를 그다지 두지 않는 관점이 있는 반면, 일정한 의미를 부여하려는 관점도 있다.

후자의 경우, 대한제국이 성립한 시기를 한반도를 둘러싼 국제관계에서 러시아와 일본의 세력이 어느정도 균형을 이루고 있었던 때로 본다. 그것을 이용해서 개항 이후 갑오개혁까지의 급진적이고 무절제하기조차 했던 개화정책을 반성하면서 비록 보수파 정권이기는 하지만 옛 제도를 참작한 일정한 개혁을 주체적으로 추진한 시기라 보고, 이 시기의 개혁을 광무개혁(光武改革)이라 하여 갑오개혁의 연장선상에서 이해하려는 관점이다.

### 제국의 성격

아관파천으로 을미개혁이 중지되었을 뿐만 아니라 내각제도가 폐지되고 의정부제가 부활하는 등 한때 복고적인 정책이 펴졌다. 그러나 러시아나 일본의 적극적 간섭이 없었던 광무년간(光武年間), 즉 대체로 대한제국이 성립한 때부터 러일전쟁이 일어나기까지 약 10년 사이에 식산흥업정책(殖産興業政策)이 시행되어, 경제적·기술적 측면에서 정부는 정부대로 민간은 민간대로 어느정도 새로운 발전을 이루어나갔다.

정부 쪽에서는 전등·전차·전화·전신 사업을 처음으로 시작했고, 부하철도회사(釜下鐵道會社)·대한철도회사(大韓鐵道會社) 등을 설립하여 자력에 의한 철도부설에도 적극성을 띠었다. 근대적 기술교육에도 주력하여 기예학교(技藝學校)·의학교(醫學校)·상공학교(商工學校)·외국어학교(外國語學校)를 비롯해서 모범양잠소(模範養蠶所)·공업전습소(工業傳習所) 등을 설립했다. 미국인 기술자를 고용하고 서양 기술을 이용한 양전(量田)을 실시하여 토지에 대한 근대적 소유권을 인정하는 증서로서 지계(地契)제도를 채택하기도 했다.

민간에서도 근대적 생산공장이 설립되어 새로운 생활용품이 공급되었다. 개항 이후 특히 면직물을 중심으로 하는 외국제품이 수입되어 토산포목을 누르고 생활필수품화했다. 그러다 이때 와서 그중 일부분이나마 국내공장에서 조달되기 시작했다. 근대적 기술의 도입이나 개화사업의 주체가 종래의 정부나 일부 개화파 중심에서 민간에까지 점차 확대되어가고 있었던 것이다.

기술적·경제적 개혁이 계속되어간 한편, 정치 면에서의 변화도 특징적으로 나타났다. 보수 정치세력의 집권으로 종래의 왕권이 황제권으로 강화되어갔다. 이는 1899년에 반포된 대한국(大韓國) 국제(國制)에서 구체적으로 나타났다. "대한국 대황제께옵서는 무한하온 군권(君權)을 향유하옵시나니"라고 하여 황제의 통치권을 강조하고, 황제가 입법권·행정권·사법권을 모두 장악하게끔 규정했다.

의회를 두지 않음은 물론 황제권을 제한할 수 있는 어떤 조항도 두지 않았다. 갑오개혁 때 정부재정의 분리, 독립협회의 의회개설운동 등을 통해 왕권을 제한하려는 움직임이 있었던 데 반발하여, '대한국 국제'의 선포를 통해 왕권을 더욱 전제화하는 방향으로 나아갔다.

대한제국이 성립할 무렵은 독립협회 활동이 활발하던 시기였다. 독립협회를 중심으로 하는 진보적 정치세력은 국제관계를 내다보면서 왕을 황제로 높여 나라의 국제적 지위를 높이는 한편, 입헌군주제 정체를 수립해가려 했다. 보수 집권세력도 황제 칭호를 쓰고 국호를 대한제국으로 바꾸어 국제적 지위를 높이는 점에서는 진보세력과 방향을 같이했다. 그러나 국내정치 면에서는 오히려 왕권을 황제권으로 강화하여 보수정권을 그대로 유지하려 했고, 이를 위해 독립협회운동을 탄압했다.

요컨대, 광무개혁은 기술적·경제적·교육제도적 면에서는 어느정도 근대적 개혁을 추진해서 갑오개혁을 이어갔으나, 정치 면에서는 국민주권체제와 거리가 먼 황제권의 전제화를 지향하고 있었다. 그 점에서 왕권을 견제하려 했던 면이 일부 있었던 갑오개혁보다 오히려 후퇴했다고 할 수 있으며, 여기에서 대한제국의 성격이 드러난다 할 수 있다.

### 제국과 외세

대한제국이 성립된 1890년대 후반은 한반도를 둘러싸고 러시아와 일본이 날카롭게 대립했던 시기이며, 또 그 때문에 일종의 세력균형이 이루어져 있던 시기이기도 했다. 청일전쟁을 마무리지은 시모노세끼조약(下關條約) 후의 삼국간섭으로 러시아는 조선 측에 국제사회에서의 강자의 모습을 보여주었다. 그러면서 아관파천으로 조선에서 외교적·경제적 위치를 강화시켜 한때 군사고문과 재정고문을 파견하고 한아은행(韓俄銀行)을 설치하기에 이르렀다.

일본은 시모노세끼조약의 제1조에서 조선의 '완전 독립'을 규정했다. 20년 전 강화도조약에 이어 두번째로 조선의 '완전 독립'을 강조하면서 조선 지배의 길을 확보하려 했다. 그러나 러시아의 조선 진출로 다시 벽에 부딪히게 되었다. 이에 초조해진 일본은 한반도에서 러시아와 세력균형을 유지하기 위해 협상을 벌였다.

우선 아관파천으로 성립한 친러시아적이며 보수적인 정권을 기정사실로 인정하고, 일본군과 러시아군의 조선 주둔을 서로 인정한 '베베르·코무라(小村) 각서'를 교환하여 한반도 문제에 대한 러시아와의 제

1차 협상을 성립시켰다(1896). 그러나 제1차 협상에서 오히려 러시아의 우위를 인정하게 되어버린 일본은 다시 제2차 협상을 벌여 '로마노프·야마가따(山縣) 의정서'를 체결했다(1896). 이미 조선에 군대를 주둔시키고 있는 두 나라가 더 파병하게 될 경우, 충돌을 피하기 위해 두 나라 군대 사이에 비점령지인 공지(空地)를 두어 각기 용병지역(用兵地域)을 확정할 것을 비밀히 약정한 것이다.

일본은 당초 구체적으로 북위 38도선을 경계로 그 이북은 러시아가, 이남은 일본이 각각 제 세력범위 안에 넣을 것을 제의했다. 그러나 러시아는 군대를 더 파견할 필요가 발생했을 때 가서 경계선을 결정하면 된다는 이유로 일본의 제의를 거부하고, 두 나라 군대의 주둔지역을 획정할 것만 약속했다.

제2차 협정에서도 만족할 만한 조건을 얻지 못했다고 생각한 일본은 다시 러시아와 제3차 협상을 벌였다. 그 결과 "러시아정부는 조선에서 일본의 상업 및 공업에 관한 기업이 크게 발달한 사실, 그리고 조선 거류 일본인이 다수임을 인정하는 동시에, 조선·일본 양국 사이의 상업상 및 공업상 관계의 발달을 방해하지 않는다"는 조항을 주된 내용으로 하는 '로젠·니시(西) 협정'을 맺었다(1898). 이 제3차 협정에서 일본은 비로소 한반도에서 경제적 우위만은 확보한 셈이다.

이 무렵 국내에서는 독립협회 등이, 그리고 국제적으로는 특히 영국이 러시아의 한반도 남하를 강력히 반대했다. 러시아의 극동정책도 한반도를 완충지대 내지 중립지대로 두고 만주 경략에 주력하는 방향으로 전환되어갔다. 이 정책에 따라 러시아가 요동반도의 여순(旅順)과 대련(大連)을 조차하고(1897), 더 나아가 한반도 남해안의 마산(馬山)에 군항을 건설하기 위해 조선정부에 압력을 넣었다. 한편 의화단(義和團) 사건을 계기로 청나라와 '알렉세예프·증기(增祺) 밀약'(1900) '람스도르프·양유(揚儒) 밀약'(1901) 등을 맺어 실질적으로 만주를 점령하고 보호령으로 만들 조짐을 보였다.

이 밀약들은 영국·미국·일본 등 여러 나라의 항의로 폐기되었으나 러시아의 만주 점령은 계속되었다. 독일과 프랑스가 이를 양해하는 쪽으로 나아가게 되자, 초조해진 영국과 일본은 "영·일 양국은 한·청 양국의 독립을 승인하고 영국은 청국에서, 일본은 한·청 양국에서 각기 특수한 이익을 가지고 있으므로 타국으로부터 그 이익이 침해될 때에는 필요한 조치를 취한다"는 것이 주된 내용인 영일동맹(英日同盟)을 맺어(1902) 러시아에 맞섰다.

영일동맹으로 불리해진 러시아 측의 일부 외교 관리들은 그 타개책으로 러시아·일본·미국 등 삼국 공동보장에 의한 한반도중립화안을 구상했다. 러시아가 한반도중립화안을 미국 측에 제의하면 미국이 이에 동의하고, 이 때문에 한반도 지배가 불가능해질 것을 겁낸 일본은 미리 외교진을 미국에 보내 러시아의 제의를 수락하지 말도록 교섭하는 소동을 벌였다. 그러나 러시아는 한반도중립화안을 구체적으로 제기하지는 않았고, 결국 러일전쟁으로 치닫게 되었다.


## 제5절 식민지화로의 길

### 러일전쟁과 한국

영일동맹은 한반도에서 러시아와 일본 사이의 균형을 깨뜨린 결정적 계기가 되었다. 이 동맹에는 "제3국이 영토적 이익을 획득코자 할 때는 사전에 두 나라가 대항조치를 취한다"는 조항이 있었다. 이 조항으로 일본은 러시아에 대한 전쟁 도발에 적극성을 띠게 되었고, 미국도 적극적으로 일본을 원조하고 나섰다.

일본이 전쟁을 도발하자 미국 대통령 루스벨트(T. Roosevelt, 1858~ 1919)는 일본의 한국 지배를 찬성했다. 그뿐만 아니라 포츠머스조약이 체결되기 전에 일본이 미국의 필리핀 지배를 인정하는 대신, "미국은 일본이 한국에 대한 보호권을 확립하는 것이 러일전쟁의 논리적 귀결이고, 극동의 평화에 직접적으로 공헌할 것으로 인정한다"는 '태프트·카쓰라(桂) 비밀협약'을 맺었다(1905. 7. 29).

일본의 러일전쟁 비용 총 19억 8400만 엔 중 12억 엔을 미국과 영국이 제공했다. 여순(旅順) 항구를 기습하면서(1904. 2. 8) 전쟁을 도발한 일본은 대한제국 정부가 이미 국외중립(局外中立)을 선포했음에도(1904. 1. 21) 이를 무시하고 한국에 군대를 출동시키는 한편, 한일의정서(韓日議定書) 체결을 강요하여 대한제국을 보호국화하는 제1단계 계획을 실천해갔다.

일본이 한국을 보호국화할 계획을 처음 세운 것은 러일전쟁을 일으키기 전에 결정한 '러시아와의 교섭이 결렬할 경우 일본이 취할 청나라 및 한국에 대한 방침'(1903. 12. 30)에서였다. 이 '방침'에서 한국과 공수동맹이나 보호협약을 체결할 것을 결정한 일본은, 그것을 구체화하기 위해 한일의정서(1904. 2. 23)에 "대한제국 정부는 대일본제국 정부를 확신하고 시설의 개선에 관한 충고를 받아들인다"는 조항을 제일 먼저 넣었다. 이 '시설 개선에 관한 충고'는 곧 대한제국의 보호국화를 위한 일본 측 요구를 말하며, 그것을 구체화하기 위해 대한시설강령(對韓施設綱領)을 결정했다(1904. 5. 31).

보호국화의 구체적 방안이 담긴 이 '시설강령'은 일본군대의 본격적 한국 주둔, 일본의 한국 외교 감독, 한국 재정 감독, 철도부설 중심의 한국 교통기관 장악, 한국 통신기관 장악, 농업·임업·광업·어업 등 각 산업부문에서의 척식(拓殖)계획 등 6개 항목으로 되어 있었다. 시설강령을 실천하기 위해 일본은 한국정부에 대해 그들이 추천하는 재정고문·외교고문의 채용과 중요한 외교안건에 대한 협의를 강요한 제1차 한일협약을 체결했다(1904. 8. 22). 앞서의 한일의정서 체결이 식민지화의 제1단계였다면 이 협약으로 그 제2단계로 접어든 것이다.

한편 러일전쟁이 막바지에 이르렀을 때 영국은 일본과 제2차 영일동맹을 맺으면서 "일본국은 한국에서 정치상·군사상 및 경제상의 특수한 이익을 가지며, 영국은 일본국이 이 이익을 옹호 증진시키기 위하여 필요하다고 인정하는 지도·감리 및 보호의 조치를 한국에 대하여 취하는 것"을 승인했다(1905. 8. 12). 그리고 이미 태프트·카쓰라 밀약을 맺은 미국이 중재 역할을 한 포츠머스조약에 이 조항을 그대로 넣어 미국이 지지하고 러시아가 승인하게 했다(1905. 9. 5).

포츠머스조약으로 일본의 한국 보호국화 계획은 국제적으로 승인을 받게 되었다. 이에 일본정부는 곧 보호조약안을 확정짓고(1905. 10. 27), 그것이 "한국정부의 동의를 얻을 가능성이 없을 때는 최후의 수단으로 일방적으로 한국에 대하여 보호권의 확립을 통고할 것"을 결정했다. 군사력을 사용해서 보호조약 체결을 강행할 것을 확실히한 것이다. 영국과 미국의 도움을 받아 러일전쟁을 벌이고 또 이들 두 나라의 중재로 전쟁을 유리하게 끝낼 수 있었던 일본은, 역시 이들 두 나라의 승인을 받아 한국 보호국화의 길을 재촉할 수 있었다.

### 통감통치

보호조약안과 그 체결 방법을 확정한 일본정부는 곧 군대를 증파하고 이또오(伊藤博文)를 보내 한국 황제에게 조약 수락을 강요했다. 이또오가 한국 황제에게 조약을 거부하면 중대한 결과가 올 것이라 협박하자, 한국 황제는 "나는 그것을 알고 있지만 정부관료들에게 자문하고 또 인민의 의향을 물어야 한다"하고 미루려 했다. 이에 대해 이또오는 "정부관료들에게 자문하는 것은 있을 수 있는 일이지만, 인민의 의향을 묻는다는 말은 기괴천만한 일이다. 왜냐하면 귀국은 헌법정치가 아니고 군주전제국이기 때문이다"하고 반박했다.

의회제도가 없는 군주주권체제의 대한제국을 보호국으로, 나아가서 식민지로 만드는 절차는 황제의 재가와 내각의 동의만으로 충분했다. 이 때문에 일본 측은 황제를 협박하고 대신들을 매수하는 일만으로 보호조약을 맺을 수 있었고, 또 그것만으로도 그 조약을 합법화할 수 있었다.

이또오는 의회제도가 없는 상태에 있는 '인민의 의향'은 대포와 기관총으로 무장한 일본군이 감시하게 하고, 일본 헌병의 호위 아래 내각회의를 열게 했다. 그리고 주권자인 황제가 내부대신 이지용(李址鎔, 1870~1928), 군부대신 이근택(李根澤, 1865~1919), 법부대신 이하영(李夏榮, 1858~1919), 학부대신 이완용(李完用, 1858~1926), 농상공부대신 권중현(權重顯, 1854~1934) 등 을사오적(乙巳五賊)의 자문을 받아 보호조약을 체결하게 했다(1905. 11. 17).

5개 조문으로 된 '보호조약', 즉 한일협상조약(韓日協商條約)은 대한제국의 외교권을 일본이 완전히 박탈하고, 황제에게 내알(內謁)할 수 있는 권한을 가진 일본인 통감(統監)을 두게 하는 것이 그 골자였다. 그러나 실제로는 "일본국 정부가 한국 황실의 안녕과 존엄의 유지를 보증"하는 대신, 외교권을 비롯한 대한제국 통치권의 대부분이 일본인 통감에게 넘어가게 한 것이며, 따라서 식민지화의 제3단계로 접어든 것이었다.

'보호조약'에 따라 일본은 이또오 히로부미를 초대 통감으로 임명하고 서울에 통감부(統監府)를 두었다(1906. 2. 1). 통감부는 본래 대한제국

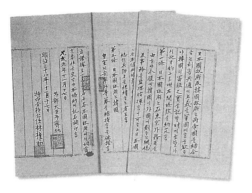
이른바 을사조약 문서

의 외교 사무를 관리한다는 구실로 설치되었으나, 실제로는 경무부·농상공부·총무부 등을 두어 내정 전체를 관장한 뒷날의 총독부와 다를 것이 없었다.

'보호조약'이 체결된 후 한국 황실은 그것이 강제로 체결되었음을 외국에 알리려 노력했고, 경우에 따라서는 비밀히 사절을 보내기도 했다. 헤이그에서 열린 만국평화회의에 파견한 이준(李儁, 1858~1907) 등 세 사람의 밀사도 그 가운데 하나였다. 그러나 그 회의 자체가 '도둑들의 만찬회'였을 뿐만 아니라 일본은 물론 영국 등의 집요한 방해에 부딪혀 아무 효과도 거두지 못했다. 오히려 일본의 강요에 의해 고종(高宗, 1864~1907 재위)이 퇴위하는 결과를 가져왔다(1907.7.20).

고종을 퇴위시키고 병약한 순종(純宗, 1907~10 재위)을 즉위시킨 일본은 곧 한일신협약(韓日新協約), 즉 정미7조약(丁未七條約)의 체결을 강요했다(1907.7.24). 이 조약의 결과 일본은 제1차 한일협약 이래의 '고문정치(顧問政治)'를 '차관정치(次官政治)'로 바꾸고 식민지화의 제4단계 공작을 실현했다. 이 조약은 대한제국 고등관리의 임면에 대한 통감의 동의권, 한국 관리에 일본인 임명, 통감부의 한국 사법권 장악 등을 규정했고, 그 부수각서(附隨覺書)에서 한국군대의 해산을 결정했다.

이 조약으로 궁내부·내부·농상공부·학부·탁지부·법부 등 내각의 차관이 모두 일본인으로 바뀌었고 경무국장·총세무사 등에도 일본인이 임명되었다. 친위대·시위대(侍衛隊)를 통틀어 겨우 8800명 정도에 불과했던 한국군대가 해산되었고(1907. 8. 1), '한국 사법 및 감옥사무 위탁에 관한 각서'에 따라 사법권이 통감부에 의해 강탈되었다(1901. 7. 12). 대한제국은 허울뿐, 이제 '합방'의 절차만을 남겨놓게 되었다.

### 한일 '합방'

통감통치를 통해 대한제국의 식민지화 작업을 단계적으로 추진한 일본은 마침내 한반도의 완전 식민지화를 획책했다. 우선 일본 내각은 '한국 병합에 관한 건'을 결정하여(1908. 7. 6), "적당한 시기에 한국의 병합을 단행할 것, 한국을 병합하여 이를 일본제국 판도의 일부로 하는 것은 한반도에서 일본의 실력을 확립하기 위한 확실한 방법"임을 확인했다.

대한시설대강(對韓施設大綱)에서는 "필요한 군대를 한국에 주둔시키고 가능한 한 다수의 헌병과 경찰관을 증파하여 충분히 치안유지의 목적을 달성할 것"을 결정했다. 또한 '합방'이 한국인 스스로의 뜻에 의해 이루어지는 것이라 속이기 위해, 이용구(李容九, 1868~1912)·송병준(宋秉畯, 1858~1925) 등 친일파로 하여금 일진회(一進會)를 만들어 '합방 촉진성명'을 내게 했다.

일본의 '합방' 준비가 한층 더 구체화한 것은 '병합 후의 한국에 대한 시정방침 결정의 건'이 그 내각회의에서 결정되면서부터였다(1910. 6. 3). 이 결정에서 '합방' 후의 조선에는 일본헌법을 적용하지 않고 소위 "천황의 대권(大權)"으로 통치할 것, 일체의 정무를 무관(武官) 총독이 독재할 것, 통치기구는 가능한 한 간단히할 것, 총독부 회계는 특별회계로 할 것 등의 방침을 정함으로써 '합방' 준비를 완료했다.

약 2개월 후 대한제국 정부 내각총리대신 이완용과 조선통감 테라우찌(寺內正毅, 1852~1919) 사이에 8개조의 '한국병합에 관한 조약'이 체결되고(1910. 8. 22) 공포됨으로써(8. 29), 대한제국은 일본의 완전 식민지로

**통감 관사 •** 남산 왜성대에 있던 건물로, 이곳에서 이완용과 테라우찌가 합방조약을 조인했다.

전락했다.

그해 5월경부터 증파된 일본군이 서울의 각 성문과 왕궁 그리고 친일파 대신들의 집을 엄중히 경계하고, 조를 짠 일본 헌병이 시가지를 순찰하면서 두 사람만 모여도 검문검색했다. 이런 상황에서 체결된 조약은 "한국 전부(韓國全部)에 관한 일체의 통치권을 완전히 그리고 영구히 일본천황에게 양여"했다.

이 조약은 또 한국의 황제와 그 가족의 존칭 및 명예 유지와 충분한 세비 지급, '합방'에 공이 있는 조선인에 대한 작위 수여와 '은사금(恩賜金)' 지급, 식민지배를 존중하는 조선인의 식민지 관리로의 등용, 식민지 지배법규를 준수하는 조선인의 신체 및 재산의 보호 등을 규정했다.

대한제국의 주권과 영토와 전체 국민을 완전히 그리고 영구히 일본제국에 넘겨주는 댓가는 황실 및 친일파의 영예와 생활의 보장뿐이었다. 식민지배를 인정하고 그 지배법규를 지키는 조선인만이 법의 보호를 받고 나머지 조선인은 모두 법의 보호 밖으로 쫓아낸 것이 '합방'조약이었다.

일본은 한국 황제를 이태왕(李太王) 혹은 이왕(李王)으로 강등시키고 그 생활을 보장해주었다. 조선귀족령(朝鮮貴族令)을 만들어 왕족과 이완용을 비롯한 친일파들에게 작위와 함께 '은사금'을 주어 우대했다. 그러나 식민통치에 반대하거나 협조하지 않는 조선인에 대해서는 이후 약 반세기 동안 그 유례가 드문 탄압을 가했다.

'합방'에 대한 국제적 반응도 대체로 일본에 우호적이었다. 영국과 미국은 영일동맹, 태프트·카쓰라 밀약, 포츠머스조약 등을 통해 이미 일본의 한국 지배를 승인하고 있었으므로 당연히 '합방'을 지지했다. 영국정부는 "일본이 한국에서 그 세력을 증가시키는 데 대해 영국정부는 하등 반대할 이유가 없다" 했다. 다만 제 나라의 경제적 이익과 관련하여 관세율의 불변, 개항장 및 연안 무역의 계속을 요구했다.

미국정부도 "일본의 한국에서의 행정이 매우 선의에 차 있고 한국민의 행복을 위하여 힘쓰고 있는 흔적이 역력하다" 했다. 뉴욕에서 발행되는 『동양평론』은 "한국에 이해관계가 있는 모든 외국은 한일합방에서 오는 변동에 대하여 하등 불안한 생각을 가질 필요가 없다. 일본정부는 세심하게 외국의 일체 이권을 보호할 것이다" 하고 논평했다.

제3국으로서는 가장 이해관계가 깊었던 러시아의 신문도 "조선의 운명은 이미 러일강화조약에서 결정되어 일본은 사실상 조선을 병합했고, 이번에 다만 형식적으로 이를 발표했을 뿐이다. 병합이 조선과 이해관계가 있는 열국의 동의를 얻어 단행되었고 러시아도 이에 반대할 이유가 없다"고 했다.

독일의 한 신문은 "조선인이 그 애국적 정신에 의해 내심으로 일본의 너그러운 문명적 통치보다 오히려 부패한 옛 정부를 택할 의사가 있는 것은 자연스러운 이치이다" 하면서도, "앞으로 일본의 지배에 의한 조선의 경제적 발전은 의심할 수 없다"고 했다. 다만 청나라 신문들은 한국의 멸망을 우려하면서 만주나 몽고가 장차 같은 운명이 될 것을 경계했다.

대한제국 정부의 무능과 부패, 그리고 그런 정부를 무너뜨리고 국민주권 정부를 수립하지 못한 국민적·역사적 조건, 일본의 야만적 침략주의와 이에 대한 제국주의 열강의 원조 및 승인 등이 이 시기 한반도가 역사적으로 실패하고 식민지로 전락하게 된 중요한 원인이라 할 수 있다.

제2장

# 반침략
# 민족운동의
# 전개

　　　　　　　　　외세의 압력을 이기지 못하고 문호를 개방한 조
선왕조 지배층은 이후 외세에 의탁하여 지배권을 유지하기 위해 친청정책·
친러정책·친일정책·친미정책 등으로 전전하다가 종내 식민지로의 길을 자
초했다. 이 과정에서 피지배대중은 외세의 침략을 막고 근대 민족국가를 수
립하기 위한 투쟁을 계속했다. 그것이 실패하여 식민지로 전락한 후에는 또
그 투쟁을 민족해방운동으로 이어갔다.

　문호개방에서부터 한일'합방'까지 30여 년간 민족운동이 당면한 목표는,
밖으로는 외세의 침략으로부터 주권을 수호하고 안으로는 조선왕조의 전
제주의체제를 무너뜨려 국민주권의 근대 민족국가를 성립시키는 일이었
다. 이 두 가지 과제를 이루기 위해 이 시기에 일어난 민족운동은 갑신정변

과 갑오농민전쟁, 독립협회운동, 의병전쟁과 애국계몽운동 등이었다.

뒷날의 역사학은 이 시기의 척사위정론이나 동도서기론적 운동 및 정책을 민족주의적 노선인 양 이해하기도 했다. 그러나 전자의 경우 국민주권주의에 의한 정치적 근대화 내지 민주주의화 문제가 결여된 군주주권체제의 수호에 한정되었고, 후자는 사회경제적·기술적 근대화는 어느정도 시도되었다 해도 정치 면에서는 역시 전제군주제의 유지에 한정되었다.

갑오농민전쟁은 문호개방 이전부터 끊임없이 계속되어온 민란 규모의 농민항쟁이, 전봉준과 같이 "논이 서마지기에 불과했으며 아침에는 밥 먹고 저녁에는 죽을 먹는" 빈농의 처지로 떨어진 지식인층의 지도에 의해 농민전쟁으로 발전한 경우다. 그것이 왕권을 철저히 부인하고 국민주권국가를 수립하려는 혁명성을 지니고 있었는가 하는 점에는 상당한 의문이 있다. 그러나 사회·경제적인 면에서 봉건체제를 전면적으로 거부하고 또 외세침략에 대해서도 강력히 저항했던 전쟁이었음은 분명하다.

갑오농민전쟁은 반봉건·반외세를 목적으로 한 전쟁이었기 때문에 안에서의 전제군주체제와 밖으로부터의 침략세력을 모두 적으로 하지 않을 수 없었다. 결국 이 두 세력의 연합세를 이기지 못하고 실패했다. 갑오농민전쟁은 농민층이 적극적으로 참가한 부르주아 민족운동의 일환이었으며, 그것은 이후 의병전쟁으로 연결되었다.

갑오농민전쟁이 실패한 후, 민족운동은 본격적인 초기 부르주아 운동이라 할 수 있으며 국권운동과 민권운동의 성격을 함께 가진 독립협회운동으로 나타났다. 그것은 조선왕조의 왕권을 황제권으로 격상 강화시켜 그 국제적 지위를 높이고 통치권을 확고히 하려 한 민족운동이었다. 그러면서도 한편으로 민권을 확장하려 한 양면성을 가진 입헌군주제 운동이었다고 할 수 있다. 그런데 그 지도부가 확대하려 한 민권은 독립협회 회원에 한정된 민권으로, 이를 비혁명적 방법으로 확대하려는 것일 뿐이었다.

따라서 독립협회운동은 부르주아 운동이면서도 혁명을 지향하는 단계에는 나아가지 못했다. 이런 점에서 협회의 지도부와 그 하부구조 및 일반 민중 사이에 정치적 이해가 엇갈리기도 했다. 협회의 지도부는 혁명성과 전투성을 결여한 채 입헌군주제 정치체제를 지향한 데 반해, 만민공동회를 주도한 하부구조는 일정한 투쟁성을 갖추고서 어느정도 공화제를 지향하려는 조짐도 있었다.

한편 독립협회의 반외세운동은 이 시기 영국과 미국의 세계정책에 의한 일종의 러시아 남하 저지정책의 연장선이기도 했다. 그밖의 여러 제약성과 한계성에도 불구하고 독립협회운동은 역시 반봉건·반침략운동인 이 시기 부르주아 민족운동의 궤도 위에 위치하고 있었다고 할 수 있다.

의병전쟁은 당초 청일전쟁 후 일본세력의 침투에 반발하던 유생층이 민비 살해사건을 계기로 일으킨 근왕운동(勤王運動)적 무장항쟁으로 출발했다. 농민층, 특히 갑오농민군의 잔여세력이 여기에 가담한 것은, 반봉건투쟁의 측면에서는 양반 유생층이나 왕권이 그 대상이지만 일본의 침략이 본격화하면서는 이보다 반외세투쟁이 우선했기 때문이라고 할 수 있다.

이후 의병전쟁은 특히 정미7조약 후 해산군인들이 합세한데다가 유생 출신 의병장이 후퇴하고 평민 출신 의병장이 증가하여, 다시 농민전쟁 본래의 반침략투쟁 및 반봉건투쟁의 성격이 짙어져갔다. 차차 근왕운동적 성격에서 벗어나 부르주아 민족운동 성격으로 변해간 것이다. 그러나 '합방' 이전까지의 이 전쟁은 역시 왕권을 보위하기 위한 의병전쟁에 한정되었다. '합방' 이후 그 전사(戰士)들이 만주지방으로 옮겨가 공화주의 독립운동단체의 군사력이 됨으로써 민족해방운동으로 발전하였다.

의병전쟁과 같은 때 추진된 애국계몽운동은 독립협회운동에 뒤이은, 입헌군주제 지향 혹은 공화제 지향의 부르주아 민족운동이었다. 그러나 보호국 체제 아래서 합법운동으로 추진되었기 때문에 그만큼 제약성을 가지고 있었다. 이 운동도 독립협회운동과 같이 전투성·혁명성을 결여한, 그리고 민중을 계몽의 대상으로만 본 제약된 부르주아 운동의 성격을 띨 수밖에 없었다. 그래서 전투적인 의병전쟁과는 끝내 결합할 수 없었다.

갑신정변 이후 독립협회운동과 애국계몽운동으로 이어지는 움직임은 부르주아 민족운동의 성격이 비교적 뚜렷했다. 이에 비해 갑오농민전쟁과 '을사보호조약' 이후의 의병전쟁은 농민층에 의해 추진된 반외세·반봉건 민족운동이었다. 이 시기의 농민전쟁도 부르주아 민족운동의 일환이었으나, 독립협회운동이나 애국계몽운동에 비해 전투성을 갖추고 있었다. 그러나 둘 다 국민혁명을 이루고 외세침략을 저지하면서 부르주아 권력을 수립하지 못한 채 식민지시대의 민족해방운동으로 연결되었다.

# 제1절 갑오농민전쟁

### 농민전쟁의 배경

문호개방 이전의 조선사회에서도 중세적 통치체제의 모순에 저항하는 민란은 꾸준히 일어나고 있었다. 19세기 중엽의 임술민란(壬戌民亂)에서와 같이 민란은 국지성과 분산성을 넘어서지 못했으면서도 전국 각지로 확산되어갔다. 그러나 문호개방 전에는 대규모 농민전쟁으로 발전할 만큼 역사적 조건이 아직 성숙되지 못했기 때문에 언제나 민란으로만 그쳤다.

그 원인은 몇 가지로 분석할 수 있다. 우선 농민층의 정치·사회적 의식수준 자체가 이 시기의 정치·경제·사회적 모순을 구조적이고 체제적인 모순으로 파악하는 단계로 나아가지 못했다는 점을 들 수 있다. 탐관오리의 개인적 부정부패나 양반 토호층의 부분적 토색질로 파악하는 데 그쳤기 때문에, 그것의 일시적 제거만을 겨냥한 민란으로 한정될 수밖에 없었던 것이다.

다음, 민란을 농민전쟁으로 확대하거나 혁명성을 불어넣을 만큼 정치의식이나 지도력을 갖춘 정치적 지도층이 아직 형성되지 못했던 점을 들 수 있다. 왕조 후기에 와서 실학자와 같이 어느정도 지배체제 밖에 위치한 지식인들이 일부 있었다 해도 어디까지나 체제 밖의 지식인에 한정되었을 뿐이었다. 피지배층의 편에 서서 왕조의 지배체제 자체에 적극적으로 저항할 만한 지식인층이 아직 형성되어 있지 않았던 것이다.

문호개방 이후에는 자본주의세력의 침략으로 조선왕조 통치체제의 모순이 심화되었고, 일부 지식인층과 전체 농민층의 정치의식·사회의

식은 급성장해갔다. 농민들은 외세의 침략 앞에 집권층이 뚜렷한 대책 없이 타협 굴복하는 것을 보았고, 자본주의 상품의 무제한적 수입과 곡물을 중심으로 하는 원자재의 대량수출 때문에 농촌의 재생산 기반이 파괴되는 것을 직접 체험했다. 게다가 척사파의 반침략노선이나 개화파의 반봉건노선은 농민층의 이해와 상당한 거리가 있었다.

재향사족(在鄕士族) 중심 척사위정파의 반침략노선은 농민층의 노선과 일치했다. 그러나 척사위정파의 반외세 논리는 향촌사회에서 조선왕조적·중세적 지배질서를 지키기 위한 외세배척론이었다. 갑오농민전쟁 당시 이들이 민보군(民堡軍)을 조직하여 농민군에 대항한 것도 바로 이 때문이었다. 개화파의 정책도 반봉건노선에서는 농민층과 입장을 같이한다 해도, 신분제 철폐 등에서 어쩔 수 없는 한계가 있었다. 또한 이들은 지주적 입장의 개혁을 추진하여 농민적 토지 소유를 지향하는 농민과는 이해관계를 달리했다.

문호개방 이후 자본주의 침략으로 인한 농민경제의 타격, 외세에 대한 집권층의 타협과 굴복, 국제적 분쟁 및 제도개혁에 따른 정부재정의 곤란과 농민 부담의 과중, 지배층의 분열과 농민생활을 외면한 정쟁의 연속, 농촌지식인의 경제적 몰락과 그 정치의식 및 지도력의 향상, 외세 침략으로 인한 농민세계의 위기의식 팽배와 그 정치·사회의식의 성장, 자본제 상품의 침투와 봉건 지배계급의 수탈로 몰락을 강요당하던 소상품 생산자 및 소상인층의 농민층과의 연대 등이 갑오농민전쟁의 주된 배경 또는 원인이었다. 여기에 동학의 교세와 조직이 또 크게 뒷받침되었다.

실상 농민군 속에 동학교도는 그다지 많지 않았다고 한다. 또 북접(北接) 중심 동학교단은 남접(南接) 중심 농민군 지도부의 봉기에 처음에는 적극적으로 참여하지 않았다. 동학교단이 주도한 대중운동은 교조

신원운동 단계를 넘어서지 못하고 있었으며, 동학사상의 혁명성 여부도 논의의 대상이 되고 있다.

그러나 동학교단이 내건 보국안민(輔國安民)·광제창생(廣濟蒼生) 등의 기치가 농민층의 의식 성장에 일정한 영향을 주었고, 동학교단이 교세 확장을 위해 실시한 포접제(包接制)가 농민군의 조직과 동원에 큰 몫을 한 것도 사실이었다. 동학교단의 포접제는 교주 아래 몇십 개소의 포(包)가 있었다. 그 포의 대접주(大接主) 아래 또 수십 명의 접주가 있어서 긴밀한 조직망을 형성하고 있었다. 농민군 지도부는 스스로 동학교단에 가담하여 접주 혹은 포주가 되어 포접제를 통해 농민군을 조직 동원했고, 이 때문에 봉기에 성공할 수 있었다.

### 농민전쟁의 전개과정

동학교단 주도로 처음 열린 대규모 대중집회는 삼례집회(參禮集會)였다(음력 1892. 11. 1). 이 집회의 성격은 교조 최제우(崔濟愚, 1824~64)의 신원(伸寃)과 관리들의 동학교도에 대한 수탈 금지를 요구하는 데 한정된 것이었다. 따라서 전라감사가 동학교도에 대한 탄압 금지 공문을 내린 것을 보고 교주의 명령에 따라 해산했다. 이후 교조 신원을 위한 복합상소(伏閤上疏)가 있었고, 삼례집회 때 내린 감사의 탄압 금지 공문이 실효가 없음을 알고 다시 제2차 대중집회인 보은집회(報恩集會)를 열었다(음력 1893. 3. 11).

보은집회를 전후하여 동학교단에 의해 유교윤리를 강조하고 탐관오리를 규탄하는 척사위정론적 내용의 방문들이 나붙는 한편, 기독교 교회당이나 서양 선교사가 경영하는 학교 등에 외세 배척을 주장하는 방문이 붙었다. 보은 관아에 보낸 통고문에서도 '소파왜양(掃破倭洋)'을 주장했고, 교조 신원보다 농민을 위한 정치적 요구가 일부 부각되었다.

그러나 보은집회 역시 선무사(宣撫使) 어윤중(魚允中, 1848~96) 편으로 부낸 왕의 윤음(綸音)을 듣고 해산했다.

보은집회는 2만 명 이상의 농민이 모인 집회였다. 동학교단 포조직의 이용이 농민군 동원의 확실한 방법으로 인식될 수 있었다는 점, 이 집회를 계기로 동학운동, 교조신원운동이 아닌 반외세·반봉건 농민전쟁의 가능성을 확신하게 되었다는 점, 나아가서 집회와 해산을 거듭하는 동학교단적 운동의 한계성을 정확히 인식하고 그것을 넘어설 수 있는 방법을 찾는 계기가 되었다는 점에 이 집회의 의의가 있었다.

동학교단 주도로 보은집회가 열리고 있을 무렵 전라도 금구(金溝)에서 교단 쪽과는 직접 연결되지 않은 집회가 약 1만 명이 모인 가운데 따로 치러졌다. 이들은 동학교단이 주동한 보은집회를 정치적 성격의 집회로 유도하려 했다. '금구취회(金溝聚會)'로 불린 이 집회의 지도자는 전봉준·서장옥(徐璋玉, ?~1900) 등이었고 정부는 곧 이들에 대한 체포령을 내렸다. 교단이 주도한 동학운동은 보은집회로 일단 끝나고, 금구집회를 주동한 세력을 중심으로 고부민란(古阜民亂)이 폭발했다. 이 민란을 기점으로 남접에 가담했던 농민지도자 전봉준·손화중(孫化中, 1861~95)·김개남(金開南, 1853~94) 등이 주도하는 농민전쟁이 전개되었다.

'금구취회'가 끝난 후 전봉준은 고부 농민 40여 명과 함께 군수 조병갑(趙秉甲)의 악정을 규탄하고 곧 20명의 이름으로 사발통문을 띄워(1893. 11) 거사를 계획했다. 다시 고부 농민 60여 명과 함께 직접 전주감영으로 가서 고부 고을의 폐정(弊政)에 대한 시정을 요구했으나 쫓겨났다. 이에 전봉준 등은 마침내 갑오농민전쟁의 도화선이라 할 수 있는 고부민란을 일으키기에 이르렀다(1894. 1. 9).

약 10개월에 걸쳐 전라도를 중심으로 거의 전국적으로 펼쳐졌던 농민전쟁은, 그 과정을 대체로 4단계로 나눌 수 있다. 제1단계는 농민전쟁의 준비기인 고부민란 단계이다. 고부군수 조병갑의 극심한 가렴주구에 저항하면서 전봉준 등은 1천여 명의 농민군을 이끌고 군아(郡衙)를 습격했다. 군수를 내쫓고 아전들을 징벌한 후 곡식을 풀어 농민들에게 분배하고 10여 일간 군아를 점령했다가 일단 해산했다.

고부민란은 일단 해산되었으나 군수와 아전을 징벌하는 데 그친 민란이 아니었다. 전봉준이 말한 것과 같이 "전라 일도(一道)의 탐학을 없애고 내직(內職)의 매작(賣爵)하는 권신(權臣)을 축출하면 팔도가 자연히 일체가 되리라"는 생각으로 일으킨 민란이었다. 민씨 일파의 중앙권력까지 축출할 것을 생각하고 일으킨 농민전쟁의 전초전이었던 것이다.

농민전쟁의 제2단계는 제1차 농민전쟁기로서 고부민란 후 무장(茂長)에서 다시 일어난 농민군이 전주에 입성하기까지이다. 고부민란 후 정부 측의 농민 탄압이 한층 더 강화되었으므로 전봉준은 손화중·김개남 등과 제휴하고 다시 봉기했다.

전봉준이 총대장, 손화중·김개남이 총관령(總管領)이 되어 조직을 정비하고 1만 3천 명이 넘는 농민군을 이끌고 황토현(黃土峴)에서 전투를 벌여 관군을 크게 무찔렀다. 이후 정읍(井邑)·고창(高敞)·무장·영광(靈光)·함평(咸平)을 차례로 함락하고, 장성(長城)의 황룡촌(黃龍村)에서 서울에서 온 관군의 원병을 대파한 후 전주에 입성했다(1894. 3).

제3단계는 전주 점령 후 농민군이 정부군과 화약(和約)을 맺고(1894. 5. 8) 자신들의 정치적 이상을 펼치려 한 시기이다. 전주화약의 결과로 전라도 53주(州)에는 농민적 자치기관이라 할 수 있는 집강소(執綱所)가 설치되었다. 농민군 중에서 임명되어 수령의 업무를 대행하는 집강(執綱)에 의해 농민군이 제시한 폐정개혁안이 실천되어갔다.

폐정개혁안의 내용은 동학교도와 정부와의 서정(庶政) 협력, 탐관오리와 횡포한 부호, 불량한 양반에 대한 엄징, 노비문서 소각, 천인에 대

민족기록화 「동학농민군의 백산봉기」

한 대우 개선, 청춘과부의 개가 허용, 무명잡세의 폐지, 문벌 타파와 인재 등용, 일본과 내통한 자 엄징, 공사채(公私債)의 무효화, 토지의 평균 분작 등이었다.

그러나 농민군이 정부군과 화약을 맺은 것은 당초 목적했던 "서울로 쳐들어가 권귀(權貴)들을 축출"하는 일을 포기한 것이며, 또한 정부에 외국군을 끌어들일 시간적 여유를 주게 되었다. 정부는 전주화약이 성립되기 10일 전부터 이미 청국과 농민군 진압을 위한 원병 교섭을 벌이고 있었다.

농민전쟁의 마지막 제4단계는 제2차 농민전쟁기이다. 청일전쟁에서 승기를 잡은 일본이 적극적으로 조선의 내정을 간섭하는 한편, 조선정부가 일본군으로 하여금 농민군을 '토벌'하게 하려 하자 이에 대항하여 약 1만 명의 농민군이 다시 일어났다(1894. 10. 12). 다시 일어난 농민군은 일본군을 공격하면서 논산(論山)에 집결하여 대본영(大本營)을 설치하고 공주(公州) 우금치(牛金峙)에서 격전을 벌였으나 패했다(1894. 11. 10). 농민군은 곧 전라도 지역으로 후퇴하여 재기를 계획했으나, 전봉준이 체포되어 전쟁은 사실상 끝나고 말았다.

### 농민전쟁의 역사성

갑오농민전쟁을 조선왕조정부는 '동학란(東學亂)'이라 불러 하나의 종교단체가 일으킨 반란으로 성격지으려 했다. 그러나 뒷날의 역사학은 그것을 동학교도만의 반란으로는 보지 않고, 동학교단의 지도에 농민이 참가해 일으킨 전쟁 내지 혁명으로, 혹은 동학교단보다 농민 지도층의 주도로 폭발한 농민전쟁으로 이해하게 되었다.

제1차 농민전쟁이 일어났을 때 동학교주 최시형(崔時亨, 1827~98)은 각 지방에 "작폐(作弊, 봉기蜂起)를 금지한다"는 통문을 보냈다. 전봉준이 제2차 농민전쟁을 일으키면서 교단의 주류인 북접에 대해 연합을 제의했으나, 북접은 "도(道, 동학도東學道)로써 난(亂)을 지음은 불가한 일이다. 남접의 전봉준과 서장옥은 국가의 역적이요 사문(師門)의 난적이라. 우리는 빨리 그들을 공격하자"라는 통문을 각 지방에 보냈다. 이런 사실들이 이 전쟁을 '동학란'으로 볼 수 없는 중요한 근거가 되고 있다.

전쟁 기간을 통해 농민군 쪽이 내놓은 폐정개혁안이나 집강소 운동 등을 통해 추출할 수 있는 이 전쟁의 성격은 두 가지로 요약될 수 있다. 첫째, 이 전쟁의 목적이 조선왕조 봉건체제 자체를 완전히 청산하려는 데까지 나아가지는 못했고 봉건체제 안에서 개혁을 이루려는 데 한정되었으나, 이 개혁은 결국 봉건체제 자체의 청산으로 연결될 수밖에 없는 것이었다. 둘째, 이 전쟁은 일본을 비롯한 외세의 침략을 저지하고 국권을 수호하려는 데 그 목적이 있었다. 다시 말하면 반봉건·반외세 투쟁이었다고 요약할 수 있다.

포로가 된 갑오농민군

갑오농민전쟁은 문호개방 후 한층 더 심화된 조선왕조 사회의 정치·경제·사회적 모순 위에서, 밖으로 외세에 대항하면서 안으로 봉건 지배 체제를 개혁하기 위해, 넓은 의미의 농민층이 일으킨 전쟁이었다. 이 전쟁은 안으로 봉건적 지배계급과 밖으로 외국 침략세력이라는 두 적 모두에 대항하여 싸우는 전쟁이 될 수밖에 없었다. 그러나 결국 그 두 힘의 연합세를 이기지 못하고 실패했다.

갑오농민전쟁을 문호개방 이후 최초로 기도된 부르주아적 개혁운동이었던 갑신정변과 비교해보면 그 역사성이 한층 더 뚜렷해진다. 갑신정변의 개혁안은 지주적 토지 소유를 인정한 지조법의 개혁과 문벌 타파, 과거제도 폐지에 머물렀다. 이에 비해 갑오농민전쟁은 농민적 토지소유 실현의 과도적 단계인 '토지의 평균 분작'을 요구했고, 노비문서의 소각을 요구하는 데까지 나아갔다.

그러나 갑오농민전쟁이 가지는 역사적 한계성도 또한 뚜렷하다. 사회·경제 면의 높은 혁명성에도 불구하고 권력구조상의 개혁 대상은 중앙정부의 '권귀(權貴)'에 한정되었다. 조선왕조 자체나 왕권을 타도 대상으로 삼는 데까지는 나아가지 못한 것이다. 전주를 점령한 농민군이 정부군과 화약을 맺고 전라도 일대에 한정된 집강소 운동을 통한 전쟁 이념의 실천에 만족한 것도, 그 때문에 정부에 외국군을 끌어들일 시간적 여유를 주게 된 것도, 왕조와 왕권까지 부정하지 못한 농민군 지도부의 정치의식의 한계성에 기인한 것이라 볼 수 있다.

농민전쟁이 가지는 이같은 한계성에도 불구하고, 또 외국의 간섭으로 인한 전쟁의 실패에도 불구하고 갑오농민전쟁은 조선왕조정부로 하여금 갑오개혁을 단행하지 않을 수 없게 했다. 비록 농민군이 요구한 '토지의 평균 분작'과 같은 문제에서는 전혀 진전이 없었다 해도, 갑오개혁에서 전제군주권이 일정하게 제한되고, 노비제도가 전면적으로 폐지되었으며, 무명잡세의 정리에 일정한 진전이 있었다.

농민전쟁의 실패로 갑오개혁은 농민군의 지도층이 아닌 온건한 시무개화파가 주도하게 되었다. 이는 갑오개혁의 주체성과 혁명성을 크게 제약하는 반면, 그 타율성과 타협성·개량성을 그만큼 높이는 결과를 가져왔다. 그것은 또 이 시기의 역사가 근대 민족국가 형성에 실패하고 식민지화의 길을 걷게 되는 하나의 중요한 갈림길이 되었다.

갑오농민전쟁은 갑신정변과 같은 부르주아적 생각을 가진 귀족 출신이나 뒤에 나타날 독립협회운동과 같은 근대적 지식인 및 도시민 중심의 운동이 아니었다. 사회·경제적 처지가 빈농과 같은 상태로 떨어진 일부 농촌지식인들에 의해 지도되고 여기에 광범위한 농민층이 참가한 농민전쟁이었다. 그러나 그 역사적 위치는 갑신정변 이후 여러 사회계층이 참가하여 추진되던 부르주아 민족운동의 일환이었다.

농민전쟁이 끝난 후 그 잔여세력의 일부는 뒤이어 일어난 봉건유생

주도의 초기 의병전쟁에도 참가했으나 그 주체가 되지는 못했다. 그러나 농민전쟁의 역사적 지향은 대한제국시기의 각종 민란이나 영학당(英學黨)·활빈당(活貧黨) 등의 활동에 계속 이어져 반외세·반봉건 민중운동으로 발전해갔다.

## 제2절 독립협회운동

### 독립협회

갑오농민전쟁이 외세 개입으로 실패하고 청일전쟁이 일본의 승리로 끝난 후 국내외 정세는 급변해갔다. 삼국간섭으로 러시아의 한반도 진출이 현저해졌고, 이에 대항하기 위한 일본의 책동으로 민비 살해사건이 일어났다. 그후 왕이 러시아공사관으로 옮겨가면서 김홍집의 친일정권이 무너지는 한편, 한반도에서 열강의 이권쟁탈전이 본격화했다.

이 무렵 갑신정변 후 미국에 망명했다 돌아온 서재필이 중심이 되고 문호개방 이후 계속 성장한 국내 신지식층이 합세하여, 『독립신문』을 발행하고(1896. 4. 7) 독립협회를 설립하며(1896. 7. 2) 새로운 형태의 개화자강운동을 벌여나갔다. 갑신정변이 부르주아적 정치의식을 가진 귀족 청년층이 기도한 위로부터의 개혁운동이었고, 갑오농민전쟁이 일부 몰락 양반층이 지도하고 농민이 주동한 아래로부터의 개혁운동이었다면, 독립협회운동은 이들 두 운동의 실패 경험을 바탕으로 한, 중간층도 참가한 부르주아적 사회계층의 개혁운동이었다.

『독립신문』 발행과 독립협회 활동을 통한 이 운동의 내용은 대체로 주권독립운동과 민권운동 두 가지로 요약될 수 있다. 우선 이 시기 국가적 독립의 확립은 어떤 정치운동보다도 긴요하고 우선적인 것이었다.

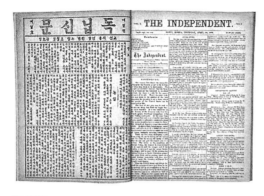

「독립신문」

임오군변 이후 청나라의 적극적 정치 간섭에 대항하여 국가적 독립을 실현하려 했던 갑신정변이 청나라의 무력 개입으로 실패했다. 그러나 갑오농민전쟁과 청일전쟁을 겪으면서 국제정세는 급격히 변화했다. 청나라가 한반도 문제에서 크게 후퇴한 반면, 러시아의 진출로 한반도에서 러·일간의 대립이 심화되고 열강의 이권 쟁탈 경쟁이 본격화해간 것이다.

독립협회의 주권수호운동은 대체로 세 가지 측면으로 나타났다. 첫째, 국가체제를 종래의 왕국에서 황제국으로 바꾸어 독립국의 체제를 갖추고 그 국제적 지위를 높이기 위해 정부에 대해 칭제건원(稱帝建元)을 요구하는 일이었다. 이 무렵에는 독립협회 이외에도 '칭제건원'을 요구하는 여론이 높았으며 정부도 이를 받아들여 대한제국이 성립되었다.

독립협회의 주권수호운동은 두번째로 국민 일반에게 독립의식을 고취하는 방법으로 나타났다. 『독립신문』과 『독립협회보』의 논설을 통해 주권독립의 의미와 필요성 그리고 독립국민으로서의 자세를 계몽하는 한편, 국민의 성금을 모아 독립문·독립회관·독립공원 등을 만들어 독립의식을 높여갔다. 오랫동안 지속된 청나라와의 종속관계에서 완전히 벗어나기 위해, 국가의 체제를 독립국의 그것으로 바꾸고 국민의식을 독립 국민의 것으로 바꾸는 것이 독립협회 활동의 중요한 목적 중 하나였다.

독립협회의 주권수호운동은 세번째로 이권양여(利權讓與) 반대운동으로 나타났다. 청일전쟁 후 자본주의 열강의 한반도 침략은 종래의 상품판매 단계를 넘어 철도부설권·광산채굴권·산림채벌권 획득과 조차지·군사기지 확보 등의 구체적 이권 쟁탈 단계로 접어들고 있었다. 이때문에 국민경제는 물론 국가의 주권 자체가 크게 침해되었다. 따라서 독립협회운동도 이권양여 반대운동에 집중되어갔다.

한편 독립협회의 민권운동은 인권신장운동과 인민참정권운동으로 크게 나눌 수 있다. 우선 인권신장운동은 천부인권사상을 근거로 한, 국민의 생명 및 재산권 보호를 목적한 운동이었다. 오랜 전제군주제 및 그것과 결탁한 양반관료층의 수탈로부터 국민을 보호하려는 운동이었다.

서구 시민사상의 영향을 받은 인권신장운동은 "백성마다 얼마만큼 하느님이 주신 권리가 있는데 그 권리는 아무라도 뺏지 못하는 권리"라 했다. 또 "일호 일리라도 백성의 재물은 법률 외에 취하지 않아야 한다"는 주장을 펴나갔고 실제로 독립협회 회원에 대한 정부의 구속 및 재산 약탈에 항거하여 효과를 거두기도 했다. 또한 정부가 갑오개혁 때 폐지한 참형(斬刑)제도와 연좌법(連坐法)을 부활하려 하자 끈질긴 항쟁을 벌여 이를 저지했다.

독립협회의 인민참정권운동은 구체적으로 의회설립운동(議會設立運動)으로 나타났다. 정부에 제출한 의회설립안은 일종의 상원 설치안이었다. 갑오개혁 때 내각의 자문에 응하고 법률을 심의 제정하는 기관으로 만들어졌으나 기능을 발휘하지 못하고 있던 중추원(中樞院)을 강화하여 의회 구실을 하게 하자는 안이었다. 구체석으로 이 중추원의 의관(議官)을 50명으로 하되, 절반은 관선, 절반은 민선으로 하며 민선의관 25명은 전원 독립협회 회원으로 충당할 것을 주장했다.

독립협회의 이같은 상원 설치안에 대해 보부상단체 중심으로 조직된 황국협회(皇國協會)는 하원 설치를 요청했다. 결국 중추원을 의회 기능으로 바꾸고 민선의관을 독립협회 회원 중에서 선출하자는 독립협회의 요구가 관철될 것 같았다. 그러나 이를 계기로 항간에는 독립협회가 공화정부를 만들어 대통령제의 신정부를 세우려 한다는 풍문이 떠돌았다. 이에 자극된 황제 중심의 보수세력이 독립협회의 중심인물 17명을 체포하고 독립협회를 해산시켰다(1898. 12).

### 만민공동회

독립협회 회원 중 진보 정치세력이 국정개혁을 실현하기 위해 일으킨 대중운동의 하나라 할 수 있을 만민공동회(萬民共同會)는, 이 시기에 나타난 민중적 정치운동의 새로운 양상을 보여준 것이라 할 수 있다. 만민공동회는 먼저 관민공동회(官民共同會)에서 시작되었다. 참형제도와 연좌법 부활을 기도하던 보수파 각료 7명이 독립협회의 압력으로 물러나고, 정권이 한때 상대적으로 진보성향을 지닌 대신에게 돌아가게 되자, 독립협회를 중심으로 한 개혁주의자들이 정부로부터 국정개혁의 약속을 받기 위해 대신들을 참석시킨 민중대회를 종로에서 열었다.

지식인·학생·부인·상인·승려, 심지어는 백정에 이르기까지 사회 각층 1만여 명이 모인 군중대회에서, 첫째, 외국에 의존하지 말고 관민이 합력하여 전제황권을 공고히할 것, 둘째, 광산·철도·석탄·산림의 개발 및 차관(借款)·차병(借兵)과 외국과의 조약은 각부 대신과 중추원 의장이 합동으로 서명하지 않으면 시행되지 못하게 할 것, 셋째, 전국의 재정은 모두 탁지부에서 관할하여 정부의 다른 기관이나 사회사(私會社)가 간섭하지 못하게 하고 예산과 결산을 인민에게 공표할 것, 넷째, 중죄인을 공판에 회부하되 피고가 자복한 후에 재판할 것, 다섯째, 칙임관(勅任官)은 황제가 정부의 과반수 동의를 받아 임명할 것, 여섯째, 장정

(章程)을 실천할 것 등의 '헌의6조(獻議六條)'를 의결하여 참석한 각료들의 동의를 받았다. 황제에게도 그대로 실시할 것을 약속받았다.

그러나 곧 독립협회가 해산당하자 정부의 탄압에 분노한 그 회원들과 서울시민 수천 명이 협회 간부들이 구금되어 있던 경무청(警務廳) 앞으로 몰려가 만민공동회를 개최하여 정부의 처사에 항의 농성했다. 종로의 시전상인들도 이에 동조하며 철시했다. 독립협회의 부활과 '헌의6조' 실시를 요구하는 만민공동회의 민중운동이 약 20일 동안 계속되었다. 정부는 보부상단체인 황국협회 회원을 동원하여 폭력으로 이를 저지했고, 갖은 방법을 다해 결국 이를 해체시켰다.

만민공동회 운동은 황제와 보수 정치세력의 탄압으로 실패했다. 그러나 그것은 문호개방 후 20여 년간에 걸쳐 성장한 근대적 정치세력과 신지식인층 그리고 민중세력이 중심이 되어 벌인 이 시기 민권운동의 정점이었다. 만민공동회 운동이 실패한 후 그에 대한 반발로서 보수정권이 강화되고, 그 결과 '대한국 국제'가 선포되었다. 이후 전제황권이 강화된 조건 아래서 경제적·기술적인 면에서만 근대화정책이 일부 실시되었으나 결국 러일전쟁을 거쳐 식민지화의 길을 걷게 되었다.

### 운동의 성격

독립협회운동은 갑신정변과 갑오농민전쟁을 경험하고, 문호개방 후 20여 년간의 부르주아적 사회계층의 성장을 바탕으로 하여 나타난 운동이었다. 이 운동은 신문 발간이나 강연회·토론회 개최 단계에서 만민공동회와 같은 적극적이고 대중적인 정치운동으로까지 발전했다. 이시기의 민주주의운동이 그만큼 급성장한 것으로 평가될 수 있다.

만민공동회와 독립협회의 정치운동이 실패한 원인의 하나로 일부 과격한 운동세력의 급진적 개혁 요구와 행동을 지적하는 경우도 있다. 그러나 다른 측면에서 보면 운동주체, 특히 독립협회의 상부 지도층과 일반회원 사이의 시국관 내지 운동관의 차이점이 실패의 원인으로 지적될 수 있다.

이 문제는 독립협회운동 주도자들이 궁극적으로 추구한 정치형태가 무엇이었는가 하는 데서 접근할 수 있다. 독립협회운동의 주도자들이 궁극적 목표를 국민혁명과 그 결과로서의 국민주권국가 수립에 두었는가, 아니면 갑신정변 때와 같은 입헌군주제 지향에 머물렀는가 하는 점이다. 이에 따라 이 운동이 근대 민족운동에서 차지하는 위치가 크게 달라지며, 또 독립협회 주도자와 만민공동회 민중 간의 이해 차이도 드러날 수 있을 것이다.

독립협회운동이 갑오농민전쟁과 함께 개항기의 어느 정치운동보다도 민권주의적 성격이 높았던 것은 사실이다. 그러나 만민공동회 추진 세력을 중심으로 하는 그 하부층에서 공화제론이 나온 데 비해, 독립협회운동을 주도한 그 상층부가 국민혁명과 국민주권주의를 지향하기 위해 군주권을 부인했는가 하는 문제에까지 생각이 미치면, 상당한 한계성이 있었음을 간과할 수 없다.

독립협회가 지향한 군권은 '군림은 하나 통치하지 않는' 존재라기보다 '전제황권'적인 것이었다. 그 의회개설론도 절반은 관선의원이고 나머지 절반은 독립협회의 회원으로 구성하도록 되어 있었다. 독립협회가 지향한 권력구조는 결국 군권과 독립협회가 반분하되, 독립협회로써 민권을 대신하려 한 것이었다.

결국 종래 왕권과 보수 정치세력이 지배하던 국가를 황제권과 진보 정치세력의 결집체인 독립협회가 대신 지배해야 한다는 주장으로 볼 수 있다. 따라서 독립협회의 타도 대상은 군권이 아니라 그것과 유착한 보수 정치세력이었다. 그 때문에 "정부에서 벼슬하는 사람은 임금의 신하요 백성의 종이라, 종이 상전의 경계와 사정을 자세히 알아야 그 상전을 잘 섬길 터인데 조선은 거꾸로 되어 있다"라고 한 것과 같이, 그 민권신장론도 왕의 존재를 부인하거나 그 책임을 묻는 데까지 미치지 못하고 보수 관료들을 제거하는 데 한정되었다.

독립협회의 독립관에 모인 사람들

독립협회의 국민주권론의 또다른 한계성은 그 민중관에서 드러난다. 하원 설치 주장에 반대하면서 "하의원이라 하는 것은 백성에게 정권을 주는 것이다. 무식하면 한 사람이 다스리나 여러 사람이 다스리나 국정이 그르기는 마찬가지요, 무식한 세계에는 군주국이 도리어 민주국보다 견고함은 고금 사기(史記)와 구미 각국 정형을 보아도 알지라" 한 것과 같이 독립협회 회원 이외의 국민의 참정 능력은 부인하고 있다.

독립협회 주도자들의 정치관에서는 국민혁명이 부인되었고 갑오농민군이나 의병도 토벌의 대상밖에 되지 않았다. 당시 일부 민중세계에 혁명설이 나돈 데 대해 독립협회는 "세상일을 근심하는 사람들이 말하되, 백여 년 전에 불란서에 났던 민변(民變)이 대한(大韓)에 날까 염려하나 대황제 폐하께옵서 여정도치(勵精圖治)하시는 세계에 그런 변이 있을 리 만무하다" 하여 조선에서 시민혁명의 가능성을 부인했다.

자본주의 열강의 침략이 심화하고 이에 대항하는 갑오농민전쟁, 의병전쟁 등 민중항쟁이 일어났음에도 독립협회는 "조선은 세계 만국이 오늘날 독립국으로 승인하여주어 조선 사람이 어떤 나라에 조선을 차지하라고 빌지만 않으면 차지할 나라가 없을지라. 그런 고로 조선에서는 해·육군을 많이 길러 외국이 침범하는 것을 막을 까닭도 없고 다만 국중에 해·육군이 조금 있어 동학이나 의병 같은 토비(土匪)나 진정시킬 만하였으면 넉넉할지라" 했다. 독립협회 주도자들과 민중세계 사이의 이해의 차이는 분명했다.

만민공동회의 반정부 시위가 절정에 다다랐을 때 유포된 공화제 정부 수립설이 어느 쪽에서 나온 것인지는 불분명하다. 독립협회 주도세력의 정치의식이 군권 부정 단계에는 이르지 못했음도 확실하다. 이 점에서 만민공동회의 일부 공화주의 추진 민중세력과 독립협회 주도세력 사이의 정치관의 차이를 발견할 수 있다. 또한 독립협회 회장 윤치호(尹致昊, 1865~1945)가 협회 해산 후 오히려 원산감리(元山監理)로 임명되어 간 사실도 주목될 수 있다.

독립협회운동은 국권수호운동과 민권신장운동의 성격을 함께 지니고 있었다. 그러나 그 민권신장운동은 대단히 제한된 것이었고 오히려 국권수호운동적 성격이 더 컸다. 이 점에서 일반 민중세계의 정치적 이해와는 상당한 거리가 있었다고 볼 수 있다. 부르주아 민족운동의 궁극적 목적이 국민주권주의의 달성에 있다는 관점에서 보면 독립협회운동의 한계성은 뚜렷하다. 이 한계성이 운동 실패의 가장 중요한 원인이었다고 볼 수 있다.

강대국에 대한 독립협회의 태도도 친영미·반러시아 성격이 짙었다. 그것은 당시 미국·영국·일본을 연결하는 해양세력이 대륙세력 러시아의 남하정책을 적극적으로 저지하고 있던 세계정세의 일환으로도 이해될 수 있다.

## 제3절 의병전쟁

### 초기 의병과 민중운동

당초 의병전쟁은 부르주아 계층이 주도한 독립협회운동이나 애국계몽운동과는 달리 봉건 유생층과 갑오농민전쟁의 농민군 중 일부 잔여세력이 일으킨 반외세 무장투쟁으로 출발했다. 그러나 이 전쟁은 역사적 조건의 변화에 따라 그 주체와 구성과 지향이 바뀌어갔다. 전체 의병전쟁의 발전과정은 크게 보아 3단계로 나누어볼 수 있다.

제1단계 전쟁은 1880년대 초반의 척사위정운동을 계승한 유생들이 민비 살해사건과 단발령 등에 자극되어 일으켰다가 아관파천으로 해산된 을미의병(乙未義兵)이었다. 제1단계 의병이 해산된 후에도 갑오농민전쟁의 이념을 계승한 농민층의 민란이나 항조(抗租)·항세(抗稅) 운동 그리고 활빈당·영학당·남학당(南學黨) 등의 항쟁이 계속되었다.

'을사보호조약' 체결을 계기로 제1차 의병세력과 이들 농민항쟁세력 등이 결합하여 제2단계 의병전쟁이 전개되었다. 을사의병(乙巳義兵)이 그것이다. 이후 1907년의 군대 해산을 계기로 제2단계 의병세력과 해산군인이 합세하여 추진하는 제3단계 전쟁으로 발전하게 된다. 바로 정미의병(丁未義兵)이다.

제1단계 의병전쟁에서 가장 두드러진 활동을 한 것은 제천(堤川)에서 일어난 유인석(柳麟錫, 1841~1915) 부대와 춘천(春川)에서 일어난 이소응(李昭應, 1861~1928) 부대, 선산(善山)에서 일어난 허위(許蔿, 1855~1908) 부대 등이었다. 이들 의병부대는 3천~4천 명의 병력으로 지방관아를 습격하여 그들이 '왜군수(倭郡守)'라 부른 친일정권의 수령들을 처치하고, 한때 정부군 및 일본군과 싸웠다.

지방의 이름있는 유생들이 지휘부를 이루어 존왕양이(尊王攘夷)를 내세웠던 의병부대는 곳곳에서 정부군과 일본군의 공격을 받아 어려운 싸움을 벌였다. 지휘부를 이룬 유생층들은 아관파천으로 친일정권이 무너지고 국왕이 회유조칙을 내리자 전쟁의 명분을 잃고 모두 해산했다.

보수 유생들의 의병 해산에도 불구하고 농민층의 항쟁은 계속되었다. 1898년부터 계속 일어난 전라도 지방의 민란을 배경으로 1899년에는 고부·흥덕·무장·고창에서 영학당 중심의 조직적 농민봉기가 일어났다. 이 영학당의 항쟁은 동학 남접의 남은 세력이 벌인 것이었다.

같은 무렵 제주도에서는 남학당이란 종교집단이 주도한 '방성칠(房星七)의 난'이 일어났다(1898). 지방관과 결탁한 일본 상인의 곡물 수출이 이 민란의 직접 원인이었다. 민란 세력은 조세 수취구조의 개혁을 요구하는 한편, 제주도를 중앙정부로부터 분리하려고 기도하기까지 했다. 제주도에서는 1901년에도 항조·항세 반봉건운동과 천주교 반대를 내세운 반외세 민란이 일어났다.

한편, 청일전쟁 이후 곡물의 대량 유출로 지주제가 강화되면서 토지에서 유리되는 농민이 많아졌다. 이들이 19세기 중반 이래 증가한 화적당(火賊黨)들과 결합하여 전국적 조직의 활빈당으로 발전했다. 활빈당은 부호들의 재물을 빼앗아 빈민들에게 나누어주기도 하고 사전(私田) 혁파, 철도부설권 양여 반대 등을 주장하는 '대한사민논설(大韓士民論說) 13조목'이라는 강령을 발표하며 1900년에서 1905년 무렵까지 반봉건·반외세 투쟁을 벌였다.

갑오농민전쟁이 실패한 후 농민층은 전국적인 반외세·반봉건 투쟁을 전개할 만한 역량을 잃고 분산적인 항쟁을 전개할 뿐이었다. 이에 비해 지배층의 일부인 양반 유생층은 향촌사회에서 그 정치적·사회적 주도권을 아직 유지하고 있어서 의병운동과 같은 비교적 광범위한 반외세 투쟁을 일으킬 수 있었다.

이들은 갑오농민전쟁으로 조선왕조적 지배체제 유지에 전면적 위기를 느낀데다 일본의 침략으로 그 지배질서가 직접 위협을 받게 되자 반대투쟁을 벌인 것이다. 따라서 그 투쟁은 조선왕조적 지배질서를 유지하려는 데 일차적 목적이 있는 근왕주의적인 것이었다.

초기의 의병이 해산된 후에도 계속된 농민층의 투쟁은 유생 의병장의 유교적 근왕주의와는 달리 갑오농민전쟁의 반봉건·반외세 노선을 계승하고 있었다. 분산적으로 계속 투쟁하던 농민 의병들은 '을사보호조약' 체결(1905)을 계기로 9년 만에 다시 일어난 유생 주도 의병부대와 결합하기도 하고, 또 독자적으로 의병부대를 조직해서도 싸웠다. 제2단계 의병투쟁은 제1단계의 그것보다 질적·양적으로 더 고양되었고, 제3단계 투쟁에서는 일본군에 대한 전면적 전쟁으로 발전하였다.

### 의병전쟁의 발전

제2단계 의병전쟁은 '을사보호조약' 체결에 반대하면서 일어났다. '보호조약' 반대운동은 일부 관료 유생층의 자결과 상소, 계몽운동 계열의 언론활동을 통해 광범위하게 일어났으며, 한편으로 유생층을 지휘부로 한 농민층의 의병항쟁이 다시 전국적으로 일어났다.

강원도 원주에서 원용팔(元容八, 1862~1907) 부대가 제일 먼저 군사를 일으킨 데 뒤이어 충청도 홍주(洪州)의 전 참판 민종식(閔宗植, 1861~1917) 부대, 전라도 태인 무성서원(武城書院)의 전 참정(參政) 최익현 부대, 경상도 영천의 성용기(鄭鏞基, 1862~1907) 부대, 영해(寧海)의 신돌석(申乭石, 1878~1908) 부대 등이 일어났고, 이밖에도 전국 각지에서 크고작은 규모의 의병부대가 앞을 다투어 일어났다.

비교적 규모가 컸던 민종식 부대는 총기를 가진 군사가 6백 명이었고

6문의 화포도 갖추어 한때 홍주성을 점령했다. 9백여 명 병력의 최익현 부대는 일본의 '기신배의16죄(棄信背義十六罪)'를 발표하고 태인·순창·곡성을 공격했다. 평민 출신 의병장 신돌석 부대도 3천 명의 군세로 경상도 동해안을 중심으로 유격전을 벌였고, 정용기 부대는 정용기가 전사하자 그 아버지 정환직(鄭煥直, 1843~1907)이 대신 부대를 지휘하여 흥해(興海)·영덕(盈德)·청송(靑松) 일대에서 싸웠다.

'을사보호조약'에 반대해 일어난 제2단계 의병전쟁이 전국적으로 번져나갈 즈음, 일본의 강압에 의해 대한제국 정부군이 해산되었다(1907). 해산된 군인들의 일부가 가담함으로써 의병전쟁은 그 규모와 성격 면에서 하나의 전환기가 되는 제3단계로 접어들었다. 군대 해산에 반대하면서 제일 먼저 항일전선에 나선 것은 원주 진위대(鎭衛隊)와 강화도 분견대(分遣隊) 장병들이었다. 이들에 뒤이어 수원 진위대와 홍주 분견대, 진주 진위대 장병들이 무기를 가진 채 근처 의병부대에 투신함으로써 의병전쟁 전체에 큰 활기를 불어넣었다.

해산 군인의 가담으로 무기와 병력이 크게 강화된 전국 의병부대들은 마침내 서울 진격을 목적으로 연합전선을 형성하기에 이르렀다. 이인영(李麟榮, 1867~1909)을 13도 총대장, 허위를 군사장(軍師長)으로 관동(關東)·교남(嶠南)·관서(關西)·호남(湖南)·호서(湖西)·진동(鎭東)·관북(關北) 등 전국의 의병대장이 인솔하는 약 1만 명 병력이 서울 근교인 양주(楊州)에 집결했다. 그 가운데 해산 군인 약 3천 명은 양총(洋銃)으로, 나머지 농민군은 화승총(火繩銃)으로 무장했다.

총대장 이인영은 먼저 사람을 각국 영사관에 보내 의병부대를 국제공법상의 전쟁단체로 인정해줄 것을 요청했다. 그는 선발대를 인솔하고 서울 30리 밖까지 진출했으나 후속부대와의 연결이 끊어진데다 일본군의 완강한 저항으로 일단 후퇴했다. 이때 이인영은 부친의 부고를 받고 "불효는 곧 불충이라" 하여 지휘권을 군사장 허위에게 맡기고 귀향해버렸다. 총대장이 없는 상태에서 의병 연합군은 서울 진격을 감행했으나 실패하여 다시 전국으로 흩어졌다.

13도 창의군 서울 진격전 모형

한일'합방'이 임박한 1908년에서 1909년 사이에는 의병 참가 인원수가 급증했고 일본군과의 전투 횟수도 많아졌다. 대한제국 정부 경무국의 조사에 의하면 1908년 후반기에만도 의병과 일본군의 접전 횟수는 1900여 회나 되었고, 참가 의병 수도 약 8만 3천 명에 이르렀다. '합방' 전해인 1909년 전반기에는 1700여 회의 접전에 3만 8천여 명이 참가했다.

또한 1906년에서 1911년까지 6년 사이에 일본 경찰을 제외한 정규 일본군과의 접전 횟수만도 2800여 회에 이르렀고, 참가 의병의 연인원수는 약 14만 명이나 되었다. 해산 당시 대한제국 정부군 총수가 8800명에 불과했는데 민병인 의병에 참가한 사람의 수는 14만 명이나 되었으며, 1907년부터 1909년 사이에 그 가운데 약 5만 명의 사상자가 발생했다.

제1단계와 제2단계 의병전쟁이 한 사람의 의병장을 중심으로 하는 분산적이고 고립적인 단위부대 중심의 전쟁이었던 데 비해, 제3단계에는 같은 지역 의병부대들이 횡적 연결을 가지고 합동작전을 펴는 경우가 많아졌다. 비록 실패는 했지만 '합방' 직전인 1908년에는 전국 의병의 연합전선이 성립되어 서울진공작전이 기도되기도 했다.

특히 이 무렵의 의병 연합군이 외국 영사관에 의병을 국제공법상의 전쟁단체로 인정해줄 것을 요구한 사실을 보면, 이 단계의 의병전쟁은 이미 근왕운동의 한계를 벗어나 민족해방전쟁의 성격을 가지기 시작한 것이라 할 수 있다.

의병전쟁의 가장 큰 어려움은 무기 조달 문제에 있었다. 1907년의 '총포 및 화약 단속법'에 의해 압수된 무기에는 해산 군인 의병들이 지녔던 신식화기가 3700정이었고, 화승총을 비롯한 구식무기는 1만 점에 가까웠다. 의병부대들이 스스로 무기류를 제조하거나 중국 쪽에서 구입하는 경우도 있었으나, 정부와 일본군의 방해로 최소한의 총기와 탄환도 조달하기 어려운 실정이었다.

제대로 무장되지 못한 민병조직과 신식무기로 무장한 일본 정규군과의 싸움은 이미 그 승패가 예상된 것이었다. 그러나 영국인 신문기자 맥켄지(F.A. McKenzie)가 기록한 양근(楊根)에서 만난 어느 의병장이 한 말과 같이, "일본의 노예로 살기보다 자유로운 몸으로 죽는 것이 훨씬 더 낫다"고 생각했던 의병들은 유격전을 벌이다가 '합방' 직전 일본군의 무자비한 대규모 '토벌작전'으로 전사하거나 포로가 되었고, 나머지는 만주 지방으로 이동해 의병이 아닌 민족해방운동의 전사가 되었다.

### 전쟁의 성격 변화

민비 살해나 단발령에 자극되어 일어난 초기 의병과 '을사보호조약' 체결을 반대해서 일어난 유생층 주도 의병전쟁은 그 사상적 기반을 척사위정론에 두었다. 척사위정사상은 대원군정권 때 서양세력의 무력 침략을 물리치기 위한 이론적 기반으로서 큰 위력을 발휘했다. 또 1880년대 초반에는 정부의 개화정책에 반대하여 일어난 유생층의 대규모 상소운동의 주요한 사상적 근거가 되기도 했다.

척사위정론은 조선을 중국문화권의 일원으로 파악하는 화이론(華夷論)의 입장에서, 서양세력의 침략 앞에 굴복한 청나라와 일본을 대신하여 동양의 전통문화를 보호해야 한다는 사명의식 아래, 정치적으로는 유교적 근왕주의를 채택했다. 경제적으로는 외국과의 통상무역을 거부하며 자급자족주의를 주장했다. 그러나 청일전쟁 이후 외세 침략이 전면화하는 시기로 들어가면서, 서구의 무력이나 문명의 실체를 어느정도 인정하지 않을 수 없게 되어갔다.

종래의 화이관에서는 서양을 금수(禽獸)의 나라로 인식하고 서양과의 통교(通交)는 곧 소중화문명(小中華文明)의 금수화로 규정했으나, 이 시기에는 화이관을 일부 극복하고 있었다. 성리학적 정치·경제·사회 체제의 보전, 근왕주의 유지 등 사상의 기본적 형태는 다를 바 없었으나, 서양 제국을 동등한 국가로 인정하고 그 기술문명의 우수성을 수용해야 한다는 논의가 나왔다.

이같은 변화와 함께 외세에 대한 대응도 여러가지 형태로 나타났다. 그것은 크게 보아 의병을 통한 무장항쟁과 만국공법을 통한 외교적 대응으로 나눌 수 있다. 이러한 대응책이 강구되는 가운데 서양의 기술문명만이 아니라 정치사상까지 용인하게 된 일부 유생들은 애국계몽운동에 참가하게 되었다.

척사위정론에 기초를 둔 반외세운동은 서양 및 일본 세력의 침략으로부터 나라를 지키려는 행동이었다. 그러나 그것은 본질적으로는 조선왕조적·봉건적 지배체제로서의 정치적 전제군주제, 경제적 지주·전호제, 사회적 양반 중심 체제를 그대로 유지하기 위한 운동에 한정되어 있었다.

따라서 밖으로는 외적의 침략을 물리치고 안으로 봉건적 지배질서를 무너뜨리려는 농민군의 지향과는 큰 차이가 있었다. 이 때문에 제1단계

의병전쟁 때 아관파천으로 친일정권이 무너지자 유생층은 의병운동을 중지했지만, 농민군은 활빈당 운동 등을 통해 반봉건·반외세 투쟁을 계속했다. 제2단계, 제3단계 의병전쟁 때는 새로 등장한 평민 출신 의병장과 양반 출신 의병장 사이에 계급적 갈등이나 충돌도 있었다.

을미사변 후의 제1단계 의병전쟁 때는 대체로 양반 유생층만이 의병장이 되었으나, '을사보호조약' 후의 제2단계 의병전쟁 때는 제1단계와 같이 유생층이 주도적 역할을 하는 가운데 신돌석과 같은 평민 의병장이 등장해 의병전쟁은 새로운 양상을 맞게 되었다. 이런 변화는 군대 해산 후의 제3단계 의병전쟁 때 더욱 두드러졌다. 홍범도(洪範圖, 1868~1943)·김수민(金秀敏, ?~1908) 같은 평민 의병장이 등장한 것도 이때다. 1908년과 1909년에 걸쳐 일본군이 조사한 전국 의병장과 그 부장(副將) 255명의 출신 신분을 보면, 25%인 64명만이 양반 유생 출신이며 나머지는 농민·사병·화적·사냥꾼·광부와 장교 출신 등이었다.

1908년 이후 의병투쟁이 급증했던 호남지방의 경우, 의병장의 신분 구성비로 보아 유생과 평민 출신이 서로 대등했다. 다른 지역에 비해 양반 유생의 비중이 컸던 것이다. 그러나 유생 의병장들은 그 경제적 처지가 일반 농민과 다름없는 몰락양반이었고, 이 때문에 의병부대 내부의 신분적 갈등도 초기 의병과는 달리 쉽게 해소되었다. 오히려 그들의 일정한 학문적 소양이 의병투쟁을 지도하는 데 유리한 조건으로 작용했다.

그러나 전체적으로 보아 양반 유생 출신 의병장이 지휘하던 단계에 의병전쟁의 주된 목적이 항일과 개화 반대 및 군주권 옹호에 있었다면 평민 출신 의병장이 많이 등장한 이후의 의병전쟁은 농민전쟁 본래의 목적인 항일과 반봉건 투쟁의 성격이 한층 더 뚜렷해져갔다.

이 시기 의병부대의 격문 중에는 "부자들이 의병에게 주는 군량은 아끼면서 왜놈에게는 즐거이 바친다" "너희 부자들은 이욕(利欲)을 생각하지 말고 각자 목숨을 생각하여 다시 죄를 범하지 말라"등의 내용이 자주 나타났다. 왕권을 직접 부정하는 데까지는 나아가지 못했지만 반봉건 농민전쟁의 성격이 다시 분명해진 것이다.

의병전쟁은 '합방' 후의 독립전쟁으로 연결되었다. 따라서 갑오농민전쟁에서 의병전쟁으로, 다시 식민지시대 초기 만주 지방의 민족해방투쟁으로 이어지는 농민군 중심의 반봉건 투쟁과 무장투쟁은 민족운동사의 큰 줄기를 이루었다. 그러나 의병전쟁은 마지막 단계까지 조선왕조적 지배질서의 유지를 목적한 양반 유생층의 지도노선을 완전히 청산하지 못했고, 농민적·대중적 기반 위에서 새로운 지도노선을 확립하지 못했다. 이 점에 의병전쟁의 한계성이 있었다.

## 제4절 애국계몽운동

### 운동의 맥락

갑신정변에서 처음 부르주아적 정치운동이 나타났고 독립협회운동에서 그것이 한층 더 확대되었다. 독립협회가 해산되고 러일전쟁의 결과로 한반도에 대한 일본의 침략이 본격화함에 따라 부르주아적 민족운동도 그 폭이 한층 더 넓어져 애국계몽운동으로 확산되었다.

갑신정변은 부르주아적 생각을 가진 일부 귀족세력이 일으킨, 청나라로부터의 국가적 독립과 입헌군주제를 지향한 정변이었다고 생각되고 있다. 이에 비해 독립협회운동은 비록 하나의 단체가 주도한 운동이긴 했어도, 사회 각계각층으로 확대된 진보적 정치세력·사회세력이 결집되어 일어난 부르주아적 국권수호운동이요 민권신장운동이며, 갑신정변과 마찬가지로 입헌군주제 지향 운동이었다고 할 수 있다.

애국계몽운동에서는 우선 그것을 이끌어나간 단체와 참가 인원수가 크게 증가하여 부르주아적 사회세력 내지 정치세력이 독립협회운동 때의 그것보다 한층 더 확대되었다. 또한 그 운동의 방식도 다양해지고, 내용 면에서도 근대 민족국가 수립에 대한 관심이 넓어지고 있었다.

독립협회운동은 국제적으로 국가적 지위를 높이는 운동, 봉건적 정치세력과 민권투쟁을 벌이는 운동에 치중했다. 이에 비해 애국계몽운동에서는 사회운동·교육운동·산업개발운동·언론운동 등 계몽운동이 주류를 이루었고 상대적으로 정치운동의 성격이 약해졌다. '황무지 개척안' 반대운동, 국채보상운동 등 정치투쟁의 성격을 띤 애국계몽운동이 전개되어 국민적 지지를 얻기도 했으나, 운동을 주도한 일부는 오히려 한국을 '보호국화'한 일본에 대해 타협적 자세를 보이면서 문화 분야의 계몽운동에만 치우쳐 있었다.

애국계몽운동 단체의 활동은 독립협회 해산 6년 후(1904)에 발족한 보안회(保安會)의 활동에서 시작되었다. '황무지 개척'을 핑계로 한 일본의 토지 약탈계획에 반대한 보안회는 일단 그것을 저지하는 데 성공했으나 일본 측의 압력으로 해산되었다. 보안회가 해산된 후 다시 헌정연구회(憲政硏究會)가 조직되어(1905) 의회제도를 연구하고 실천하고자 했다. 그러나 보호국 체제로 들어가면서 정치활동이 탄압을 받음으로써 해체되었다.

보호국 체제 아래서 헌정연구회를 계승하여 성립된 것이 대한자강회(大韓自强會, 1906)였다. 교육개발과 식산흥업(殖産興業), 외세배격 등을 표방한 대한자강회는 전국에 25개의 지회를 두고 월보(月報)를 간행하는 한편, 정기 연설회를 열면서 그 영향력을 넓혀갔다. 자강회 활동이 활발해지자 이에 불안을 느낀 일본은 고종 양위와 정미7조약 반대운동이 가열된 것을 계기로 이를 강제로 해산시켰다(1907).

일본 경찰에 의해 압송되는 신민회 회원들

대한자강회 회원들은 다시 천도교 세력과 합세하여 대한협회(大韓協會)를 만들었다(1907). 교육과 식산흥업을 통한 국권 회복을 주장한 대한협회는 신지식인·전직관료·지주·부민(富民)·상인층 등의 지지를 받아 전국에 70여 개소의 지회를 두고 수만 명의 회원을 확보했다. 이를 기반으로 정당정치를 주장했다.

이같은 정당정치론은 헌정연구회 이래 개진되어온 입헌정치에 대한 견해를 본격적으로 제기한 것이다. 그러나 한편 대한협회는 일본의 '보호정치'를 문명 지도로 인식하고 일본이 맹주가 되는 동양평화론에 동조했다. 따라서 그들의 정당정치는 곧 일제 지배 아래서의 제한적 정치 참여와 권력 획득을 바라는 것에 불과했고, 반제국주의 정치투쟁과는 거리가 멀었다.

타협주의적 운동 이외의 반일투쟁은 일본의 탄압을 받을 수밖에 없었다. 따라서 반외세 노선이 뚜렷한 운동세력은 자연히 비밀결사를 조직할 수밖에 없었다. 대한협회와 같은 시기에 조직된 신민회(新民會,

1907)가 그것이다. 언론인·종교인·군인·실업인 등이 중심이 되어 조직된 신민회는 활동목표를 민족의식과 독립사상 고취, 청소년 교육을 위한 교육기관 설치, 상공업체의 운영을 통한 국민적 부력(富力) 증진, 공화주의 정체 수립 등에 두고, 실제로 평양에 대성학교(大成學校)와 태극서관(太極書館)·자기회사(磁器會社)를 설립 운영했다.

신민회의 회원은 한때 4백 명까지 증가했으나, 운동방법을 두고 크게 두 계통으로 나뉘었다. 미국에서 활동하다 귀국하여 신민회에 참가한 안창호(安昌浩, 1878~1938) 중심의 한 파는 애국계몽운동 본래의 계몽운동·실력양성운동을 주장했고, 이동휘(李東輝, 1873~1935) 중심의 한 파는 무장 저항운동을 주장했다. '합방' 후 안창호 계통은 미국으로 가서 흥사단(興士團)을 조직했고, 이동휘 등은 만주와 시베리아로 망명하여 무장 독립운동 및 사회주의운동을 폈다. 나머지 국내에 남은 세력은 조선총독부가 조작한 '105인사건'으로 크게 탄압을 받았다. 그러나 '105인사건' 후 그 일부는 3·1운동 주동세력으로 연결되었다.

### 계몽운동의 전개

애국계몽운동의 모체는 보안회에서 신민회까지 연결되는 정치·사회단체들이었다. 이들 단체는 일부 정치운동도 했지만, 회보발행·연설회·토론회를 통한 국민계몽이 주된 활동이었다. 애국계몽운동은 이들 단체의 활동에만 한정된 것이 아니어서 각 분야에서 국민을 계몽하여 실력을 양성하려는 활동이 다양하게 전개되었다. 신문 발행을 통한 언론활동, 학교 설립을 통한 교육운동 등이 광범하게 확산되어갔다. 이 시기에 왕성하게 일어난 국문 연구, 국사 연구도 그 운동의 일환이었다.

『독립신문』은 정부의 탄압으로 폐간되었으나(1899. 12. 4), 『황성신문(皇城新聞)』 『대한매일신보(大韓每日申報)』 『제국신문(帝國新聞)』 『만세

보(萬歲報)』『대한민보
(大韓民報)』등이 간행
되어 국민 계몽과 애
국주의 보급에 큰 몫
을 담당하는 한편 본
격화한 일본의 식민
지화 계획에 대항했
다. 영국인 베델(E.T.

「시일야방성대곡」

Bethell, 배설裵說, 1872~1909)이 경영을 맡은『대한매일신보』는 양기탁(梁起鐸, 1871~1938)·신채호(申采浩, 1880~1936)·박은식(朴殷植, 1859~1925) 등을 집필진으로 하여 일본의 침략상을 폭로하면서 적극적인 국민 계몽운동을 펴나갔다. 특히『황성신문』주필 장지연(張志淵, 1864~1921)이 '을사보호조약' 체결에 대항하여 쓴 「시일야방성대곡(是日也放聲大哭)」은 애국 논설로 유명했다.

　애국계몽운동은 교육운동 부문에서 특히 활발했다. 갑오개혁 이후 정부가 근대교육을 보급하기 위해 관립학교를 전국적으로 설립했다. 그러나 보호국 체제 아래서 관립학교가 옳은 민족교육기관이 되기 어려움을 안 민간 유지들이 민족교육을 확대하기 위해 사립학교 설립운동을 적극적으로 펴나갔고, 기독교 계통 학교도 증가해갔다. '합방' 직전(1910. 7) 통계에 의하면 전국의 관공립 계통 학교가 153개교인 데 비해, 사립학교는 2082개교나 되어 관공립학교의 14배에 가까웠다. 사립학교 설립을 통한 근대 민족교육 보급이 애국계몽운동의 중요한 활동의 하나였다.

　애국계몽운동은 한편으로 종래 언문의 처지에 있던 한글을 국문의 위치로 올려놓고 그 연구를 심화시켜 민족문화 발전의 기초를 닦아갔다. 주시경(周時經, 1876~1914) 등에 의해 국어에 대한 문법적 연구가 처음으로 시작되어 국문연구소가 설치되었다. 한글소설이 씌어지고 한글신문이 발간되어 한글의 사용 범위가 확대되면서 한글의 국문으로서의 위치가 확립되어갔다.

역사서적을 보급해 국민의 애국사상을 고취한 것도 애국계몽운동의 또 하나의 중요한 활동부문이었다. 애국계몽운동가들은 『을지문덕전(乙支文德傳)』『강감찬전(姜邯贊傳)』『이순신전(李舜臣傳)』 등 역사상 외적의 침략을 물리친 전쟁영웅들의 전기를 써서 널리 보급하여, 일본의 침략에 직면한 국민들의 사기를 돋우고 애국심을 불러일으켰다.

또한 『이태리건국삼걸전(伊太利建國三傑傳)』『워싱톤전(華盛頓傳)』『피터대제(彼得大帝)』『미국독립사』『이태리독립사』『법국혁명사』『월남망국사』 등을 번역 출판하여 외국 건국영웅들의 전기나 독립운동·혁명운동의 역사를 국민들에게 소개함으로써 독립의지와 역사의식을 높이려 노력했다.

애국계몽운동 주체들이 언론·교육·출판 및 국학 연구 등을 통한 국민 계몽에 많은 힘을 쏟은 것은, 국민대중의 우매함이 국권 상실의 원인이라 생각하고 대중 계몽을 통한 실력 양성이 국권 회복의 길이라 보았기 때문이었다. 그들에게 대중은 계몽의 대상일 뿐 운동의 동반자는 되지 못했다. 이런 인식을 바탕으로 전개된 애국계몽운동이 국민의 역량을 결집해 그것을 반봉건·반외세 투쟁의 동력으로 삼기는 어려웠다. 이 점이 일본의 탄압과 함께 이 운동이 실패하게 된 원인의 하나였다.

### 운동의 한계성

애국계몽운동은 식민지화 이전 부르주아 정치·사회운동의 마지막 단계였으며, 따라서 그것은 이 시기의 가장 폭넓은 부르주아 운동이었다. 그러나 이 운동은 그 주체들의 사상적 한계와 보호국 체제 아래서 합법운동이 가지는 제약성 때문에 식민지화의 길을 막을 수는 없었다. 국민대중을 계몽의 대상으로만 보는 일종의 우민관(愚民觀)에 빠진 지식인 중심의 운동을 폄으로써 국민대중 속에 깊이 뿌리내릴 수도 없었다. 뿐만 아니라 제국주의의 식민지 지배논리로 작용한 사회진화론을 그 사상적 기반으로 삼음으로써 일본의 침략에 강하게 맞서지 못했다.

지식인층 중심의 애국계몽운동은 배일성(排日性)에는 상당한 한계를 안고 있었다. 대한자강회나 대한협회는 일본인을 고문으로 두었는가 하면, 대한협회의 경우 친일단체 일진회와도 간담회를 가지는 등 일정한 유착관계에 있었다. 게다가 이 운동의 이론적 기초였던 사회진화론은 약육강식·적자생존의 경쟁을 통해 사회 진보를 추구하는 논리로서, 강자인 제국주의가 약자인 식민지를 지배하는 것을 당연시하는 제국주의의 침략논리이기도 했다.

약자의 처지에서 약육강식·적자생존의 논리를 수용한 애국계몽운동은 그 극복책으로서 부국강병론을 강조하기도 했다. 그러나 반대로 제 민족의 현실적 처지가 강식(强食)의 대상일 수밖에 없다는 패배주의에 빠져, 외세 침략 자체에 대한 저항인식이 철저하지 못한 면도 있었다. 일본의 보호국으로 되는 것이 오히려 문명 진보를 위해 이롭다는 입장에서 '부일(附日) 즉 배일(排日)'이란 억지 주장이 나올 정도였다.

결국 애국계몽운동은 일부 지식인층의 운동에 한정되었고, 제국주의 인식, 부르주아 운동으로서 갖춰야 할 전투성·혁명성 등에 큰 한계가 있었다. 이같은 한계성은 외세 침략에 직면한 시기의 부르주아 민족운동으로서 넘을 수 없는 벽이 될 수밖에 없었다. 이 때문에 한일'합방'에 이르기까지 무장투쟁으로서의 의병전쟁과 결합하지 못한 채 계몽운동에 한정되었을 뿐이다.

독립협회가 갑오농민군을 동비(東匪)로 보고 의병을 토비(土匪)로 본 것처럼, 애국계몽운동에서도 의병을 비도(匪徒)로 보았다. 애국계몽운동가 일반의 처지에서 보면 의병전쟁은 일본의 실력을 헤아리지 못한 맹동(盲動)이었으며, 군사력의 차이 때문에 결국 패배할 수밖에 없는 것이었다. 이같은 인식 때문에 이 운동은 의병의 무력항쟁과 결합하지 못한 채, 보호국 체제 안에서 식산흥업과 교육 장려를 통한 실력양성론적 방법을 취하는 데 한정될 수밖에 없었다.

『대한매일신보』와 같은 일부 신문에서는 의병을 비도가 아닌 '의병'으로 인식하고 그 활동을 상세히 보도했다. 또 대한협회 경성(鏡城)지회처럼 의병에 재정 지원을 하는 등 한정된 범위 안에서 의병전쟁에 접근해가는 경우도 있었다. 그러나 이 운동의 주류는 여전히 의병투쟁에 대한 비판적 입장을 버리지 않았고, '합방' 때까지 두 운동은 결합하지 못했다.

이처럼 애국계몽운동의 단계에서도 부르주아 운동은 전투성을 띠지 못했다. 그 주된 원인은 민중의 역량에 대한 불신과 제국주의 침략에 대한 불철저한 인식에 있었다. 그러나 앞선 독립협회운동과 비교해볼 때 반봉건주의, 왕권에 대한 부정, 국민주권주의 인식에서는 한걸음 전진한 면도 있었다.

애국계몽운동이 '을사보호조약' 이후 본격화했고, '보호조약'은 대한제국 황제권이 일본에 굴복하고 타협함으로써 이루어진 것이었다. 이 운동의 일각에서는 주권이 황제에게 있기 때문에 국민의 반대에도 불구하고 황제의 굴복만으로 보호국으로 전락하게 되었음을 알게 되었고, 국민주권주의의 달성이 주권을 지키는 방법임을 깨닫게 되었다.

이 시기의 국내 언론에서도 "임금을 수레 모는 사람에 비유하면 인민은 수레 탄 사람이다. 수레가 어느 곳을 향하여 어떤 길로 갈 것인가 하는 것은 수레 탄 사람의 뜻에 따라 수레를 몰 뿐이다" 하여 국민주권주의를 완곡하게 표현했다. 국외 운동자들이 발행하여 국내에도 들어왔다고 생각되는 한 신문은 "저 영국이 국왕을 시살(弒殺)한 것은 무도 불법한 사적(史蹟)을 후세에 유전코자 함이 아니라 국민의 권리를 세우고자 하여 부득불 행한 일"이라 하여, 국민주권주의의 확립을 위한 혁명을 시사한 경우도 있었다.

애국계몽운동 단체의 하나이면서 비합법 비밀조직으로 이루어진 신민회는 국권을 회복하여 독립국을 세울 때 정체(政體)를 공화제로 할 것을 규정했다. 애국계몽운동의 일부 진보세력이 이미 왕당파적 한계를 넘어서서 공화주의자가 되어 있었음을 말해준다.

애국계몽운동의 주류도 전제주의 체제를 부정하고 정치체제의 변혁을 추구했다는 점에서는 신민회의 지향과 같았다. 그러나 이들은 공화제보다 입헌군주제에, 국민주권론보다 군주주권론에 더 기울어져 여전히 혁명성이 결여되어 있었다. 따라서 일부의 성격 변화에도 불구하고 애국계몽운동은 마지막까지 계몽운동, 실력양성운동에 그쳤을 뿐 무장저항운동, 국민혁명운동으로 발전하지 못했다.

부르주아 운동으로서의 애국계몽운동이 지닌 비전투성·비혁명성은 결국 국민혁명을 이루지 못한 채 식민지로 전락하게 된 중요한 원인의 하나였다. 이 운동 내부의 친일적·봉건적 성향의 인물들은 '합방' 후의 민족해방운동 노선에서 탈락했고, 이 운동 내부의 선실력양성·후독립 노선의 세력은 3·1운동 후 1920년대의 문화운동·자치운동으로 연결되었다. 그러나 다른 한편 계몽운동의 한계를 인식하고 실력양성론에서 벗어나 선독립 노선으로 전환한 투쟁적 세력은 비타협주의 노선을 지키면서 1910년대 이후 국내외에서 무장투쟁을 준비하게 되었다.

**제3장**

# 개항과
# 민족자본
# 형성의
# 실패

문호개방 이전 조선왕조사회의 경제적 조건은
자율적 산업혁명을 전망할 만한 단계까지는 나아가지 못했다. 우선 농업부
문에서 자본주의적 생산양식이 발달할 만한 조짐은 미약했다. 농촌수공업
의 가장 중요한 부분을 차지했던 면포 생산도 문호개방 전까지 공장제수공
업 단계에는 이르지 못했고, 그 일부가 선대제 생산에 한정된 농촌부업의
단계에 머물러 있었다.

시전상인·공인 등 특권상인과 개성상인·경강상인 등 사상인의 도고상
업이 발달했고, 유기제조업·야철업 등 약간의 수공업 분야와 광업 분야에
서 공장제수공업 경영, 자본주의적 경영방식의 맹아적인 형태가 일부 나타
났다고 논증되었다. 그러나 문호개방 당시까지 그것이 지배적 생산양식으

로 발전하지는 못했다.

이처럼 토착자본이 경제적·정치적 영향력을 발휘할 만한 조건을 갖추지 못한 단계에서 외세의 강요에 의해 문호가 개방되어, 보호무역주의와 선진기술 도입에 의한 국내산업의 자본주의화는 불가능했다. 따라서 외국상품의 무제한적 침입과 국내 원자재의 무제한적 유출을 방치할 수밖에 없었고, 외국상품의 침투 앞에서 국내 수공업 생산구조는 공장제로 발전하지 못한 채 점점 무너져갔다. 일부 자본주의적 생산방식이 발달했던 광업 분야도 채굴권의 대부분이 외국자본에 넘어감으로써 자생적 발달의 길이 막혔다.

다만 개항장에 들어온 자본주의 상품을 농촌시장에 침투시키는 과정에서, 또 쌀·콩 등 농민 생산품을 개항장의 외국 상인에게 모아주는 과정에서 상업자본의 일부가 개항 전의 유통구조에서보다 더 높은 이윤을 얻을 수 있었다. 그것을 통해 어느정도 재부의 축적이 가능했고 그 일부는 산업자본으로 전환될 조짐도 보였다. 그러나 주체성 있는 정부에 의한 정책적 보호를 거의 받을 수 없었던 조건 아래서, 우세한 외국자본에 대항하며 독자적으로 성장하기보다는 그것에 예속되거나 몰락하는 길을 걸을 수밖에 없었다.

1900년대에 들어오면서 외국 자본주의 제품의 생활필수품화가 심화되었고, 그것을 국내생산으로 대체하려는 움직임이 일부 나타났다. 여기에 대한제국 정부의 식산흥업정책이 뒷받침되어 주로 관료자본과 일부 상업자본에 의해 약간의 근대적 회사와 생산공장이 설립되었다. 철도부설 부문 등에서 토착자본이 결집될 조짐이 나타났으나, 곧 러일전쟁이 발발하고 대한제국이 보호국으로 전락함으로써 일본의 강력한 정책적 방해와 그 자본의 폭넓은 침투에 몰려 실패했다.

문호개방 이후 한일'합방'에 이르기까지의 기간은 경제적으로 외국자본의 침략에 저항하면서 자율적 산업혁명을 이루어야 할 시기였다. 그러나 산업혁명을 이룰 만한 경제세력은 성장하지 못했고, 전제군주제를 붕괴시키려는 아래로부터의 정치적 변혁은 성공하지 못한 채, 외세에 의존하고 굴복한 전제군주정권이 그대로 유지되었다. 외세의존적 정권은 정책 빈곤으로 산업혁명을 위한 선진 기술의 도입에도 실패했고, 민족자본의 축적과 결집을 위한 중요 자원마저 외국자본에 '양여'하여 위로부터의 산업혁명에도 실패함으로써 결국 식민지화의 길을 걷지 않을 수 없었다.

문호개방 이전의 동양 3국, 조선·중국·일본은 그 지배구조 자체는 일정한 차이가 있었으나 상품화폐경제의 발달 정도는 대동소이했다고 볼 수 있다. 개항으로 이들 3국이 세계자본주의 시장에 편입되었으나 이들에 가해진 외압의 조건은 달랐다. 중국과 일본은 조선보다 앞서 구미 자본주의의 상품시장으로서 일정한 외압을 받으면서도 한편으로 본원적 축적을 수행하여 자국의 자본주의적 발전을 꾀하고 있었다.

조선은 구미 자본주의의 외압을 직접 받기보다, 이미 구미 자본주의의 외압을 받고 있던 일본과 중국 등의 외압을 받았다. 일본과 중국으로부터의 외압은 그 본원적 축적을 위한 것인 동시에 구미 열강의 외압을 벗기 위한 방법의 하나로 가해지는 외압이었다. 이 시기의 조선이 받은 외압은 구미 자본주의의 외압을 받는 일본과 중국이 가하는 '이중 외압'이었고, 그런 의미에서 그 고통은 더욱 심했다.

제국주의의 식민지 지배는 일반적으로 먼저 상품·화폐의 유통과정을 장악한 후 생산구조 장악을 기도하는 과정을 걷는다. 개항기 조선에 대한 외압은 유통과정의 장악에 목적이 있었고, 이를 위해 불평등조약 체제를 성립시켰다. 외세, 특히 일본의 유통과정 지배는 조선의 생산과정에 영향을 끼치면서 그 사회적 변용을 강요했지만, 생산과정에 대한 직접적 침투는 러일전쟁 후의 보호국 체제 아래서 본격화했다. 개항기의 조선사회에는 근대 민족국가 수립을 위한 물적 토대로서 민족자본이 형성될 가능성이 아직 남아 있었고, 관료자본과 상업자본 중심의 식산흥업운동을 통해 그것이 기도되기도 했으나 일본의 보호국이 됨으로써 좌절되었다.

# 제1절 일본 상인의 무역 독점

## 불평등조약 체계의 성립

강화도조약의 체결(1876. 1)은 조·일 무역을 급격히 증가시켰다. 문호개방 전해인 1875년의 일본에 대한 수출액은 일본 돈으로 계산해서 5만 9700여 엔이었고 수입액은 6만 8900여 엔이었다. 그러나 그 4년 후인 1879년에는 수출액이 56만 6900여 엔으로 약 9.5배 증가했고, 수입액도 67만 7천여 엔으로 10배 가량 증가했다.

문호개방 전에 왜관을 통해 약간의 견포(絹布)와 약재·염료 등을 수입하고 대신 면포와 쌀·콩 등을 그 값어치만큼 수출하던 일본과의 소극적 무역관계가, 조약체결 후에는 카네낀(生金巾, 옥양목)·한랭사(寒冷紗) 등으로 불린 면직물을 중심으로 자본주의 상품이 거의 제한없이 수입되고, 대신 쌀과 콩·금을 중심으로 하는 1차상품이 또한 제한없이 수출되는 무역관계로 급변했다. 이같이 급증한 무역은 불평등조약 체계 아래서 이루어졌다.

강화도조약은 같은 해 8월에 조인된 조일수호조규부록(朝日修好條規附錄) 및 통상장정(通商章程)과 함께 전형적인 불평등조약이었다. 우선 영사재판권에 의한 치외법권이 인정되고 조계(租界)인 거류지가 설정되었으며 부산·인천·원산 등 세 항구의 개항이 규정되었다. 뿐만 아니라 처음부터 국내시장 보호와 국가재정 확보를 위해 불가결한 관세권을 상실한 조약이었다. 당시의 교섭 당사자들은 근대적 관세권에 대한 이해가 없어 무관세 무역을 용인하고 만 것이다. 관세자주권의 상실은 밀려드는 자본제 공산품으로부터 국내산업을 보호할 길을 잃게 만들었다. 그것은 이후의 자주적 식산흥업을 통한 민족자본 육성의 실패와 연

**인천세관** • 1882년 11월 묄렌도르프가 조선해관 총세무사로 부임하면서 1883년 6월에 인천세관이 개설되었다.

결되었다.

강화도조약은 또 일본 화폐가 조선에서 자유로이 유통될 수 있는 조건을 인정했다. 일본 은행은 지점을 조선에 설치하여 자국 상인에 금융 지원을 함으로써 그들이 조선 상인을 자본 면에서 지배할 수 있는 길을 열어주었다. 조선에서 일본 화폐가 유통됨으로써 일본 상인은 양국간의 환시세(換時勢)를 조작하여 수출품을 염가로 매입하는 한편, 은행에서 대부받은 자금을 조선 상인에게 고리로 대부하고 환차익까지 차지했다. 강화도조약 체결 직후 조선정부가 세계정세에 눈뜨게 되면서 불평등조약을 개정하려 했으나 일본 쪽의 거부로 조약의 전면적 개정은 불가능했다.

조선에서의 일본세력 확대를 견제하려는 청국 쪽의 중계로 조미통상조약(朝美通商條約)이 체결되었다(1882). 이 조약 역시 치외법권을 인정하는 등 전형적 불평등조약이었으나, 관세권을 인정하는 등 일본과의 조약에 비하면 다소 나아진 것이었다. 관세율은 수입 10%, 수출 5%로 책정되고 수입품에 대한 모든 형태의 개항장 밖에서의 과세는 부인되었다. 또 연안 해운이 승인되고 조선의 곡물 수출 금지권이 인정되었다.

조미통상조약에서는 일본과의 강화도조약과는 달리 다른 나라와의 조약에서 인정되는 특혜를 균점할 수 있는 최혜국 조관이 첨가되었다. 미국은 조선 연안에서 조난하는 자국 선박 구제에 일차적 목적을 두고 통상관계에서는 일정하게 양보했으나, 최혜국 대우를 확보했기 때문에 다른 나라가 통상상의 특권을 획득했을 경우 이를 균점할 수 있었다. 이 조약에 이어 조영조약(朝英條約)·조독조약(朝獨條約)이 체결되었다.

임오군변 이후 군대를 조선에 주둔시킨 청나라는 조청상민수륙무역장정(朝淸商民水陸貿易章程)을 체결했다(1882). 이 장정은 서두에서 청나라와 조선의 종속관계를 규정했다. 따라서 조선정부의 비준조차 생략하는 일방적인 것이었고, 그 내용에서도 청나라의 특권성이 일관되었다. 치외법권은 말할 것 없고 개항장이 아닌 서울 양화진에 청국인이 점포를 개설할 수 있는 권리와 여행권, 즉 호조(護照)를 가진 경우 개항장 밖에서도 통상이 가능한 내륙통상권(內陸通商權)과 연안무역권까지 인정했다.

그밖에도 국경무역에서 홍삼을 제외한 물품의 5% 관세 부과, 조선에 대한 청나라의 기선 파견권, 청국인에 대한 조선 연안 어업권 인정 조항이 있었다. 청나라 쪽은 이같은 특권을 독점하기 위해 다른 나라가 이들 특권을 가질 수 없다고 선언했다. 그러나 그 뒤에 체결되는 조약, 특히 조선과 일본 및 영국과의 조약 개정에 중대한 영향을 끼쳐 불평등조약 체계의 확립에 결정적 역할을 했다.

조선정부는 강화도조약 당시의 통상장정을 개정하여 새로운 조일통상장정(朝日通商章程)을 체결했다(1883). 이 장정에서는 관세권은 인정하되, 개항장 밖에서의 과세가 일체 부인되었다. 개항장 밖에서의 과세는 조청장정(朝淸章程)에서는 인정되었고 조미조약(朝美條約)에서는 수입품에만 부인되었다가, 새로운 조일통상장정에서는 수출입품 모두에 대해 완전히 부인되었다. 이후 다른 나라와의 조약에서도 그대로 적용되었다. 또 '조미조약'과 '조청장정'에서 각각 승인된 연안해운권·연안무역권이 통합 승인되었다. 일본에 대한 최혜국 대우가 인정되었고, 조미조약의 곡물 수출 금지권은 1개월 전 사전통보에 의해 방곡령을 발표할 수 있게 되었다. 그밖에 일본은 이 장정에서 전라·경상·강원·함경 4도의 어업권을 획득했다.

같은 해에 영국도 기왕의 조약을 개정하여 조영수호통상조약(朝英修好通商條約)을 체결했고, 이 조약에 의해 불평등조약 체계의 형태가 완전히 갖추어졌다. 이 조약에서는 협정관세가 규정되었는데, 이는 관세율 수출 5%, 수입 7.5%를 기본으로 하였다. 관세 이외에는 일체의 개항장 밖 과세가 부인되었으며, 연안무역권과 연안해운권, 치외법권, 최혜국 대우 등이 인정되었다. 그리고 거류지 밖 4km까지 외국인의 토지·가옥 임차와 구매권 및 공장 설립 등이 인정되었다.

더구나 이 조약에서는 조청장정에서 청나라만의 특권으로 규정되었던 서울 양화진의 개방과 내륙통상권이 그대로 수용되었다. 조청장정의 내륙통상권이 조선 상품의 구매에만 독점적으로 적용된 데 비해, 조영조약의 그것은 구매·판매에 모두 적용되는 것이었다. 또한 개항장 밖 40km까지는 여행권 없이 자유통행을 가능하게 했다. 이 조건들이 그 뒤 최혜국 대우에 의해 모든 외국에 그대로 적용되면서 조선 시장은 서울에서 벽촌에 이르기까지 외국상인에게 개방되고 말았다.

이같은 조약체계는 청나라 및 일본과 비교해볼 때도 불평등성이 더 큰 것이었다. 청나라와 일본이 서구 열강과 맺은 불평등조약도 모두 자유무역을 중핵으로 한 통상항 개방과 거류지 설치, 영사재판권, 협정관세, 최혜국 조항을 주된 내용으로 하여 기본적으로는 조선과 다를 바 없었다. 그러나 일본은 관세율이 상대적으로 유리했고 개항장 밖 통상권이 인정되지 않았으며, 연안무역권·연안해운권이 제한되었고 해관(海關) 관리의 자주성이 확보되었던 데 비해, 청나라는 이런 주권을 상실했고 조선도 다를 바 없었다.

그러면서도 조선의 경우 청나라와는 달리 개항장·개시장(開市場)에서 외국인의 토지·가옥 소유, 공장 개설, 서울 지방 개방 등이 허용되어 더 불리한 처지였다. 뿐만 아니라 청나라·일본과 구미 열강은 외교적 압력을 통해 조약문을 자국에 유리하게 자의적으로 해석함으로써 경제적 침투를 더욱 강화해갔다.

### 일본의 무역 독점 과정

개항 초기에는 일본에 진출한 조선 상인이 한 사람도 없었다. 이에 반해 1875년에 부산에 90명이 있었던 일본 거류민은 8년 후인 1883년에는 부산·인천·원산을 합해 약 2500명으로 증가했다. 이들이 개항장에서 조선 상인과 거래하면서 공갈·협박·사기를 자행하고 폭력을 휘두르는 경우도 허다했지만, 영사재판권 때문에 조선의 사법권은 전혀 미칠 수 없었다. 또한 거래가 뜻대로 되지 않거나 조선정부가 조금이라도 제한을 가할 경우 일본 상인들은 그들 영사관을 통해 위협용 군함의 출동을 요구했고, 일본정부는 자주 이 모험상인들의 횡포를 뒷바라지했다.

개항에서부터 임오군변(1882)·갑신정변(1884) 때까지의 조선 대외무역의 특징은 한마디로 말해서 일본에 의해 독점되어간 점에 있다. 개항 이전 조·청간의 연간 무역량은 일본 화폐단위로 환산해서 대개 3백만 엔 정도였고 조·일간의 그것은 10만 엔 정도였다. 그러나 개항 이후 청

**부산 광복동** • 일본은 개항장을 통해 대한무역을 독점했다. 앞에 보이는 배는 일본 화물선이다.

나라와 일본의 조선에 대한 무역조건은 크게 달라졌고, 이 때문에 무역량에도 큰 변화가 생겼다.

개항장에서 행해지는 조·일간 무역은 조선정부의 통제가 미치지 않는 반면 일본정부의 강력한 뒷받침을 받았다. 그것은 선박에 의한 대량의 신속하고 자유로우며 저렴하고 관세가 낮은 무역이었다. 이에 반해, 조·청간 국경무역은 관세가 높고 말을 이용하는 육로무역이어서 상품값이 높아질 수밖에 없었다. 의주를 통해 수입되는 카네낀 1반(反)이 4.8엔이었을 때 개항장의 그것은 3.8엔이었고, 의주를 통해 수출되는 쇠가죽 1근이 4.6엔이었던 데 비해 개항장에서는 7.9엔이었다.

개항 후의 이같은 무역조건의 변화 때문에 개항 전에 30 대 1의 비율이었던 조·청, 조·일 무역량은 급격히 변화하여 일본 쪽이 우세해져갔다. 조·청 무역은 1881년에 수입액 약 39만 5천 엔, 수출액 약 14만 3천 엔이어서 합계 약 53만 8천 엔이었다. 1882년에는 수입액 약 29만 1천 엔, 수출액 약 16만 3천 엔이어서 합계 약 45만 4천 엔이었다. 이에 비해

1881년의 조·일 무역은 수입액 약 194만 4천 엔, 수출액 약 137만 2천 엔으로 합계 약 331만 6천 엔이었다. 1882년에는 수입액 약 170만 8천 엔, 수출액 약 120만 2천 엔, 합계 약 291만 엔이었다. 두 해를 합친 조·일, 조·청 무역의 비율은 6.2 대 1 이상으로 개항 전에 비해 크게 역전되었다.

그러나 임오군변과 갑신정변 이후 청나라의 정치적 간섭이 심화되면서 무역상의 사정은 또다시 바뀌어갔다. 게다가 1880년대에 들어 계속된 흉작으로 곡물의 대일본수출이 크게 타격을 입으면서 조·일간 무역은 쇠퇴해갔다. 따라서 조선과의 무역에서 쌀에 대한 의존도가 높던 거류지 일본 거상들은 불경기를 맞아 잇따라 폐업하게 되었고, 대부분 남의 자본으로 영업하는 영세상인만이 남게 되었다.

일본 상인의 경제력 약화는 청나라 상인에게 무역 주도권을 넘겨주는 원인이 되었다. 일본 상인은 조선에 진출한 자국 금융기관의 도움을 받고 또 정기항로 개설 등의 국가적 지원을 받았으나, 자본제 섬유제품을 상해(上海)에서 일본을 경유하여 매입했으므로 가격 면에서 상해에서 직수입하는 청나라 상인보다 불리했다. 이에 비해 청나라 상인은 수입 면직물의 가격 면에서 일본 상인보다 유리했을 뿐만 아니라 그들 특유의 단결력과 근검성, 상대적으로 우세한 자금력으로 개항장 밖의 행상에서도 일본 상인을 압도하여 상권을 장악해갔다.

1882년경에 6.2 대 1로 우세했던 일본의 조선무역도 이 기간을 통해 크게 위협을 받았다. 표 1에서 보는 바와 같이 1885년에 조선의 일본과 청나라에 대한 수출액 비율은 청나라 2 대 일본 98이었던 것이 1892년에는 청나라 6 대 일본 94로 조금 변한 데 비해, 조선의 청·일 양국으로부터의 수입액 비율은 1885년에 청나라 19 대 일본 81이었으나 1892년에는 청나라 45 대 일본 55로 변했다. 조선의 두 나라에 대한 수출액 비

표 1_ 대청·대일 무역의 변화 (단위: 멕시코달러)

| 연도 | 청국으로 수출 | 일본으로 수출 | 청국:일본 | 청국에서 수입 | 일본에서 수입 | 청국:일본 |
|------|------|------|------|------|------|------|
| 1885 | 9,479 | 377,775 | 2:98 | 313,342 | 1,377,392 | 19:81 |
| 1886 | 15,977 | 488,041 | 3:97 | 455,015 | 2,064,353 | 18:82 |
| 1887 | 18,873 | 783,752 | 2:98 | 742,661 | 2,080,787 | 26:74 |
| 1888 | 71,946 | 758,238 | 9:91 | 860,328 | 2,196,115 | 28:72 |
| 1889 | 109,789 | 1,122,276 | 9:91 | 1,101,585 | 2,299,118 | 32:68 |
| 1890 | 70,922 | 3,475,098 | 2:98 | 1,660,075 | 3,086,897 | 35:65 |
| 1891 | 136,464 | 3,219,887 | 4:96 | 2,148,294 | 3,226,468 | 40:60 |
| 1892 | 149,861 | 2,271,628 | 6:94 | 2,055,555 | 2,555,675 | 45:55 |

자료: 彭澤周『明治初期日韓淸關係の硏究』, 塙書房 1969, 305면.

율은 큰 변화가 없는 데 반해, 두 나라로부터의 수입액 비율은 청나라 측의 수입이 크게 신장하여 일본과 큰 차이가 없게 된 것이다.

조선무역에서 우세한 위치를 위협받게 된 일본은 그 타개책을 강구하지 않을 수 없었고, 이는 청일전쟁을 도발하게 된 원인의 하나였다. 청일전쟁 이후에는 당연히 일본의 대조선무역이 다시 신장되어갔다. 청일전쟁 직전(1893) 조선의 국가별 수입액 비율은 청나라 49.1%, 일본 50.2%, 러시아 0.7%였으나, 전쟁 직후(1895)에는 청나라에서의 수입이 26.2%로 감소된 반면 일본에서의 수입이 72.2%로 급신장했고, 러시아에서의 수입도 1.6%로 증가했다. 청일전쟁 이후 조선의 외국무역은 다시 일본에 독점되어갔고, 러일전쟁 후 보호국 체제로 들어가면서 그것은 더욱 심해졌다.

문호개방 이후 조선의 외국무역이 약탈적인 방법으로 일본 상인에게 독점되어갔다는 사실은 조선 상인의 무역업 발달 계기가 철저히 봉쇄되었음을 뜻한다. 일부의 조선 상인들이 무역품의 국내 유통과정에서 그 자본 규모를 약간 확대해갔으나 대자본으로 성장할 수 있는 조건을 갖추기는 어려웠다.

### 무역의 성격

조선의 대일무역은 한마디로 말해서 주로 소비재 자본주의 제품을 수입하고 곡물과 금·쇠가죽 등 원자재를 수출하는 무역이었으며, 그 것도 일본 상인이 완전히 주도권을 쥔 것이었다. 우선 수입의 경우 개 항 초기에는 카네낀·한랭사 등 면직물이 전체 수입량의 80%를 차지했 고 청일전쟁 이후까지도 70% 정도를 차지했다. 겨울옷감 카네낀과 여 름옷감 한랭사는 당초에는 주로 하급관료층, 도시 중간층, 농촌의 지주 ·부농층이 사용하고 일반 농민층은 주로 국내에서 생산되는 무명을 사 용했으나, 차차 농민층에도 이들 자본제 제품이 보급되어갔다.

개항 초기부터 일본 상인에 의해 독점된 조·일 무역, 특히 면직물의 경우는 사실 중개무역에 지나지 않았다. 군사적 위협으로 조선의 문호 를 개방한 일본은 아직 자국 생산품을 수출할 단계에는 이르지 못했고, 주로 선진 자본주의 상품을 수입하여 조선에 재수출할 수밖에 없었다. 1877년부터 1882년까지 6년간 일본의 조선에 대한 수출 총액은 460만 3400엔이었지만, 그 가운데 자국제품 수출액은 53만 7800엔으로 불과 12% 정도밖에 되지 않았다. 청일전쟁 후인 1897년에도 조선에 수입된 면직물의 약 54%가 영국제이고 약 41%만이 일본제였다.

일본의 조선에 대한 수출품 중 대종을 이루었던 면직물은 그 대부분 이 영국제품으로, 영국 상인들이 상해에 가져온 것을 일본 상인이 수 입하여 나가사끼(長崎)와 오오사까(大阪)를 거쳐 부산으로 다시 수출 한 것이었다. 따라서 일본 상인들의 수입가와 수출가 사이에는 큰 차이 가 있었다. 1884년의 경우 일본의 외국산 카네낀 11.8야드 수입단가는

0.521엔이었고 조선에 대한 수출단가는 0.725엔이었다. 또한 일본으로부터의 수입품은 면직물 이외에도 화폐 제조 원료로 쓰인 구리가 많았던 한편, 설탕·석유·술·우산 등 당시로서는 사치품이 대부분이었다. 그것들의 무제한적 수입으로 생활필수품의 자본주의 제품화가 촉진된 것이다.

청일전쟁 이전까지만 해도 일본의 전체 무역량에서 조선무역이 차지하는 비중은 그다지 크지 않았다. 청일전쟁 전해인 1893년의 경우에도 조선에 대한 수출액은 전체 수출액의 1.45%였고 조선으로부터의 수입액은 2.26%에 지나지 않았다. 그러나 1878년부터 1884년까지의 경우를 예로 들면, 일본은 조선을 제외한 외국무역에서의 수입 초과액이 147만 7천 엔이었던 데 비해 조선무역에서의 수출 초과액은 137만 엔이었다. 결국 이 시기의 일본은 다른 나라에서 입은 무역수지상의 적자를 대부분 조선무역에서 얻은 흑자로 메우고 있었던 것이다.

한편 조선의 일본에 대한 수출품은 대부분 쌀·콩 등 곡물과 생면(生綿)·쇠가죽·약재·해산물 등 원료와 반(半)제품이었다. 전체 수출품 중에서 곡물과 기타 원료 및 반제품이 차지하는 비율은 1878년에 97%, 1883년에 92%였으며, 청일전쟁 후 1896년에서 1898년까지 3년간 통계에도 전체 수출액 중 쌀이 55.7%, 콩이 21.2%, 인삼이 9.5%, 쇠가죽이 3.4%를 차지하여 쌀과 콩이 압도적이었다.

곡물이 일본으로 수출되는 과정도 차차 변해갔다. 개항 초기에는 조선에서 일본 상인들의 활동 범위가 개항장 10리 안에 한정되어 일본 상인들이 직접 농촌에 가서 곡물 등의 수출품을 살 수 없었다. 보부상과 같은 조선 상인이 이를 사서 개항장의 조선인 객주에게 넘기면 일본 무역상인들이 그것을 사서 일본으로 수출했다. 그러나 일본인의 활동 범위가 1884년에는 개항장 밖 1백 리로 확대되었고, 또 1885년부터 외국

곡물 수출항으로 유명한 목포항

인의 내륙지방 여행이 허가되어 일본 상인들이 직접 생산지에 가서 곡물을 살 수 있게 되었다. 이후 차차 조선의 곡물 유통과정을 그들이 지배해갔다.

　이때부터 조선은 일본의 초기 자본주의를 위한 중요한 식량 공급지의 자리를 굳혀갔다. 1885년부터 1905년까지 21년 동안 일본의 외국 쌀 수입량 중 조선 쌀이 차지하는 비율은 평균 35%였고, 콩은 평균 50%나 되었다. 조선에서 일본에 수출되는 쌀은 일본의 중심 공업지대인 오오사까·코오베(神戶) 지방 공장노동자에게 일본 쌀값의 3분의 1 내지 2분의 1의 헐값으로 공급되어, 일본 자본주의가 저임금을 유지하는 데 한몫했다. 또 조선에서 헐값의 쌀을 수입해오고 대신 자국산 쌀을 수출할 수 있게 하여, 일본 자본주의의 자본 축적에 도움을 주었다.

　일본에 대한 곡물의 대량 유출은 조선의 곡물 수급구조를 교란하여 곡물 구매자층인 빈농 및 도시노동자 층의 반발을 가져왔다. 이 때문에 조선의 중앙정부나 지방관청은 개항기(1876~1910) 전체 시기를 통해 1백 건 이상의 방곡령을 내려 국내 곡물시장의 안정을 도모하려 했다.

　세계자본주의 시장에 편입되면서 국내의 시장구조는 급격히 변모해갔다. 특히 러일전쟁 후 일본인의 내륙 정주(定住)가 진행되고, 외국 선

표 2_ 일본의 조선 금 수입량 (단위: 천 원, %)

| 연도 | 총수입량 | 조선 금 수입량 | 비율 | 연도 | 총수입량 | 조선 금 수입량 | 비율 |
|---|---|---|---|---|---|---|---|
| 1872~81 | 4,338 | 658 | 15.1 | 1896~97 | 74,531 | 1,841 | 2.4 |
| 82~83 | 1,094 | 1,093 | 99.9 | 98~99 | 57,108 | 3,531 | 6.1 |
| 84~85 | 935 | 923 | 98.7 | 1900~01 | 19,618 | 7,990 | 40.7 |
| 86~87 | 2,419 | 2,207 | 91.2 | 02~03 | 55,539 | 10,212 | 18.3 |
| 88~89 | 1,953 | 1,942 | 99.4 | 04~05 | 25,649 | 10,559 | 41.1 |
| 90~91 | 643 | 642 | 99.8 | 06~07 | 43,991 | 10,891 | 24.7 |
| 92~93 | 892 | 888 | 99.5 | 08~09 | 95,651 | 11,280 | 11.7 |
| 94~95 | 1,586 | 1,586 | 100 | 10~11 | 37,537 | 25,898 | 68.9 |

자료: 村上勝彦「植民地金吸收と日本産業革命」, 『東京大學經濟研究所』 16, 42면.

박의 자유 항행 허용, 철도 운송의 본격화 등으로 개항장을 중심으로, 또 철도를 따라 새로운 유통구조가 성립되었다. 반면 종래의 국내분업에 의한 상품 생산권과 유통권은 해체되어갔다.

개항 후 일본에 대한 무제한적 금의 유출도 일본 자본주의 발전을 크게 뒷받침한 반면, 조선 측의 민족자본 형성은 저해한 중요한 원인이 되었다. 금 수출은 대부분 밀수출이어서 세금이 부과되지 않고 해관 관할 밖에 있었으며, 다만 신고된 분량만이 해관 보고에 나타날 뿐이어서 정확한 수출량을 알 수 없다. 그러나 개항기 조선의 전체 수출품 중 금이 중요한 위치를 차지한 것은 틀림없다.

일본 측의 통계에 의한 표 2에서 보는 바와 같이 개항 후 일본에 대한 금 수출량은 계속 증가했고 특히 청일전쟁 때까지는 일본 전체 금 수입량의 대부분이 조선 금으로 충당되었다. 더구나 일본 측의 조선 금 수입은 조선에서의 근대적 화폐제도의 미확립, 금·은·동 등 금속값의 국제시가와의 차이, 조선정부의 금·은 확보정책 부재, 일본 화폐의 조선에서의 유통 등 유리한 조건을 배경으로 한 일본 상인의 부등가교환 및 사기적 교환에 의해 이루어졌다.

이같이 일본 측이 흡수한 조선 금은 특히 1880년대와 청일전쟁을 전후한 시기에 전체 금 수입량의 거의 전부를 차지하고 있었다. 그것은 일본이 금본위제로 옮겨가는(1897) 데 크게 기여한 반면, 조선 측으로서는 본위제에 의한 근대적 화폐제도의 확립을 불가능하게 했다. 나아가서 민족자본 발전을 위한 중요한 요건 하나를 상실하게 했던 것이다.

## 제2절 일본의 금융 지배 과정

### 악화 남발과 일본 화폐 유입

문호개방 이전에도 정약용과 같은 실학자들에 의해 고액전(高額錢) 발행이 주장되었고, 대원군정권 때도 실제로 당백전과 같은 고액전이 한때 유통되기도 했다. 정약용의 고액전 유통론은 금의 해외 유출 방지를, 대원군의 당백전 유통은 국가재정 보완을 주목적으로 한 것이었다. 그러나 문호개방과 함께 수출이 확대되고 유통경제가 활성화됨에 따라 고액전의 필요성이 절실해졌고 본위제 화폐제도로의 전환도 불가피했다.

1883년에 민씨정권은 독일인 묄렌도르프의 건의에 따라 전환국(典圜局)을 설치하고 당오전을 발행했다. 그러나 그것은 재정적 곤란을 해결하기 위해 악화를 만들어 시장에 투입한 것이어서, 물가 등귀를 가져왔고 사회경제적 혼란을 더했다. 이에 대해 김옥균 등 개화파는 "당오전·당십전·당백전 등 보조화폐의 발행은 정부에 이익은 주지만 국가를 부유하게 하는 정책은 아니다. 재정의 정리는 먼저 본위화(本位貨)를 정한 다음 보조화를 발행해야 한다"하고 근대적 화폐제도로의 전환을 주장했으나 그들의 정변이 실패하여 실행되지 못했다.

1891년에는 상평통보 유통량이 2백만 관(貫), 당오전 유통량이 770만 관이 될 만큼 당오전이 남발되었다. 당오전은 당일전 상평통보의 5배 가치, 즉 5푼 가치로 강제 통용되었으나 1년도 못 가서 명목가치의 절반 이하로 폭락했다. 돈의 주조 이익이 적어지자 평양감영에서 상평통보의 3분의 1 가치도 안 되는 1푼짜리 평양전(平壤錢)이 대량으로 발행되었고(1891) 이 때문에 당일전 전체의 유통가치도 하락했다.

1892년경에는 조선 전역에 걸쳐 당오전·평양전·구(舊)당일전이 구별없이 같은 1푼의 가치로 유통되었고, 1894년에는 당오전을 당일전의 엽전과 같은 가치로 유통할 것을 정식 결정하여 당오전은 사실상 폐지되었다. 이같은 악화의 남발로 인플레이션이 극심해져서, 1894년의 경인지방 쌀값이 당오전이 처음 발행된 1883년에 비해 7배 이상 폭등하는 결과를 가져왔다.

당오전 남발로 인한 경제적 혼란을 타개하기 위해 개화파 관료 김가진(金嘉鎭, 1846~1922)·안경수(安駉壽, 1853~1900) 등의 주동으로 근대적 화폐제도로의 개혁을 기도한 '대조선국화폐조례'가 발표되었다(1891). 외국인 전용 5냥 은화와 내국인용 1냥 은화를 본위화로 하고, 보조화로서 2전 5푼짜리 백동화와 5푼짜리 동전을 발행하는 한편 종래의 1푼 전을 그대로 쓰기로 한 이 화폐개혁안에 따라 신화폐가 일부 발행되었으나, 국내 보수세력과 청나라 측의 반대, 그리고 화폐개혁을 도우러 온 일본인 사이의 불화 등으로 곧 중단되었다.

당오전 발행은 정지되었으나 조악한 1푼 전이 계속 발행되고 있는 가운데, 청일전쟁이 발발하고 갑오개혁이 실시되면서 개혁사업의 일환으로 신식화폐발행장정(新式貨幣發行章程)이 제정되어 또 한번의 화폐개혁이 실시되었다(1894). 신식화폐발행장정은 5냥 은화를 본위화로 하

표 3_ 전환국 주조의 신식화폐 총액 (단위: 환)

| 연도 | 5냥 은화 | 반환 은화 | 1냥 은화 | 백동화 | 백동취화 | 적동화 | 황동화 |
|------|---------|----------|---------|--------|----------|--------|--------|
| 1892 | 19,923 | | 70,402 | 51,853 | | 91,678 | 888 |
| 1893 | | | | | | | |
| 1894 | | | | | | 35,609 | |
| 1895 | | | | 160,869 | | 176,476 | 4,212 |
| 1896 | | | | 34,642 | | 284,354 | |
| 1897 | | | | 17,332 | | 28,409 | |
| 1898 | | | 35,788 | 348,994 | | 248,305 | |
| 1899 | | | 62,991 | 1,281,637 | | 34,202 | |
| 1900 | | | | 2,030,463 | | | |
| 1901 | | 209,744 | | 2,873,829 | | | |
| 1902 | | 705,593 | | 2,885,903 | 87,297 | 14,752 | |
| 1903 | | | | 3,610,189 | 34,115 | 57,639 | |
| 1904 | | | | 3,447,888 | 4,547 | 10,203 | |
| 합계 | 19,923 | 915,337 | 169,181 | 16,743,599 | 125,959 | 981,627 | 5,100 |

자료: 원유한 「'전환국'고」, 『역사학보』 37, 1968.

고 1냥 은화와 2전 5푼 백동화, 5푼 적동화, 1푼 황동화를 보조화폐로 하되, 신식화폐가 대량으로 발행되기까지 "동질·동량·동가(同質同量同價)"의 외국화폐를 함께 통용하도록 규정했다.

청일전쟁이 진행되는 동안 일본군의 식량을 비롯한 군수품 조달과 전쟁물자를 운반하는 조선인 노무자에 대한 노임 지불 등을 위한 엽전 수요가 급증했다. 이 때문에 엽전은 운반상의 불편이 큰 화폐이면서도 일본 화폐에 대한 환율이 급격히 높아졌다. 조선정부의 신식화폐발행 장정에 의한 화폐 발행은 준비 부족으로 지지부진했다. 그러나 신식화폐발행장정의 외국화폐 사용 규정에 의해 일본 화폐 유통이 가능해져 일본군은 값이 높아지고 운반에도 불편한 조선 돈 엽전 대신 일본 화폐로 전쟁을 치를 수 있었다.

전쟁이 끝났을 때 조선에서는 약 3백만 엔의 일본 은화가 유통되었고 지폐도 상당량 들어와 있었다. 전쟁 중에 물건값으로 혹은 노임으로 받은 일본 화폐를 엽전으로 다시 바꾸는 과정에서 조선 농민들은 또 한번 큰 손해를 보지 않을 수 없었다. 반면 일본 상품의 농촌 침투는 더 활발해졌다. 신식화폐발행장정으로 은본위제가 채택되었으나, 본위화로서의 은화는 표 3에서 보는 바와 같이 거의 발행되지 않았고, 발행 이익이 높은 적동화·백동화 등 보조화폐만 남발되었다. 또 일본 상인들이 국내외에서 백동화를 위조 유통시켜 조선의 경제 혼란을 가중시켰으나 조선정부는 대책을 세울 수 없었다.

백동화 남발로 인한 인플레이션은 당오전 때보다 더욱 파괴적인 것이었다. 갑오개혁 이후 상품화폐경제 영역이 더욱 확대되는 과정에서 인플레이션은 대부분의 중소상인층과 농민 및 고정 화폐소득 생활자에게 타격을 주었다. 또한 화폐 형태로의 자본축적도 불가능하게 했으며, 신용거래를 저해하고 금융 경색을 야기하여 상업자본의 정상적 발전을 크게 저해했다.

청일전쟁 후 일본이 금본위제로 넘어감에 따라 조선에서도 1901년의 '화폐조례' 등에 의해 금본위제 화폐개혁이 구상되었으나, 금의 과다한 유출로 인한 정화(正貨) 축적 부재로 불가능한 상태였다. 이 때문에 이용익(李容翊, 1854~1907) 등의 주도로 외국차관 도입에 의한 화폐개혁과 중앙은행설립안이 구상되었다(1903). 그러나 일본 쪽의 방해로 그 실행이 늦어지다가 러일전쟁의 발발과 '한일의정서'의 체결로 자주적 화폐개혁은 좌절되고, 보호국 체제 아래서 '화폐정리사업'이 실시되었다.

## 일본 금융기관의 침투

문호개방 이후 조선에 침입하는 일본 상인이 급증하자 개항장을 중심으로 일본인 금융기관이 생겨났다. 처음에는 부산에 자본금 5만 엔의 사설(私設) 제일은행이 설립되었으나(1876), 곧 일본의 경제 침략을 뒷받침하기 위한 국립은행의 진출이 요청되어 국립 제일은행(第一銀行) 지점이 설치되고(1878) 사설 제일은행은 폐지되었다.

이후 일본의 국립 제일은행은 부산 이외에도 원산(1880)·인천(1883)·서울(1887)을 비롯한 전국의 중요 도시에 지점 혹은 출장소를 설치했다. 제일은행은 일본에서는 일반 상업은행이었으나 조선에 진출해서는 일반 은행업무 이외의 특수업무를 담당했다. 먼저 조선의 세관업무를 위탁받았고(1880) 우편환 자금의 보관업무를 담당했으며(1889) 청일전쟁과 러일전쟁 때는 군용금의 보관 및 출납도 맡았다.

일본 제일은행이 조선의 금융 지배에 본격적으로 나서게 된 계기의 하나는 그 은행권(銀行券)의 발행이었다. 제일은행은 청일전쟁 와중에서 실시된 갑오개혁의 일환인 신식화폐발행장정과 관련하여, 일종의 군표(軍票)인 한전대용증권(韓錢代用證券)을 발행하여 전쟁 수행에 이익을 얻고 또 은행권 발행의 길을 열어놓으려 했다. 그러나 한전대용증권 발행은 실현되지 않았고 대신 일본 화폐의 유통을 확대해 전쟁을 수행했다.

이후 일본의 금본위제 화폐개혁(1897)으로 조선에 대한 일본 화폐 공급이 두절되고, 이 때문에 조선에서 일본인의 상행위가 불편해지자 그 대책으로 제일은행 부산지점권 1엔짜리를 비롯한 5엔짜리·10엔짜리 화폐를 발행했다(1902). 제일은행권은 "한국에서의 금융을 편리하게 하기 위하여" 발행된 것이라 했지만, 사실은 개항장을 비롯한 조선 전국에 제일은행권을 유통시키기 위한 것이었다. 또 한편으로 조선에 대한

제국주의 침략의 일환인 각국의 차관 대여 경쟁에서 자본축적 면에서 열세에 있던 일본이 제일은행권에 의한 자본수출을 기도한 것이다.

이 시기 조선에 차관을 공여하는 나라들은 그 댓가로 은행권 발행권을 얻고자 했다. 일정한 자본수출로 얻은 이윤을 화폐발행을 통해 더 많이 증식함으로써 경제적 지배를 강화하려 한 것이다. 일본의 경우 당초부터 그 자본수출까지 제일은행권의 발행으로 대신하여 자본축적상의 열세를 극복하려 했다.

조선정부와 민중의 반대운동에도 불구하고 제일은행권 발행고는 일본의 러일전쟁 도발로 급격히 증가했다. 1902년의 발행고는 약 60만 엔이었으나 전쟁을 도발한 1904년 말에는 약 337만 엔으로 급증했고, 제일은행 조선지점의 조선 중앙은행화가 추진되었다. 러일전쟁 후의 보호국 체제 아래서 일본 제일은행은 한국정부에 대해 해관세(海關稅)를 담보로 '화폐정리' 자금 3백만 엔을 대여하는 댓가로 그 은행권을 법화로 승인받고 국고금 취급권을 얻었다. 한편 전환국을 폐지시켜(1904) 한국정부의 화폐발행권을 빼앗고 '화폐정리사업'까지 담당했다.

이로써 일본 제일은행은 명실공히 대한제국의 중앙은행이 된 것이다. 1900년대로 들어오면서 조선을 둘러싼 각국 사이의 치열했던 차관 공여 및 은행권 발행권 획득 경쟁은 러일전쟁의 결과로 결국 일본의 승리로 돌아갔다. 그것은 대한제국의 식민지화를 한층 더 굳히는 결과가 되었다.

### 화폐정리사업

조선정부의 화폐정책 실패와 일본을 비롯한 외국 침략세력의 작용으로 대한제국시기 화폐제도의 혼란은 극도에 다다랐다. 개항 이전부터 유통되었던 엽전의 경우, 그 형태와 지금량(地金量) 그리고 주조기술의 정도가 서로 다른 것이 1천 종 이상이나 유통되고 있었다고 한다. 개항 후 발행된 백동화는 그 실질가치와 표현가치의 차가 더욱 심해서 정부가 발행한 것만도 16종이나 되었다. 거기에 사주전(私鑄錢)과 위조전이 많았으며 사주전만도 560종이나 되었다고 한다.

이같은 화폐제도의 혼란이 식민지화에 큰 지장이 될 것을 안 일본은 이미 보호국이 된 대한제국 정부로 하여금 관세를 담보로 일본 제일은행으로부터 3백만 엔의 차관을 들여와 한국의 화폐제도를 일본의 그것과 동일하게 하기 위한 화폐정리사업(貨幣整理事業)을 단행토록 했다. 그 실무도 제일은행이 스스로 담당한 화폐정리사업은 먼저 백동화를 정리하고 다음 엽전을 정리한 후 새 화폐를 발행하는 순으로 진행되었다.

백동화 정리는 교환·공납(公納)·매수의 세 가지 방법으로 단행되었다. 1905년 7월 1일부터 서울·평양·인천·군산 등지에 교환소를 설치하고 감정인을 두어 형체와 모양이 정가(正價)와 같은 백동화는 갑종으로 하여 본래 값인 2전 5푼으로 평가하고, 이보다 질이 떨어지는 백동화는 을종으로 감정하여 1전으로 평가했다. 질이 더 나쁜 돈은 병종으로 판정하여 교환 대상에서 제외하여 폐기했다.

백동화 정리과정에서 이에 반대하는 한국인들이 교환을 거부하여 그들이 가진 화폐가 무효화되는 경우가 허다했다. 교환과정에서 보조화의 과잉상태가 생길 것을 염려한 일본 측이 소액교환을 거부하고 다액교환을 우선으로 함으로써 소액을 가진 농민층은 교환에서 빠진 경우가 많았다.

그뿐만 아니라 질이 나쁜 백동화는 개항장 외국상인들 사이에는 그다지 유통되지 않았기 때문에, 을종·병종 판정에 따른 손해는 대부분 한국인이 보았다. '화폐정리법'이 제정되고 공포되기까지 6일간의 여유가 있었으나, 법의 공포와 실시 사이에는 3일의 여유밖에 없었다. 그 실시를 미리 안 일본인들이 악화를 양화와 바꾸어 큰 이익을 얻기도 했다.

1905년 1월까지 백동화의 유통액이 대체로 1150만 환이었으나, 그 공납 기간이 끝난 1911년 2월까지 회수된 금액은 약 960만 환이었다. 83.5%만이 회수되고 나머지는 그대로 화폐의 기능을 잃은 것이다. 엽전의 경우 실질가치와 표현가치 사이에 큰 차이가 없었기 때문에 그 정리가 일본 측의 뜻대로 되지 않았다. 엽전 1푼의 값은 1905년 초에는 1리(厘)였으나, 구리값의 변화에 따라 같은 해 10월에는 1리5모(毛), 1907년에는 1리8모5사(絲), 같은 해 4월에는 2리로 그 값이 계속 올라갔다.

외국에서 구리값이 오름에 따라 수출가가 교환가보다 높았고 이 때문에 엽전 회수가 어려웠다. 1905년 1월 당시의 엽전 유통량은 일본 화폐단위로 환산하여 약 650만 엔이었으나, 1905년부터 1909년까지의 회수액은 약 240만 엔에 지나지 않았다. 이 기간의 엽전 수출액은 160만 엔이었다. 전체 유통액의 약 35%만이 화폐정리사업을 통해 회수되었을 뿐 나머지는 수출되거나 폐기된 것이다.

'화폐정리' 이후에는 자연히 제일은행권이 본위화폐가 되었다. '합방' 직전인 1909년에 한국은행(韓國銀行)이 설립됨에 따라 제일은행 업무 일체가 은행권과 함께 한국은행에 인계되었다. '합방' 후에는 한국은행이 조선은행(朝鮮銀行)으로 개편되었다. 화폐정리사업은 일본이 대한제국을 식민지화하기 위한 준비단계인 재정 정리의 일환으로 실시된 것이었다. 하지만 그것은 한국 상인에게서 화폐자산을 빼앗아 일본 상인에게 넘겨주는 일이었다. 그 결과 극심한 금융공황이 일어나 한국 상인에게 돌이킬 수 없는 타격을 주었다.

화폐정리사업으로 종래의 상업관습에 의한 어음 거래가 갑자기 중단되었다. 그리고 을종·병종으로 감정된 백동화가 값이 떨어지거나 폐기

1910년 한국은행 앞 거리

되어 도산하는 상인이 속출했다. 『황성신문』이 전하는 것과 같이 "백동화 정리방법이 불미한 결과로 실업계에 공황이 크게 일어나 상인이 문 닫고 도망하거나 음독 자살하는 일이 분분"했다.

화폐정리사업을 통한 화폐 교환은 사실상 불환(不換)의 성격을 띠었고, 이 과정에서 전황이 초래되어 한국인의 도산을 유발했다. 한국 상인의 도산과정은 일본 자본주의의 원시적 축적 과정이기도 했다. 이 과정은 첫째, 화폐 교환과정에서 한국인의 화폐자산을 수탈했고, 둘째, 전황을 이용하여 일본인의 고리대 방법에 의한 부동산 매집이 이루어졌으며, 셋째, 식민지적 통화·금융제도 정비과정에서 신화(新貨) 발행과 부동산 담보 대부의 형태로 한층 더 본격적인 일본 자본주의의 원시적 축적의 길을 닦았다.

'화폐정리'로 불린 '근대적' 화폐제도의 수립은 농촌경제 붕괴를 촉진했고, 많은 농민을 농촌에서 축출하여 노동시장으로 방출하는 하나의 계기가 되었다. 그러나 식민지배 아래서 공업 발달이 부진했기 때문에 이들은 공업노동력으로 흡수될 수 없었다. 만주와 일본의 노동시장으로 흘러간 일부 이외에는 다시 농촌으로 가서 소작농이나 농업노동자가 되어 소작제를 더욱 강화시키는 요인이 되었다.

결국 대한제국 식민지화의 기초작업의 하나였던 '화폐정리사업'은 이후에 실시될 '토지조사사업'과 함께 일본 측의 자본축적을 크게 도와준 반면, 조선의 산업부르주아지 및 농촌부르주아지의 성장을 철저히 봉쇄하는 결과를 가져왔다.


## 제3절 열강의 이권 및 자원 침탈

### 철도부설권의 약탈

문호개방기와 대한제국시기를 통해 조선의 민족자본 성장과 자본주의화를 저해한 또 하나의 중요한 원인은 제국주의 열강에 의한 각종 이권과 자원의 침탈이었다. 특히 철도부설권과 지하자원 및 토지의 침탈은 제국주의 열강에 막대한 이익을 준 반면, 민족경제가 그들에 예속되는 중요한 원인이 되었다.

일본은 청일전쟁을 도발하면서 이미 조선의 철도부설권을 탐냈다. 전쟁도발 후 강제로 체결한 '잠정합동조관(暫定合同條款, 1894. 7)에서 "경부 및 경인 간에 건설하는 철도는 조선정부가 재정적 여유가 없음을 고려하여 일본정부 또는 일본의 어느 회사와 계약하고 시기를 보아 기공할 것"을 강요한 것이다. 전쟁 후의 '삼국간섭'으로 그것이 실행되지는 않았으나, 이후 아관파천 기간을 통해 중요 철도 부설권이 계속 외국인에게 넘어갔다.

경인선 개통식

　경인철도 부설권은 '잠정합동조관'에 따라 일단 일본 측에 넘어갔으나 착공이 늦어지자 조선정부는 다시 미국인에게 넘겨주었고, 미국인은 다시 일본에 팔아넘겼다(1897). 경의선 부설권의 경우 1896년에 일단 프랑스인에게 넘어갔으나 박기종(朴琪淙, 1839~1907) 등이 대한철도회사를 설립하여 그 부설권을 신청했다. 이에 조선정부는 5년 이내에 착공하고 5년 이내에 완공할 것을 조건으로 허가했다(1899).

　대한철도회사는 우선 3백 명의 노동자와 프랑스인 기술자를 고용하고, 기재 일체를 주문하여 서울·개성 간의 공사를 착공했다. 일본 측은 이를 방해하기 위해 제일은행으로 하여금 미국 회사 명의로 이 회사에 투자하게 하고 교묘한 책동으로 공사를 중단시켰다가, 러일전쟁을 도발한 후 강제로 체결한 한일의정서에 의해 군용철도란 명목으로 부설권을 강탈했다.

　경부선의 경우 1898년에 일본이 다시 부설권을 받아내었으나 조선 민중의 강력한 반대와 일본의 자본 축적 부족, 기술수준의 미달 때문에 착공하지 못했다. 이후 자본금 총액 2500만엔 중 5백만 엔을 민간에서 모집하고 2천만 엔을 일본정부 보증으로 영국·미국 등의 외채를 도입하여 착공했다(1904). 모집한 주식 중에는 조선 황실주 3500주가 있었다. 그것은 황제 2천 주, 황태자 1천 주, 영친왕 5백 주였다.

일본이 독점한 철도 부설공사는 조선 측의 희생에 의해 세계에서 가장 헐값으로 완성되었다. 19세기 말의 세계 철도건설비, 특히 식민지 및 반식민지에서의 건설비는 일본 돈으로 환산해서 1마일 평균 16만 엔이었다. 그러나 조선에서의 부설비는 값비싼 미국 자재를 사용하고도 3만 1천 엔에 불과했고, 공사에 동원된 일본군대의 비용과 수송비를 가산해도 6만 1천 엔에 지나지 않았다.

이렇게 값싼 철도를 부설할 수 있었던 것은 첫째, 조선 농민의 토지를 헐값으로 수용할 수 있었고, 둘째, 조선인을 부설공사 인부로 강제 동원할 수 있었으며, 셋째, 산림의 남벌, 농우(農牛) 징발 등 조선인의 재산을 마음대로 사용할 수 있었기 때문이다.

'경부철도합동조관'에는 철도 용지를 조선정부가 무상으로 제공하게 되어 있었으므로 선로 부지, 역사 부지 등은 일단 조선정부가 사들여 제공했다. 조선정부가 철도 용지로 사들인 일본인 소유지는 1평당 0.7엔에서 1.2엔으로 평가 매입했고, 미국인·영국인 소유지는 최고 17.8엔까지 평가해준 경우도 있었다. 이에 반해 조선인 소유지는 평균 0.07엔으로 평가하여 매입했다.

일본은 또 군내를 동원하고 일신회를 앞상세워 조선 농민들을 싼 임금으로, 혹은 무보수로 철도공사에 강제 징발했다. 보수를 지급하는 경우도 일본인 노동자에게 하루 1.3엔을 지급한 반면 조선인 노동자에게는 0.2엔 내외를 지급할 뿐이었고, 농우를 강제로 징발하여 자재를 운반하는가 하면 산림을 남벌하여 침목(枕木) 등 목재로 사용했다.

약탈적인 방법에 의해 헐값으로 부설된 철도의 운영은 일본에 막대한 이익을 가져다주었다. 경인선·경부선·경의선·마산선·평남선 등이 개통된 1910년에 이미 384만 3천 엔의 순이익을 얻었다. 자본축적의 중요 수단인 철도가 조선의 민족기업에 의해 부설되지 못하고 오히려 조선인의 희생에 의해 부설된 결과, 조선의 민족자본 형성이 저해된 반면 일본에 막대한 이익을 안겨주어 일본의 조선 지배가 한층 더 공고해진 것이다.

한편 일본에 의한 철도부설은 조선의 사회·경제사정에 큰 변화를 가져다주었다. 종래 상품유통에서 주도적 위치를 차지했던 강운(江運)과 연안해운 수송체계가 철도수송에 주도권을 빼앗기게 되었다. 그것은 조선 사람의 상품유통권이 철도수송권을 장악한 일본인에 의해 침탈되는 과정이기도 했다. 또한 종래의 상품유통로를 중심으로 발달한 일부 상공업 중심 도시가 철도 연변에 새로 발달하는 대규모 상공업도시에 밀려 침체해갔다. 그것은 또 조선인 상공업의 침체 및 예속화를 가져왔다.

### 지하자원의 침탈

문호개방 후 비교적 생산량이 많았던 사금(砂金)이 일본과 청국으로 대량 유출된 것을 비롯하여, 금광을 중심으로 한 각종 지하자원 채굴권이 자본주의 열강에 침탈된 사실은 개항기 조선의 민족자본 축적, 자본주의 발전을 저해한 또 하나의 중요한 원인이었다.

광업 분야에서는 개항 이전부터 자본주의적 경영방식이 일부 발달했다고 논증되었지만, 개항 후에는 광산에서의 덕대(德大) 경영이 확대되어갔고, 덕대 중의 일부가 광산자본가로 성장해갔다. 조선정부가 발표한 사금개채조례(砂金開採條例, 1895)는 사금 채취가 대부분이던 이 시기 광업에서 덕대 경영을 합법화한 최초의 근대적 광업법이었다.

자본주의적 경영방식이 발달함에 따라 운산(雲山)·은산(殷山)·순안(順安)·선천(宣川)·수안(遂安) 등의 광산에 수백 명에서 수천 명의 광산 노동자들이 모여들었고 광업 부문에서 주식회사가 설립되었다. 그러나 이 과정에서 조선정부는 중요 광산 채굴권을 외국에 넘겨주기 시작했다.

1천 명 이상의 광산노동자들이 고용되어 채광되고 있던 강원도 금성 당현(金城堂峴)금광의 채굴권이 독일에 넘어가서 이곳 광민(鑛民)들이 조선정부에 대해 이미 투입한 자금 20여만 원에 대한 배상을 요구했다(1893). 이밖에도 운산금광 채굴권이 미국에, 경원(慶源)·경성(鏡城) 광산 채굴권이 러시아에, 은산(殷山)금광 채굴권이 영국에 각각 넘어갔다.

광산채굴권을 외국에 빼앗겨 광업 분야에서의 민족자본 형성에 결정적 타격을 준 대표적인 예를 매장량이 가장 많은 금광이었던 운산금광의 경우에서 볼 수 있다. 운산금광은 소위 '노다지' 금광으로서 개항 60여 년 전인 관서농민전쟁 때(1811) 이미 8백여 명의 광부가 채광작업에 종사할 정도로 대규모 금광의 하나였다. 이 때문에 개항 이후에는 일본을 비롯한 각국이 일찍부터 이 광산에 눈독을 들였고, 특히 조선 왕실의 신임을 사고 있던 미국인들이 탐내고 있었다.

그들은 우선 운산금광 채굴권이 다른 나라에 넘어가는 것을 막기 위해 조선정부 스스로가 개발할 것을 건의하고, 그것을 위해 미국 기술자와 기재를 들여오게 한 후 기어이 그 채굴권을 얻어내었다(1895). 운산금광 채굴권이 미국에 넘어가고 그들이 채광에 착수하자 이전부터 채광작업에 종사하고 있던 조선 광부들이 상성히 반대하여 여러 번 충돌이 있었으나 결국 진압되고 말았다.

미국 측은 주식회사를 설립하여 광산을 개발했다. 처음에는 주식의 4분의 1인 5백 주가 조선 왕실에 주어졌다. 그러나 조선 왕실주는 곧 10

운산금광

만 달러에 미국인에게 넘어갔고(1889), 이후부터 운산금광은 완전히 미국인 주주들의 소유가 되었다.

조선 왕실주가 10만 달러에 넘어가기 전해인 1898년의 운산금광 연간 생산량은 50만 내지 3백만 달러로 추정되었다. 전체 조선 금 생산량의 4분의 1을 생산한 이 금광은 일본인들의 추정에 따르면 1902년의 경우 총 경비 60만 엔을 제외한 연간 순이익금이 90만 엔이었다. 이 가운데 불과 3500엔만이 조선 측에 세금으로 납부되었다.

운산금광에 근무한 미국인 감독의 기록에 따르면 1897년에서 1915년 사이의 금 생산고는 약 4950만 엔으로 환산되었다. 한일 '합방' 당시 전국적 보상운동이 일어나게 했던 외채 총액이 4500만 엔이었음과 비교해보면, 이들 이권의 침탈이 식민지화의 중요한 원인의 하나였음을 알 수 있다.

## 토지 약탈

문호개방 당초에는 일본인들의 토지 이용이 개항장 안의 일부를 빌려 쓰는 데 한정되었다. 그러나 일본인들의 상권이 개항장 밖으로 확대되어감에 따라, 쌀을 사들이기 위해 농민들에게 돈을 빌려주었다가 농토를 대신 차압하기도 하고 농토를 저당잡고 고리대했다가 빼앗기도 하면서 일본인들의 토지 소유가 차차 확대되어갔다.

일본인의 대규모 토지 약탈은 러일전쟁을 계기로 본격화했다. 그것은 또 철도 용지와 군용지 확보, 동양척식회사(東洋拓殖會社)의 설립을 통해 급진전했다. 조선인 소유지를 철도 용지로 수용했을 때 그 값이 외국인 소유지에 비해 훨씬 낮아서 약탈이나 다름없었다고 앞에서 지적했지만, 일본인들은 군용지와 철도 용지 확보를 핑계로 마음껏 토지를 약탈했다. 황해도 금천군(金川郡)에서 철도 연변의 군용지로 21만여 평을 점령한 일, 봉산군(鳳山郡)에서 철도 용지로 41만여 평을 수용한 일 등을 예로 들 수 있다.

철도 부설과정에서 일본인들은 또 정거장 부지를 핑계로 많은 땅을 약탈했다. 예를 들면 서울 용산에서는 45만여 평, 평양에서는 72만여 평, 겸이포에서 약 17만 평, 신의주에서 약 105만 평, 부산역 부지로 37만여 평을 각각 점유하여, 그 안에 있는 많은 민가를 철거했다. 당시 일본 본국의 1급 역부지(驛敷地)도 3만평을 넘지 않았다. 조선의 정거장 부지가 이렇게 넓게 책정된 것은 정거장을 중심으로 새로운 시가지를 이루어 일본인을 이주시키려는 데 목적이 있었다.

일본인에 의한 또 하나의 대규모 토지 약탈 시도는 국유 미간지(未墾地) 개간과 역둔토(驛屯土) 수용이었다. 조선에 침입한 일본인들은 일찍부터 국유 미간지 개간을 핑계로 토지를 약탈하려 하다가 한때 애국계몽운동의 반대에 부딪혀 실패했다.

그러나 주로 국유 미간지와 역둔토 약탈을 목적으로 설립된 동양척식회사는 곧 여주(驪州)·재령(載寧)·봉산(鳳山)·창원(昌原) 등지의 옥토를 닥치는 대로 약탈하여, 업무를 개시한 지 불과 1년 반 만에 약 3만 정보를 점유했다. '합방' 무렵의 통계에 따르면 당시 일본인이 조선에서 소유한 토지는 약 1억 5천만 평에 이르렀으며 그 싯가는 3570만 엔이나 되었다.

문호개방 후 외국인의 토지 소유를 제한한 근거는 조영조약 중의 "영국인의 조계 밖에서의 토지 및 가옥의 임차나 구매는 조계의 10리 밖을 넘을 수 없다"는 조항에 있었다. 이 조항은 모든 외국인에게 적용되는 것이었다. 그러나 러일전쟁 후 이 조항은 사실상 규제력을 잃었고, 조선에서 외국인의 토지 소유는 무제한적이었다.

이 무렵의 한 기록에 의하면 일본인의 경우 "가옥의 임차나 구입 및 건축을 막론하고 아무 지장이 없으며 자유로이 토지를 매수하는 상태다. 조약상 그것을 우려하는 사람이 있지만 실제로 쟁의를 일으킨 사례도 없고 의구심을 가질 필요가 없다"고 했다.

일본인에 의한 토지 매입은 그들이 직접 나서서 매입하는 것이 아니라, 조선인 관리나 부락의 유력자를 내세워 사고 싶은 토지의 소유자·소재지·면적 등을 조사하게 한 후 일괄 매입하는 방법을 취했다. 매입 절차는 대단히 간편해서 토지문기(土地文記)를 넘겨받는 것으로 끝났다.

소유권의 확보는 조선인의 명의를 빌리는 방법, 조선인 관리에 청탁하여 자기 명의로 직접 등록하는 방법, 저당증서와 방매문기를 이중으로 작성하는 방법 등등 다양했다. 자본이 다소 넉넉한 자는 현금으로 샀지만 자본이 적은 자는 토지를 저당으로 잡고 고리대를 했다가 빼앗는 방법을 썼다.

이 무렵 일본인들의 조사에 의하면 정당한 값으로 매입한 경우도 그

값이 상답(上畓) 3백 평 한 마지기에 전라도 군산 지방의 경우 15엔 내지 20엔, 전주군은 17엔, 김제군의 중답이 8.3엔, 옥구군은 13.5엔, 나주 부근은 20엔 정도였다. 이 가격은 같은 시기 일본 땅값의 10분의 1 내지 20분의 1밖에 되지 않았다고 한다. 조선에서 일본인의 토지 소유가 증가하자 통감부는 그것을 합법화하기 위해 조선정부를 압박하여 '토지가옥증명규칙'(1906) '토지가옥전당집행규칙'(1906) '토지가옥소유권증명규칙'(1908)을 제정케 했다.

일본이 '합방' 이전에 이미 막대한 토지를 약탈한 것은 길게 보면 조선에서의 농민적 토지 소유, 나아가서 농촌부르주아지의 성장을 막고 조선을 식민지화하기 위한 기초 작업이 되었다. 그러나 직접적으로는 급격한 인구증가로 심한 식량난에 빠져 있던 일본이 그 농업인구를 조선에 이민시키는 데 목적이 있었다. 통계에 따르면 이 시기 조선의 1평방마일당 인구밀도가 146명이었던 데 비해 일본은 299명이나 되었으므로, 그 농촌인구의 해외이민이 시급했다.

이 때문에 러일전쟁을 전후한 시기부터 이미 일본 농민의 조선 이주가 논의되었고 통감부 설치 이후부터 그것이 본격화했다. 일본 자본가들이 설립한 한국농업주식회사, 한국흥업주식회사, 상인도오(山陰道) 산업주식회사 등이 조선에 대규모 농장을 설치하여 일본 농민을 이주시켰다.

일본 농민의 조선 이주에 큰 몫을 차지한 동양척식회사의 이민은 자작경영을 목적으로 한 것과 지주경영을 목적으로 한 두 가지가 있었다. 어느 경우건 일본정부와 동양척식회사로부터 각종 득전을 받았다. 그러나 자작경영을 목적으로 한 이민의 경우도 대부분이 자영을 포기하고 할당받은 농토를 조선 농민에게 소작시켜 지주가 되었고, 고리대 등을 통해 계속 농토를 확장해갔다.

일본의 이민정책으로 '합방' 전에 얼마만큼의 일본 농민이 이주했는지 정확한 통계를 구하기는 어렵다. 그러나 일본이 국유미간지개척안을 세우기 위한 기초조사로 실시한 '한국농업조사'(1904)에 의하면 이 시기 조선에는 쉽게 개간할 수 있는 땅이 약 320만 평 정도 있었고, 그것을 개간하면 약 7백만 명의 일본인을 이주시킬 수 있으리라 예상했다.

갑오농민전쟁은 당초 농민적 토지 소유의 실현을 요구한 전쟁이었고, 실제로 이 시기에는 자소작 상농층(自小作上農層)이 일부 성장하여 농촌부르주아지로 발전할 가능성이 있었다. 그러나 그것을 저지한 것이 바로 '합방' 이전부터 시작되어 '토지조사사업'으로 하나의 매듭을 지은 일본에 의한 토지 약탈이었다.


## 제4절 토착자본의 대응과 농민층의 동향

### 상권수호운동의 전개

문호개방 이전에 형성되어 있었던 일부 상업자본은 외국 자본주의 세력의 침략 앞에서 여러 방향으로 변모해갔다. 먼저 시전상업의 경우 금난전권에 의한 종래의 특권상업적 성격에서 벗어나 새로운 특권상업으로 변모해가려 한 과정이 주목된다. 시전상업계는 18세기 말엽에 실시된 통공정책으로 육의전을 제외한 각 시전의 금난전권이 원칙적으로 폐지되었으나, 개항 후에도 아직 특권상업적 성격이 강하게 남아 있었다. 그 때문에 자유로운 상업의 발전이 일정하게 제약을 받았다.

문호개방 후에도 시전상인들은 정부에 대한 과도한 진배(進排)와 공납에서의 낙본(落本) 혹은 공가미급(貢價未給) 등으로 심한 타격을 받은 한편, 난전의 성장, 일본 및 청나라 상인의 침투 때문에 상권(商權)을 계속 침해받았다. 이른바 한성개잔(漢城開棧, 1885)으로 청나라 상인과 일본 상인이 서울 시장에 침투하여 수입품만이 아니라 시전상인의 전매품종인 백목면(白木綿)·명태 등의 국내 생산품까지 취급하였다. 상권을 침해받은 시전상인들이 외국상인 점포의 철수를 요구하는 동맹철시를 단행하기도 했다.

갑오개혁 때 육의전의 금난전권이 폐지되어 시전상업의 특권성이 없어지는 한편, 외국상인의 비개항장 침투가 활발해져 상권 침해는 더욱 심해져갔다. 이같은 사태의 변화에 대응하기 위해 서울의 시전상인들은 황국중앙총상회(皇國中央總商會)를 조직하여(1898) 외국상인의 상권(商圈)을 제한하고 자기들의 상권을 보호하려 했다. 또 농상공부의 인지(印紙)를 황국중앙총상회에서 관장하고 상인들을 강제 가입시키려 했다.

황국중앙총상회는 종래의 금난전 특권을 잃은 시전상인들이 대한제국시기에 와서 외국상인의 침입에 맞서 국내상인, 특히 시전상인의 상권을 지키기 위해 발족시킨 상인단체였다. 이들은 독립협회의 정치활동에 동조하여 철시를 단행하기도 하면서 상권수호운동을 적극 펴나갔다. 그러나 황국중앙총상회가 독립협회와 정부에 의해 해체됨으로써 시전상인들의 상권수호운동은 일단 좌절되었다.

그후 1900년대에 접어들면서 다시 상업회의소 설립운동이 일어났다. 1905년에는 화폐정리사업의 결과로 빚어진 금융공황 때문에 큰 타격을 입은 시전상인들 중심으로 한성상업회의소(漢城商業會議所)가 조직되었다. 한성상업회의소는 기관지『상공월보(商工月報)』를 발행하면서(1909) 조선인 상업계의 상권 보호에 힘썼으나 '합방' 후 폐쇄되었다(1915).

개항 이전부터 또 하나의 특권상인이었던 공인은 개항 후 근대적 상인으로 변모하지 못하고 대부분 몰락했다. 공인 역시 시전상인의 경우와 같이 정부에 대한 조달품의 값, 즉 공가(貢價)를 밑지거나 전혀 받지 못하는 경우가 많았다. 정부에 대한 조달 이외에 다른 상로를 가지지 못 했던 이들은 개항 후 점차 몰락했다.

이밖에 경강상인들은 개항 후 세곡 운반이 일본인 증기선에 독점됨 으로써 큰 타격을 받았다. 그러나 일부 상인은 증기선을 구입하여 이에 대응함으로써 서울을 중심으로 한 미곡유통업에서는 적어도 '을사조 약'으로 보호국이 되기 전까지는 상권을 유지했다.

개성상인들은 개항 이후 활동영역을 수출입 유통업으로 확대해갔다. 종래의 상업조직을 이용하여 주로 서울 이북지방에서 계속 상권을 유 지할 수 있었다. 평양상인들도 인천항에 대동상회(大同商會)를 설립하 여 개항 초기부터 수출입 상품의 유통에 종사했으나, 평양이 개시장이 되고 남포가 개항된 후에는 일본 상인에게 그 상권을 침탈당했다.

문호개방 이전에도 포구와 같은 교통 중심지에 객주나 여각이 있었 지만, 문호개방 후에는 각 개항장에도 객주가 생겼다. 개항 초기에는 일 본 상인의 활동범위가 개항장 안에 한정되어 수입상품을 농촌시장으로 옮겨 파는 일과 곡물 등 농민 생산품을 개항장으로 모으는 일을 개항장 에 자리잡은 객주와 생산지 및 농촌시장을 연결하는 보부상들이 지배 했다. 이 과정에서 개항장 객주는 내외국 상인들의 위탁판매를 통해 매 매 쌍방으로부터 구문(口文)을 받는 한편, 어음의 인수와 할인을 통한 금융업도 영위했다.

개항장 무역의 증대에 따라 객주의 수가 많아지고 그 영업이 활발해 지자 정부가 수출화물에 대한 수세(收稅)와 함께 잠상(潛商)활동을 막 기 위해 이들을 통제하고 조직화해갔다. 개항장 객주들도 이에 호응하 여 원산상회소(元山商會所, 1883), 의신상회사(義信商會社, 1884), 순신창 상회(順信昌商會, 1884) 등 상회사를 설립하여 세금을 납부하는 댓가로 정부의 비호와 보호를 받고 수세청부(收稅請負)를 맡기도 했다. 개항장 거래에서 매매주선권을 보장받는 특권적 상인으로 성장해갔다.

1890년대 이후 외국상인들의 개항장 밖 내륙지방 행상이 본격화하면서 개항장 객주를 거치지 않고 상품을 매매할 수 있게 되었다. 이에 위협을 받게 된 객주 상회사들은 화륜선을 구입하여 상권을 연해로 확대하고 각 지방의 포구에 지점을 설치하여 재래시장을 장악하려 했다. 또 한편으로 개항장 무역의 통제를 통해 수출입무역 지배권을 회복하려 했다.

정부도 인천항 40여 객주 중 자본력이 강한 25개를 선정하여 25개 읍을 할당하고 그 지역의 상품매매 독점주선권을 주었다(1889). 이 25객주 25읍 전관제(專管制)는 객주를 특권상인화하고, 그 영업세 수입으로 정부재정을 보완하려는 목적에서 실시되었다. 그러나 국내 일반상인과 외국상인들의 반발로 곧 폐지되었다.

객주 상회소와 같은 상인단체에 소속된 상인들은 자신들의 상권을 보호하기 위해 봉건정부와 결탁함으로써 특권상인화하여 국내 소상인들에게 타격을 주었지만, 그 상권보호책이 일본 상인의 반발 앞에 무너지면서 차차 그들의 금융 지배 아래 예속되어갔다. 특히 보호국 체제 아래서 일본 상인이 각 지방에 정주함에 따라 급격히 식민지적 유통기구가 편성되어갔다. 조선 상인도 거기에 편입되지 않을 수 없었다.

### 식산흥업운동과 회사 설립

중세적 생산 및 유통 체제 아래서 갑자기 외국 자본주의의 침입을 받게 됨으로써 토착의 생산구조와 상업계는 크게 침해되었다. 외국 자본주의의 침입에 대응하기 위해 국내 경제체제를 개혁하는 일이 시급했고, 이 때문에 개화파 사상가들은 외국의 회사제도를 소개했다.

외국상인의 침입, 무역 확대과정에서 일정한 상업자본의 성장, 개화파에 의한 근대적 회사제도의 소개, 외국 상회사들의 국내 진출 등에 자극을 받아 1880년대 초기부터 근대적 회사가 설립되기 시작했다. 초창기 회사는 대부분 상회사였다. 당초에는 왕실이나 특정 궁방(宮房)과 결탁한 도고의 성격을 가진 경우도 있었으나 차차 관허제(官許制)와 영업세 제도에 의한 주식회사적 성격을 띠어갔다.

정부는 상회사를 허가하면서 종래의 도고를 혁파해갔다. 평양에 설립된 대동상회를 예로 들면, 자본금 수십만 냥으로 설립된 이 상회사는 합자회사의 성격을 가지고 있었다. 정부가 발행하는 빙표(憑票)를 가지고 전국 각지로 다니면서 영업을 하는 사원들은 어디에서나 지방관의 각종 잡세 침징(侵徵)을 받지 않도록 중앙정부 혹은 왕실의 보호를 받았다.

상회사 중에는 비교적 규모가 큰 합자회사가 있었는가 하면 몇 사람이 공동출자한 소규모 회사, 그리고 개인 단독으로 경영하는 상회들도 전국 각지에서 설립되었다. 조선왕조 사회 종래의 상업체제, 즉 시전·공인·객주·여각 등의 연결에 의해 이루어진 유통구조를 대신한 이같은 상회사들은 갑오개혁(1894) 이전에도 이미 40여 개가 설립되었다.

내국인 자본에 의한 기업활동은 1890년대 후반기 이후, 즉 대한제국 시기로 오면서 정부의 식산흥업정책과 맞물려 특히 운수업·금융업·철도부설·농수산업 부문 등에서 한층 더 활발해졌다. 문호개방 이후 외국 무역 확대에 따른 해운업을 일본우선주식회사(日本郵船株式會社)·오오사까상선주식회사(大阪商船株式會社) 등 조선에 진출한 일본 자본가들이 독점했다. 그것이 국내경제에 큰 영향을 끼치게 되자, 일부 국내 기업가들이 외국 증기선을 구입하여 해운업의 일부를 회복하려 했다.

이런 움직임에 따라 대한협동우선회사(大韓協同郵船會社, 1900), 인천우선회사(仁川郵船會社, 1900), 인한윤선주식회사(仁漢輪船株式會社, 1900) 등 비교적 큰 규모의 해운회사가 설립되었다. 육운업(陸運業)에서도 이운사(利運社, 1899), 통운사(通運社, 1901) 등과 철도용달회사로 경부철도역부회사(京釜鐵道役夫會社, 1901) 등이 설립 운영되었다.

경부선 등 중요 철도 부설권이 외국인에게 넘어가는 것을 본 일부 기업가들이 내국인 자본에 의한 철도회사를 설립했다. 부산과 하단(下端) 사이에 철도를 부설하기 위한 부하(釜下)철도회사가 설립된(1898) 것을 비롯하여 서울과 의주 사이의 철도 부설을 목적으로 한 대한철도회사가 설립되었고(1899) 삼랑진과 마산 사이의 철도 부설을 위한 영남지선철도회사가 설립되었다(1902).

또한 광산채굴권이 외국인에게 넘어가는 데 자극받아 내국인 자본에 의한 광업회사가 일부 설립된 흔적들이 있다. 해서철광회사(海西鐵鑛會社, 1900), 수안금광합자회사(遂安金鑛合資會社, 1903) 등이 그것이다. 이밖에도 상회사나 운수회사가 아니라 생산회사인 저마제사회사(苧麻製絲會社, 1897), 인공양잠합자회사(人工養蠶合資會社, 1900) 등이 설립된 흔적이 있으나, 실제로 제품 생산이 이루어졌는지 또 얼마나 유지되었는지 확인되지 않고 있다.

개항 직후부터 일본 금융기관이 침투하고 일본 상인에 의한 고리대금업이 확대됨에 대응하여 내국인 자본에 의한 은행이 설립되어갔다. 최초로 설립된 조선은행(1896)은 관료자본 중심으로 설립된 은행으로서, 국고 출납업무를 대행하고 지방 중요 도시에 지점을 두었으나 곧 폐쇄되었다(1900). 이후 한성은행(1897), 천일은행(1897) 등 몇 개의 민간은행이 설립되었는데, 대부분 관료자본과 상업자본의 합자에 의한 것이었다. 예를 들면 천일은행은 서울의 거상들이 합자하여 설립했고, 한일은행(1906)은 서울의 조선인상업회의소가 중심이 되어 설립한 은행이었다.

특히 대한제국시기에는 관료자본이나 상업자본에 의한 회사 설립과 그 기업활동이 한때 상당한 성과를 나타내었다. 그러나 자금 부족, 기술 및 운영방식의 미숙, 일본의 정치적 방해 때문에 더 발전할 수 없었다. 예를 들면 대한협동우선회사는 인천·평양 사이의 항로에서 일본의 호리상회(堀商會) 소속 기선과 치열한 경쟁을 벌이다가 러일전쟁으로 폐쇄되었다. 국내자본에 의한 철도 부설계획도 러일전쟁과 그후의 보호국화로 실현될 수 없었다.

### 산업자본의 실태

개항 이전에 일부 발달했던 유기공업과 야철(冶鐵)공업 등은 개항 후에도 농민들의 구매력 향상을 기반으로 일정하게 발달하여 공장제수공업으로 변모해갔다. 예컨대 야철공업의 경우 철이 생산되는 개천(价川) 지방의 점촌(店村)에는 19세기 말경 최소한 150호 이상의 전업적 수공업 지역이 형성되었고, 그 절반이 솥을 만드는 야철업에 종사했다. 1860~70년대 이 지방의 어느 대표적 자본가는 3개의 공장을 가지고 있었으며, 1개 공장에 30명 정도의 임금노동자가 고용되어 있었다.

유기공업도 거의 전국적으로 확대되어갔고 또 이 분야에서 자본주의적 경제관계가 한층 더 발전했다. 이승훈(李昇薰, 1864~1930)의 경우를 예로 들면, 1887년부터 정주(定州) 지방에서 유기 제조장과 판매장을 경영하기 시작하여 1901년경에는 평양·진남포·서울·인천까지 기업을 확장했고 자본금이 50만 냥 이상에 이르렀다. 유기공업의 일부는 또 합자회사 형태로도 발전하여 서울에 조선유기상회라는 합자회사가 설립되기도 했다(1898).

개항 전에 농가부업 단계에 머물러 있었던 면직물 생산도 개항 후 외

유기공장

국 자본주의 생산품의 수입에도 불구하고 역시 농민층의 수요 증대를 바탕으로 더욱 발전해갔다. 수입 방적사(紡績絲)를 이용한 판매 목적 면직업이 발달하여 생산량도 많아져갔다. 종래의 베틀로는 무명 1필을 짜는 데 5일이 걸렸으나, 19세기 말엽에 와서 수입 방적사를 사용하고 또 베틀도 다소 개량되어 5일 동안에 3필을 짤 수 있었다고 한다.

한편 도시에서는 민간자본에 의한 직조공장이 설립되기도 했다. 예를 들면 서울 종로의 백목전도가(白木廛都家)에 설립된 종로직조사(鐘路織造社, 1900)에서는 기계 1대가 매일 70자를 생산했다. 한성제직회사(漢城製織會社, 1901)에서는 발동기를 이용하여 기계 1대가 매일 50~60자를 생산했으며, 남녀 직공을 위한 기숙사 시설도 갖추어져 있었다. 또한 1902년에 서울 장사동에 자본금 1만 원으로 설립된 김덕창(金德昌) 직조공장은 1916년경에는 족답기(足踏機) 25대, 수직기(手織機) 11대,

표 4_ 조선인 경영 공장 수(1911년)

| 업종 | 공장 수 | 자본금(엔) | 직공 수 | 기관 수(마력) | 생산액(엔) |
|---|---|---|---|---|---|
| 직물업 | 9 | 67,816 | 286 | 2(10) | 74,134 |
| 제지업 | 5 | 84,080 | 56 | 2(22) | 4,440 |
| 제혁업 | 1 | 20,803 | 13 | | 28,800 |
| 요업 | 15 | 89,335 | 243 | | 28,716 |
| 철공업 | 6 | 16,500 | 70 | | 32,246 |
| 금 세공업 | 3 | 85,000 | 189 | 2(8) | 111,533 |
| 정미업 | 16 | 131,000 | 188 | 13(166) | 1,207,816 |
| 인쇄업 | 1 | 12,500 | 10 | | 10,000 |
| 연초제조업 | 7 | 106,968 | 1,343 | | 443,964 |
| 잡공업 | 3 | 23,238 | 101 | | 27,620 |
| 합계 | 66 | 637,240 | 2,499 | 19(206) | 1,969,269 |

자료: 『朝鮮總督府統計年報』 1912년도.

장가드식 2대, 직공 40명 규모의 공장으로 발전했다.

이와 같은 사실은 문호개방 이후의 여러가지 제약된 조건 아래서도 근대적 산업자본이 차차 성장해가고 있었음을 말해준다. 그러나 그 성장속도가 너무 느리고 그 규모 또한 너무 작아서, 날로 심화되는 외국자본의 침입과 정부의 정책 빈곤에 따른 악조건을 극복하기 어려웠다. 더구나 보호국 체제 아래서는 '화폐정리' 등 조선인 자본 탄압책 때문에 몰락하지 않을 수 없었다.

표 4에서 보는 바와 같이 '합방' 직후인 1911년에 조사된 조선인 경영 공장 수는 66개에 지나지 않았다. 총자본금은 일본 돈으로 약 64만 엔, 종업원 총수 약 2500명으로 연간 총생산액은 2백만 엔에 미달했다. 이 정도의 산업자본으로 같은 시기 제 나라의 정책적 지원을 받으면서 조선에 들어와 있던 공장 수 109개, 공칭자본금 1051만 엔, 불입자본 506

만 엔의 일본인 기업과 경쟁하기는 어려웠다.

또한 도시지역에 한정되어 농민경제 속에 뿌리박지 못한 이들 산업자본가가 부르주아 세력으로서 신지식인층과 합세하여 국민혁명을 주도할 만한 역량을 가지기는 어려웠다. 뿐만 아니라 정치적 영향력을 발휘하여 지배권력이 외세와 타협하는 것을 저지할 수 있는 단계에도 나아가지 못했다.

식민지화를 앞두고 있던 19세기 후반기에서 20세기 초엽에 걸치는 시기에 산업자본의 성장이 저해된 원인은 여러가지 측면에서 지적될 수 있다. 우선 지배권력의 정책 빈곤과 외세에 대한 타협 및 굴복, 문호개방 후 특히 일본 상인에 의한 무역 독점과 자본주의 상품의 무제한적 수입, 지배권력의 외국 자본주의에 대한 무절제한 이권 양여, 금융정책 부재 등을 들 수 있다.

### 지주제 강화와 농민생활

문호개방 이전에 이미 일부 이루어졌던 농업생산물의 상품화는 개항 후 크게 진전되었다. 특히 곡물의 경우 종래 좁은 국내시장만을 대상으로 상품화되었을 뿐이던 지주의 지대곡(地代穀)이 개항 후 일본으로 수출될 수 있게 되었다. 그것은 광범위한 농민항쟁으로 한때 정체했던 지주제를 강화시키는 원인이 되었다.

일본에 수출하는 곡물은 대부분 지대곡이었다. 지주들은 지대 수취를 확대하기 위해 소작료 인상, 생산물지대 확대, 정미(精米)를 통한 상품화과정의 직접 장악 등의 방식으로 지주제를 강화하고, 거기에서 얻는 수익을 토지에 재투자하여 더 큰 지주로 성장했다. 한편 이같은 곡물 수출을 통해 새롭게 등장하는 지주도 있었다.

이런 현상은 왕실이나 관청에 소속된 토지에서도 마찬가지였다. 갑

지주의 위임을 받아 소작인을 관리 감독하는 마름

오개혁 이후의 역둔토 정리사업은 국가나 왕실 소유 토지에 대한 지주권과 지대 수취를 강화하는 것을 주요한 목적으로 삼았다. 이 사업을 통해 관청이나 궁방의 토지를 중앙의 관리기구에서 인수 경영하고 소작료도 일괄 징수하였으며, 종래의 중답주(中畓主)도 제거하려 했다. 이같은 관청 토지의 지주경영 강화는 이 시기의 곡물 수출에 의한 상품화 확대를 근거로 대한제국의 근대국가적 재정기반을 강화하는 것이었다고 볼 수 있다.

한편, 곡물 수출과 조세 금납화를 이용한 지방관의 수탈도 강화되어갔다. 세곡미 자체의 수탈도 강화되었지만, 수령들이 방곡(防穀)을 실시하여 곡물의 관할지역 외 유출을 금지함으로써 곡가가 하락하였을 때 이를 매집하여 이익을 얻기도 했다. 또한 조세 금납화 후에도 수령들이 농민에게서 곡물로 수세하여 이를 개항장으로 운송 판매하고 취득한 화폐를 중앙정부에 상납하여 그 차액을 착복하는 외획(外劃) 등이 있었다. 이같은 수탈을 통해 축적된 관료자본은 지주제 강화를 통해 축적된 지주자본과 함께 대한제국시기 식산흥업운동의 물적 기반이 되기도 했다.

농민들에 의한 곡물의 상품화도 일부나마 이루어지고 있었다. 조세 금납화에 따라 농민은 잉여생산물이나 자가소비 부분까지 판매할 수밖에 없었다. 고리대자본에 예속된데다가 생활필수품의 상당한 부분이 자본주의 제품화함에 따르는 생산물의 궁박판매(窮迫販賣) 현상도 있었다. 그러나 한편 곡가 등귀에 자극되어 새로운 경작지를 개발하거나 콩·면화 재배와 같은 상업적 농업 경영을 확대하여 생산물의 상품화가 한층 활성화되기도 했다.

갑오농민전쟁을 전후한 시기에는 곡물의 상품화와 함께 전통적 토포(土布) 생산구조가 아직 존속했고, 수입 자본제 상품이 국내 면포시장을 잠식하는 가운데서도 수입 방적사를 통한 면포 생산 등을 통해 부농층 성장의 가능성은 아직 일부 남아 있었다.

그러나 '미면교환체제(米綿交換體制)'로 불리는 일본과의 무역체제가 자리잡으면서, 강화되어가는 지주제 아래서 농민층의 성장은 제한적일 수밖에 없었다. 한편 당오전 인플레이션과 곡물의 대량 수출로 갑오농민전쟁을 전후한 시기에 쌀값이 7배 이상 상승하여, 도시지역의 하급관리·군인·임금노동자 등 화폐로 임금을 지급받아 곡물을 구입하는 계층의 생활에 큰 타격을 주었다.

일정한 성장 가능성에도 불구하고 봉건 지배계급과 제국주의 세력의 침탈에 직면하여 잉여 축적의 실현이 저해되고 있었던 일부 부농과 소농 이상 농민, 곡가의 급격한 상승으로 몰락을 강요당하고 있던 빈농 등의 농민층은, 같은 침탈에 시달리던 도시와 농촌 지역 소상품생산자 소상인 등과 연대하여 반봉건·반외세의 농민전쟁을 일으켰던 것이다. 농민전쟁이 실패한 후에도 이들은 항조(抗租)운동, 활빈당 활동, 의병전쟁 등을 통해 같은 성격의 운동을 계속해갔다.

제4장

# 근대
# 민족문화운동의
# 시련

　　실학사상가들, 특히 박지원·박제가·정약용··이규경·최한기 등은 서양 근대문화에 대해 어느정도 이해를 가지고 있었으며 그것을 수입하여 조선왕조 후기의 침체한 국내 문화를 발전시켜야 한다는 주장을 폈다. 18세기 후반기에 활약한 북학파의 박지원·박제가 등은 중국 북경에 와 있는 서양 선교사를 초빙하여 서양문물을 배우고 해외통상의 길을 터야 한다 했고 정약용도 북학론을 바탕으로 한 기술개발론을 폈다. 이규경은 문호개방론을, 최한기는 서양문화 수입론을 제의했다. 그러나 실학사상가들의 문호개방론, 서양 근대문화 수입론은 세도정권을 확립한 보수 정치세력의 정권유지책이었던 쇄국주의에 의해 거부되었다.

　　실학사상에서 일단 싹튼 근대적 사상이 그대로 성장하여 인민주권주의,

자본주의, 부르주아 사회를 이루어나가기 위해서는 실학사상 자체가 계속 발전하는 한편, 북학론, 해외통상론, 문호개방론, 서양 근대문화 수입론이 실현되어 선진문화가 계속 공급되어야 했다. 실학사상을 바탕으로 하여 여기에 서양 근대문화가 효과적으로 접목되어야만 근대적 민족문화가 성립되고 자율적 문호개방과 주체적인 산업혁명이 이루어질 터였다. 그러나 보수적 정치세력은 반역사적 왕조 및 정권을 유지하기에 급급했고 이 세력을 무너뜨릴 만한 진보적 정치세력의 성장은 부진했다.

문호개방에 앞서 실학사상을 지도원리로 하고 여기에 서양 근대문화를 적극적으로 도입하여 부국강병을 이룰 만한 정권이 성립되지 못하고 외세의 강요에 의해 문호개방이 이루어졌다는 사실은, 이미 외국의 근대문화를 주체적으로 수용할 처지에 있지 못했음을 가리킨다. 더구나 문호를 개방한 정치세력이 외세에 의존하고, 그 외세의 도움으로 전제주의 지배체제를 그대로 유지하려는 데 급급함으로써, 문호개방은 결국 외세에 대한 예속과 나아가서 식민지화의 길로 연결되고 말았다.

문호개방 이후 한일'합방'까지의 개항기 30여 년간 조선왕조의 집권세력이 표방한 일련의 정책은 동도서기론적 방안이었고, 문화정책도 그것에서 예외일 수 없었다. 그것은 정신문화 부분과 정치체제는 전통적인 조선왕조적 전제주의 체제를 그대로 유지하고, 물질문명·기술문명 부분만 서양 근대의 그것을 도입하여 이른바 근대화 및 부국강병을 이루려는 방법론이었다.

그러나 서양의 근대 기술문명이란 자유주의·합리주의 등 그 정신문화와 인민주권주의적 정치문화를 바탕으로 하여 발달한 것이어서 조선왕조적 전제주의 정치문화체제 위에 순조롭게 접목될 수 없었다. 외세와 결탁하여 전제주의적 정치문화체제를 유지하면서 외세가 선별적으로 제공하는 기술문명만을 받아들여 식산흥업과 부국강병을 이루리라 표방했던 조선왕조정부는 결국 외세에 의해 멸망하고 한반도는 식민지화의 길을 걸었다.

한편, 집권층의 이와 같은 시행착오적 근대화정책과는 달리 민간의 일부 선각자들은 전체 개화기를 통해 자유주의·합리주의, 나아가서 인민주권주의 발달을 바탕으로 한 부국강병과 산업혁명의 달성 그리고 민족문화 건설을 지향하면서 신교육운동·종교운동·기술도입운동·산업화운동 등을 펴나갔다.

그러나 이 민간운동은 이미 외세와 결탁한 정부의 정책적 보호를 거의 받지 못했음은 물론, 광범위하게 침입한 외세에 의해 직접적으로 탄압받았다. 정치·경제 면의 자율성 상실은 자연히 문화 면의 자율적 발전을 불가능하게 했다. 개항기를 통한 근대 민족국가 수립의 실패는 곧 자율적 민족문화운동의 실패와 연결되었다.

# 제1절 신사조의 수용

## 철학사조의 수용

개화기에 이르러 서양의 새로운 철학사조와 사회진화론 등의 사회사상 그리고 자연과학의 성과 등이 일부 전파되고, 산업기술도 어느정도 수용되어 사회 변화에 박차를 가하고 있었다. 그러나 이같은 새로운 사상이나 기술을 수용함에 있어 조선왕조 사회가 처해 있던 국제적 여건은 매우 불리했다. 서양의 사상과 기술을 직접 수용하지 못하고 중국이나 일본을 통하는 경우가 더 많았다. 이것은 거의 동일한 역사 발전단계에 놓여 있었던 조선·일본·중국 등 동북아시아 3개국의 근대화과정에서 조선이 불리한 조건에 놓이게 된 원인의 하나일 수밖에 없었다.

조선왕조 사회에 서양의 철학사상이 처음으로 전파된 것은 서학(西學)이 전래된 18세기를 전후한 때였다. 이때 조선에 유포되었던 서학서(西學書)에는 스콜라철학과 그리스적 사유방법의 구조를 제시하는 내용들이 포함되어 있었다. 당시 조선의 철학계는 대체로 이에 대해 비판적 안목을 가지고 있었다. 이와 같은 상황은 신후담의 『서학변(西學辨)』을 통해 잘 드러나고 있다. 당시에는 서양의 모든 철학사조가 천주교와 동일한 선상에서 비판·배격되고 있었던 것이다.

그러나 개항기에 이르러 서양철학에 대한 거부감이 둔화되어갔고, 중국과 일본의 번역서를 통해 단편적으로나마 그것이 전파되기 시작했다. 1890년대 이후 한일'합방' 이전까지의 시기에 국내에서 간행된 각종 신문과 잡지에는 칸트·헤겔 등 서양 근대철학자들과 그 사상을 소개하는 단편적인 글들이 간간이 실렸다. 하지만 당시에는 아직 이러한 서양의 근대철학을 본격적으로 이해하려는 움직임이 구체화되지 못하고 있었다.

서양의 학문과 사상을 수용하는 데 중요한 역할을 담당한 것은 애국계몽운동기의 각종 잡지들이었다. 각종 학회들이 발간하던 잡지에는 정치학·경제학·사회학 등 사회과학의 여러 분야에 관한 이론들이 정리 수록되었다. 또한 애국계몽운동가 자신들이 처해 있던 대한제국시기 사회 일반에 대한 과학적 분석이 촉구되기도 했다. 또한 이들 잡지에서는 사회과학이나 자연과학적 지식뿐만 아니라 사회진화론에 대한 지식도 제공하고 있었다.

사회진화론은 개화기에 전래된 사회사상 중 가장 주목할 만한 것이었다. 1859년 영국 생물학자 다윈(Darwin)이 진화론을 발표한 이후, 이 학설은 곧 사회사상으로 변모했고, 생존경쟁·적자생존·자연도태에 관한 생물학의 이론이 인간사회에도 적용되기에 이르렀다. 사회진화론은 1880년대 초 유길준에 의해 일본으로부터 도입 소개되었고, 1890년대와 1900년대 사이에 중국 양계초(梁啓超, 1873~1928)의 글 등을 통해 본격적으로 도입되었다.

이 시기의 지식인들은 사회진화론을 통해 각 민족이 생존을 경쟁하고 제국주의가 팽배하는 상황에 대한 논리적 설명의 근거를 얻을 수 있다고 생각했다. 따라서 사회진화론은 개화기에 알맞은 정치사상으로 인식되었고, 구국을 앞세운 강한 정치의식을 불러일으켰다. 또한 이 정치의식은 국가간의 생존경쟁이 전개되는 시대를 맞아 제국주의의 침략으로부터 자신을 보존하기 위해 민족주의적 대응이 필요함을 인식하게 했다.

적자(適者)로 생존하기 위해 실력양성이 시급함을 알게 되었고, 그것이 애국계몽운동을 추진하는 원동력이 되었다. 또한 생존경쟁에서 궁극적으로 승리하기 위해 묵은 학문과 사상을 버리고 정신적으로 새로

태어나야 한다는 신민사상(新民思想)도 형성되고 있었다.

사회진화론은 밖으로는 인종주의적 편견과 인종간의 대립을 강조하는 제국주의적 침략론의 성격을 가지고 있었으며, 안으로는 민족 내부의 일반 민중을 미개한 계몽의 대상으로 보는 일면이 있었다. 이런 논리에 빠진 개화기의 일부 지식인들은 사회진화를 위해 투쟁하는 기본단위를 민족보다 인종 내지 종족에서 찾고자 하는 경우도 있었다. 조선과 중국·일본 등 세 나라 황인종이 협력하여 백인종과의 투쟁에서 이겨야한다고 생각하기도 했다. 바로 이런 생각 때문에 사회진화론은 또 일제 침략의 이론적 도구로 전용되기도 했고, 국내 민중을 약자로만 보거나 계몽의 대상으로밖에 인식하지 못한 면이 있기도 했다.

사회진화론은 약육강식의 결과로 적자생존이 이루어짐을 말했고, 이 논리에 기초하여 강자가 되기 위한 자강론(自强論)을 펴기도 했다. 반면 강자에 대한 패배를 불가피한 숙명으로 보고, 그 저항의욕을 약화시키는 패배주의를 낳기도 했다. 사회진화론이 가지고 있는 이와 같은 성격의 일면 때문에, 일부 친일파 지식인들의 사고 논리에서 식민지화를 당연시하는 인식체계를 볼 수 있게 된다.

### 근대 과학기술의 수용

개항기에 와서 서양의 과학기술도 본격적으로 수용되기에 이르렀지만, 이에 앞서 문호개방 전인 17세기부터 이미 서양의 과학기술에 대한 인식과 수용이 이루어지기 시작했다. 개화기 이전에 수용된 서양의 과학기술로는 무기류와 신식 방차(紡車) 등을 들 수 있다. 그러나 이런 과학기술은 당시로서는 무기를 제외하고는 특별히 뛰어난 것이 아니었으므로, 서양기술의 도입이 민중의 사회·경제생활에 끼친 영향은 그다지 크지 않았다.

서구문명 도입을 목적으로 미국에 파견된 조선 보빙사 일행

　게다가 서학에 대한 배격 풍조가 강화되어 조선에서는 서양의 과학
기술을 수용하기가 사실상 불가능했다. 상당수의 지식인들은 서양인을
'양이(洋夷)'로 규정하고 서양의 근대기술을 '곡기(曲技)'로 배척했으
며, 초자연적 힘에 의존하거나 사변적 사상으로 근대적 기술의 도전에
대응하고자 했다.

　이와 같은 인식은 자본주의 침략의 충격을 겪고 난 이후 변화할 수밖
에 없었다. 이후에는 동도서기론의 입장에서 서양의 기술만을 도입해
보려는 방법론이 나타났다. 그러나 전제주의적 정치체제와 성리학적
문화·사상 체계를 그대로 유지하면서 서양의 기술만을 수용하려는 방
법론에는 한계가 있었다. 이를 극복하지 못한 상태에서 서양의 기술이
일부 도입되어 그 파행성은 더욱 두드러졌다. 그런 조건 속에서도 개항
기를 통해 서양의 근대사상과 학술에 대한 이해가 점차 높아졌다. 유길
준 등 일부 개화사상가들은 과학기술이 사회와 역사의 발전에 최우선

적 요인이 되는 것으로 파악하기까지 했다.

개항 직후부터 조선정부는 서양기술과 그 기술산업의 생산품들을 도입하는 데 어느정도 적극성을 보였다. 조사시찰단을 일본에 보내 무기제작소를 비롯한 각종 시설들을 시찰하고 근대기술에 대한 견문을 넓히게 한 것이나 영선사 일행과 함께 청년학도 96명을 청나라에 파견하여 양무운동의 일환으로 건설되고 있던 각종 공장에 가서 무기·화약·탄약의 제조법과, 기계공학·전기·화학 등의 기술을 배우게 한 것을 비롯하여 이후에도 각종 기술훈련생을 일본에 파견하여 근대기술을 습득케 했다.

정부 주관의 서양기술 수용에서 가장 중요한 부분은 무기 제조기술이었다. 통리기무아문을 설치할 때(1880) 군물사·선함사 등 무기의 도입과 제작을 전담하는 기관을 두었고, 기계사를 두어 각종 기계의 제작과 구입을 담당케 했다.

군사기술 도입과 병행하여 일반 산업기술의 수용에도 일정한 관심을 가졌다. 정부 직영 업체에서는 섬유공업기술·광산기술·농업기술 등을 도입했다. 또 증기기관 선박을 도입한 후(1884) 이를 국내에서 제작해보려고 시도하기도 했다. 같은 해에 전기가 도입되었고 다음 해에는 전신이 도입되어 통신부문의 혁명이 가능하게 되었다.

한편 근대적 인쇄 기계와 기술을 도입하여(1883) 『한성순보』 등 신문과 기타 간행물을 인쇄하게 되었다. 인쇄기술은 이후 민간인들에 의해서도 도입되었으며, 이렇게 도입된 인쇄기술에 의해 많은 인쇄물이 염가로 보급될 수 있었다. 고려시대부터 금속활자와 인쇄기계가 있었으나 재래식 활자와 기계는 정부와 양반사회를 중심으로 극히 제한된 인쇄물의 간행에 사용될 뿐이었다. 이때 도입된 근대적 인쇄기술에 의해 간행된 신문과 잡지 그리고 각종 출판물들이 개화사상을 보급하고 애국계몽사상을 고취하며 지식을 대중화하는 데 상당한 역할을 했다.

서양의 근대기술 도입을 위한 노력은 인쇄기술에서와 같이 민간측에서도 추진되고 있었다. 특히 정부의 일정한 보호를 받던 상공업자들이 설립한 근대적 회사나 상공업단체에서는 중국과 일본으로부터 근대 산업기술을 도입했다. 이같은 경향은 1880년대 초부터 나타나서 담배와 식품 제조업, 정미업, 도자기 제조 등의 분야에서 근대적 기술이 도입되어 활용되기 시작했다. 그러나 자본축적이 충실치 못했던 이 시기의 상공업자들에게는 근대적 산업기술의 수용에도 한계가 뚜렷했다.

1890년대에 접어들면서, 특히 청일전쟁 이후 조선에 대한 제국주의 침략이 강화되는 과정을 통해 조선은 반식민지로 전락해갔다. 각종 이권을 얻기 위한 열강의 치열한 경쟁이 전개되었고, 이에 따라 많은 외국자본이 조선에 침투했다. 각종 이권들이 일본·미국·영국·러시아 등 제국주의 열강들에 의해 탈취당하는 과정에서 철도·광산 등에 관한 기술이 어느정도 도입되었다. 그러나 그것은 조선의 기술발전이나 민족자본의 형성에는 도움을 줄 수 없었다. 외국자본은 조선에 대한 기술이전을 회피했고, 조선의 식민지화를 강화시켜갔을 뿐이다.

1890년대 이후 제국주의 열강의 경제 침략이 본격화하여 국내의 토착 산업구조가 붕괴하는 한편 그 대책으로 근대기술 수용을 위한 노력은 계속되었다. 기예학교·의학교·광무학교(礦務學校)·공업전습소 등 각종 기술학교들이 설립되었다. 이같은 기술교육정책은 재정난으로 많은 난관을 겪으면서도 1905년 보호국으로 전락할 때까지 꾸준히 계속되었다.

요컨대, 개항기는 새로운 사상과 근대적 기술의 도입이 계속 추진되던 시기였으나, 그것은 국내 여건의 불비와 제국주의 세력의 침략으로 크게 제약을 받았다. 개항기에 수용된 사회진화론을 비롯한 각종 사상이 당시 사람들의 사고방식에 얼마간 변화를 가져다주었고, 정부와 민간에 의해 도입된 근대적 과학기술은 민중들의 사회·경제 생활에 일정한 변화를 주었다. 그러나 그것은 민족경제의 발전에 도움이 되기보다 식민지화를 촉진하는 데 더 크게 작용했다. 사회진화론의 수용은 부국강병의 길보다 제국주의 열강에 역이용되는 길로 갔으며, 여기에 개항기의 새로운 사상과 기술의 수용이 가진 한계가 있었다.

## 제2절 신교육운동

### 신식 교육기관의 설립

개항 이후 서양의 근대문화를 접하게 된 조선정부는 구래의 전통적 유교 교육을 청산하고 서구 신문화의 섭취를 위한 신식 교육을 실시했다. 한편 제국주의 열강의 침략에 맞서기 위해 신식 교육이 필요함을 절감한 민간 유지들에 의해서도 민중교육운동이 폭넓게 추진되었다. 또한 조선에 진출한 기독교계 선교단체들에 의해 선교 계통의 학교도 세워졌다.

"아는 것이 힘이다. 배워야 산다"고 한 이 시기 교육운동가들의 구호와 같이, 개항기의 교육운동은 국권 수호를 위한 결의의 표현이었으며, 민족의 생존을 위한 실력배양운동이었다. 민중교육운동은 보통교육 분야뿐만 아니라 중등교육 내지 전문교육 영역으로 확대되었고, 여성교육과 기술교육도 적극적으로 추진되었다.

문호개방 직후부터 일부 선각적 지식인들은 근대적 교육사업에 큰 관심을 가지게 되었다. 박영효·김옥균과 같은 개화사상가들은 개화운동의 일환으로 교육개혁을 강력히 시도했다. 이후 유길준·윤치호 등과 독립협회의 회원들도 부국강병을 위해 근대교육의 실시를 주장하고 나섰다. 이같은 개화사상가들의 주장과 노력에 의해 그리고 시대적 요청에 의해 조선에서도 근대적 교육기관이 설립될 수 있는 분위기가 조성되어갔다.

개항 후 신교육을 위해 설립된 교육기관으로는 먼저 원산학교(元山學校)를 들 수 있다. 이 학교는 덕원부(德源府) 민중의 기금에 의해 1883년에 개교하여 문예반과 무예반을 두고 근대적 교과과정을 가르쳤다. 원산학교는 외세 침입에 대응하기 위해 조선인 스스로 성금을 모아 설립했다는 점과, 외국인이나 관청의 주도에 앞서 민간 측의 근대화 의욕의 일환으로 설립되었다는 점에서 그 의의가 크다.

정부에서도 유교 교육이 아닌 신학문과 새 지식을 가르치기 위한 교육기관을 설립했다. 먼저 일종의 통역관 양성소인 동문학(同文學)을 설치하여 영어를 가르치기 시작했다(1883). 또 한미수호조약 체결 후 보빙사(報聘使)로 미국을 방문하고 귀국한 민영익의 건의에 따라 육영공원(育英公院)을 설립하여(1886) 연소한 문무 관리나 선비 중 재주있는 사람을 택해 입학시켰다. 그러나 새 사회에 대한 적응력이 약한 양반고관의 자제들만 입학시킨 결과, 소기의 목적을 이루기 어려웠고 그 때문에 폐쇄되었다(1894).

이후 갑오개혁으로 학부아문(學部衙門)이 설치되어 근대적 교육기관의 설립과 운영을 담당하였다. 홍범14조(1895)에서도 근대 교육제도를 수용할 것이 천명되었다. 교육조서(敎育詔書)를 내려 교육을 통한 국가 중흥의 이상을 표명하고, 이에 따라 한성사범학교(漢城師範學校, 1895)가 개교했다.

같은 해에 반포된 소학교령(小學校令)에 의해 수업연한 6년의 관공립 소학교들이 설립되기 시작했다. 소학교령은 국민 의무교육 제도를 지향했으나, 1905년까지 서울과 지방에 모두 60여 개교의 관공립 소학교가 설립되는 데 그쳤다. 중등교육기관으로는 최초로 한성중학교(漢城中學校, 1900)가 개교했다.

정부의 시책과 병행하여 민간 교육운동이 활발하게 추진되어 오히려 관공립 교육기관을 압도했다. 개화와 자강을 목적으로 건립된 사립 교육기관의 효시는 원산학교지만, 이후 민영환이 설립한 흥화학교(興化學校, 1895)를 비롯하여 사립학교의 수는 급격히 증가했다. 1909년에는 사립학교의 총수가 2250개교에 이르렀다. 이중 1402개교가 민족계 교육운동가들에 의해 설치 운영된 것이었다. 이 사립학교들은 대부분 초등교육기관이었다.

민중교육 운동가들은 초등교육기관에만 한정하지 않고 중등교육기관과 고등교육기관도 설립해갔다. 중등교육기관 양정의숙(養正義塾, 1905)의 설립을 비롯하여 휘문의숙(徽文義塾)·숙명학교(淑明學校)·진명여학교(進明女學校) 등이 설립되었다(1906). 1909년 당시까지 설립된 중등교육기관은 모두 17개에 이르렀다. 전문교육기관 내지 고등교육기관의 설립도 추진되어 보성전문학교(普成專門學校)와 한성법학교(漢城法學校)가 설립되었다(1905).

기독교계 학교의 설립은 제천(堤川)의 배론(舟論)신학교(1857)를 그 효시로 삼을 수 있다. 그러나 이 학교는 천주교 탄압으로 폐쇄되었고(1866), 선교계 학교가 본격적으로 등장한 것은 개항 이후의 일이었다. 특히 1880년대에 들어와서 기독교 선교사들의 활동이 묵인된 이후, 이들에 의해 선교의 방편으로 교육사업이 추진되었다.

1884년 천주교단은 서울에 한한학원(韓漢學院)을 설립했고, 감리교 선교사 아펜젤러(H.G. Appenzeller, 1858~1902)는 배재학당(培材學堂)을 설립했다(1885). 또 이화학당(梨花學堂)이 설립되었고(1886), 같은 해에 개신교 선교사 알렌(H.N. Allen, 1858~1932)은 국립의료기관 광혜원(廣惠院)에 의학교를 부설하여 운영했다.

1890년대 중엽 이후에는 장로교와 감리교가 주도하는 선교계 학교의 설립이 확대되었다. 1910년 당시 선교계 학교의 통계를 보면 장로교는 501개 학교, 감리교는 158개 학교, 천주교는 124개 학교를 설립 운영하고 있었다. 그밖에 성공회·안식교 등 각 교파에서 운영하던 학교를 합치면 총수가 807개교에 이르렀다.

배재학당(위) 이화학당(아래)

이 시기의 교육운동에서 선교계 학교가 차지하는 비중은 컸다. 이들 학교에서는 기독교의 선교와 함께 근대적 학문과 지식을 교육했고, 이 교육기관에 다수 한국인들이 참여하여 학동들을 가르치고 있었다. 이들 학교는 대부분 초등교육기관이었으나, 근대적 교육기관의 성립이 일천했던 당시로서는 민중교육을 위해 선교계 학교가 기여한 바는 상당히 큰 것이었다.

문호개방 이전 조선왕조 사회의 교육제도와 교육기관은 전체 국민의 일부에 지나지 않는 양반계급의 교육을 위한 것에 한정되어 있었다. 그러나 개항기에 와서 관립학교와 민족계·선교계 사립학교를 막론하고 근대적 교육기관이 크게 발달한 것은 이제 교육 대상이 서민층에게로 확대되었음을 말해준다.

개항기를 통한 교육기관의 급속한 발달은 개항 전 조선왕조 사회를 통해 억제되었던 서민교육이 본궤도에 오르기 시작했음을 뜻한다. 그러나 일제식민지시대로 들어가면서 이같은 서민층의 교육열은 다시 억제되었다.

### 건학 이념과 일제의 탄압

개화기에 세워진 대부분의 관립학교는 그 설립 목적을 실학의 진흥에 두고 있었다. 반면 민중교육 운동가들에 의해 세워진 사립학교의 설립 이념은 선진적인 문물을 받아들이기 위한 개화사상의 보급과 민족주의 정신의 강조에 있었다. 한편 선교계 학교에서는 기독교 정신과 민주주의 정신의 보급에 그 설립 이념을 두었다.

그러나 일본의 보호국으로 전락한 1905년 이후, 관립학교들은 일제의 관료주의를 뒷받침하고 조선인의 일본에 대한 동화정책을 실현하려는 방향으로 그 교육목표를 전환시켜나갔다. 이에 선교계 학교를 포함한 사립학교에서는 민족의식을 고취하고 새 지식을 계발하여 국권을 찾고자 하는 교육구국(敎育救國) 이념을 더욱 분명히했다. 사립학교 교사들은 국권수호운동의 지사였으며 교육자로서의 신념과 함께 애국자로서의 긍지를 가지고 있었다.

사립학교의 경우 학부(學部)에서 간행한 교과서를 이용하기도 했지만, 학부 교과서가 간행되기 이전부터 스스로 교과서를 편찬해서 사용했다. 특히 사립학교에서는 『미국독립사』『파란말년전사(波蘭末年戰史)』『월남망국사』 등을 부교재로 사용하여 구국교육에 진력했다. 한편, 1905년 이후 애국계몽운동이 본격적으로 전개되자 각종 학회에서는 교과서를 간행하여 애국계몽사상을 고취해나갔다. 이 때문에 통감부는 교과서를 비롯한 일반 출판물에 대한 검열을 강화했다.

구국교육으로서의 민중교육운동은 을사조약(1905) 이후 일본의 탄압에 직면했다. 일본은 1904년부터 대한제국 학부(學部)에 일본인 참여관을 파견하여 반일적 교육을 억압 통제하는 한편 일본의 '보호정책'을 합리화하는 친일 교과서의 편찬을 위해 특별위원회를 설치했다. 일본은 교과용 도서의 검열을 강화하고 모든 교육기관에서 반드시 검인정 교과서를 사용하도록 강요했다. 교과서 검인정제도 때문에 민족교육은 점차 제약되었고, 교육의 자율성은 박탈되어갔다.

일본은 민중교육운동을 탄압하기 위해 사립학교령(私立學校令)을 반포하여(1908) 그 시설과 규모를 엄격히 규정함으로써 많은 사립학교를 강제로 폐교시켰다. 이에 앞서 일본은 보통학교령(普通學校令)을 반포하여(1906) 관공립 6년제 소학교를 4년제 보통학교로 개편하여, 교육의 질을 떨어뜨리고 한국인에 대한 우민화정책을 추진하기 시작했다.

통감부는 한국인들의 인문교육과 고등교육 기회를 가능한 한 제한하려 했다. 식민지적 요구에 부응할 수 있는 일본어 교육이나 기초적 실업교육만을 시행하려 한 것이다. 그러나 이러한 탄압에도 불구하고 개항기 이후 활발히 추진된 민중교육운동은 지속되었으며, 교육구국의 이념은 면면히 이어졌다.


## 제3절 종교운동

### 전통종교의 변화

문호개방으로 의식세계가 갑자기 확대되면서 성리학적 가치관이 붕괴되어가고, 조선왕조의 오랜 사상통제정책도 무너질 수밖에 없었다.

따라서 성리학 이외의 각종 종교운동이 활발히 전개되었다. 일제의 침략에 맞서 동학이 그 성격을 전환시켜가는 한편, 대종교(大倧敎)가 성립되어 민족의 시조로 숭배되던 단군에 대한 신앙을 체계화했다. 또한 유교와 불교계에서도 새로운 움직임이 나타났다. 천주교는 신앙의 자유가 확보되고, 개신교가 새로 들어와서 포교되기 시작했다.

최제우가 죽은 후 잠시 침체했던 동학은 제2대 교주 최시형을 중심으로 교단조직을 정비하는 과정에서 문호개방을 맞게 되었다. 동학은 주로 농민층을 포교 대상으로 하여 발전하면서, 1890년대에 들어와서 새문물을 받아들이려는 적극적인 의욕을 보였다. 그것에 적응할 수 있도록 교리에 대한 보충해석도 시도하게 되었다. 종지(宗旨)를 유교·불교·선교(仙敎)를 종합 통일하는 원리로 삼는 경향이 짙어져갔다.

동학이 모든 전통사상을 통일하고 포용할 수 있는 원리를 갖추었다는 사실은 새로운 포교전략과도 관계되는 것으로 평가된다. 전통신앙을 포용한 사상으로 전환한 동학은 농민세력의 결집체로 발전하고 있었다. 농민세력과 교단조직을 기반으로 외세에 저항하는 갑오농민전쟁과도 일정한 연관을 가지게 되었다.

이 전쟁을 계기로 동학은 일대 시련을 겪게 되었다. 제2대 교주 최시형은 이 전쟁의 여파로 처형되었고, 기존의 교단조직은 와해되어갔다. 그러나 이와 같은 타격을 받고도 동학은 여전히 농민층의 광범한 지지를 받고 있었다. 그 때문에 일본은 동학을 친일세력화하기 위한 공작을 벌였다. 이에 이용된 것이 이용구(李容九)가 시천교(侍天敎)로 전환시킨 동학교단의 일부 세력이었다.

시천교에 맞서 제3대 교주 손병희(孫秉熙, 1861~1922)는 동학의 개혁을 시도하여 이름을 천도교(天道敎)로 고치고(1905) 근대적 교회조직으로 재편해갔다. 동학은 그 명칭 변경에서 알 수 있듯이 신앙의 세계화

를 지향해갔다. 손병희는 지난날
최제우가 제시했던 '시천주(侍天
主)'의 교리를 발전시켜 '인내천
(人乃天)'을 선포함으로써 포교활
동을 활발히 벌였다. 그의 이러한
노력으로 천도교 조직은 전국적
으로 확대되어나갔다.

외세 침략으로 위기의식이 만
연해가자 민족의 결집력을 강화
하기 위한 또 하나의 민족종교운
동이 일어났다. 민족의 시조로 숭
앙되던 단군에 대한 신앙을 체계

1921년에 준공된 천도교 중앙 대교당

화하여 대종교가 성립한 것이다. 대종교는 나철(羅喆, 1863~1916)에 의해
개창되었다(1909). 그는 단군신화에 등장하는 환인(桓因)·환웅(桓雄)·환
검(桓儉, 단군)을 받드는 삼신일체(三神一體)의 신앙을 선포했다. 대종교
의 등장은 일본의 침략에 저항하는 민중세계의 의사가 반영된 것이었
다. 따라서 대종교는 반일운동을 전개했고, '합방' 이후에는 교단의 총본
사(總本司)를 간도 지방으로 옮겨 항쟁을 계속했다.

개항기 이후 불교는 서산대사(西山大師, 휴정休靜, 1520~1604) 이래의
전통을 이어받아 선교일치(禪敎一致)의 입장을 견지하고 있었다. 이 당
시 대표적 승려로는 경허(鏡虛, 속명 송동욱宋東旭, 1849~1912)를 들 수 있
다. 그는 선(禪)을 특히 강조했는데, 그의 사상은 『경허집(鏡虛集)』에 잘
드러나 있다.

조선에 대한 일본의 침략이 진행되는 과정에서 일본은 불교를 조선
침략의 도구로 이용하고자 했다. 일본정부는 일본 불교계에 대해 조선

에 포교할 것을 종용했고(1877), 그것에 힘입어 일본 각 종파들이 조선에 진출하였다. 조선에 건너온 일본인 승려들은 조선불교 발전을 위해 협조한다는 명분을 내세웠다.

그들은 김홍집내각에 조선인 승려들의 도성(都城) 출입 허용을 요구했다. 그 요구가 받아들여지면서(1895), 이후 일본불교의 조선 침투는 본격화했다. 일본인 승려들의 조선인 불교도와 승려들에 대한 친일화 공작이 적극 추진되었다.

이런 상황 속에서 대한제국 정부는 오랫동안 방치되었던 불교에 대한 국가 관리를 모색했다. 사사관리서(寺司管理署)를 설치하여(1902) 승도와 사찰의 관리를 도모했다. 그러나 이 기관은 설치된 지 2년 만에 폐지되었고 일본 쪽의 조선불교에 대한 영향은 더욱 커져갔다.

이런 가운데 을사조약 후 통감부가 한국사원관리규칙(韓國寺院管理規則)을 제정하여(1906) 일본불교가 조선의 사찰을 관리할 수 있는 법적 근거를 마련했다. 또 이 '규칙'은 1887년 조선에 침투한 이후 점점 증가하고 있던 일본불교의 별원(別院)·포교원·출장소 등의 존재를 합법화하는 것이기도 했다.

일본불교는 친일 승려 이회광(李晦光, 1840~1911)을 사주하여 조선불교의 친일화 정책을 추진했다. 원종(圓宗)의 대종정(大宗正)이었던 그는 조선불교와 일본 조동종(曹洞宗)과의 합병을 꾀해오다가, '합방' 직후 양국 불교의 합병을 일방적으로 선언하고 이에 대한 조선 불교계의 동의를 얻고자 했다.

이회광 일파의 이같은 행동은 이 시기 불교계 종풍(宗風)의 쇠미를 뜻하는 것이기도 했다. 이러한 불교의 친일화 획책은 정호(鼎鎬, 속명 박한영朴漢永, 1870~1948)·만해(萬海, 속명 한용운韓龍雲, 1879~1944) 등으로부터 즉각 반격을 받았다.

이들은 이회광의 합병 획책에 반대하면서, 임제종(臨濟宗)을 세워 조선불교의 전통을 분명히 하고자 했다. 조선 불교계에 대립적 현상이 일어나자, 조선총독부는 임제종뿐만 아니라 일본의 조동종과 합병한 원종의 존재도 부인할 수밖에 없었다. 그리고 사찰령(寺刹令)을 발포하여 (1911) 조선불교에 대한 행정 통제를 강화하고 식민지 지배당국에 불교를 예속시키는 방향으로 정책을 전환해갔다.

### 기독교운동

조선왕조의 거듭된 탄압으로 위기에 처해 있었던 천주교회에도 개항기를 맞아 새로운 활동의 계기가 마련되었다. 문호개방으로 곧 선교와 신앙의 자유가 허용된 것은 아니었고, 1890년대까지 교회에 대한 탄압은 부분적으로 계속되고 있었다.

그러나 대체로 1880년대 전반기부터 정부당국은 천주교의 선교활동을 묵인하는 정책을 취해왔다. 그러다가 조선교구(朝鮮敎區) 책임자였던 뮈텔(G.C.M. Mutel, 민덕효閔德孝, 1854~1933)이 정부당국자와 교민조약(敎民條約)을 체결한 이후(1899)부터 천주교에 대한 조선정부의 정책은 금지와 묵인의 단계에서 공인의 단계로 전환되었다.

선교의 자유를 묵인받은 1880년대의 천주교회는 고아원과 양로원을 설치하여 운영하는 한편, 교육기관의 설립에도 관심을 가졌다. 또한 애국계몽운동기에는 『경향신문(京鄕新聞)』을 발행하는 등 언론을 통해 애국계몽운동 대열에도 참여했다. 뿐만 아니라 일제의 침략에 맞서 기도회를 개최하고, 국채보상운동에도 적극 참여했다.

한편, 개화기의 종교운동은 개신교의 수용과 발전으로 크게 활기를 띠어갔다. 이미 개항 이전부터 개신교를 조선에 포교하려는 일부 선교사들의 기도가 있었다. 그러나 모두 무위에 그쳤고, 개항기에 와서 개신교 수용이 본격적으로 진행될 수 있었다. 조선의 개신교는 백홍준(白鴻俊, 1848~94)을 비롯한 일단의 의주상인들이 만주에 건너가서 세례를 받음으로써(1878) 비로소 수용되기 시작했다.

그후 미국 선교사 알렌이 서울에 주재하는 미국 공관 소속 의사 자격으로 조선에 입국했고(1884), 그 다음 해에 언더우드(H.G. Underwood, 1859~1916)와 아펜젤러가 입국하여 본격적인 선교의 계기를 맞게 되었다.

개신교는 당초 서북지방의 자립적 중산층을 중심으로 수용되어갔다. 조선에 진출한 개신교 선교사들도 한때는 보수세력의 도전에 직면하여 곤경에 처하기도 했으나, 개화사상가들을 비롯한 진보적 지식인들은 개신교에 대해 호의적 반응을 나타냈다. 이런 상황에서 선교사들은 왕실과 개화사상가들에게 비교적 손쉽게 접근하여 선교를 추진할 수 있었다.

이들은 1880년대 후반기부터 근대적 의료사업과 교육사업을 추진하는 한편, 일반 민중에 대한 선교를 조심스럽게 시도했다. 조선정부가 선교의 자유를 용인할 전망이 확실시되자 새로운 선교원칙을 채택했다(1890). 네비우스(Nevius) 방법으로 불리는 원칙에서 그들은 조선인의 자립 선교, 조선인 교회의 자립 운영과 보급 등을 규정했다.

그리고 이후 선교 대상을 상류층보다 일반 서민대중과 부녀자층에 치중할 것을 결정했다. 또한 그들은 조선을 몇 개의 선교지역으로 분할했다(1893). 이는 후일 한국 개신교가 교파형 교회로 분립되게 하는 중요한 계기가 되었을 뿐만 아니라, 단일한 민족교회의 성립에도 장애로 작용했다.

개화기의 조선에 진출한 선교사들은 세속적 사건과는 무관한 순수 복음적 삶만을 강조하던 복음주의적 전통을 가지고 있었다. 그들은 경건주의적·부흥회적 선교를 진행시켰다. 오로지 성경과 신앙적 체험을 강조하고, 성경 연구를 목적으로 하는 사경회(査經會)와 신앙부흥회를 널리 개최했다.

1907년의 대부흥회도 이런 맥락에서 파악될 수 있다. 신도들은 이 대부흥회를 통해 공동체적 교회 형태와 신앙을 체험할 수는 있었으나, 비정치화된 경건과 피안의 길을 걷게 되었다. 이러한 상황에서는 그들이 신학뿐만 아니라 과학이나 학문의 발달에도 큰 역할을 담당하기는 어려웠다.

그러나 외국인 선교사들에 의해 추진된 교회의 이러한 비정치화운동도 외세의 본격적 침략 앞에서는 그 도전을 모면할 수 없었다. 신도들이 터득하게 된 반봉건 자주의식은 일제의 침략에 맞설 수 있는 힘의 원천이 되었다.

초기 개신교 신도들은 사회적 압제로부터 벗어나고 구국제민(救國濟民)의 방안을 모색하기 위해 입교하는 경우가 많았다. 이러한 신도들의 요구에 부응하여 개신교는 활발한 교육운동을 전개했다. 그리고 개신교를 통해 근대적 사상을 접한 지식인들은 독립협회를 비롯한 애국운동 단체에 적극적으로 참여하여 민족적 독립의 유지를 위해 노력했다.

예배를 통해 충군애국(忠君愛國)을 역설하기도 했으며 일본의 침략에 맞서서 자주 기도회를 개최했다. 을사조약 이후에는 일본에 대한 적극적 항쟁을 감행하기도 했다. 이 때문에 통감부에서는 조선의 개신교를 일종의 배일(排日)집단으로 간주했다. 이러한 그들의 자세는 일제식민지시대에도 일부 그대로 계승되었다.

개화기에 각종 종교운동이 활발히 일어나고 있었던 원인은 조선왕조의 사상 통제정책이 해이해진 데도 있었다. 그러나 한편으로는 전통적 가치관의 붕괴로 인한 사상적 공백을 메우려는 노력의 결과이기도 했다. 또한 그것은 전근대적 사회질서로부터 탈출하여 새로운 문화와 사회를 건설하려는 시도의 표현이기도 했다.

이러한 종교조직은 사회조직으로도 쉽게 전환될 수 있는 것이었으므로 일본은 조선 종교계에 대한 침투공작을 강화해나갔다. 그로 인해 이후 조선의 종교계에서는 친일과 반일의 대립적 경향이 동시에 존재하게 되었다.

## 제4절 신문학의 태동

### 국문 연구 활동

15세기에 훈민정음으로서 한글이 창제되었다. 그러나 이후에도 문자 생활은 여전히 한문이 지배했고 한글은 언문의 처지에 머물러 있었다. 문호개방 이후의 근대화 과정에서 민중세계가 본격적으로 문자 생활권 안으로 들어오고, 언어·문자 생활의 기능이 확대됨에 따라 언문일치의 필요성이 절실해졌다. 그 방향으로서 종래의 언문체를 잇는 국문체와 국한문체가 대두했다.

종래의 언문체는 고전소설과 일상생활에 일부 사용되어온 언문일치에 가장 가까운 문체로서, 특히 일반 서민 사이에 광범한 기반을 가지고 있었다. 따라서 개화기의 언문일치 문체로는 언문체를 국문체로 발전시켜 사용하는 것이 바람직했다. 이 때문에 『독립신문』을 비롯한 『매일신문』『제국신문』 등이 국문체로 발간되었다. 그리고 개화기의 소설들은 모두 고전문학의 전통을 이어 국문체로 서술되었다.

한편 이 시기의 관료층과 개화파 지식인층은 국한문체를 수립해갔다. 『서유견문(西遊見聞)』을 써서 국한문체의 확립에 공헌한 개화관료 유길준은 국한문체를 택한 이유를 들면서, 첫째, 말뜻을 평순하게 하여 문자를 조금 아는 사람이라도 쉽게 알게 하고, 둘째, 스스로 글을 쓰기에 편하고, 셋째, 우리나라 칠서언해(七書諺解)의 법을 따라 상명(詳明)하게 하기 위해서라 했다.

한문체에 토를 다는 형식으로 시작한 국한문체는 갑오개혁 이후 각종 공문서와 각급 학교의 교과서에서 사용되었다. 『황성신문』과 『대한매일신보』가 국한문체를 채택함으로써 그 기반이 확대되어갔고, 결국 공적(公的) 문체로 되어갔다.

『한성순보』(1883)가 순한문으로 발간된 데 비해 뒤에 나온 『한성주보(漢城周報)』(1886)는 한문·국한문·국문의 세 가지 문체를 아울러 사용했다. 이후 『독립신문』은 순국문체로, 『황성신문』은 국한문체로 발간되었으며, 『대한매일신보』는 국한문체로 내면서 국문보(國文報) 『매일신문』을 따로 내었다.

이것은 개화기에 와서도 아직 치자층(治者層)과 서민층의 문자생활이 일치하지 못한 결과였다. 때문에 훈민정음 창제 후에도 계속 한문체를 쓰던 치자층이 개화기에 와서 국한문체를 공적 문체로 채택한 것은 문자생활의 근대화에 그만큼의 진전이 있었던 것이다.

그러나 한문에 토를 단 국한문체는 당초 국문체로 가기 위한 과도기적 문체에 지나지 않았으며, 민중세계 중심의 문자생활이 되기 위해서는 국문체가 공적 문체로 채택되어야 했다. 그러나 결국 국한문체를 바탕으로 좀더 언문일치화한 국한문 혼용체가 정착해갔다.

개화기에 와서 한글 사용의 범위가 넓어지고 국한문체가 공적 문체화함에 따라 국문운동의 또 하나의 중요한 과제로 나타난 것은 한글 표기를 표준화하는 일이었다. 훈민정음이 제정된 후 5세기가 지나면서 그것이 국문화, 공적 문자화하지 못하고 사사롭게만 쓰이게 되어 그 표기법이 점점 혼란해졌다. 19세기 말경에 와서는 사람마다 다를 정도여서 국문 표기법을 연구 통일할 필요성이 절실했다.

개항기 국문 연구의 최초의 업적은 이봉운(李鳳雲)의『국문정리(國文正理)』(1897)였다. 그는 한글 자음의 이름을 '그윽' '느은'으로 고치고, 된시옷을 쓰지 않고 쌍기역·쌍시옷을 쓸 것을 주장했다. 다음 지석영(池錫永, 1855~1935)의『신정국문(新訂國文)』(1905)은 비록 개인의 저서지만 그것을 정부가 공포함으로써 처음으로 국문체계를 다시 확립하려 한 공적 성과로 나타났다. 그 특징은 종래의 '아래아'자를 없애고 그 대신 'ㅣ'자와 'ㅡ'자의 합음으로서, '二'자를 새로 만들었다.

개항기를 통해 국문 연구에 가장 중요한 역할을 한 학자는 주시경이었다. 독립신문사에 근무하면서 국문동식회(國文同式會)를 만들어 연구에 종사하던 그는 정부가 "국문의 원리와 연혁과 현재 행용(行用)과 장래 발전 등의 방법을 연구함"을 목적으로 설치한(1907) 국문연구소의 위원이 되어 이능화(李能和, 1869~1943) 등과 함께 국문연구의정안(國文研究議定案)을 제정하는 데 주동적 역할을 했다.

개항기 국문 연구의 총결산이라 할 수 있는 '국문연구의정안'은 국문의 연원과 자체(字體) 및 발음의 연혁을 밝히고, 훈민정음 창제 당시의 글자로서 개화기에 이미 쓰이지 않게 된 'ㆆ'자 등 8자를 사용하지 않기로 하였으며, 초성으로 종래의 된시옷을 쓰지 않고 쌍기역, 쌍디귿 등을 쓰기로 했다. 또 '아래아'자와 '二'자를 없애고 ㅈ·ㅊ·ㅋ·ㅎ 등을 받침으로 쓰게 하는 등 지금까지 극히 혼란했던 국문 표기법을 대폭 정리했다. 이 '의정안'의 원리는 대체로 주시경의 안을 중심으로 이루어진 것이었다.

국문연구의정안은 1907년에 연구되기 시작하여 1909년에 완성되었으나 당시의 친일 내각에 의해 공포되지 않았고, 곧 한일'합방'이 되어 국문연구소도 폐쇄되었다. 그러나 이 '의정안'은 식민지시대의 국문연구사업으로 연결되어 '한글맞춤법통일안'(1933)에서 채택되었다.

## 애국시가의 출현

문호개방 이후의 개항기를 통해 그 시대적 요청에 따라 시가문학 분야에서도 큰 변화가 나타났다. 우선 국문으로 된 시가문학이 주로 문명개화·애국애족·자주독립 등을 노래하게 되었고, 그 작가도 학생·종교인·관리 등과 일반 서민으로 확대되어갔다.

개항기의 애국시가는 먼저『독립신문』을 통해 나타나기 시작했다. 『독립신문』에 발표된 4·4조가 대부분인 시가들이 읊은 내용은『독립신문』자체가 지향하던 민족사회의 발전 방향이며, 이 시기의 민족사가 추구하던 문제 그것이기도 했다. 따라서 개화기의 시가문학은 어느 때의 그것보다 시대적 요청에 투철한 참여성 높은 문학이었다 할 수 있다.

『독립신문』에 실린 "남녀없이 입학하여 세계학식 배워보자. 교육해야 개화되고 개화해야 사람되네"라고 읊은 노래는『독립신문』과 이 시기 사회 일반이 강력히 추구하던 시대적 요청으로서의 문명개화 및 그 기초조건인 남녀평등에 의한 신식교육 보급 문제를 작품화하고 있다.

또한 개항기가 당면한 가장 절실한 시대적·민족적 과제는 부국강병을 실현하여 주변국가의 군사적 침략을 저지하고 국가적 독립을 유지하는 일이었으며, 따라서 이같은 민족적 당면과제를 작품화한 시가들이 많았다.

어느 관리가 지은 "부국강병 된 연후에 태극기 높이 달아 일·청국을 압제하고 오대주를 행행하면 독립문이 빛이 나고 독립지에 꽃이 핀다" 한 노래나 어느 지식인이 읊은 "전국인민 합심하여 애국지심 단단하면 부국강병 절로되고 문명개화 절로되고 상등국이 절로되고 상등백성 절로되네"라고 한 노래 등은 이같은 민족적·국가적 염원을 그대로 나타내고 있다.

『독립신문』에 실린 개화기의 시가들은 문명개화·부국강병을 노래하여 시대적 요구를 작품화했지만, 한편 독립협회운동의 한계성을 그대로 나타낸 일면도 있다. 이 운동이 민권의 신장을 요구하고 있으면서도 전제군주주의의 청산을 지향할 만한 역사적 단계에는 아직 나아가지 못하고 있었음을 말해주는 것이다. "대조선국 건양 원년 천지간에 사람되어 자주독립 기뻐하세. 진충보국 제일이니 임금께 충성하고 인민들을 사랑하고 정부를 보호하세" 한 것과 같이 아직 국민주권주의나 국민혁명을 지향할 단계에는 나아가지 못하고 있었다.

『독립신문』에 실린 시가들이 주로 문명개화·부국강병과 황제에 대한 충성을 노래했던 데 비해, '을사보호조약'으로 일본의 한반도 침략과 식민지화 책략이 한층 더 본격화하고 정부 각료들의 친일화 및 왕권의 일본에 대한 굴복이 구체화한 다음에는 애국시가들의 경향도 상당히 달라져갔음을 볼 수 있다.

주로 『대한매일신보』와 애국계몽운동 단체들이 발간한 학회지에 발표된 시가들은 무엇보다도 '을사보호조약' 체결 과정과 그 이후 식민지화 과정에서 매국행위를 일삼은 친일세력에 대한 적개심을 강하게 드러내고 있다. '보호조약' 이후 일본의 괴뢰가 되어버린 대한제국 정부의 내각회의를 풍자한 『괴뢰세계』를 예로 들 수 있다.

"괴뢰장(傀儡場)에 들어가서 일일 장관(壯觀) 하여볼까. 제일장에 들어서니 괴뢰 대신 회의한다. 후록고투(厚祿高套) 고모자(高帽子)로 허허하는 한소리에 각령(閣令) 부령(部令) 떨어지면 팔도 인민 죽어나고 약조(約條) 협약 하고 보면 삼천리가 떠나간다. 그 괴뢰가 장관일세."

이 시기의 시가들이 애국계몽운동의 실천을 노래하고 있는 점도 하나의 특징으로 들 수 있다. "어화 우리 동포님네 이내 말씀 들어보소. 담배 석달 먹지 말고 나라 빚을 갚아 보자"한「단연동맹가(斷煙同盟歌)」
가 있었는가 하면 "첨군자(僉君子)여 첨군자여 부대실시보상(不待失時
報償)하오. 서유국채필보시(庶有國債必報時)면 기불희차열호재(豈不喜
且悅乎哉)아"하고 노래한「국채보상가」도 있었다.

보호국 체제 아래 있던 애국계몽운동기의 시가들도 아직 황제권을
부인하고 국민주권 내지 국민혁명을 직접 노래하거나 암시하지는 못했
다. 그러나 '보호조약' 이전의『독립신문』시가들에서 보이던 황제에 대
한 충성을 노래한 경우가 거의 없어진 반면, 국민의 권리·의무를 강조
하는 시가들이 일부 나타나고 있음을 볼 수 있다.

"백성 모여 나라 되고 나라 힘에 백성 사니 국민의무 네 글자를 잠이
들면 잊을소냐"하여 백성이 나라의 주인임을 암시하는 노래가 있는가
하면, '육자배기' 가사를 바꾼 "저 건너 한반도에 단군 혈족 심었더니 단
군 혈족은 어디로 가잔 말이냐. 왜놈의 종자가 들어들 온다"에서와 같
이 왕이나 왕조가 아닌 민족 자체가 노래되고 있음을 볼 수 있다.

한문시의 경우도 개화기에는 자연히 우국시(憂國詩)가 많아졌다. '합
방' 때 자결한 황현(黃玹, 1855~1910)의「절명시(絕命詩)」"조수도 슬피
울고 강산도 찡그리오. 무궁화 이 강산은 망하고 말았구려. 등불 아래
책 덮고 지난 역사 되새기니 세상에 선비 구실 어렵기도 합니다(鳥獸哀
鳴海嶽嚬 槿花世界已沈淪 秋燈掩卷懷千古 難作人間識字人)"와 같은 시가
그 좋은 예다. 특히 의병장들의 시에서 이 시기 한문시의 또다른 경향의
하나를 볼 수 있다.

비록 전통적인 한문시 형식으로 쓰기는 했지만, 그 내용은 "산골에
꽃향기 평등이 솟아나고, 숲속의 산새들 자유로 우노라(滿壑芳菲平等秀
關林禽鳥自由鳴)"한 시나 "단결된 힘은 민성(民性)에서 움직여 나오고,
나라의 빛은 헌치(憲治)에서 나온다(團力原由民性動 國光要自憲治生)"고

한 시에서와 같이, 자유 평등주의 및 민주주의를 읊은 경우도 있었다. 한문시에도 시대성이 드러나 있음을 알게 한다.

문호개방 후의 새로운 시대를 맞아 국문시·한문시를 막론하고 문명개화와 애국주의·민주주의를 노래한 개화기 시가는 바로 그 시대적 요청을 노래한 것이었다. 그러나 이후 식민지화 과정에서 이같은 개화기 애국시가의 흐름은 국외의 민족해방운동전선으로 연결되었고, 국내에는 「해(海)에게서 소년에게」와 같은 이른바 신시(新詩)가 새로 등장하여 식민지 시기의 시세계로 연결되었다.

### 신소설의 등장

개화기를 통해 소설문학에서도 '신소설(新小說)'이라는 새로운 형태가 나타나서 그 시대적 특징을 드러내었다. 1900년대에 들어와서 발표된 이인직(李人稙, 1862~1916)의 『혈(血)의 누(淚)』『모란봉(牡丹峰)』『귀(鬼)의 성(聲)』『치악산(雉岳山)』『은세계(銀世界)』등과 이해조(李海朝, 1869~1927)의 『자유종(自由鐘)』『빈상설(鬢上雪)』『홍도화(紅桃花)』『춘외춘(春外春)』『구마검(驅魔劍)』, 최찬식(崔瓚植, 1881~1951)의 『안(雁)의 성(聲)』『금강문(金剛門)』『능라도(綾羅島)』『춘몽(春夢)』등과 안국선(安國善, 1878~1926)의 『금수회의록(禽獸會議錄)』『공진회(共進會)』등이 대표적인 신소설 작품들이다.

신소설의 소설문학사적 위치는 대체로 조선왕조 후기부터 유행하던 '이야기책'으로서의 이른바 고전소설과, 3·1운동 이후 나타나는 서유럽적 체제에 의한 현대소설의 중간적 위치에 있다. 신소설은 그 내용이 바로 개화기의 시대상을 그려내어 자주독립·신식교육·여권신장·계급타파·자유결혼·평민의식·자아각성 등이 중요한 주제가 되었다.

『자유종』은 정치적 토론이 연속되는 '토론소설'이다. 생일잔치에 모인 지식층 여성들이 개화와 국가의 독립 문제를 밤을 새워 토론하는 내용으로 되어 있다.『귀의 성』『자유종』등도 이 시기 개화파의 정치관을 일정하게 담고 있다.

주체적인 근대적 정치개혁운동이 전제주의 왕권과 식민지화를 노리는 외세, 특히 일본에 의해 차례로 좌절되고 대한제국이 일본의 보호국으로 전락한 후에 나타나기 시작한 신소설들은, 그 때문에 정치적 독립 문제보다 신식 교육 문제를 가장 중요한 주제로 삼게 되었다.『혈의 누』『치악산』『은세계』『추월색』『안의 성』『춘외춘』등이 그 대표적 작품이다.

그밖에도 천민계급의 해방 문제와 반상(班常)의 철폐, 지방색 타파 등의 문제는 주로『귀의 성』『치악산』『자유종』등에서 표방되었다.『혈의 누』『추월색』『안의 성』『춘외춘』『홍도화』등에서는 자유의사에 의한 결혼, 조혼의 폐지, 과부의 재혼 문제, 전통적 가족제도에 대한 반발 등이 다루어졌다.

개항기에 새로 나타난 신소설은 이 시기의 시대적 요청인 자유주의·인간주의를 구가하고 전통적 인습에 대항하는 근대문학의 출발점을 이루었다. 그러나 이들 소설의 사상적 배경이 된 개화사상의 일면이 그러했던 것같이, 또 신소설이 나오기 시작한 것이 바로 보호국 체제에서 식민지 체제로 넘어가는 때였다는 시기적 배경 때문에, 그리고 이인직과 같이 그 작가가 바로 친일인물이었다는 점 등에서 그 나름의 제약성을 가지고 있었다.

신소설이 나오기 시작한 1907,8년경에는 갑신정변·갑오농민전쟁·독립협회 등 일련의 정치운동이 모두 실패하고, 러일전쟁을 겪은 후 대한제국이 일본의 식민지로 전락해가던 때였다. 또한 부르주아적 사회계층이 애국계몽운동을 벌이고 있었으나 전국적으로 일어나고 있던 의병전쟁과 연합하지 못하고 계몽운동에만 한정되어 있던 때였다.

　이같은 시기에 개화운동의 일환으로 나타난 신소설도 몇 가지 넘을 수 없는 한계를 가지고 있었다. 우선『은세계』에서 "우리나라 국권을 회복할 생각이 있거든 황제폐하 통치하에 부지런히 벌어먹고 자식이나 잘 가르쳐서 국민의 지식이 진보될 도리만 하시오" 한 것과 같이, 봉건적 인습에 반대하고 있었음에도 불구하고 아직도 전제군주 체제를 극복하고 정치적 민주주의를 지향하는 단계로 나아가지 못했다.

　신소설들은 보호국 체제 아래서 식민지화를 앞둔 절박한 시기에 씌어진 작품들이면서도 민족적·국가적 위기의식이 거의 반영되지 않았다. 또한 무장항쟁을 벌이고 있던 의병전쟁도『은세계』에서와 같이 "요순 같은 황제폐하 칙령을 거스르고 흉기를 가지고 산야로 출몰하여 인민의 재산을 강탈하다가 수비대 일병(日兵) 사오명만 만나면 수십명 의병이 더 당하지 못하고 패하여 달아나거나, 이렇게 아니하면 사망이 무수하니 동포의 하는 일은 국민의 생명을 없애고 국가 행정에 해만 끼치는 일"로밖에 보지 않았다.

　신소설의 작가의식은 전제군주 체제를 찬양하는 한편, 문명개화에 열중한 나머지 전통적 가치관 일체를 부인함으로써 오히려 자기비하에 빠진 일면도 있었다.『혈의 누』의 주인공은 "우리나라 일은 깊은 잠 어지러운 꿈과 같아서 불러도 아니 깨이고 몽둥이로 때려도 아니 깨이는 터이라. 어느 때이든 하늘이 뒤집히도록 천변이 나고 벼락불이 떨어지기 전에는 꿈 깨기가 어려우리라" 생각했다. 이런 생각은 나아가서 "우리나라를 독일국과 같이 연방도를 삼되, 일본과 만주를 한데 합하여 문명한 강국을 만들고자 하는 비사맥(비스마르크)과 같은 마음"을 가지게도 했다.

　이 시기의 일부 개화파들은 문명개화·부국강병에 뒤떨어진 제 민족

에 대한 비판과 경각
심을 강조하다가 마
침내 민족패배주의
에 빠져들었다. 민족
과 그 문화에 대한
애정 자체를 잃고 그
역사적 주체성을 부
인하면서, 일본 측이
침략의 구실로 내놓
은 한반도지역의 정

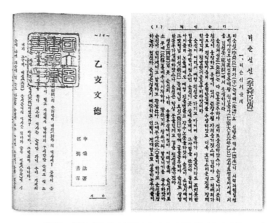

신채호의 『을지문덕전』(왼쪽)과 작자 미상의 『이순신전』(오른쪽)

체·후진성론에 동조하여 반민족세력으로 전락해가는 경우가 있었다. 신소설의 일부에서도 그런 경우를 볼 수 있다.

개화기의 시대적 요청이라 할 자주독립·계급타파·민권신장·자아각성 등을 표방했다고 평해지는 대표적 신소설『혈의 누』『귀의 성』『은세계』등의 작가 이인직이 결국 이완용의 비서로서 한일'합방' 과정의 실무 역할을 다했다는 사실이 그것을 뒷받침하고 있다.

개화기의 신소설이 개화주의 노선에 섬으로써 이 시기의 역사적 요청에 부응했고 문학사적으로도 하나의 진전을 가져왔다. 그러나 그것에 표현된 개화주의는 그 표면적 주제와는 달리 '민족적 허무주의' '패배주의 또는 투항주의'로 떨어지고 말았다는 지적이 있는 한편, 이 시기에 왕성하게 일어난 역사적 전기(傳記)문학 및 번안(飜案)문학의 애국주의에 더 주목하는 관점도 있다.

애국계몽운동의 일환으로 나타난 『미국독립사』『월남망국사』등 역사서와 신채호(申采浩, 1880~1936)의 『을지문덕전』등 전기류는 문학적 허구성·조작성이 전혀 없어 문학작품으로 보기는 어렵다. 또한 그 기법도 개항 전의 이른바 고전소설과 같은 형식, 한문체 문장과 구성을 탈피하지 못했다. 그러나 그것들이 당시의 독서층에게 끼친 영향은 제 민족에 대한 신뢰와 애정이 확실하지 못한 면이 있는 개화주의 신소설보다 컸다.

잔 다르끄의 일생을 그린 장지연의『애국부인전』, 빌헬름 텔을 번역한 박은식(朴殷植, 1859~1925)의『서사건국지(瑞士建國誌)』등은 서양의 지식을 전달하는 전기나 역사서 또는 단순한 영웅주의 선양서가 아니라 민족주의적 정치의식과 민중적 저항력을 불러일으키기 위한 작품이었다고 평가된다.

# 『한국근대사』와 역사패배주의의 극복

최덕수 고려대 명예교수

『한국근대사』(『한국현대사』)는 1984년에 간행되었다.『한국근대사』는 해방 이후 처음으로 1970년대까지를 다룬 첫번째 한국사 개설서였다. 저자가 책의 집필을 시작한 것은 1980년 신군부에 의해 봉직하던 대학에서 강제로 해직을 당한 때였다. 해직교수로 강의와 강연 등 일체의 행위가 금지된 상황에서 강의 대신 책으로 청중을 만나기로 한 것이다. 저자는 1980년대 초 암울한 시대의 어둠 속에서 역사서의 서술 범위를 단숨에 1970년대까지 확장하였다. 그로부터 10년 뒤『고쳐 쓴 한국근대사』(『고쳐 쓴 한국현대사』)를 통해 역사책이 다루어야 하는 역사가 오래된 과거의 역사 사실과 더불어 오늘까지도 비추는 거울이 되어야 한다는 것을 다시 한번 강조하였다. 개정판에서는 80년의 '광주민주화항쟁'을 넘어 87년 '6월민주화운동'까지 살아 있는 역사로 보여주었다.

강만길은 일찍이 오늘날 한국사회의 역사적 위상을 '분단시대'라고 명명하였다.(『분단시대의 역사인식』, 창작과비평사 1978)『고쳐 쓴 한국근대사』(『고쳐 쓴 한국현대사』)는 분단시대의 기원인 개항으로부터 오늘날 분단에 이르는 역사과정을 개설서로 펴낸 것이다. 앞에서도 언급한 바와 같이 『(고쳐 쓴) 한국근대사』와 『(고쳐 쓴) 한국현대사』는 해방 이후 한국인에 의한 최초의 근대사와 현대사 개설서였다는 점에서 학계에서도 그 사학사적 의미에 대해 적극적인 평가가 있었다. 또한 발간 이후 판을 거듭하여 출간되고 있다. 이 책이 판을 거듭하는 것은 암울한 시대를 살고 있는 대중들의, 그들이 살고 있는 시대가 역사적으로 어떤 시대인가 하는 물음에 대해 부응하고자 했기 때문이 아닐까.

저자는 한국근대와 현대를 아우르는 한국근현대사 개설서를 구상하면서 큰 틀에서 각 시대의 성격을 다음과 같이 설정하였다. 즉 조선후기를 우리 역사에서 근대사회로 나아가는 싹이 드러나던 시기로, 본격적인 근대의 시작을 개항과 그 이후 시기로, 아울러 일제강점기까지를 근대로, 그리고 해방 이후 통일국가 수립 시기까지를 현대사로 파악하였다. 왜냐하면 한국근현대사의 역사적 과제를 국민주권이 이루어진 통일된 민족국가로 파악했기 때문이다. 그러나 한국근대사와 한국현대사를 편의상 2책으로 간행하면서 일제강점기를 현대사 편에 넣어 서술하고 있다.

『한국근대사』는 크게 2부 8장으로 구성되었다. 제1부 '양반 지배체제의 와해와 민중세계의 성장'이라는 제목으로 조선후기를 다루었고, 제2부 '외세침략과 국민국가 수립의 실패'로 개항기를 다루었다. 제1부는 다시 1장 '양반 지배체제의 와해' 2장 '민중경제의 향상' 3장 '중세적 신분질서의 붕괴' 4장 '민중문화의 발달'로 설정하였다. 흔히 조선후기를 근대사의 영역에 포함시킬 것인가 하는 데 대해서는 학계의 논쟁이 있었다. 그러나 저자는 조선후기가 기본적으로는 중세의 해체기에 해당하지만, 문호개방 이전에 이미 사회경제적으로 자본주의 맹아가 나타나고 사상적으로 실학사상이 형성된 점 등을 조선사회가 근대로 나아가는 배경으로 파악하였다.

개항기를 다룬 제2부는 시대 전체의 성격을 '외세 침략과 국민국가 수립의 실패'로 제시하였다. 1부와 마찬가지로 4장을 구성하여 1장 '민족국가 수립의 실패', 2장 '반침략 민족운동의 전개', 3장 '민족자본 형성의 실패' 4장 '근대 민족문화운동의 시련'으로 명명하였다. 대체로 1970년대까지 발행되었던 종래의 개설서에서는 개항기를 큰 틀에서 외세의 침략에 저항한 한국민족주의 사상의 형성과 반침략 저항운동의 전개과정을 중심으로 서술하여왔다. 우리의 근현대사가 외세의 침략과 식민통치를 받았던바 외세에 의한 침략과 저항이 자연히 서술의 중심축이 되었던 것이다. 『한국근대사』에서는 2부 1장과 2장에서 외세의 침략과 이에 대한 저항운동을 다루고, 3장과 4장에서 민족자본의 형성과 근대적인 민족문화운동을 다루고 있다. 이와 같은 서술체제는 종래의 역사서가 정치사·외교사 중심으로 서술하였던 경향을 탈피하기 위한 것이었다. 책 전체의 구성에 있어 종래 역사서의 일반적인 서술체제인 편년체적 서술을 버리고, 분류사 형식을 취한 것이다.

분류사 방식의 서술방식은 사실과 사실 사이의 인과관계를 설명하는 데 어려움이 있지만, 개항 이후 한국사의 전개과정을 개항기와 일제강점기 그리고 해방 이후 시기까지 확장하여 각 분야의 시대적 변화를 파악하는 데 유용하기 때문이다. 각 분야의 흐름을 시대를 초월하여 연결함으로써 하나의 체계를 제시한 것이다. 각 시대의 정치·경제·사회·문화 분야의 변화를 균형있게 다루기 위해서였다.

한편 개화기를 다룬 2부의 전체 명칭에 대한 비판도 있었다. 즉 2부의 전체 제목이 '외세 침략과 국민국가 실패'이고 개별 장의 명칭 가운데에도 '국민국가 수립의 실패' '반침략 민족운동의 전개' '민족자본 형성의 실패' '근대 민족문화운동의 시련' 등 '실패'와 '시련'으로 이름 붙인 데 대한 평가였다. 곧 개화기 역사 전체를 실패로 규정하는 역사패배주의라는 평가였다. 이에 대해 저자는 책의 2부 2장 '반침략 민족운동의 전개' 부분에서 그간의 연구성과를 바탕으로 충분히 서술하고 있다고 반박하였다. 다만 1970년대 중반 특히 '개항 100년'을 전후한 시기 한국근대사 분야의 연구경향에 대해 되돌아볼 것도 아울러 제안하였다.

실제로 해방 이후 한국역사학계의 당면 과제는 일제강점기 식민통치를 합리화·정당화하였던 식민사학의 유산을 비판하는 것이었다. 식민사학이 한국역사의 타율성과 정체성(停滯性)을 강조하였던 사실을 극복하기 위해 우리 역사학자들은 1960년대 중반 이후 조선후기 사회에서 사회경제적으로 자본주의 맹아가 나타나고 있다는 것과 사상적으로 실학사상의 존재를 드러내는 데 노력하였다. 이와 같은 시기 연구의 연장에서 자연히 개항기 역사는 개화사상의 형성과 근대화운동의 전개과정을 추적하였고, 이를 바탕으로 근대민족주의사상의 형성과 운동의 전개과정을 규명하였던 것이다. 특히 1970년대 중반 '개항 100년'을 전후한 시기 이후 괄목할 만한 성과를 거두었다. 집중적으로 연구가 진행된 사건은 갑신정변과 갑오개혁, 독립협회운동과 애국계몽운동 등이었다. 이 시기 연구에서는 갑신정변의 정치적 목표가 입헌군주제이고 경제적으로는 식산흥업을 통한 부국강병정책이었다는 것과, 독립협회에 대해서는 자유민권과 자립경제와 반외세운동의 성격이 강조되었다. 이와 같은 연구경향은 결과적으로 1970년대 현실의 한국사회의 절체절명의 과제와 조응하는 것이었다. 당시 정부는 경제개발(=식산흥업)과 자주국방(=부국강병)의 완수를 위해 '한국적 민주주의'를 내세우면서 국민의 권리 일부를 극단적으로 제한하고 탄압하였던 것이다.

해방 이후 한국역사학 전체의 과제가 식민사학 극복이었던 것은 정당하였다. 또한 식민사관 극복을 위해 민족주의세력의 형성과 저항운동 중심의 역사서술은 정당한 것이었다. 그러나 강만길은 한걸음 더 나아가 역사적 실체에 대해서도 냉정한 평가가 필요하다고 보았다. 개화파세력에 의한 정치개혁 과정에 대해서도 그들이 지키고자 한 주권수호운동의 주권이 국민의 주권이었는지, 전제군주의 주권이었는지, 반외세운동에 대해서도 누구를 대상으로 구체적으로 어떤 이권에 대한 저항이었는지에 대한 실체적 파악까지 이루어져야 한다고 보았다. 다시 말하면 주권수호운동의 주체들이 지키고자 했던 주권이 누구의 주권이며, 주권을 지키고자 했던 동력과 열정은 어디서부터 분출되었던가에 대해서도 주목할 것을 요청하였다.

강만길은 책의 서문에서 그때까지 누구도 가지 않았던 길, 한국역사의 근대와 현대를 서술하는 필자의 시각을 다음과 같이 제시하였다. 곧 '사실을 충실히 서술한 역사책보다 사실을 해석하는 노력이 더 담긴 역사책'이어야 하며, 비록 한국근현대사가 식민지배와 분단시대로 점철된 어두운 역사이지만, 자국의 역사를 미화하지 않고 역사를 보는 눈이 엄격해야 한다고 밝히고 있다. 종래의 역사서에서 보는 바와 같이 개항기를 민족주의세력의 성장과 저항운동의 치열함으로 서술할 경우 결과적으로 식민지로 전락한 역사적 사실을 논리적으로 설명할 수 없게 된다는 점이다. 식민사학 극복을 위해 '타율'에 대해 '자율'을, '정체'에 대한 '발전'을 바탕으로 침략과 저항을 축으로 서술하면 할수록 식민지로의 전락 원인을 또다시 바깥에서 찾아야 하는 모순에 직면하게 되는 것이다. 주권수호운동의 중심세력이었던 개화운동(갑신정변·갑오개혁·독립협회·애국계몽운동)계열과 민중운동세력(동학농민군)과 그리고 의병운동세력들이 외세의 침략 앞에 끝내 힘을 합치지 못하고 국권수호에 실패한 원인을 찾는 것 또한 역사연구에 있어 중요한 일이라고 지적하였다. 대한제국시기 전과 달리 대중적 기반을 가졌던 독립협회운동의 전개과정을 서술하면서도, 끝부분에서 독립협회운동의 성격에 대한 설명은 이와 같은 저자의 생각을 반영하였다.

종래의 한국근현대사 연구가 치열했던 민족운동의 전개과정에 대한 사실만을 중시하고 그것이 가진 한계성과 제약성 등을 외면하면서 식민지로의 전락 원인을 또다시 외세침략에서만 구하는 비주체적인 역사인식에 머물게 되는 모순을 지적한 것이다. 자기 민족역사의 어두운 면을 드러내는 것이 결코 역사패배주의가 될 수 없다. 민족에 대한 깊은 애정과 역사적·문화적 창조력에 대한 깊은 신뢰가 없으면 가혹한 비판도 할 수 없기 때문이다. 비록 암울한 분단시대의 한가운데 서 있을지라도 진정한 식민사관 극복을 위해서는 민족사의 아픈 점을 얼버무리거나 민족사의 밝은 점만을 강조하는 자세에서 벗어날 것을 강조하였다.

# |참고문헌|

## 제1부

### 제1장 제1절

한영국(韓榮國)「호서에 실시된 대동법」,『역사학보』1960~1961.

차문섭(車文燮)「임란 이후의 양역과 균역법의 성립」,『사학연구』1961.

한영국(韓榮國)「호서에 실시된 대동법」,『역사학보』1963~64.

황원구(黃元九)「소위 기해복제에 대하여」,『연세논총』사회과학편 1963.

성낙훈(成樂熏)「한국당쟁사」,『한국문화사대계 II: 정치·경제사』, 고대 민족문화연
　　구소 1965.

김윤곤(金潤坤)「대동법의 시행을 둘러싼 찬반양론과 그 배경」,『대동문화연구』
　　1971.

박광성(朴廣成)「균역법시행 이후의 양역에 대하여」,『성곡논총』1972.

정만조(鄭萬祚)「균역법의 선무군관」,『한국사연구』1977.

### 제1장 제2절

한우근(韓㳓劤)『동학란 기인에 관한 연구―그 사회적 배경과 삼정의 문란을 중심

으로』, 한국문화연구소 1971.

김진봉(金鎭鳳)「농민의 항거」,『한국사』15, 국사편찬위원회 1975.

김용섭(金容燮)「철종임술개혁에서의 응지삼정소와 그 농업론」,『한국근대농업사연구』, 일조각 1975.

성대경(成大慶)「대원군초기집정기의 권력구조」,『대동문화연구』15, 1982.

정창렬(鄭昌烈)「조선후기 농민봉기의 정치의식」,『한국인의 생활의식과 민중예술』, 성대 대동문화연구원 1983.

안병욱(安秉旭)「19세기 부세의 도결화와 봉건적 수취체제의 해체」,『국사관논총』7, 1989.

김선경「'1862년 농민항쟁'의 도급 혁파요구에 관한 연구」,『이재공기념 한국사학논총』, 한울 1990.

제1장 제3절

이병도(李丙燾)「광해군의 대후금정책」,『국사상의 제문제』1, 1959.

김용덕(金龍德)「소현세자연구」,『신석호화갑기념논총』, 1964.

박용옥(朴容玉)「병자란피노인속환고」,『사총』9, 1964.

최석우(崔奭祐)「병인양요소고」,『역사학보』30, 1966.

김윤곤(金潤坤)「임진란발발 직전의 지방군현실태」,『유홍렬기념논총』, 1971.

최영희(崔永禧)『임진왜란중의 사회동태』, 한국연구원 1975.

이이화(李離和)「북벌론의 사상사적 검토」,『창작과비평』1975년 겨울호.

최석우(崔奭祐)「천주교의 수용」,『한국사』14, 1975.

이원순(李元淳)「서양문물·한역학술서의 전래」,『한국사』14, 1975.

전해종(全海宗)「여진족의 침구」,『한국사』12, 1977.

조광(趙珖)『조선후기서학사연구』, 고대 민족문화연구소.

강재언(姜在彦)『조선의 서학사』, 민음사 1990.

## 제2장 제1절

허종호 「우리나라에서의 화폐지대의 발생에 대하여」, 『력사과학』 1964년 3월호.

홍희유 「18세기 중엽 화폐지대의 발생 — 건원소 전여기를 중심으로」, 『력사과학』 1966년 4월호.

김용섭(金容燮) 『조선후기농업사연구』 I·II, 일조각 1970.

송찬식(宋贊植) 「조선후기 농업에 있어서의 광작운동」, 『이해남기념논총』, 1970.

정창렬(鄭昌烈) 「조선후기 둔전에 대하여」, 『이해남기념논총』, 1970.

안병태(安秉珆) 『조선근대경제사연구』, 일본평론사 1975.


## 제2장 제2절

김영호(金泳鎬) 「조선후기에 있어서의 도시상업의 새로운 전개」, 『조선사연구』 2, 1968.

강만길(姜萬吉) 『조선후기 상업자본의 발달』, 고대출판부 1973.

원유한(元裕漢) 『조선후기 화폐사연구』, 한국연구원 1975.

송찬식(宋贊植) 『이조의 화폐』, 한국일보사 1975.

유원동(劉元東) 『한국근대경제사연구』, 일지사 1977.

홍희유 『조선중세 수공업사연구』, 지양사 1989.


## 제2장 제3절

신석호(申奭鎬) 「조선시대의 금은문제」, 『도엽박사환력기념 만선사논총』, 1938.

고승제(高承濟) 『근세한국산업사연구』, 대동문화사 1959.

강만길(姜萬吉) 「분원연구」, 『아세아연구』 20, 1965.

김영호(金泳鎬) 「안성유기산업에 관한 조사보고」, 『아세아연구』 23, 1965.

김용섭(金容燮) 외 『19세기의 한국사회』, 성대 대동문화연구원 1972.

송찬식(宋贊植) 『이조후기 수공업에 관한 연구』, 한국연구원 1973.

홍희유 『조선중세 수공업사연구』, 지양사 1989.

류승주(柳承宙) 『조선시대 광업사연구』, 고려대학교 출판부 1993.

## 제3장 제1절

西方博「李朝人口に關する身分階級別的觀察」,『朝鮮經濟の研究』, 京城帝國大學法文學會 1938.

김용섭(金容燮)「18세기 농촌지식인의 농업관」,『조선후기농업사연구』, 일조각 1970.

한우근(韓㳓劤)『동학란 기인에 관한 연구』, 한국문화연구소 1971.

정석종(鄭奭鍾)「조선후기 사회신분제의 붕괴」,『19세기의 한국사회』, 성대 대동문화연구소 1972.

이우성(李佑成)「이조사대부의 기본성격」,『한국의 역사상』, 창작과비평사 1982.

_____「이조유교정치와 산림의 존재」,『한국의 역사상』, 창작과비평사 1982.


## 제3장 제2절

四方博「李朝人口に關する身分階級別的觀察」,『朝鮮經濟の研究』, 京城帝國人學法文學會 1938.

김석향(金錫亨)『朝鮮封建時代農民の階級構成』, 學習阮 東洋文化研究所 1960.

김용섭(金容燮)「조선후기의 경영형부농과 상업적 농업」,『조선후기농업사연구』, 일조각 1970.

정석종(鄭奭鐘)「조선후기 사회신분제의 붕괴」,『19세기의 한국사회』, 성대 대동문화연구원 1972.

강만길(姜萬吉)「조선후기 고립제 발달 — 차비군·조묘꾼을 중심으로」,『한국사연구』13, 1976.

_____「조선후기 고립제 발달 — 조례·나장을 중심으로」,『세림한국학논총』, 1977.


## 제3장 제3절

최영희(崔永禧)「조선후기에 있어서의 사회변동, 신분제도 — 궁사노비혁파를 중심으로」,『사학연구』16, 1963.

한우근(韓㳓劤)『동학란 기인에 관한 연구』, 한국문화연구소 1971.

강만길(姜萬吉)「실학의 민중생활 개혁론」,『분단시대의 역사인식』, 창작과비평사 1978.

평목실(平木實)『조선후기노비제연구』, 지식산업사 1982.


## 제3장 제4절

최재석(崔在錫)「조선시대의 상속제에 관한 연구」,『역사학보』53·54합집, 1972.

_____「동족부락」,『한국사』13, 국사편찬위원회 1974.

정진영(鄭震英)「16~17세기 재지지주의 향촌지배와 그 성격」,『역사와 현실』3, 1990.

_____「18~19세기 사족의 촌락지배와 그 해체과정」,『조선후기 향약연구』, 1990.

김인걸(金仁杰)『조선후기 향촌사회 변동에 관한 연구』, 서울대 박사논문 1991.

고석규(高錫珪)『19세기 향촌지배세력의 변동과 농민항쟁의 양상』, 서울대 박사논문 1991.


## 제4장 제1절

역사학회 엮음『실학연구입문』, 일조각 1973.

강만길(姜萬吉)「실학자의 상업관 ─ 우서를 중심으로」,『조선후기 상업자본의 발달』, 고대출판부 1973.

고대 아세아문제연구소『실학사상의 탐구』, 현암사 1974.

천관우(千寬宇)「이조후기실학의 개념재론」,『한국사의 재발견』, 일조각 1974.

전남대 호남문화연구소『실학논총 ─ 이을호정년기념』, 전남대출판부 1975.

김용섭(金容燮)「다산과 풍석의 양전론」,『한국근대농업사연구』, 일조각 1975.

김용섭(金容燮)「조선후기의 농업문제와 실학」,『동방학지』17, 1976.

윤사정(尹絲淳)「실학사상의 철학적 성격」,『아세아연구』19-2, 1976.

조광(趙珖)「정약용의 민권의식연구」,『아세아연구』19-2, 1976.

지두환(池斗煥)「실학연구의 반성과 전망」,『태동고전연구』3, 1987.

조광(趙珖)「조선후기 사상계의 전환기적 특성」,『한국사 전환기에 있어서의 제문제』, 지식산업사 1993.

## 제4장 제2절

천태산인(天台山人)『증보조선소설사』, 학예사 1939.

이동주(李東洲)『한국회화소사』, 서문문고 1972.

임형택(林熒澤)「18·19세기 '이야기꾼'과 소설의 발달」,『한국학논집』2, 1975.

안휘준(安輝濬)「미술의 새 경향」,『한국사』14, 국사편찬위원회 1975.

조동일(趙東一)·김흥규(金興圭)『판소리의 이해』, 창작과비평사 1978.

이동환(李東歡)「조선후기 한시에 있어서 민요취향의 대두」,『한국한문학연구』3·4, 1978·1979.

김흥규(金興圭)『한국문학의 이해』, 민음사 1986.

조동일『한국문학통사』, 지식산업사 1989.

윤재민(尹在敏)『조선후기 중인층 한문학의 연구』, 고려대 박사논문 1990.

## 제4장 제3절

김두종(金斗鍾)『한국의학사』, 탐구당 1966.

노정우(盧正祐)「한국의학사」,『한국문화사대계 Ⅲ: 과학기술사』고대 민족문화연구소 1968.

박구병(朴九秉)「한국어업기술사」,『한국문화사대계 Ⅲ: 과학기술사』고대 민족문화연구소 1968.

김용섭(金容燮)「조선후기 농학의 발달」,『조선후기 농업사연구 Ⅱ』, 일조각 1970.

이용범(李龍範)「김석문의 지전설과 그 사상적 배경」,『진단학보』41, 1976.

김흥규(金興圭)『한국문학의 이해』, 민음사 1986.

# 제2부

## 제1장 제1절

山邊健太郎「壬午軍亂について」,『日本の韓國倂合』, 太平出版社 1966.

이광린(李光麟)『한국개화사연구』, 일조각 1969.

김경태(金敬泰)「병자개항과 불평등조약 관계의 구조」,『이대사원』11, 1973.

한우근(韓沽劤)「개항 당시의 위기의식과 개화사상」,『한국개항기의 상업연구』, 일
　　　조각 1976.

高橋秀直「壬午事變と明治政府 ― 江華條約より壬午事變までの朝鮮政策の展開」,『歷史學硏
　　　究』601, 1989.


## 제1장 제2절

山邊健太郎「甲申日錄の硏究」,『朝鮮學報』17, 1960.

朴宗根「朝鮮における近代的改革の推移 ― 1884年と1894年を中心として」,『歷史學硏究』
　　　300, 1965.

이광린(李光麟)『개화당연구』, 일조각 1973.

강만길(姜萬吉)「유길준의 한반도 중립화론」,『분단시대의 역사인식』, 창작과비평사
　　　1978.

이광린(李光麟)『한국사강좌』근대편, 일조각 1981.

강재언(姜在彦)『한국의 개화사상』, 비봉출판사 1981.

糟谷憲一「甲申政變·開化派硏究課題」,『朝鮮史硏究會論文集』22, 1985.

康玲子「甲申政變の問題點」,『朝鮮史硏究會論文集』22, 1985.


## 제1장 제3절

朴宗根「1984年における日本軍徵兵問題と朝鮮'內政改革'案登場の背景」,『朝鮮史硏究會論
　　　文集』5, 1968.

姜在彦『近代朝鮮の思想』, 紀伊國屋書店 1971.

朴宗根「朝鮮における1894・5年の金弘集政權(開化派政權)の考察 I, II — 1894年(甲午)改革
　　との關聯で」,『歷史學硏究』415・417, 1974・1975.

류영익(柳永益)「갑오경장을 위요한 일본의 대한정책 — 갑오경장 타율론에 대한 수
　　정적 비판」,『역사학보』65, 1975.

_____『갑오경장연구』, 일조각 1990.


제1장 제4절

김용섭(金容燮)「광무연간의 양전·지계사업」,『한국근대농업사연구』, 일조각 1975.

안병기(安炳基)「광무연간의 개혁」,『한국사』19, 국사편찬위원회 1978.

강만길(姜萬吉)「대한제국의 성격」,『창작과비평』48, 1978.

신용하(愼鏞廈)「광무개혁론의 문제점」,『창작과비평』49, 1978.

최문형(崔文衡)『열강과 한국』, 민음사 1990.


제1장 제5절

吉田和起「日本帝國主義の朝鮮倂合 — 国際関係を中心に」,『朝鮮史研究會論文集』2, 1966.

山邊健太郎『日本の韓國倂合』, 太平出版社 1966.

김의환(金義煥)「조선을 둘러싼 근대노일관계연구 — 마산포사건과 항민의 저항을
　　중심으로」『아세아연구』11-3, 1968.

최영희(崔永禧)「한일의정서에 관하여」,『사학연구』20, 1968.

多胡圭一「日本による朝鮮植民地化過程についての一考察 — 1904～10年における」『阪大法
　　學』90・94・101, 1974・1975・1977.

森山茂徳『近代日韓關係史研究』, 東京大出版會 1987.


제2장 제1절

김용섭(金容燮)「전봉준공초의 분석」,『사학연구』2, 1958.

한우근(韓㳓劤)「동학란 기인에 관한 연구 — 일본의 경제적 침투와 관련하여」,『아세
　　아연구』7-3·4, 1964.

_____『동학란 기인에 관한 연구─특히 사회적 배경과 삼정의 문란을 중심으로』,
　　한국문화연구소 1971.

김의환(金義煥)「1892~3년의 동학농민운동과 그 성격」,『한국근대사연구논집』,
　　1972.

노태구 엮음『동학혁명의 연구』, 백산서당 1981.

강재언(姜在彦)「봉건체제해체기의 갑오농민전쟁」,『한국근대사연구』, 한울 1982.

정창렬(鄭昌烈)『갑오농민전쟁연구』, 연세대 박사논문 1991.

신용하(愼鏞廈)『동학과 갑오농민전쟁 연구』, 일조각 1993.


## 제2장 제2절

유영렬(柳永烈)「독립협회의 민권사상연구」,『사학연구』22, 1973.

_____「독립협회의 민권운동 전개과정」,『사총』17·18 합집, 1973.

신용하(愼鏞廈)『독립협회연구』, 일조각 1976.

최덕수(崔德壽)「독립협회의 정체론 및 외교론 연구」,『민족문화연구』13, 고려대학
　　교 1978.

강재언(姜在彦)「독립신문·독립협회·만민공동회」,『한국근대사연구』, 한울 1982.

주진오「독립협회의 경제체제 개혁구상과 그 성격」,『한국민족주의론 III』, 창작과비
　　평사 1985.

한국역사연구회『1894년 농민전쟁연구(1)─농민전쟁의 사회경제적 배경』, 역사비
　　평사 1991.

_____『1894년 농민전쟁연구(2)─18·19세기의 농민항쟁』, 역사비평사 1992.


## 제2장 제3절

糟谷憲一「初期義兵運動について」,『朝鮮史硏究會論文集』14, 1977.

김의환(金義煥)「의병운동」,『한국근대민족운동사』, 돌베개 1980.

박성수(朴成壽)『독립운동사연구』, 창작과비평사 1980.

강재언(姜在彦)「반일의병운동의 역사적 전개」,『한국근대사연구』, 한울 1982.

박찬승(朴贊勝)「활빈당의 활동과 그 성격」,『한국학보』35, 1984.

김도형(金度亨)「한말 의병전쟁의 민중적 성격」,『한국민족주의론 III』, 창작과비평사 1985.

조성윤「1898년 제주도 민란의 구조와 성격 — 남학당의 활동과 관련하여」,『한국사회사연구회 논문집』, 문학과지성사 1986.

오세창(吳世昌)「영학당연구」,『민병하기념사학논총』, 1988.

김양식(金洋植)「1901년 제주민란의 재검토」,『제주도연구』, 1989.

이영호(李榮昊)「대한제국시기 영학당 운동의 성격」,『한국민족운동사연구』5, 1991.

홍순권(洪淳權)『한말 호남지역 의병운동연구』, 서울대 박사논문 1991.


제2장 제4절

이현종(李鉉淙)「대한협회에 관한 연구」,『아세아연구』8-3, 1970.

이해창(李海暢)「언론기관의 활동」,『한국사』20, 국사편찬위원회 1974.

신용하(愼鏞廈)「신민회의 창건과 그 국권회복운동」(상·하),『한국학보』8·9, 일지사 1977.

강재언(姜在彦)「국권회복을 위한 언론과 그 수난 — 특히 대한매일신보를 중심으로」,『근대한국사상사연구』, 한울 1983.

이송희(李松姬)「한말 애국계몽사상과 사회진화론」,『부산여대사학』2, 1984.

김도형(金度亨)「한말 계몽운동의 정치론연구」,『한국사연구』54, 1986.

조동걸(趙東杰)「한말 계몽주의의 구조와 독립운동의 위치」,『한국학논총』2, 1989.

윤경로(尹慶老)『105인사건과 신민회연구』, 일지사 1990.

박찬승(朴贊勝)「자강운동론의 각 계열과 그 성격」,『한국사연구』68, 1990.


제3장 제1절

姜德相「李氏朝鮮開港直後における朝日貿易の展開」,『歷史學研究』265, 1962.

_____「李氏朝鮮開港直後の金流出に關する一考察」,『駿台史學』19, 1967.

中塚明『日淸戰爭の硏究』, 靑木書店 1968.

彭澤周『明治初期日韓淸關係の硏究』, 塙書房 1969.

한우근(韓㳓劤)『한국개항기의 상업연구』, 일조각 1970.

김경태(金敬泰)「개항직후의 관세권 회수문제」,『한국사연구』8, 1972.

최유길(崔柳吉)「이조개항직후의 한일무역의 동향」,『아세아연구』47, 1972.

김경태(金敬泰)「병자개항과 불평등조약관계의 구조」,『이대사원』11, 1973.

신용하(愼鏞廈)「19세기말의 한국대외무역의 전개와 상권문제」,『아세아연구』52, 1974.

村上勝彦「植民地」,『日本産業革命の硏究』下, 東京大學出版會 1975.

吉野誠「李朝末期における米穀輸出の展開と防穀令」,『朝鮮史硏究會論文集』15, 1978.

이병천(李炳天)『개항기 외국상인의 침입과 한국상인의 대응』, 서울대 박사논문 1985.

하원호(河元鎬)「개항후 방곡령실시의 원인에 관한 연구」,『한국사연구』49·50, 1985.

이헌창(李憲昶)「한국 개항장의 상품유통과 시장권」,『경제사학』12, 1985.


## 제3장 제2절

姜德相「甲午改革における新式貨幣發行章程の硏究」,『朝鮮史硏究會論文集』3, 1967.

조기준(趙璣濬)『한국자본주의성립사론』, 고대출판부 1973.

원유한(元裕漢)『조선후기 화폐사연구』, 한국연구원 1975.

高嶋雅明『朝鮮における植民地金融史の硏究』, 大原新生社 1978.

오두환(吳斗煥)「한국개항기의 화폐제도 및 유통에 관한 연구」, 서울대 박사논문 1984.

도면회(都冕會)「갑오개혁 이후 화폐제도의 문란과 그 영향」,『한국사론』21, 1989.

오두환(吳斗煥)『한국근대화폐사』, 한국연구원 1991.


## 제3장 제3절

윤병석(尹炳奭)「일본인의 황무지개척권요구에 대하여」,『역사학보』22, 1964.

이배용(李培鎔)「구한말 미국의 운산금광 채굴권획득에 대하여」,『역사학보』50·51, 1971.

조기준(趙璣濬)『한국자본주의성립사론』, 고대출판부 1973.

黑瀨郁二「日露戰後の‘朝鮮經營’と東洋拓殖株式會社」,『朝鮮史硏究會論文集』12, 1975.

高秉雲『近代朝鮮經濟史の硏究』, 雄山閣 1979.

朴宗根「日淸戰爭下の日本の對朝鮮政策」,『旗田巍紀念朝鮮歷史論集』下, 1979.

정재정(鄭在貞)「한말 일제초기(1905~1916) 철도운수의 식민지적 성격」,『한국학보』28·29, 1982.

淺田喬二『增補 日本帝國主義と舊植民地地主制』, 龍溪書舍 1989.

신납풍(新納豐)「철도개통전후의 낙동강선운」,『권병탁화갑기념논총』, 1989.

## 제3장 제4절

한우근(韓㳓劤)『한국개항기의 상업연구』, 일조각 1970.

김용섭(金容燮)「강화도 김씨가의 추수기를 통해 본 지주경영」,『동아문화』11, 1972.

강만길(姜萬吉)「대한제국시기의 상공업문제」,『아세아연구』50, 1973.

宮嶋博史「朝鮮甲午改革以後の商業的農業」,『史林』57-6, 1974.

안병직(安秉直)「19세기말 20세기초의 사회경제와 민족운동」,『창작과비평』1973년 겨울호.

梶村秀樹『朝鮮における資本主義の形成と展開』, 龍溪書舍 1977.

吉野誠「李朝末期における米穀輸出の展開と防穀令」,『朝鮮史硏會論文集』15, 1978.

배영순(裵英淳)「한말 역둔토조사에 있어서의 소유권분쟁」,『한국사연구』25, 1979.

村上勝彦「日本資本主義による朝鮮綿業の再編成」,『日本帝國主義と東アジア』, 1979.

홍성찬(洪性讚)「한말·일제하의 지주제연구 ― 강화홍씨가의 추수기와 장책분석을 중심으로」,『한국사연구』33, 1981.

김경태(金敬泰)「갑신·갑오기의 상권회복문제」,『한국사연구』50·51 합집, 1985.

홍순권(洪淳權)「개항기 객주의 유통지배에 관한 연구」,『한국학보』39, 1985.

이병천(李炳天)『개항기 외국상인의 침입과 한국상인의 대응』, 서울대 박사논문

1985.

최원규(崔元奎) 「한말·일제하의 농업경영에 관한 연구 — 해남윤씨가의 사례」, 『한국
　　사연구』 50·51합집, 1985.

오두환(吳斗煥) 「개항기의 상품생산과 경제구조의 변모」, 『경제사학』 12, 1985.


## 제4장 제1절

김영호(金泳鎬) 「한말 서양기술의 수용」, 『아세아연구』 31, 1968.

박종홍(朴鍾鴻) 「서구사상의 도입비판과 섭취」, 『아세아연구』 35, 1969.

이광린(李光麟) 「구한말 진화론의 수용과 영향」, 『세림한국학논총』 1, 1977.

박성래(朴星來) 「개화기의 과학수용」, 『한국사학』 1, 한국정신문화연구원 1980.


## 제4장 제2절

이만규(李萬珪) 『조선교육사』 하, 을유문화사 1949.

이광린(李光麟) 「육영공원의 설치와 그 변천」, 『한국개화사연구』, 일조각 1969.

신용하(愼鏞廈) 「우리나라 최초의 근대학교의 설립에 대하여」, 『한국사연구』 10,
　　1974.

尹健次 『朝鮮近代敎育の思想と運動』, 東京大出版會 1982.


## 제4장 제3절

고려대학교 민족문화연구소 『한국문화사대계 VI: 종교철학사』.

최동희(崔東熙) 「천도교 지도정신의 발전과정」, 『삼·일운동 50주년기념논집』, 동아
　　일보사 1969.

백낙준(白樂濬) 「기독교의 전개」, 『한국사』 20, 국사편찬위원회 1974.

최석우(崔奭祐) 『한국천주교회의 역사』, 한국교회사연구소 1982.


## 제4장 제4절

김민수(金敏洙) 「한국어학사」 하, 『한국문화사대계 V: 언어·문학사』, 고대 민족문화

연구소 1967.

이기문(李基文)「국어연구」,『한국사』20, 국사편찬위원회 1977.

조동일(趙東一)「민족위기와 근대문학의 모색」,『한국근대문학사론』, 한길사 1982.

이재선(李在銑)「개화기의 역사·전기소설」,『한국근대문학사론』, 한길사 1982.

신동욱(申東旭)「신소설과 서구문화 수용」,『한국근대문학사론』, 한길사 1982.

최원식(崔元植)『민족문학의 논리』, 창작과비평사 1982.

임형택(林熒澤)『한국문학사의 시각』, 창작과비평사 1984.

400

강만길 저작집 간행위원
조광 윤경로 지수걸 신용옥

강만길 저작집 08
고쳐 쓴 한국근대사

초판 1쇄 발행／2018년 12월 5일
초판 3쇄 발행／2023년 7월 31일

지은이／강만길
펴낸이／강일우
책임편집／부수영 신채용
조판／정운정
펴낸곳／(주)창비
등록／1986년 8월 5일 제85호
주소／10881 경기도 파주시 회동길 184
전화／031-955-3333
팩시밀리／영업 031-955-3399 편집 031-955-3400
홈페이지／www.changbi.com
전자우편／human@changbi.com

ⓒ 강만길 2018
ISBN 978-89-364-6061-7  93910
       978-89-364-6984-9 (세트)